U0934437

走近还是远离战争

21世纪中国周边军事演习点评

李大光 著

長江出版傳媒 长江文艺出版社

北京长江新世纪文化传媒有限公司
www.cjxinshiji.com
出品

WAR
CONTENTS
目
录

军事演习是和平时期军事斗争的一个重要战略工具。当前，世界多极化、经济全球化、文化多样化、社会信息化深入发展，世界经济在深度调整中曲折复苏，新一轮科技革命和产业变革蓄势待发，全球治理体系深刻变革，发展中国家群体力量继续增强，国际力量对比逐步趋向平衡。同时，国际金融危机深层次影响在相当长时期依然存在，全球经济贸易增长乏力，保护主义抬头，地缘政治关系复杂变化，传统安全威胁和非传统安全威胁交织，外部环境不稳定、不确定因素增多。在此背景下，各国军事实力的竞争更加激烈。为使本国军事实力具备越发坚实的基础，主要大国纷纷加强军力建设，举行名目繁多的各种联合军事演习，以期在未来的军事竞争中赢得有利地位。

军事演习很重要的一个功能就是震慑潜在对手，鼓舞民心士气，展示国威、军威。冷战结束后，军事演习作为一种“非战争军事行动”，显示武力、通过军事威慑来达到政治意图。通俗地讲，军演就像上演一部大片一样，要尽量制造“亮点”，以新颖、独特之处吸引世界的眼球，通过展现军队强大的战斗力和新式武器的巨大威力来显示军事力量的有效性，给对手以心理震慑，以达到“不战而屈人之兵”的目的。如今，国际军事斗争方式发生了一些深刻变化，国际安全形势中的非传统安全威胁上升，非战争行动成为军事力量的重要运用形式，军事演习，特别是联合军事演习的意义已不再局限于军事训练，已成为国际军事斗争的一个有效手段，功能上越来越趋于多样化，使用上也更加灵活和频繁。

进入21世纪后，在中国周边进行的名目繁多的各种军事演习越来越多。在中国周边举行的各种军事演习频度和规模都超过世界其他任何地区，而且各种军演都有很强的针对性和战略指向性。以美国为首的一些军事大国耗费巨额金钱频繁进行军事演习，并大量研制、引进先进武器装备，这不是毫无价值的浪费，更不是亏本的“买卖”，而是出于政治、外交、军事等综合效益的考虑。中国周边军演此起彼伏，大戏也在一幕幕上演，各种军事演习让人应接不暇。从近年来中国周边各种军演的情况来看，主要表现出四个方面的变化：一是演习规模越来越大；二是对抗性和针对性明显增强；三是应对非传统安全内容增多；四是有多国参加的联合军演越来越频繁。

中国周边地区热点多是导致军演频繁发生的因素之一。朝鲜半岛局势的发展仍存在较大不稳定因素，不排除出现军事冲突的可能性。印巴冲突总体对立关系难以在短期内得到根本缓解。此外恐怖主义继续在东南亚和南亚地区蔓延，也直接导致各种军演的发生。美国为推行其全球战略，战略重心已经东移，对亚太地区的军演起到推波助澜的作用。美国进一步强化与日本、澳大利亚、菲律宾等国的同盟关系，将日本、澳大利亚作为实施亚太安全战略的“南北双锚”。与此同时，美国大力发展同新加坡、印度尼西亚、马来西亚等东南亚国家和印度、中亚国家及蒙古的军事合作关系。部分地区强国为争夺地区主导权，以军演形式展现大国形象的做法会越来越多。像印度、日本等国十分重视借军演与他国展开安全合作，谋求在地区事务中发挥主导作用，赢得更多的战略主动，实现成为世界大国的梦想。

中国作为亚太地区有重要影响的国家，成为美国战略遏制的主要战略对手。改革开放以来，中国虽然得到较快发展，但中国向国际社会积极倡导构建“和谐世界”理念，从不谋求霸权，也不会同其他国家在本地区争夺霸权，搞所谓共同霸权或门罗主义。中国亚太战略的出发点和落脚点，就是为自身发展营造稳定、良好的周边环境，与有关各国实现互利共赢。那种通过联合军演去拉帮结派对付中国、遏制中国的图谋，那种在地区、国家间挑拨离间，以及在中国近海搞联合军演的做法，是典型的冷战思维，既不符合时宜，又阻挡不了中国的发展，更会失去和中国发展合作关系的历史性机遇，注定是行不通的。

针对近十几年来亚太地区成为世界各种军演的繁忙地区的状况，本书主要是研究进入21世纪后在中国周边举行的各种军事演习情况，用以提请国人注意，虽然当今时代是和平发展时期，但军演预示着和平时期并不是刀枪入库，马放南山，军演是走近战争而并不是远离战争。

李大光

2017年3月于北京红山口

绪言

军事演习是虚拟且真实的战争

军事演习是虚拟的战争，是现实政治以特殊形式的继续。因此，联合军事演习作为军事训练的高级形式，越来越受到世界各国尤其是军事大国和强国的高度重视。进入 21 世纪以来，各国军事演习的频率和规模都有所增加，其目的、内容、范围和形式都在向更灵活、更多样的方向发展，而且有相当数量的军事演习已经超越传统范畴，正在成为各国一种重要的战略手段，在国际关系领域中发挥着日益显著的作用。

一、联合军事演习成为国际安全形势的“风向标”

军事演习，简称军演，是指按照设想的作战行动而进行的实地演练。它是在想定情况诱导下进行的作战指挥和行动的演练，是部队在完成理论学习和基础训练之后实施的近似实战的综合性训练，是军事训练的高级阶段。联合军事演习，是指由两个以上军种或两支以上军队联合进行的军事演习。其内容一般包括搜救演习、反恐演习、登陆演习等，两个或者多个国家为了一个共同的公开目的（如反海盗演习）或者隐性威慑（如美日每年的海空演习）而联合举行的军事演习。由于联合军事演习中很多演习都会找一个公开的借口（如反恐），但事实上是向与其有潜在冲突的国家展示战力和威慑（因为公开以某一国为假想敌非常不友好）。在当今世界的舞台上，联合军事演习已然成为一种越来越流行的国际军事合作样式。通过观察联合军演可以从中发现许多看点，成为国际安全形势的“风向标”。

一是从演习内容看国家间政治关系。军事是政治的延伸，联合军演自然就是当今国际政治的需要和体现。通过联合军演，我们可以观察两国或多国间政治关系的密切程度和发展趋势。世界强国或地区国家集团往往通过联合演习展示其国力、军力，扩大自己的影响力，增强自身的安全系数。

一般来说，联合军演是在国家政治、军事、经济关系密切，或者至少是比较密切的情况下进行的。处于政治、军事上严重对立或互为严重安全威胁的国家间，多数不会举行联合军演。如果出现在对立比较严重的国家间举行联合演习的情况，那么就是两国关系出现和解的一个重要迹象，但这种联合军演也只可能是没有多少实质内容的象征性军演。非军事联盟国家间举行的联合军演，一般多以非传统安全合作为演习主题，国家间存在加强安全合作的现实需要，演习的公开性较强。中国与俄、法、美、英、印、巴以及上海合作组织成员国举行的联合演习均属于此类。美国与泰国主办的“金色眼镜蛇”演习是东南亚地区最大的多国和多军种演习，韩国、日本、新加坡、马来西亚、印度尼西亚等多个国家参加，该演习美国邀请包括中国在内的亚太多个国家参与，属于一种典型的“风向标”演习。

二是从演习样式看各国的安全关切。联合军演，按应对威胁的性质分，可分为非传统联合军演和传统联合军演两大类。结合国家关系和演练科目，又大致可区分为友好国家间以救援、维和、反恐等为主的联合演习，以及同盟国家间以联合作战、协同支持、模拟对抗等为主的联合演习。世界安全局势复杂化和威胁跨境化客观上需要加强国际合作，共同应对。需要说明的是，国际关系的复杂性往往也反映到联合军演的具体样式中。2003 年 9 月，美国、澳大利亚、日本等 11 国海军在珊瑚海海域举行了代号为“太平洋保卫者”的联合军演，主要科目是海上拦截违禁船只，貌似针对非传统安全领域关切，实质却是预防大规模杀伤性武器扩散，演习想定及“假想敌”设置都让人嗅到了当年朝核问题波谲云诡的气息。大规模的灾难救援行动，涉及救灾物资和现役、预备役人员动员与远距离投送，以及海陆空多兵种的协调指挥、通信联络和领导层意志的下达，都堪与真正的军事行动相媲美。美泰“金色眼镜蛇”联合演习向来演练的都是传统安全主题，但 2005 年却将演习重点放在灾难救援上。这是因为 2004 年 12 月印度洋海啸灾难发生后，各国都提高了对大地震和大海啸的警惕性。进行灾难救援联合演习，既有应对实际威胁的需要，也有军队职能扩展的考虑。

三是从参演装备看新武器发展趋势。很多联合军演都着力展示参演国最新的武器装备，以期达到多重效果。首先，借新式武器宣示实力，加大对潜在对手的震慑。例如，2006 年 2 月 6 日至 10 日，美日举行了一次较大规模的海空联合演习。日方有 8 架最新装备的 F—15 战机和 1 架 E—767 电子侦察指挥机参演，美方也派出了“王牌军”——驻日美军第 5 航空队的第 18 航空联队。演习主要是为了显示美日在西太平洋地区的作战实力。其次，通过演习检验新式武器装备的作战性能。在“乙支・焦点透镜 99”美韩联合军演中，美军演练了最先进的作战模拟指挥系统，并首次运用装备了空对地监视系统的 E—8C 空中预警机。此外，借联合军演的广告效应，向其他国家兜售军火。为了向非洲国家推销武器，北约 12 国在埃及举行了“明星—2005”联合军演，在 36 国武官的观摩下，美国的 F—16 战机、法国的“幻影”战机、德国的“豹”式坦克等一展身手。同年，俄、印举行“因德拉—2005”陆海反恐联合演习，俄军派出了最先进的“BMP—3”装甲车、“光荣”级导弹巡洋舰参演。外媒评论说，俄、印此次联演实际上就是俄罗斯给印度搞的一次武器装备“展销会”。可见，联合军演是演练和展示高技术装备，吸引军火订单的重要舞台。因此，一些国家在参与联合军演时，刻意推出一些从演习需要来看没必要出现的装备，其目的除了检验新装备外，也在于展示其优越性能，吸引军火订单。

四是从演习过程看军队间协同能力。从军事角度而言，联合演习练的就是协同。协同能力如何，不仅是衡量一个军队战斗力强弱的关键，也是评估一次联合演习水平高低的重要指标。协同体现在联合演习的方方面面，并贯穿始终。为实现联合行动、协同配合，参演国军队相互进行通信联络和信息共享是必不可少的，这就对参演国军队的通信装备兼容性提出了很高的要求。联盟国家由于各方有着长期的军事合作关系，通信装备兼容性一般都比较好，甚至参演国军队还配备了相同型号的通信装备，使用了同一版本的软件系统。而一般友好国家举行联合演习，通信装备则多数不具有兼容性，难以实现直接的互联互通。因此，参演各方需要预先商定实现互联互通的具体措施，拟定统一的通信联络办法。消除语言交流的障碍，是实现密切协同的必要前提。多国部队在“环太平洋—2000”联合演习的人道主义救援行动中，美军向参演国军队提供了计算机翻译系统(TIDS)，协助多国部队有效地克服了联合演习中的语言障碍。此外，还可通过制定共同遵守的规则来加强协同能力。为了实现海上联合行动协同一致，美国和相关国家总结并制定了《海上意外相遇规则》和《演习战术1000》两个文件，发给联合演习的参演国军队，为彼此协同提供了极大的方便。

二、现代科技为联合军事演习打造“准战场”

在当今世界新军事变革舞台上，充分运用高新技术驱动联合军演已成为军事强国的重要战略手段。如今，世界各国军队为打赢未来信息化战争，广泛举行各种形式和类型的军事演习，从演习筹划、作战想定、兵力部署、战法运用到参演装备要素构成等均愈来愈接近“实战”，“仗怎么打，兵就怎么演；兵怎么演，仗就怎么打”，军演与战争界限大有虚实难辨之感，各国兵家格外关注高技术军演与信息化战争日益趋向“零距离”的发展态势。

现代联合军演彰显科技优势，并驱动和影响着战略指导。近年来，一些军事强国十分重视以科学技术为支撑的战略指导思想运用，并在联合军演中得到充分体现。如俄军在远东组织的“东方—2010”联合军演中，时任俄国防部部长的阿纳托利·谢尔久科夫在会见记者时指出：“此次历史上最大规模、最接近模拟战争的演习，就是运用技术优势进一步弄清楚本国的战略指导体系运转如何，检验打赢下一场战争的决定是否正确，并通过演习作出必要的修正。”2010年美军与东南亚6国举行的“卡拉特—2010”联合海上演习及“环太平洋—2010”军演等，均为“试验性战争”和“预备战争”等。据不完全统计，21世纪前十年的最后一年——2010年，美国、俄罗斯、印度、法国等竞相举行“2010霹雳天使”“高标2010”“金色眼镜蛇—2010”等具有“零距离”特征的联合军事演习就有57起，均强化了本国科技力量对战略指导的检验。因此，联合军演并非儿戏，应高度重视各演习思路的发展态势，特别要有效把握和控制联合军演在科技力量驱动作用下所产生的“零距离”效应，力避把演习推至“零距离”而导致战争一触即发。

科技发展决定战争的演变形式。演习形式是战争形态的“清样”，有什么样的技术，就派生什么样的演习形式，并克隆什么样的战争样式。进入 21 世纪以来，各国军事演习中有相当数量的军事演习已改变和取代传统的演习形式，正在朝着“零距离”“准战争”态势迈进。目前，各国军队举行的联合军演在科技手段强力驱动作用下，其作战体系正在发生不同程度质的变化。依靠网络技术，实施联合指挥，使“基于效果作战”与“网络中心战”有效结合，使联合作战效能空前提高；依靠数字技术，实施有效控制，实现了通信与指挥控制、情报侦察、预警探测、电子对抗和综合作战与保障体系有机融合；依靠战场感知技术，实施远程战略机动，可以确保参战部队在极短时间内实现远程投送，快速部署；尤其依靠虚拟现实技术，确立假想敌，可以创造和模拟“人工战场环境”，以实现虚拟环境条件下“仿真作战”。总之，通过一系列技术驱动作用，可实现演习形式向战争形态的高效转变，从而实现演习与战争的有机对接。据悉，美军在“千年挑战”联合军演中，“蓝方”部队就曾使用百余种高新技术手段以及数十类网络保障体系，来检验演习形式与战争形态的有机转换效果。

科技力量影响着战争力量。由于当前各国科学技术力量发展程度不一，所面临的影响与威胁也日趋多元化和多样化。当今时代，传统以技术对技术的对抗制衡作用已变得十分有限，因而通过联合军演来展示综合科技实力，进而达到有利的战略威慑和战略主动性作用，已愈来愈为各军事强国所青睐。因为，通过联合军演无疑可加强武器装备更新和科技力量储备，以确保一有战事，能够满足急需。美国举行联合军演一般要投入百余种新的技术力量。纵观进入新世纪以来各国联合军演的情况，许多新技术、新装备、新战法令人目不暇接。在各种军演中，高新技术和高新武器装备的运用总量达到 80% 左右，尤其近些年来，这一特点更加突出。如俄罗斯“东方—2010”联合军演中动用了 70 架飞机、30 艘舰艇及 2500 件武器等，其中大批先进技术装备力拔头筹；美军还一改以往保密、隐匿等做法，几乎在每一次军演中，都以不同的新技术、不同的新型武器和装备开场亮相，大有让高、精、尖一统天下之势。人们清晰可辨，如今联合军演的“准战场”已俨然成为高新技术武器装备的“试验场”。

借军演测试与展示新武器。一般在美军大型军演中，能看到诸多先进武器装备的亮相，美军检验武器装备技术的意图十分明显。在“对抗北方—2012”演习中，除了驻扎在日本和美国本土的大批 F—16、F—15C 战斗机外，美军还出动了 C—130 运输机、KC—135 加油机、E—3“哨兵”预警机和 RQ—4“全球鹰”无人侦察机参演。同年，在美、韩举行的联合海上机动训练中，美方派出了航空母舰“乔治·华盛顿”号及其战斗群，韩方则出动最大、最先进的“世宗大王”导弹驱逐舰等 10 艘军舰。同时，还出动韩国空军 F—15K 战斗机和美国海军的 F/A—18 舰载机。美军还曾在“环太平洋”的联合军演中，试射了美国航空环境公司研制的“弹簧小折刀”潜射一次性小型电动无人机，它由美国雷神公司研发的“水下发射运载器”从海上发射。

现代军事演习，技术的作用往往关联演习的成败，关联作战想定、战法运用等，这是演习与战争日益趋向“零距离”的又一重要特征。目前，许多国家军队一系列联合军演在作战想定设立上的一个显著特点，就是依靠科技变革力量，实现演法与战法融合统一。长期以来，世界军事强国一直热衷于探索让各种技术优势作用于军演，以图找到最优战争战法。从美军空袭利比亚的“外科手术式打击”，到伊拉克战争各种“制式”战法的运用，均与高科技作用下的联合军演成果紧密相关，特别是高科技的突然性，实现了军演的突然性，并检验了战争的突然性。

三、联合军事演习神秘面纱后面有玄机

联合军演是指两个国家或者多个国家军队共同举行的联合军事演习。根据参加联合军演的国家数量的不同，分为两个国家军队举行的双边军事演习和多个国家军队共同举行的多边军事演习。双边或多边军事演习是目前国际上经常举行的、国家间增进了解互信的一种重要方式，不是什么新鲜事。以往的一些参演国也经常进行相关的介绍与宣传，但由于军事演习固有的特殊性，人们对联合军演却始终有一种挥之不去的神秘感。

联合军演大都有其战略图谋。联合军演是提升国家间总体关系，威慑和牵制潜在对手的重要手段。军事关系是国家总体关系的重要组成部分，通过联合军演，参演国之间提升了军事合作层次，获得了对其他国家某些战略要地、机场、港口等的准入权，促进了国家间总体关系的发展。这对潜在对手是一种强有力的威慑和牵制。美军为了塑造对其有利的国际安全环境，在东亚重点加强与日、韩之间的军事同盟，每年都和日、韩举行多次大规模联合军演。这些演习绝大多数是以朝鲜、中国等为假想敌组织实施的。美操纵并落实“美日防卫合作指针”相关的联合军演，以及在中国周边举行的联合军演，具有很强的针对性。进入 21 世纪以来，美国在亚太地区举行的联合军演已经系列化，成为具有固定频度的例行性联合军演。比较著名的有美韩“焦点透镜”、美菲“肩并肩”、美泰新“金色

眼镜蛇”、美日“利剑”等系列联合军事演习。抛开现实战略利益考虑下与日本和韩国举行的各类军演不谈，美国与其他国家在西太平洋地区依然有固定的演习范式。例如，以美国、泰国为主，包括印度尼西亚、日本、韩国和新加坡的“金色眼镜蛇”联合军演，是东南亚地区规模最大的军演。这个 1982 年以后年年举行的军演，常常在每年 2 月于泰国举行，它一般被看作美国拉拢东南亚国家的重要依托。新加坡拉惹勒南国际研究院专家理查德·贝辛格曾提到，美国之所以如此拉拢泰国，有中国的因素。“因为在东南亚地区，从口头上到行动上最配合美国的是泰国，而泰国又和中国有很密切的关系，这种双重身份使得泰国在中美博弈中地位重要。”理查德·贝辛格在一篇文章中提到。与“金色眼镜蛇”演习的初衷类似，出于联络感情及军事互信的考虑，美军主导的例行军演种类繁多，比如，美印日“马拉巴尔”演习，美印“战争准备”“天空·印度”演习，美、日、印度尼西亚检验海空一体战的“对付西方”演习，在蒙古举行的“可汗·探索”演习等。美国跟蒙古、印度等国家搞军演是一种政治姿态，属于无形中给中国施加压力。当然也有实际意义，在美国与蒙古举行的“可汗·探索”演习期间，美国就曾秘密把电子侦察设备带进蒙古，借机刺探中国。而美国与印度尼西亚的联合演习，规模虽然很小，但从演习科目来看，主要是校验印度尼西亚机场，暗示了美军重返南中国海的可能性。

联合军演是表明国家政治立场，增强双边和多边互信、合作的重要途径。在国际政治上，国家不但需要通过外交途径，公开宣扬政治主张，也需要通过包括军事途径在内的其他方式，显示政治决心与政策取向。“9·11”事件以后，反对和打击恐怖主义成为国际社会的共同愿望，许多国家不但公开谴责恐怖主义行为，表明愿与国际社会携手打击恐怖主义的立场，而且通过联合军演，显示了愿与国际社会共同合作的决心。近年来，以国际反恐、人道主义救援等名义举行的联合军演，占到联合军演总量的 80% 以上。在亚太地区，美军主要是与日本、韩国、东盟国家、印度和蒙古等国举行双边和多边联合军演。其中，与日本举行的双边联合军演主要有："山樱"演习、"北风"演习、"东方盾牌"演习、日美三军联合实兵演习、"尖刀"演习、"对抗北方"演习、"森林之光"演习等。与韩国举行的双边联合军演主要有："关键决心"演习、"秃鹫"联合野外机动演习、"协作精神"演习、"英勇闪击"演习、"跆拳道"演习、"对抗·翡翠"演习、"对抗·打击"演习等。此外，与亚太其他国家举行的双边联合军演主要有：与印度的"马拉巴尔"演习，与新加坡的"对抗·投掷"演习、"渔叉"演习、"水星"演习，与菲律宾举行的"柚木·活塞"演习、"肩并肩"系列军演，与泰国举行的"平衡·火炬"演习和"金色眼镜蛇—2012"，与澳大利亚举行的"珊瑚海"演习和"双重突击"演习等。

联合军演是强化军队战备水平，增强联合军队协同作战能力的重要措施。异国军队联合作战，诸军兵种间密切配合、协调一致行动的难度很高。演习是军队训练的最高形式，是提高战备水平的重要手段。通过联合军演，有助于发现和减少军队间的不协调，强化战备水平，增强联合军队密切配合和协同作战的能力。美军参联会在公开文件中就表示，联合军演除了可以炫耀武力外，最重要的是可以为未来的多国军队行动做准备。在诸多军演中，美军一般都发挥主导作用。比如，在泰国举行的"金色眼镜蛇"军演中，从演习导演机构和联合部队司令部人员编成情况看，虽然正职指挥官一般由泰军军官担任，美军军官任副职指挥官，但在实际工作中，无论是制定总体方案，还是拟制战术层面的具体计划，基本是以美方人员为主展开工作，然后多方进行协调，美军在演习中的主导地位十

…。

联合军演的内容，某种程度上反映着参演国的政治、军事取向，历来为国际社会广泛关注。进入21世纪以来，世界各地举行了数千次规模不等的联合军演，尽管特点各异，但其内容不外乎三类。一是以潜在对手为想定作战对象，为提高联合军队针对性作战能力而组织的联合军演。这类演习是历史上次数最多、规模最大的联合军演，因为演习以潜在对手为想定作战对象，能够比较准确地反映参演国的作战思想甚至作战方案，因此特别引人注目。美韩“协作精神”“焦点透镜”“雏鹰”“阿尔索伊”“跆拳道”等联合军演，演习方案常常以朝鲜发动“进攻”为背景，演练各种应对方案。二是为检验编制、装备，发展作战思想和战法而组织的联合军演。随着国家政治、军事战略和装备技术的发展，军队编制、装备和作战思想、战法等也处于不断发展的过程中，编制、装备、作战思想和战法等的改变，本身不能说明其合理性，在缺乏实战检验的前提下，演习是最好的检验方式。美军演习的重要目的之一是验证军事理论即战略战术是否正确。美军的军演可分为军种演习、联合演习和联军演习等类型。近年来，美军军演力度不断加大。据统计，美军每年进行各类军演达数百次之多。演习地域遍及世界各洲，其中，亚洲、欧洲是美军联合军演的密集地区。三是为应对非传统安全威胁，以联合反恐、维和、人道主义援助、灾害救援等为主题组织的联合军演。近年来，非传统安全威胁凸显，以联合反恐、维和、人道主义援助、灾害救援等为主题，为应对非传统安全威胁组织的联合军演数量激增。中国参加的上海合作组织成员国武装力量“联合—2003”联合军演，就是联合反恐军事演习，它对进一步强化反恐合作机制、维护地区安全稳定打下了良好的基础。如目前世界各地举行的各种“反恐”军事演习，就是各国针对各种可能出现的恐怖事件进行的反恐演练。

按实战要求演习，仗怎么打，兵就怎么练，军就怎么演。这是各国军队对演习的基本要求，联合军演也遵循这一原则。如今，联合演习已然成为一种越来越流行的国际军事合作样式。一方面，世界安全局势客观上需要加强国际合作；另一方面，世界强国或地区国家集团往往通过联合演习展示其国力、军力，扩大自己的影响力。联合演习，按应对威胁的性质分，可分为非传统联合演习和传统联合演习两大类。结合国家关系和演练科目，又大致可分为友好国家间以救援、维和、反恐等为主的联合演习，以及同盟国家间以联合作战、协同支持、模拟对抗等为主的联合演习。从演习环境分，联合军演还可以分为指挥所演习和野外训练演习。此外，根据使用的技术设备，还可以包括计算机辅助模拟训练演习等方式。

指挥所演习方式组织的联合军演，演习在联合军队司令部内或者联合军队司令部与有关军兵种司令部之间进行，通常无实兵或只带少量实兵参加。此类联合军演，目的是演练各级指挥员和参谋人员的指挥、协调、控制能力，提高联合军队指挥员和指挥机关的指挥、协同能力，为联合军队的作战配合奠定基础。使用实兵的目的通常不是演练实兵行动和战术，而是为了向各级指挥员和参谋人员显示演习中的战场情况。高级别的联合军演，如战区以上，通常采取指挥所演习的方式；战区以下级别的联合军演，在以指挥员和参谋人员为演练对象时，也常常采取指挥所演习方式。东盟国家参加的“五国联防”“金色眼镜蛇”等演习，均使这些国家的协同作战能力有了较大提高。印度在与美国举行首次海上演习后宣称，尽管演习规模不大，但使印度海军熟悉了美国等海上强国的先进武器技术，提高了联合作战能力。

野外训练演习方式组织的联合军演，是想定作战条件下联合军队在野外进行的单方或对抗性演习，实兵、实装、实地组织、实施。

通常以联合部队为训练对象，重点演练战术级科目，特别是演练战术运用的方法与程序等。以野外训练方式组织演习，虽然耗时、费力，但对检验作战理论、武器装备、体制编制和评估作战方案等意义重大，能够获得真实、科学的结论和翔实的数据，是不可缺少的演习样式。野外训练演习便于造势，因此用于政治、外交目的的联合军演，通常也采取这种方式。美军认为，随着经费紧缩和技术进步，可能减少野外训练演习，增加模拟训练演习，但不管技术变得多么精湛和先进，指挥千军万马打赢战争的胆识与魄力，只有通过真枪实弹的搏杀才能建立起来，而且计算机辅助演习根本不可能产生野外训练演习可能引起的那种政治影响。

计算机辅助模拟训练演习方式组织的联合军演，是利用计算机模拟仿真技术和设备对联合军队指挥员和参谋人员进行的演练。利用计算机辅助，特别是采取建模与仿真技术组织演习，训练手段简单直观，演习的难度和强度可调、可控，演习过程具有可逆性和可重复性，便于演习组织和增减参演人员，同时也能够在大幅降低演习费用的前提下保证训练效果。据美军统计，组织一次诸如“海洋冒险”或“坚固盾牌”等级别的大规模演习，通常需要80余万人日工作量和4000万美元，使用模型和仿真器材，不但可以提供相同的训练并达到同样水平，而且只需要动用8万人日工作量和花费350万美元，费用降低了90%。正因为此，随着计算机和网络技术的进步，以模拟训练方式组织演习，被越来越多的国家采用，联合军演中也经常见到这种方式。

四、现代军事演习有现代战争的火药味

随着国际安全形势日趋复杂化、威胁安全的因素更为多元化，各国纷纷提升军事演习的战略地位。以应对威胁、展示战略意图、

突出跨国联合、显示军事实力为主要宗旨的军事演习，呈现出向高频率和大规模方向发展的特点。其中，美国把联合军事演习当作推行“亚太再平衡”的重要手段，不断深化与同盟国的军事合作关系，举行多种实战意味的军演。

军演突破了传统上由大国主导的形式。有更多的国家或区域和次区域层面的地区组织从共同利益出发，或是通过国家间战略磋商和协调，或是在地区组织的框架下，举行不同形式和内容的联合军演，更为主动地维护自身安全和利益。如今，各国进行的军事演习，涉及内容非常宽泛，既有为适应未来战争需要而进行的传统意义上的演习，也包括以反恐、维和、救援等为目的的演习。与此同时，近年来的军演还成为高新技术武器装备的“试验场”，许多新装备令人目不暇接。而跨国性、联合性军演更加突出，成为当今军演的另一大看点。2015 年 2 月，美国海空军、日本航空自卫队、韩国空军、澳大利亚皇家空军、新西兰皇家空军以及菲律宾空军，以增强空战能力与大机群部署能力、提升相互协作性为目的，在关岛安德森基地举行了规模空前的“对抗北方”联合演习。这是紧贴实战的封闭式演习，美军只吸收盟国或伙伴国参加，极少公开信息。据报道，演习内容除了部分人道救援科目外，大多是针对实战需要展开相关科目。

近些年，非传统安全危险进一步凸显，影响安全局势的不确定因素增多，致使演习的内容不断扩展，联合反恐、海上搜救、打击海盗、制止跨国犯罪、维和行动、禁毒等都成为军事演习的内容。有资料显示，自 2001 年以来，以国际反恐、人道主义救援、维和等名义举行的联合军演，占到联合军演总量的 80% 左右。如今这一特点更加突出。例如，中国参与的联合军演绝大多数是以应对非传统安全威胁为主要内容的演习。而上海合作组织举行的联合军演，基本上也是以应对非传统安全威胁为主，特别是有中国参与的上海合作组织成员国举行的联合军演都以应对非传统安全威胁为预案。中国参加的“和平使命”联合军演更是在创立伊始便明确表示，演习以“联合反恐”为主要内容，不针对第三方。

由于军演的内容更加宽泛，一些高新技术武器装备也在军演中相继亮相。这样做，一方面可以在“准战场”环境中对武器装备进行测试和检验，尤其是在军队被赋予了反恐、维和、救援等新使命的情况下，对武器装备也提出了新要求，在演习中试用就显得格外重要；另一方面则可通过演习将高新技术武器装备的威力和效果向外界展示。如在美军的每一次演习中，几乎都可以看到新型武器装备。美军还一改以往保密、隐匿的做法，在联合军事演习中使用了众多尖端武器，在展示、推销本国高端武器产品的同时，力图强化对有关国家的影响和渗透。此外，跨国性、联合性军演在当今也格外引人关注，其参与国家范围之广，早已超越冷战时期一般仅限于盟国之间的界限，就连一些传统上比较保守和对外军事交流不多的国家，如蒙古、越南、智利等国也参与到跨国联合军演之中。从某种意义上来说，这既反映了当前国际政治的现实，也说明在不同类型国家之间具有应对安全威胁的普遍性。于是，跨国间的联合军演便有了合作基础和共同运作的平台，也成为各国维护国家安全和利益的有效途径。

军事演习特别是联合军事演习，作为维护军事安全和推进军事合作的一种手段，往往涉及国家主权最核心、最敏感内容，曾经长期受到传统安全观念的限制。不过，近年的联合军事演习之所以越来越多，尤其在2010年以来近乎呈现“爆发式”的发展，与国际形势的变化、各国的利益要求密不可分。冷战结束后，国际格局发生重大变化，国家之间的联系日益密切，相互依存不断加强，传统的

“敌”“友”观念已难以适应全球化的世界。特别是随着跨国、跨地区的威胁不断出现，昔日阵线分明、以主要对手为对象的传统军演受到越来越多的制约。新的形势要求各国加强政治、经济、军事联系，通过合作而不是对抗来维护国家安全。联合军演有利于增强相关国家间的政治互信，深化地区多边安全合作，提高各方协调应对地区安全威胁的能力，是国际安全合作的重要平台，正在成为国家之间进行军事交流与合作的重要渠道。例如，亚太地区最大规模的“环太平洋”演习。该演习始于冷战，原来一直将苏联作为主要作战对象，进行海上攻防科目的演练。冷战结束后，开始邀请俄罗斯、中国参加，现已成为以保护太平洋区域内国际航道安全为背景的例行性军事演习。

由于各国面临的威胁日趋多元和多样，许多威胁已超越国家疆界限制，呈全球性、扩散性和网络化特征，任何国家或集团都不可能单独、有效地应对这些威胁。并且，这些威胁涉及的领域越来越多，越来越具有不确定性，传统的以维护军事安全为目的的军演应对此类威胁的作用已十分有限。因此，加强相关国家之间的合作，不断拓展演习内容，推进和参与双边与多边联合军事演习，进而主动营造有利的战略环境，已经被越来越多国家接受并实践。比如，上合组织成员国在上海合作组织框架内多次成功地举行了联合反恐演习，在维护地区安全方面发挥着更加重要的作用。这种以“不结盟、不针对其他国家和地区及对外开放”为原则，以“互信、互利、平等、协作”为主旨的联合军事演习，正受到越来越多国家的关注和参与。继2005年正式批准印度、巴基斯坦、伊朗为观察员国后，上合组织已经成为覆盖中东和南亚次大陆、欧亚大陆上地理范围最广的区域性组织。

面对复杂、多样的跨国威胁，除了国家间合作，还需要有关国家之间各种力量的有效协调。美国2008年颁布的《作战纲要》指出："21世纪的作战，大多数情况下将是多国部队联合作战。"之后出版的《2020联合构想》也强调，本国军队需与多国军队实施全面联合，谋求运用盟国的综合力量对付潜在的全球性对手。其核心就是通过构建一体化的训练新模式，不仅实现美军陆、海、空和海军陆战队等各军兵种的高度一体化，而且实现常备力量与后备力量之间、军队与政府各部门之间、本国军队与盟国军队之间的全面一体化。为此，美国不断加强与英国、加拿大、澳大利亚、日本、韩国以及新加坡等盟国军队的一体化联合演习，重点解决在联军作战环境下指挥与控制的互操作性问题，着力提升多国部队之间的互通和协同作战能力。由此可见，军事演习的战略功能正得到进一步扩展：有些国家通过联合军演，显示相互间战略合作协调的加深；有些国家则在感受到传统军事安全威胁时，利用不同形式的军演向外界传达备战的决心；还有的国家通过军演向世界宣示对实施军演地区的主权。

近年来，各国普遍增强了对军事演习战略地位和积极作用的认识，利用军演开展外交合作、显示武力、谋取全球或地区利益。各国给军演赋予更多的内涵，使其在国际关系中扮演了更为重要的角色。这既是促使军演快速发展的主要原因，也将在未来影响并推动军演，特别是联合军演的蓬勃发展。虽然合作是当前联合军事演习的主流，但是大国间的竞争和较量并没有停止。这是因为，军演既是主要大国维护传统军事安全和优势的一种战略手段，也有助于其加强对战略枢纽和重点地带的影响与控制。因此，军演正在成为各国军事理论和实践发展与创新的主要平台之一，并可能成为各国发展本国军事力量及相互角力的"非战争状态下的战场"。在和平与发展仍然是世界主流的今天，军演成为各国军队以和平姿态检验武器装备、论证作战理论、发展军事思想、提高实战能力的有效途径。在国际局势总体稳定条件下，军演在这方面的功能将进一步凸显。

随着军演重要性的增强，大国将可能进一步利用联合军演对地区甚至全球进行威胁及控制，从而实现其战略利益。尽管今天的军演有相当数量是围绕共同应对非传统安全进行的合作型联合军演，但是应该看到，军演的本质属性决定了军演中的对抗性将长期存在，同时，军演的内容在相当长时期内也将继续以应对传统安全威胁和非传统安全威胁并重。由于实力不对称，大国不但在多国联合军演中居主导地位，其所拥有的军事能力也会给对手乃至军演参与方产生战略威慑，从而达到“不战而屈人之兵”的目的，最终实现自身的战略利益。

五、“临界战争”军演呈现战略威慑新趋势

当今世界，许多国家从各自的战略利益出发，均高度重视双边和多边军事交流与合作，不断强化军事同盟和战略伙伴关系，大力开展国际军事协作，各种名目繁多的联合军事演习层出不穷，花样繁多，令人目不暇接。有针对性的威慑联合军事演习从指挥控制手段，到火力合成、用兵规模，具有明显的战争临界状态，大有越“雷池”之趋和打“擦边球”之势，愈来愈凸显出备战“临界战争”的新走势，各国兵家对此予以极大关注。

关注“试验性战争”与“临界战争”。随着近年来中国国家综合实力和地区影响力不断提升，美国加速推进亚太“再平衡”战略，日本借机膨胀军事大国化野心，各类军事演习在亚太地区频繁上演，在中国周边举行的军事演习规模与频次也在急剧上升。例如，美、韩两国举行的代号为“秃鹫”野外机动军事演习和代号为“RSOI”联合战时增援演习为“一场试验性战争”“一场预备战争”，“演

习已经达到了真正的战争阶段”等。美国主要通过演习展示力量，亮明美军的未来走向和地区态度，基本目的在于展示与威慑。应切实加强对联合军演特别是备战“临界战争”行动的有效把握与控制，以力避把演习推至“临界点”导致战争一触即发。

有军事家指出，演习行为尤其是面对“敌意”之国的演习，必须有“度”，越过了这个“度”，超常使用兵力，军事演习便会被悄然地推进到战争的“临界边缘”，甚至可能诱使战争骤然爆发，因此必当十分审慎从之。纵观近期中国周边频繁可见，以美国为主导的联合军演多为创历史之最的大规模军演，覆盖中亚、南亚、东南亚和朝鲜半岛整个亚太地区。通过这些军演，美国力求展示其军事实力，凸显美国亚太霸权地位的存在，进而维系已经动摇的全球霸权地位，同时借军演拉拢盟友、巩固结盟，威慑其心目中的对手。

演习形式与战争样式愈来愈“趋同”。演习形式是战争形态的具体表现，有什么样的演习形式就将可能出现什么样的战争样式。随着信息技术在军事演习中的大量运用，新的演习形式，正在改变和取代传统的演习形式，演习形式与战争样式泾渭分明的界限随时将被打破。目前，各国军队举行的众多联合军演形式，大都是紧紧围绕信息战、电子战、空袭战、精确战、心理战和非线式作战等几种主要战争样式而展开。比如，美国和新加坡空军举行的“突击兵弹弓”联合军事演习，其演习形式将以空中精确打击为主要手段，主要目的是为两国空军部队提供空中作战训练，提升联合作战技能。美、蒙两国在2006年举行的“可汗·探索”联合军事演习中，其演练形式主要分为野战实兵演习和首长司令部图上推演两部分三阶段，第一阶段是非致命性武器训练；第二阶段，各国参演官兵将接受实战训练；第三阶段，各国参演官兵将前两阶段学到的技能运用于实战中。对于“可汗·探索”演习的意图，国际有关评论认为，其意在测验未来战争战法的可行性。由此看出，这些演习形式，都是以空中演习、远程演习和信息化作战演习等为主导形式，以“星—机—弹”为主要手段，以精确制导平台为载体，对目标进行超视距、多目标精确打击。因此有关专家预言，未来世界各国军队的联合军事演习形式将与战争样式愈来愈呈现趋同化。

演习想定与战法运用日趋合为一体。军事演习的作战想定服从未来战争战法的需要，是把演习推向“临界战争”的又一重要特征。目前，许多国家军队众多的联合军事演习在作战想定的设立上，一个显著特点就是演法与战法趋向合为一体，从而确保适应现代高技术战争的需要。长期以来，世界上一些军事大国就一直热衷于探索利用各种演习、模拟推演，力图找出战争的最优战法。有关专家分析认为，从美军空袭利比亚的“外科手术式打击”，到海湾战争 38 天和科索沃战争 78 天的大空袭，从阿富汗战争的空中打击，以及伊拉克战争中各种“制式”的战法，往往都是源于演习的直接结果。2007 年 2 月 1 日至 15 日，美、日两国军队在日本横田空军基地、伊丹兵营和美本土刘易斯堡等地联合举行了“利刃 / 山樱 · 2007”计算机模拟指挥所演习，据国际军事观察家和分析家分析，这次演习的立案背景与战略意图基本一致，其中就是测验未来战争战法运用的可行性。可见，未来一旦爆发战争，演习想定即会与战法运用合为一体，并直接运用于战争之中。

第一章

东北亚地区军事演习

从地理意义上来讲，东北亚地区是指西太平洋北部的亚洲东北部地区。几十年来，美国在东北亚地区构建了稳固的联盟体系，其中美日安全保障同盟和美韩安全保障同盟是这个同盟体系的支柱。进入 21 世纪以来，基于应对朝鲜核问题和岛链围堵中国的战略需要，美国非常重视加强与同盟国之间的军事关系，尤其是频繁举行联合军事演习。其中主要是“环太平洋”系列联合军事演习、美日联合军演、美韩联合军演，以及这些国家单独举行的各种军事演习。此外，近年来俄罗斯在远东地区的军事演习也有增加趋势。

一、极为“保密”的多边联合军事演习

在太平洋地区，美军每年都要举行大量演习，包括单军种、多兵种、两国联合演习和多国联合演习等，涉及美国太平洋空军、海军、陆军和海军陆战队，区域包括西太平洋、北太平洋和中太平洋等海域。然而，太平洋美军绝大多数演习是不对外开放的，尤其是对俄罗斯和中国等西太平洋沿岸几个国家采取了极为“保密”的措施，很少敞开观摩大门。

（一）“环太平洋”系列多国联合军演

“环太平洋”军事演习（Rim of the Pacific，简称 RIMPAC）是美海军倡议发起的多国海上联合军演。“环太平洋”联合军演始于 1971 年，1974 年起改为每两年举行一次。演习时间通常选在每年 5 月至 7 月，演习长达一个半月至两个月，是目前太平洋地区最大规模的海上联合演习。该演习是美国和盟国海上实力的展示，目的在于提高美国及其盟国的海上协同作战能力，以确保海上重要交通线的安全与太平洋地区的稳定。从 2000 年开始，“环太平洋”系列联合军事演习发生了新的变化，演习的目的在于提升太平洋沿岸国家保护海上通道安全及联合应对海上非传统安全威胁的能力。多国

海上联合军演的目的在于保障太平洋沿岸国家海上通道的安全以及联合反恐，现已成为国际上规模最大的海上军演。

1.“环太平洋—2000”联合军演下的“人道主义危机”干涉

2000 年 5 月 24 日，一架小型双引擎民用飞机正飞行在距离美国南加利福尼亚海岸 300 多千米的太平洋上空。突然，飞机的发动机出现故障，飞机像断了线的风筝一样，一头扎进了太平洋里。所幸的是，飞机驾驶员几乎没有受伤，他紧紧地抱着飞机断裂的机翼，顽强地在海面上随波漂流。就在他快绝望的时候，幸运之神再次光临，一支庞大的美国海军舰队出现在海上，一架军用直升机从其中一艘军舰上起飞，将他从困境中救了出来。这支由 8 艘舰艇组成的庞大编队正是美海军“林肯”号航母战斗大队，它们正前往参加以美国为首的 7 个环太平洋国家举行的代号为“环太平洋—2000”联合军事演习。

● 联合军演内容丰富

2000 年 5 月 30 日至 7 月 6 日，美国、英国、澳大利亚、加拿大、智利、日本、韩国 7 国在夏威夷附近海域举行了代号为“环太平洋—2000”的联合军事演习。参演 7 国动用了各种陆基与舰载飞机 200 余架；两栖与地面部队、水面战斗部队、潜艇部队、支援部队，计舰艇 50 余艘；陆军、海军陆战队和海岸警卫队共计 2.2 万人参加。其中，美国海军派出了包括“林肯”号航母战斗大队和“拳师”号两栖戒备大队在内的 20 余艘舰艇；日本派出包括“金刚”号“宙斯盾”驱逐舰和“村雨”级护卫舰在内的 8 艘舰船，另外还有 1 艘潜艇和 8 架 P—3C 反潜巡逻机；加拿大派出了 5 艘舰船、4 架“海王”直升机、2 架“曙光女神”式 CP—140 型巡逻机和 1200 多名军事人员。

此次联军联合演习是一种训练性演习，由美海军第 3 舰队司令丹尼斯 · 姆吉恩海军中将任总指挥。演习主要分两阶段进行，其中

6月2日至27日为第一阶段，内容是在夏威夷海域进行多科目综合战术演习，其目的是加强参演部队海上持续作战能力，进一步改进空战与防空战、水面战、潜艇战、海上封锁与两栖战的战术、技术和程序。6月28日至7月6日为第二阶段，内容是汇报与评估。演习中，所有参演部队分别编组成盟军部队、美日联军和假想敌3部分。其中，盟军部队由美、英、加、智、韩等国部队编成，美日联军由日本海上自卫队的9艘舰艇和美国的5艘舰艇编成，而假想敌则由美、加、澳、韩4国的14艘舰艇编成。

2000年5月30日，演习正式开始。6月2日至6日，由日本海上自卫队的4艘护卫舰与美海军“菲茨杰拉德”号导弹驱逐舰编成的美日联军首先在太平洋导弹靶场进行了水面舰艇舰炮射击演习、反潜演习、导弹射击演习和防空导弹射击演习。此后又先后或者同时进行了以下内容和性质不尽相同的单项演习。

6月8日至15日，盟军部队开始举行代号为“坚强天使”的人道主义救援演习。演习想定假设有“橙”国与“绿”国发生冲突，“橙”国首先在本国采取对“绿”国的敌对行动，将“绿”国公民从“橙”国驱逐出境。“绿松石”国执行联合国决议，出动海军与陆战队以保证该地区的稳定。陆战队为危急中的“绿”国难民提供了安全的环境、食物与帐篷。平时负责遂行两栖攻击、输送兵力、特种作战、非战斗人员后撤及其他人道主义任务的多用途部队——美军两栖戒备大队，派出“拳师”号多用途两栖攻击舰参加了此项演习。演习内容包括确定与评估难民营营地、建立难民营通信系统以及在美国第3舰队指挥舰“科罗拉多”号上建立民事—军事联合行动中心。6月8日，“拳师”号两栖攻击舰约700名陆战队队员和1200名乘员及救援物资运抵夏威夷岛。第75战斗勤务志愿分遣队负责协调难民营的物资运输和营造等工作，陆战队则负责难民营的衣食住行和警戒。美国红十字会、联合国儿童基金组织、世界粮食计划组织、联合国难民事务高级专员署等政府机构和非政府组织与美国、加拿大和澳大利亚军事人员一起共同参与了此次难民管理演习。有125名红十字会志愿者在演习中扮演了“绿”国的难民。“坚强天使”演习是“环太平洋”演习历史上第一次举行的人道主义救援性质的演习，旨在训练军事人员与民事人员在人道主义救援行动中的协调合作能力，并对各种新开发的人道主义救援技术进行测试与评估。

6月6日至8日，美海军在太平洋导弹靶场举行了代号为“太平洋闪击陆”的战区导弹防御演习，对海军战区弹道导弹防御能力进行试验。此项演习的内容包括目标跟踪与检验联合军种的协作能力。演习中，美国海军、陆战队、陆军与空军的防御系统通过联合战术情报分发系统和其他通用的数据链成功地实现了同时对多个目标的跟踪和数据共享。该演习是多国部队实施战区弹道导弹防御与战斗部队管理的一个重要步骤。它检验了导弹防御训练方法和条令，验证了海军舰载雷达收集战区弹道导弹跟踪数据的能力；也显示了“宙斯盾”驱逐舰通过联合战术情报分发系统“数据链16”传输战区弹道导弹数据的能力。演习中，被称之为“中后卫”的软件发挥了关键作用。该软件不仅能进行数据收集、跟踪与分析，而且还能将数据分发给参演单位。美军“伊利湖”号与“皇港”号导弹巡洋舰的计算机系统均安装有这种软件。整个演习由安装有战区防空指挥系统的“夏洛”号导弹巡舰负责演示和记录。

6月13日，美、澳、加、日和韩国队进行了对实舰实施攻击的“沉船”演习。此演习旨在训练导弹发射人员，检验导弹对真实舰艇的攻击效果。其主要过程是：首先，澳大利亚空军的F—111战斗机与美军SH—60“海鹰”直升机从空中向靶舰投射3枚“地狱火”导弹和1枚激光制导炸弹。随后，澳大利亚的“阿德莱德”号护卫舰与加拿大的“温宁派格”号护卫舰从海上向靶舰发射3枚“渔叉”舰对舰导弹。与此同时，美军“齐恩尼”号潜艇从水下向靶舰发射了鱼雷。在多弹药、多方向的攻击下，靶舰“布坎南”号导弹驱逐舰被击沉。“沉船”演习期间，即6月14日，美军在太平洋导弹靶场进行了为期一天的防空导弹射击演习。6月15日至17日，“沉船”演习继续进行。参演部队有9艘舰艇与3种不同型号的飞机先后从空中和水面对另两艘即将退役的“拉姆齐”号驱逐舰与“休·加菲将军”号运输舰实施了攻击并将它们击沉。6月16日，韩、澳、加海军也在太平洋导弹靶场插空进行了一次防空导弹射击演习。在6月17日进行的第三次“沉船”演习中，美海军“图森”号核动力潜艇、F—14“雄猫”战斗机和F—18“黄蜂”战斗机，与澳大利亚海军“阿德莱德”号护卫舰一起向即将退役的美“沃登”号巡洋舰发动空中和水面联合攻击，一举将该舰击沉。

6月20日至21日，“沉船”演习结束，参演部队继续战术阶段的演习，先后进行了搜索与救援演习、“海豹”小队海上渗透行动和两栖特遣部队特种海上空地特遣部队对贝洛斯海滩的直升机与车船突击演习。6月20日清晨，美军与澳大利亚军队联合在贝洛斯海滩进行了一次机械化两栖突击演习。演习中，澳军扮演假想敌。美军第一滩头指挥小组（13人组成）为搭乘两栖攻击艇执行攻击任务的陆战队员开辟海上和滩头通道，确保突击部队安全登陆。部队登陆后，滩头指挥小组率部对模拟的化学武器基地进行了攻击，并演练了防化作战。此外，盟军部队在6月20日还进行了联合特遣部队演习，其目的是为其在西太平洋和波斯湾地区部署兵力做准备。美海军“林肯”号核动力航母担任盟军部队的旗舰。盟军部队的加拿大和澳大利亚分遣队统一由加拿大的迈克米兰海军准将指挥。演习内容主要有共同防御、海上拦阻和对靶舰实施空中打击等。此次演习验证了航母战斗大队区域性和地区性防空任务、战役打击计划的制订和联军海上作战中的作战能力。

● **美军参演武器颇具科技特色**

20世纪末期，美军就开始在太平洋舰队大力推行名为“IT21”的21世纪信息技术计划。“IT21”是美国海军面向21世纪“哥白尼”计划中的一个组成部分，是网络战和信息化建设的关键性基础设施。就太平洋舰队而言，主要是集中在“科罗拉多”（AGF—11）号舰队指挥舰和“霍伯”（DDG—70）号导弹驱逐舰这两艘21世纪信息化舰艇试验舰上。在“环太平洋—2000”联合军事演习时，所有舰艇都具有与大范围战术网络相连的能力，尽管是小型舰艇，也要装备“IT21”系统。所有舰艇将具有提供战术图像共享，使用通用语言，与水下、水面、空中和地面相互连通的能力。

“科罗拉多”号是第3舰队司令的指挥控制舰，也是参与“环太平洋—2000”演习部队的总指挥协调舰，是当时世界上最先进、信息化程度最高的一艘指挥舰。舰上装有200多台奔腾200或更高等级的计算机，通过光纤电缆和卫星通信系统开通了局域网和国际互联网络，舰员在海上航行期间可随时上网浏览所需资料，战斗群指挥官、两栖战指挥官和舰队指挥官之间可通过网络进行通话。舰上还部署有超局域网和非保密局域网，从保密局域网进入非保密局域网都有严密的防火墙和邮件警告系统，以保证系统的安全。电子邮件的使用极为频繁，舰上基本实现了“无纸化办公”和办公自动化、指挥自动化，如果没有电子邮件、如果没有网络系统，舰员们就感到整艘舰艇就像瘫痪了一般。演习期间，“科罗拉多”号指挥舰专门开设了一个专用网页，分保密和非保密两种类型。本舰和其他各舰可利用网络发送电子邮件，作战命令、每日简报、情报信息等机密、非机密或公开的信息全部通过电子邮件传送。

“霍伯”（DDG—70）号导弹驱逐舰是以格雷斯·默里·霍伯海军少将的名字命名的军舰。格雷斯·默里·霍伯海军少将是一位杰出的女士，她在海军和海军预备役部队服役 40 多年，长期致力于海军计算机和指挥自动化方面的技术工作，开发了军用计算机语言，开创了一个崭新的海军计算机时代，被公认为是美国海军的“计算机之母”。为表彰和纪念她为海军信息化所做的贡献，破例以她的名字命名了一艘现代化水平最高的新型导弹驱逐舰“霍伯”号。该舰 1996 年 9 月服役，是阿利·伯克级宙斯盾导弹驱逐舰中第一艘改装“IT21”标准化组件的战斗舰艇。该舰的信息化水平相当高，完全实现了自动化指挥控制，舰上人员可使用非保密局域网发送电子邮件和信息分发，进行办公室自动化信息处理，查阅技术手册和维修信息等。舰上的综合态势评估系统通过局域网把指挥、控制、通信、情报、计算机、监视、侦察系统（C4ISR）连为一体，可共享海上联合指挥信息数据。

信息时代和网络时代的到来，昭示着钢铁时代、机械化时代等工业时代末日的来临。两艘代表信息时代来临的舰艇就像一轮朝阳在太平洋海面上升腾，而昔日曾辉煌一时、荣耀万分的钢铁产业和大工业的代表作战列舰，已经全部退出历史舞台，巡洋舰在不久的将来也将逐步退出历史舞台，它们就像一抹西下的残阳正在坠入遥远的山峦之中。

● “环太平洋—2000”演习特点

“环太平洋—2000”是 20 世纪最后一场大规模海上多国联合军事演习。作为 20 世纪谢幕演习，美军在此次演习中颇具匠心，表现出与以往“环太平洋”演习有所不同的特点。

一是演习规模大，演练科目多。“环太平洋—2000”演习是环太平洋地区规模最大的一次海上演习。此次演习运用了美国、英国、澳大利亚、加拿大、智利、日本和韩国 7 个国家的陆、海、空军和陆战队现役部队以及部分预备役部队和大量民事人员。美国是这次演习的组织者，派出兵力最多。美国海军参演兵力包括“尼米兹”级核动力航母、“林肯”号航母战斗大队和“拳师”两栖戒备大队在内的 20 余艘舰艇。日本派出了“金刚”号导弹驱逐舰和“村雨”级导弹护卫舰在内的 8 艘舰船及 1 艘潜艇，出动了 P—3C 反潜巡逻机 8 架。加拿大派出了“成功”号等 5 艘舰船、4 架“海王”直升机、2 架“曙光女神”巡逻机及 1000 余名军事人员。演习的科目达数十项，仅海军演练科目就有水面目标射击、防空导弹射击、“海麻雀”导弹射击、水下反潜、鱼雷发射、海上拦阻、搜索与救援、水面火力支持演习等；空军演练科目主要有空中火力支持、奔袭轰炸、空中加油、联合反潜搜索等；陆战队演练科目有两栖舟艇登陆、“毒刺”防空导弹射击、两栖突击、空地联合特遣部队攻击演习等；特种作战演练科目有海上布雷、爆炸物排除训练、武装渗透、人道主义救援演习等。此外，在“环太平洋—2000”演习的过程中，还始终伴有持续不断的电子战演习科目。

二是演习首次试用以互联网为中心的信息战系统。美国依靠其军事技术优势，不断推出大量新的高技术武器系统。为了使这些高技术武器系统在未来战争中发挥更有效的作用，美军非常重视在平时的演习中使用这些高技术武器系统。在“环太平洋—2000”演习中参演的飞机、舰艇、武备不仅性能优越，而且信息系统先进。演习中首次试用了联军宽域网络系统。该系统使用互联网、现有的计算机硬件和软件，结合使用最尖端的军事卫星技术实现舰艇之间、舰艇与陆上指挥中心之间的高效通信联络。联军宽域网络系统采用各种作战单位通用的网络系统，形成以互联网为中心的信息传输网络，从而可提高舰队之间以及舰艇与陆上指挥中心之间的通信与协调能力，加强联合作战中远距离通信能力，使指挥官能够获取更多的相关信息，更快地做出有效抉择。演习结果显示，大型舰艇通过“挑战阿西娜”卫星系统实现与网络的实时连接，传输速度每秒可达1.544兆字节，小型舰艇通过国际海事卫星每隔4小时连接一次，传输速度也可达每秒64千字节，比传输速度最快的传统的拨号上网的调制解调器还要快。联军宽域网络系统能够实现空战、水面战和两栖作战中各作战单位之间的无缝连接，这种通信方式说明，距离广泛使用21世纪先进信息系统的日子已不遥远。

三是演习的范畴由军队拓展到地方政府、地方部门。此次参加演习的部门除了参演国的军队以外，还包括美国红十字会、联合国儿童基金组织、世界粮食计划组织、联合国难民事务高级专员署等政府机构和非政府组织。美国《2020联合构想》提出，美国在未来的诸如人道主义救援或和平行动等复杂的紧急任务中，除了使用包括现役与预备役部队在内的联合部队外，还将尽可能地充分利用由多国部队、地区性组织与国防组织、非政府组织以及志愿的私人组织提供的技能与资源。突出联合部队参加支持地方政府行动的重要性，强调一体化的跨部门联合行动，对于慑止、防御和对付威胁具有至关重要的意义。这意味着未来的联军联合作战不仅要实现不同国家、不同军种之间的联合，还要实现军队与政府和非政府组织的一体化。在“环太平洋—2000”演习中，有关国家专门成立了民事—军事联合行动中心，使用了多项新研制的先进通信联络系统，基本保证了军民联系的畅通。

四是首次将人道主义救援作为“环太平洋”演习的主要内容。“环太平洋—2000”演习一个值得注意的重大变化，就是联军部队举行了代号为“坚强天使”的人道主义救援演习，这是“环太平洋”演习史上首次演练的内容，也是演习的重要内容。美陆军在1993年版《作战纲要》中提出要进行非战争军事行动，把和平时期和冲突期间并不涉及战斗的军事行动列为非战争军事行动，包括维持和平、强制实现和平、人道主义援助、灾害救援、反恐怖、禁毒等。科索沃战争结束后不久，美国总统克林顿宣称，如果内战、分离主义运动、民族冲突等危机升级为人道主义灾难时，国际社会必须进行军事干涉，美国要尽量利用盟国及周边受威胁国家的军事力量进行干涉。在对“人道主义危机”进行干涉时，不受国家主权限制，不受联合国授权限制。不受联合国授权限制，这意味着美国将会以解决“人道主义危机”为借口，对主权国家采取非战争军事行动进行干涉。以往的“环太平洋”演习是以提高海军决战技术水平为目标的，此次“环太平洋—2000”演习中的人道主义救援演习使演习的性质又发生了新的变化：它以发生地区冲突为背景，演练了以美军为首的联军部队实施人道主义干涉的行动。这实际上是在为未来美军干预环太平洋地区冲突所进行的一次实兵演练，表明在未来的地区冲突中，以人道主义救援为借口而采取的非战争军事行动将可能成为美国对他国实施军事干涉，推行新干涉主义的主要行动样式。

五是重视海上交通安全与控制。参加此次演习的各国舰艇多达50余艘，如何有效地控制海上交通，保障海上交通安全，使演习得以顺利进行，是演习指挥机构的一个重大的挑战。为此，演习总指挥部成立了专门的海军航运控制小组负责海上交通控制。其任务是：确认演习区域附近或经过演习区域的商船，确保它们不得进入演习区域或对演习造成干扰；在既不延误商船航行又不中断演习的前提下确保演习顺利进行。该小组由1名加拿大海军预备役军官负责，成员包括20名美军预备役军官、4名加拿大预备役军官、2名澳大利亚预备役军官和1名智利军官。小组的控制中心分布于华盛顿特区的塔科马、加利福尼亚州的夏威夷岛。位于塔科马和长滩的控制中心负责对商船进行远程监控，共同控制夏威夷附近海域的海上交通。与以往演习不同的是，海军航运控制小组的成员来自演习的各个指挥层次，包括战术、战役和特遣部队指挥层次，而且都有明确的分工。比如，战术层次的组员负责监控民用商船；战役层次的组员负责确保海军舰艇与民用商船不发生冲突；而特遣部队层次的组员则负责向特遣部队指挥官提供战略上的总体控制，根据获得的信息判断是否要对演习计划进行改动或决定是否需要对民用商船进行护航。

2.“环太平洋—2008”联合军演

2008年6月29日至7月31日，“环太平洋—2008”演习如期举行。演习动用约35艘舰只、6艘潜水艇、150多架飞机，兵力约达2万人。美国希望通过该项演习，达到维系海上交通线安全、提升联合作战能力的目的。

“环太平洋—2008”演习时间长达5周，多国战舰和战机参加。参演国包括美国、加拿大、英国、日本、秘鲁、智利、韩国、新加坡和澳大利亚等。演习期间，战舰和战机将演习许多科目，包括侦察、扫雷、海上拦截、两栖战、防空、反舰和反潜攻击等，使用的武器包括鱼雷、舰炮和导弹等，以提高多国协同作战能力。美军即将退役的“小鹰”号常规动力航母为海上指挥舰，负责指挥整个海上战舰编队的行动。截至2008年，此次军演堪称世界上最大规模军演，原定参演的美军“华盛顿”号航空母舰因火灾受损，未参与演习。

反潜是整个演习中的压轴戏。在实兵对抗阶段，参演的日本“鸣潮”号、韩国“李舜臣”号潜艇模拟东亚某国潜艇对美军编队实施攻击，美军在对抗中检验其搜索和攻击静音潜艇的能力。美军使用一种新型中频主动声呐，以提高海军编队的反潜能力。

3.“环太平洋—2010”联合军演

“环太平洋—2010”被称为“世界最大海上演习”。2010年6月—8月，美、日等14国在夏威夷举行“环太平洋—2010”联合军演，旨在提高多国联军部队海上协同作战能力，特别是确保太平洋地区的海上安全和稳定。这次演习设置的科目很多，除了各种海上作战科目外，还包括发生地震等灾难时的人道主义救援、打击海盗等非常规作战项目。

● 演习规模超过以往

两年一度的多国“环太平洋—2010”军事演习于2010年6月23日开始在夏威夷海域进行，演习旨在保护太平洋重要海上航道，加强美国海军与太平洋环形圈内各国海军的战术水平，提高多国联军部队海上协同作战能力，特别是在应对突发事件时的协调配合，确保海上重要交通线的安全和该地区的稳定。

这次演习不仅规模比2008年更大。与2008年的“环太平洋”军演相比，这次演习时间增加了一周，一直持续到8月1日；参演国也由2008年的10国增加到14国：美国、澳大利亚、加拿大、智利、哥伦比亚、法国、印度尼西亚、日本、马来西亚、荷兰、秘鲁、韩国、新加坡和泰国。参演兵力包括34艘战舰、5艘潜艇、上百架军机和2万多人，截至2010年为世界最大规模演习。作为主导方的美军，更是派出海陆空各种精锐装备。参加演习的美军舰艇中，包括“里根”号核动力航母、“好人理查德”号两栖攻击舰、“自由”号濒海战斗舰、3艘核潜艇以及其他8艘军舰。其中“自由”号是濒海战斗舰的首舰，更代表未来美国海军舰艇的发展方向。

演习的科目包括反潜战、水雷战以及登陆演习，其中25艘各国军舰参与实弹射击。为此，美国海军专门调集了3艘退役舰艇作为靶船，它们将在鱼雷和导弹的爆炸声中沉入海底。

当然，“环太平洋—2010”军演的练兵目的绝不仅仅是反潜战。美国在这个军演中拿出了空中的B—52、F—22，海上的“里根”号航母、“好人理查德”号两栖攻击舰和滨海战斗舰，这些飞机和舰艇构成了美军近年来在亚太地区形成的一种新的作战力量体系。这个体系在形成过程中，肯定会有新的战术上的一些演进和变化。因此，“环太平洋—2010”演习的一个重头戏是演练海空协同作战。

“环太平洋”演习有更深的军事和战略意图。美国搞军演从来不是单纯地为了练兵。这次“环太平洋”军演是一个进攻性的、强势的军事行动，演习地域不是在美国的家门口，而是逼近到了别人的家门口。此次14国联合军演是历届规模中最大的一次，此次军演除了规模较以前要大之外，演习目的也非常清晰，就是防备中国等亚太地区的新兴军事力量，有着明显的炫耀武力的意图。“环太平洋—2010”海空联合战法演练，目的就是针对美国兰德公司为中国“设计”的“区域拒止”战略。在军演进行的同时，美国、日本和澳大利亚还在日本冲绳岛举行史无前例的大规模联合军演。美、日、澳在冲绳岛聚集了包括“华盛顿”号核动力航母在内的19艘战舰和大量飞机。

美国海军的全新舰种在演习中展示在各国海军面前。美国空军则派出3个空中预警机中队、2个空运中队、2个加油机中队和3个战斗机中队，参演战机包括B—52战略轰炸机和F—22隐形战斗机。这次演习目的是防备“亚太地区的新兴军事力量”。由美国主导的环太平洋演习就暗含着防备中国等亚太地区新兴军事力量的意图。“环太平洋—2010”多国联合海上军演演习内容有：海上航渡、水面战、反潜作战、鱼雷攻击、两栖登陆作战、海上封锁、海空协同、近距离空中支持、海上对抗、空中攻击、陆空协同、海上补给、特种作战、电子战以及人道主义救援等，重点演练对付微型潜艇。

美国海军一直把常规潜艇作为最主要的威胁之一，“尤其是在潜艇密度极高的东亚”。在以往的演习中，日、韩常规潜艇通常负责来模拟假想敌潜艇，通过实战寻找对抗潜艇的办法。演习的另一个重头戏是演练海空协同作战。此次联合军演由美参谋长联席会议与各参演国军方最高指挥机构共同主持，太平洋总部组织，太平洋第3舰队具体实施。

由于此前“天安”舰事件被怀疑是朝鲜微型潜艇所为，故此次演习专门增加了应对朝鲜微型潜艇威胁的科目。在抢滩登陆演练时，担任主角的美国海军陆战队则将借机测试新型无人运输车。在炮火连天的登陆场，执行运输任务风险很大。

在抢滩登陆演练时，担任主角的美国海军陆战队借机测试了新型无人运输车。这种梯形无人运输车能运载800千克的物品，以每小时8千米的越野速度为前线部队运输急需物资，并将伤员运往后方。驾驶员只需要躲在安全的隐蔽所，用一个0.5千克重的便携装置就能远距离遥控。而美国空军则派出B—52战略轰炸机和F—22隐形战斗机参演。美军出动包括F—22战斗机在内的大批空中力量参演，其目的就是为了探索海空联合作战。美国战略和预算评估中心的一份最新研究报告，就详细描述了美国“空海一体战”的战法。美军此次军演演练其中的一些战法。

● F—22“猛禽”战斗机参演

此次演习不仅规模比2008年举行的同名演习更加庞大，作为东道主的美军更是派出了各种海陆空精锐装备。美国空军派出B—52战略轰炸机和F—22隐形战斗机参演。其中，美军F—22A战斗机为2010年首度参演。

在美军中海军的“大海军”思想与空军的“大空军”思想是对立的，军种文化冲突十分严重。对美国海军来说，放弃一些作战任务，比如，将海上侦察任务让给空军，与空军分享作战飞机，他们就很难接受，担心自己的地位因此下降。而对于空军来说，F—22“猛禽”战斗机正是美国空军实现“大空军”思想的新一代战斗机。20年前，美军设想依靠“猛禽”来对抗欧洲上空的苏联“米格”战机，其设计思想就是为了统治21世纪的天空。它将成为21世纪的主战机种，主要任务为取得和保持战区制空权，将是F—15的后继型号。

F—22可以超音速巡航，拥有隐形能力和极强的攻击能力，被美国空军视为21世纪初的主战机种。它配备了主动相位数组雷达、AIM—9红外线影像（IIR）空对空飞弹、AIM—120C中程空对空飞弹、向量推进引擎、先进整合航电与人机接口等。在设计上具备超音速巡航（不需使用后燃器）、超视距作战、高机动性、对雷达与红外线匿踪（隐身）等特性。据估计其作战能力为现役F—15的2～4倍，将会成为新一代重型战斗机的霸主之一。这种具有超前意识的F—22A“猛禽”战斗机于2005年第一次在美国犹他州正式开始服役。

2007年7月31日，洛克希德马丁公司获得了一个总价值73亿美元的包括60架F—22战斗机的长期合同。随着金融海啸席卷美国，冲击全球经济，美国经济大幅下滑，美国政府财政紧缩，多项造价高昂的军事项目被削减或中止，包括F—22战机、飞弹防御系统、新型VH—71总统直升机项目、空军的C—17新型运输机等。2009年4月6日，美国国防部公布了2010财年国防预算案，F—22“猛禽”战机将再生产4架后关闭生产线。7月30日，美国众议院以269票赞成、165票反对的表决结果，决定支持奥巴马政府关于停产F—22“猛禽”战斗机的计划。据美国国防部部长罗伯特·盖茨提交的国防预算案，F—22隐形战机再生产4架达到总数187架后，将于2011年停产，将会成为美国史上生产周期最短的战斗机。

目前，美国是F—22的唯一用户。F—22部署在本土阿拉斯加基地有8个中队，另外在弗吉尼亚州兰利空军基地也有一支F—22中队（第27中队），组建于2005年5月12日。另外的一支中队也曾于2007年2月进驻日本嘉手纳空军基地，4月与日本航空自卫队战机展开联合飞行训练，5月初陆续撤离，结束为期三个月首度美国本土以外的基地驻防。2008年7月中旬至8月初，F—22A进驻关岛安德森空军基地。2010年5月，美调派12架F—22战斗机到嘉手纳基地，临时部署约4个月，以因应韩国宣布“天安”舰沉没事件调查结果所引起东北亚的紧张局势。

● **濒海战斗舰首次参演**

在“环太平洋—2010”军事演习中，美国海军新锐濒海战斗舰“自由”号（LCS—1）首次在演习中亮相，这是“自由”号LCS—1濒海战斗舰首次参加大规模军演，也是“环太平洋—2010”演习的一大亮点。

“自由”号是濒海战斗舰首舰，代表未来美国海军舰艇的发展方向，这一美国海军全新舰种的性能在演习中得到展示。濒海战斗舰是“由海向陆”战略转型的关键装备，美军有意在此次军演中测试该舰的实际作战能力。近海战斗舰具有吃水浅、速度快、适应性强的特点，可根据具体任务部署模块任务包。此次演习中，“自由”号根据拦截任务装备LCS水面作战任务包，并搭载第2海上安全远征中队和第22海上战斗直升机中队。LCS—1及其舰载部队进行了模拟登舰演习，并参加了靶舰击沉行动。在演习过程中，美国海军LCS—1“自由”号濒海战斗舰在太平洋上接受两栖攻击“好人理查德”号(LHD6)海上补给。

时至今日，美国眼中的假想敌已经变为所谓的“无赖国家”和恐怖主义，这些“敌人”往往具备中等军事强国的实力，经常在近岸200海里的濒海水域（美军常说的“褐水”）挑战美国的制海权。

于是，美国海军在21世纪初提出“濒海战斗舰”（LCS）的概念，该型战舰主要进行跨海近岸作战，为航母编队充当急先锋，夺取濒海控制权。因此，排水量被要求控制在3000吨以内的濒海战斗舰（LCS）是美国海军实现“由海向陆”战略转型的关键，它具有濒海制海功能，可以完成传统大型水面舰只不能完成的作战任务。按照计划，在未来数年内，美国海军将进一步缩减大型军舰规模，而将舰艇发展重点转向小型战舰，最终将建造55艘濒海战斗舰。对于这笔超过250亿美元的大合同，美国海军极为慎重，只向参与竞标的通用动力公司与洛·马公司授予了4艘试验舰的建造合同。

濒海战斗舰堪称高速“海上卡车”。其舰体采用可重新组合的开放式结构，能根据任务需要组装、搭配不同的武器模块系统并实现“即插即用”。这种“可配置使命模块”使其能够在反潜战、反水面战、水雷战三大领域快速“转换角色”，同时还能配合特种部队实施海上渗透，堪称美军未来的“全能战舰”。

当实施反潜战时，濒海战斗舰配置一架配备声呐、声呐浮标和鱼雷的MH—60R反潜直升机、一架可携带传感器和发射武器的RQ—8型“火力侦察兵”无人机和安装雷达潜望镜的垂直起降无人机。而进行水面战时，濒海战斗舰将配备一架安装有“地狱火”导弹的MH—60R直升机以及其他武装无人机，同时还可发射电磁轨道炮。在水雷战方面，濒海战斗舰可携带无人水面航行器、遥控猎雷系统、战区预备自动水下航行器和无人水下航行器等。另外，濒海战斗舰依托自身极强的隐身功能和吃水不到3米的优势，能秘密行驶至敌方海岸线附近，协助特种部队登陆或执行其他诸如反走私、缉毒等非军事领域任务。

濒海战斗舰成倍提高航母战斗群的战力。冷战后美国迅速推进新军事变革，到1999年科索沃战争时，美国海军的作战能力与

1991 年海湾战争时期相比已经有了大幅度的提高。新军事变革使航母编队上的舰载机、精确打击武器系统、电子侦察定位系统及内部网络决策系统等能力及整合后的总体战斗力迅速增长。特别是配上濒海战斗舰以后，美国海军航母战斗群的战斗力得到成倍的增长。1999 年美国 1 个航母编队的战斗力相当于海湾战争时期美国 6 个航母编队的战斗力。1999 年到 2006 年，美国航母战斗力增长速度也很惊人。

美国海军之所以积极建造濒海战斗舰，主要是它具有濒海制海功能，可以完成传统的大型水面舰只所不能完成的一些作战任务。按照美国人自己的说法，建造濒海战斗舰的目的是“发展一种平台，它能相对大量地部署并依靠灵活的作战模块，支持大范围的联合作战行动，保障海军部队在敌方水面舰艇、潜艇和水雷的威胁下进入濒海地区”。把这种舰艇叫作“濒海战斗舰”，并不意味它是在“濒海”作战——要知道，“濒海”指的是濒临大海的“沿岸地区”——而是意味着它担负着保障美军顺利进入濒海地区的任务。也正是由于这个原因，也有人把 LCS 意译为“近海战斗舰”。濒海战斗舰的使命任务可以归纳为：执行反潜战，尤其以柴电潜艇为主要目标；水雷战和防御集群式小艇的攻击。

在中高强度作战环境下，濒海战斗舰主要用于与航母编队等主要作战力量搭配使用。航母编队首先利用舰载机、巡航导弹等力量实行远程攻击。然后，由濒海战斗舰充当航母编队急先锋，在舰载机的配合下，率先进入战区，驱逐、清理敌近岸的导弹艇、鱼雷艇、攻击艇；建立反潜防御圈，驱逐、击沉柴电潜艇和小型潜艇；清除水雷，确立安全海域和航道；对敌海岸浅近纵深进行侦察打击。在航母编队等主要作战力量的前方和侧翼形成一条新的反潜、反不对称水面袭击的防御圈。在航母编队等主要作战力量在安全海域内对内陆深远处进行兵力投送、火力打击的过程中，濒海战斗舰可以在航母编队外侧形成一条隔离带，阻止敌潜艇渗透，阻止不明船只靠近，避免不对称攻击。如果配备通信指挥模块，濒海战斗舰也可以部署在航空母舰和海岸之间，对舰载机进行识别引导。在中低强度作战环境下，濒海战斗舰可能会运输、掩护特种部队，深入到海岸、岛屿甚至通过内河深入到内陆执行渗透任务，也可搭载特种部队执行封锁、登船检查任务。如果去掉任务模块，安装中小口径速射炮，濒海战斗舰就能变成巡防舰，在打击海盗、反走私、缉毒等方面比使用航母编队更有成本优势。

4.“环太平洋—2012”联合军演“剑指中国”

2012年6月29日至8月3日，“环太平洋—2012”多国联合军事演习在夏威夷海域举行。22个国家、2.5万名军人的阵容似在证明其不枉被称“世界级”。不过，最吸引媒体关注的并非它的体量，而是参演国名单中藏着“一无一有”的“玄机”——中国被排除在受邀国之列，而俄罗斯将首次派兵参加。前者被外媒解释为，中国就是军演的假想敌。有德国媒体说，美国正利用中国邻居们对其的恐惧构建对中国的包围圈。

2012年，有22个国家的42艘作战舰艇、200多架军机和2.5万人参加了在夏威夷近海进行的演习，参与国包括了新成员俄罗斯和印度。演习既有反海盗、扫雷、排爆、水上和水下救援、人道主义和灾难救援等项目，还包括两栖登陆、火炮射击、导弹攻击、反潜作战、舰队防空等战斗性非常强的高水平训练项目。特别值得一提的是，美国海军对参加环太平洋军事演习的40艘舰艇、6艘潜艇、200架飞机开展了替代燃料试验。当时舰队使用了近100万加仑的替代燃油，由50%的常规燃油和50%的用烹调废油、海藻油等制备的生物燃油混合而成。在美国亚太战略调整的背景下，作为太平洋国家的中国在这场环太平洋联合军演中的缺席令人注目，随之而起的“剑指中国”的议论便不足为奇。

5.“环太平洋—2014”联合军演中国军队首次亮相

2014 年 6 月 26 日至 8 月 1 日，2014 年“环太平洋”多国海上联合演习将在夏威夷附近海域展开，有 2.5 万名军人、47 艘舰船和 6 艘潜艇参与。这是第 24 次“环太平洋”军演，包括中国在内的 23 个国家派遣 40 余艘舰艇和潜水艇、200 余架飞机以及超过 2.5 万人参加。演习分为航渡、港岸训练、海上实施、总结撤收四阶段。

● 中国首次应邀参加实兵演练

中国从 1998 年开始派遣观察员参加“环太平洋”多国联合海上军事演习，至 2014 年才首次派遣实兵参加“环太平洋—2014”联合军事演习。中国海军派出了 4 艘水面舰艇、2 架直升机、1 个潜水分队、1 个特战分队共计 1100 人的参演队伍。其中，兵力由导弹驱逐舰“海口”舰、导弹护卫舰“岳阳”舰、综合补给舰“千岛湖”舰、“和平方舟”医院船及 2 架舰载直升机、特战分队和潜水分队组成，规模仅次于东道主美国。而“海口”舰和“岳阳”舰为中国海军主力战舰。根据安排，中方此次参加了火炮射击、综合演习、海上安全行动、水面舰艇演练、军事医学交流、人道主义救援减灾和潜水 7 个科目的演习。中美双方将依托和平方舟医院船和“仁慈”号医院船举办医学论坛，并互派人员驻船参观见学。其间，中方还将举行舰艇开放日，组织任务官兵开展相关双边、多边交流活动。

中国海军出色完成海上封锁任务，打破首次参演只能观摩的惯例。自 7 月 9 日转入海上演习阶段以来，中国海军参演舰艇编队与美国、法国、文莱、墨西哥等国海军共 13 艘舰船联合组成 175 特混编队，中方主要担负海上封锁任务，在 22 天的时间里先后完成战术机动、主炮射击、航行补给占位、军事医学交流、跟踪监视商船、多舰拦截与登临、直升机互降、海上搜救、反海盗和潜水等多项科目的联合演练。中国海军在环太平洋军演的亮相，打破了首次参演只能观摩的惯例，派出了军舰参加了多个科目的实兵演练。外军将领称参演的中国海军舰艇在这次演习中表现非常出色，官兵专业素质在各演习指挥官有目共睹。

2014 年 8 月 1 日上午，“环太平洋—2014”演习在檀香山福特岛会议中心举行闭幕式，这标志着每两年举行一次的时为世界最大军事演习正式落下帷幕。各国军舰陆续返港，参演的中国海军“海口”号驱逐舰、“岳阳”号护卫舰、“千岛湖”号补给舰、“和平方舟”号医院船也已返回珍珠港码头停靠。

● “环太平洋—2014”演习有新意

“环太平洋—2014”演习参加的国家有澳大利亚、文莱、英国、印度、印度尼西亚、加拿大、中国、哥伦比亚、韩国、马来西亚、墨西哥、荷兰、新西兰、挪威、秘鲁、新加坡、美国、泰国、汤加、法国、菲律宾、智利和日本，但俄罗斯缺席。2014 年度的环太平洋联合军事演习中出现中国的身影，这无疑具有多方面意义。

首先，证明中国海军已成为环太平洋国家中不可小觑的力量。随着中国综合国力的迅速增强，中国海军建设呈长足发展态势。航母“辽宁”舰、“中华神盾”驱逐舰以及新式潜艇、隐形护卫舰等一大批先进装备的入列正使得中国海军向深蓝海域挺进。挡是挡不住的，美国于是将中国请进来，也算是一次对中国海军的近距离观察和评估。

其次，中国海军参加环太平洋联合军演有助于在一定程度上增进中美两军互信。在中美关系中，两军关系是最为敏感，也最为脆弱的一环。在磕磕绊绊的中美关系发展进程中，最受伤害的常常是两军关系。大大方方地面对面接触和交流，有助于消除美国在“透明度”问题上的鼓噪，有助于美国了解中国海军既是一支“和平之师”，也是一支“威武之师”。再次，有助于加强各国之间的维护海上非传统安全。随着苏联解体，各国面临的海上安全威胁日益突出，演习现已逐渐拓展到探讨多国海上军事合作、针对非传统安全科目的演练。海上非传统安全问题是亚太各国面临的共同威胁。通过参与2014年环太平洋演习，中国海军将与包括美军在内的多国海军共同观摩、交流、切磋，加深了解，增进互信，提高和平合作的水平与能力。这对于未来解决海上问题是非常有益处的。

此外，对于中国海军主要参加非传统安全领域的演练，虽然中国海军参加了“环太平洋”多边军演，但美国基于自身安全考虑，不会轻易让中国海军参与此次演习的核心内容。尽管如此，对中国海军来说，能够走出第二岛链、走向远洋与美国等多国海军开展面对面的大练兵，确实是一个提高海军实战能力的大好机会。

6.“环太平洋—2016”联合军事演习

2016年6月30日至8月4日，第25届环太平洋军事演习在夏威夷群岛和加利福尼亚州及其附近地区举行。包括美国和中国在内27个国家、45艘船舰、5艘潜水艇、200多架飞机和2.5万名人员组成的9个特混舰队参加了这一世界上规模最大的国际海上军演。

● “环太平洋—2016”军演规模空前

2016年的环太平洋军事演习的主题是“能力、应力、伙伴”。参加演习的各国军队演练并展示军队的海上能力和灵活性，这些能力包括救灾、海上安全合作、制海和复杂作战等。2016年环太平洋军演由美军太平洋舰队主办，美国海军第三舰队司令、海军中将诺拉·泰森担任联合特遣队指挥官，其他主要领导职位由加拿大、日本、澳大利亚和新西兰等国的军官担任。演习内容包括两栖作战、火炮射击、舰机协同突击、反海盗、防灾减灾以及海上救援等。

参加演习的军队来自澳大利亚、巴西、文莱、加拿大、智利、哥伦比亚、丹麦、法国、德国、印度、印度尼西亚、意大利、日本、马来西亚、墨西哥、荷兰、新西兰、挪威、中国、秘鲁、韩国、菲律宾、新加坡、泰国、汤加、英国和美国。其中巴西、丹麦、德国、意大利四国首次受邀参演。根据演习计划，各国参演兵力根据参演科目将编为9个特混编队，参加航母打击、远征作战、海上侦察巡逻、海上后勤、反潜作战、海上拦截行动、空中作战、水雷战、人道主义救援减灾等任务。

2016年7月29日，云集了目前全球多型先进主力战舰的“环太平洋—2016”军演，在夏威夷考爱岛西北海区，进行大编队航拍。夏威夷当地时间早间6点，参加环太军演大编队航拍的各舰船抵达考爱岛以西的待机区，舰船间的初始横距、纵距为5海里，也就是约9千米。编队呈7路纵队、6列横队，以6节航速向东北方向机动，同时开始分9个阶段，逐步调整队形、缩小间距。这次的大编队航拍，共有12个国家的36艘水面舰艇、4艘潜艇参加；包括中国海军5艘参演舰船，美国海军“斯坦尼斯”号航母、“美国”号两栖攻击舰、“科罗拉多”号滨海战斗舰、洛杉矶级攻击核潜艇、韩国“世宗大王”号驱逐舰。

作为军演的东道主，美国海军群星璀璨，阵容强大，“斯坦尼斯”号航母是当之无愧的“台柱子”。它是尼米兹级航母的七号舰，1995年服役，曾在阿富汗战争中大出风头。对于这位有着丰富海外“演出”经验的“大腕儿”而言，此次军演可谓轻车熟路。演习中，“斯坦尼斯”号编入第171特混编队，进行航母打击任务的演练，参演舰艇在它的指挥协调下，开展了舰舰、舰潜、空舰和空潜等多种对抗。它搭载的舰载机是军演航空力量的主力，不仅承担了大部分作战任务，搭载的预警机还向编队舰艇提供了大量信息，综合表现出色，在世界海军面前大“秀”了一把。

“斯坦尼斯”号所属的尼米兹级核动力航母，该级航母累计建造了10艘。它的成功秘诀是采用了“平台武器”的设计思路，航母主要承担“平台”的作用，搭载的舰载机才是“灵魂”所在。因此，尼米兹级航母的总体设计数十年保持不变，但主力舰载机已经更新了3代。这启示我们在开发航母、轰炸机、运输机等平台型武器时，应做好基础设计，为未来附属武器装备的升级留下足够的空间。

在军演中，各国海军的先进战舰云集，但“着装”最潮的当属“科罗拉多”号濒海战斗舰。这位年轻的“帅气小伙”主打科幻，采用三体船型，舰体拥有媲美大型驱逐舰的甲板，可起降中型直升机。该舰设计为全封闭式，表面没有明显突出物，上层建筑和下层舰体分别内倾，再加上喷涂和使用吸波材料，隐身能力冠绝全球。此次演习中，“科罗拉多”号主要与加拿大舰艇演练机动密集编队、海上拦截、反海盗等低强度任务，与驱逐舰、巡洋舰等大型战舰相比，还未在演习中“挑大梁”。“科罗拉多”号濒海战斗舰技术先进，解决了驱逐舰、巡洋舰等大型舰艇不适合浅水作战，以及费用太高的问题，但其搭载的武器单一，需临时更换任务模块和操控人员。因此，濒海战斗舰适合美国海军分工明确的体系作战，承担前沿部署和威慑的任务，适合对付中小国家。不过，这种型号的舰艇也适合经济富足、周边稳定的中小国家，以及峡湾密布的北欧国家，完全满足其战术需求。

除了美军航母和船坞登陆舰等“大块头”，参演舰艇中最受关注的就是澳大利亚海军的“堪培拉”号两栖攻击舰，它可是澳大利亚国内的“大明星”。“堪培拉”号满载排水量2.6万吨，装备了直通式滑跃甲板，可搭载16架直升机，未来还将装备F—35B战斗机。军演中，“堪培拉”号主要承担两栖作战任务，重点演练利用搭载的登陆艇和直升机，把人员和装甲车辆输送至陆地，并配合其他舰艇执行反潜、航空搜救以及舰机协同突击等作战任务。“堪培拉”号两栖攻击舰融合了轻型航母和船坞登陆舰的功能，既有较强的空中打击能力，也有硕大的坞舱，可以搭载气垫船和装甲车辆。这种舰艇赢得了西班牙、澳大利亚、荷兰等国海军的青睐，因为它有效降低了大型舰艇的装备数量和建造成本。不过，这种舰艇更适合中等国家的海军，因为它的航空作战能力比不上轻型航母，采取的很多民用造船技术使该舰的防护能力较弱。所以，这种多功能舰艇并未赢得美国海军陆战队的青睐。

提起韩国流行歌曲，想必中国的“歌迷们”更喜欢他们酷炫的舞蹈，韩国流行音乐更侧重于在旋律上给人以震撼，这次参演的韩国“歌手”，可是位地道的“大帅哥”，论颜值、看舞步，“李亿祺”号潜艇的水下演绎可一点不比大家熟知的郑智熏要差。“李亿祺”号潜艇水下排水量约为1200吨，既可以执行反舰和封锁作战任务，还可以执行布雷任务。该型潜艇综合性能比较优秀，是韩国海军水下作战的骨干，并向印度尼西亚出口了3艘。军演中，“李亿祺”号主要承担空潜、舰潜、潜潜的对抗任务，是很多反潜飞机、水面舰艇和核潜艇搜索的目标艇。这是因为美军潜艇全部为核潜艇，而亚太地区存有的常规潜艇越来越多，韩国潜艇可以较好地模拟常规潜艇，有效提升美军及其盟军的反潜战力。

● 中国连续受邀实兵参演

“环太平洋—2016”联合军事演习是中国海军第二次派遣实兵参加该项演习。2016年6月15日上午，由导弹驱逐舰“西安”舰、导弹护卫舰“衡水”舰、综合补给舰“高邮湖”舰、“和平方舟”医院船、“长岛”综合援潜救生船及3架舰载直升机、1个特战分队、1个潜水分队，共计1200余名官兵组成的舰艇编队，从浙江舟山某军港起航，奔赴美国夏威夷参加“环太平洋—2016”演习，参演兵力仅次于美国和加拿大。编队 5 艘军舰都是由我国自行设计制造、性能先进的现代化军舰，具备长期执行远洋任务的能力。舰载直升机、陆战及潜水分队多次参加军事演习和执行重大任务，具有比较丰富的经验。

波光粼粼的珍珠港挤满了参加“环太平洋—2016”演习的各国军舰，白色涂装的中国海军 153 编队格外抢眼。与两年前相比，此次中国海军派出的兵力规模更大、作战能力更加强大。舰船数量由 4 艘增加到 5 艘，编队首次由来自三大舰队的舰船组成，具有世界先进水平的专业援潜救生船也首次参演。

“西安”舰是编队指挥舰。据了解，上一代“西安”舰是我国自主研制的第一代导弹驱逐舰，于 1974 年服役。在 36 年的服役期间，接受过邓小平等党和国家领导人的视察，执行过中国第一枚洲际导弹发射等任务，多国元首也曾参观过该舰。现在的“西安”舰于 2015 年入列，属于自主研制的具有编队区域防空作战能力、对海超视距打击能力和综合性能优良的 052C 型导弹驱逐舰，是装备相控雷达和垂直发射导弹的最后一艘入列的“中华神盾”。同时，“西安”舰的反潜作战能力较强。

根据演习计划安排，中国海军导弹驱逐舰“西安”舰、导弹护卫舰“衡水”舰、综合补给舰“高邮湖”舰、“和平方舟”号医院船与美国海岸警卫队“斯特拉顿”号炮舰、美国海军“普林斯顿”号巡洋舰、“斯托克代尔”号驱逐舰、“科罗拉多”号濒海战斗舰，以及法国海军“牧月”号护卫舰、印度尼西亚海军“迪波内格罗”号护卫舰组成 175 特混编队，负责海上拦截任务。其间，中方参演舰艇参加了联合海空搜救、编队战术机动、反海盗、临检拿捕、离舰支援损管、主炮射击、人道主义救援等 16 个科目的演练。

6 月 30 日至 7 月 13 日的岸港训练阶段结束后，演习进入为期 24 天的海上实施阶段。对于编入第 175 特混编队的“西安”舰来说，主炮射击等科目将是这一阶段重要看点。主炮射击是传统海战中一项利器，2014 年环太军演期间，主炮对海射击科目包括对浮标靶、对拖靶以及对经纬点射击比赛。“西安”舰的姊妹舰，即参演的“海口”舰共发射 3 发炮弹，均准确命中靶标。与此同时，中国海军综合援潜救生船“长岛”船将编入 173 特混编队，共同担任海上后勤司令部。此外，中国海军潜水分队 20 人在夏威夷希卡姆空军基地潜水营地驻训，进行人道主义救援、野外远征作战等演练，并与美国、加拿大、澳大利亚、新西兰海军潜水员混合编组，进行港岸、海上潜水作业。

根据中美两国达成的共识，中国海军将参加火炮射击、海上补给、损管救援、反海盗、舰机协同突击、搜索救援、潜水、援潜救生等科目演练。中方还参加了演习港岸阶段相关桌面推演、文体比赛和研讨交流等活动。根据演习计划安排，6 月 18 日，中国海军舰艇在西太平洋相关海域与美海军舰艇会合，组成编队向夏威夷珍珠港航渡。其间，组织编队队形变化、通信操演、吊放小艇、占领阵位、海上补给、应急情况处置及主炮对海射击等科目训练。此次军演的一个亮点，是我方首次派出援潜救生船参演。美方对此高度重视，多次表示对双方援潜救生交流充满期待，演练以中美为主导，分为桌面推演、实际演练两阶段。在桌面推演阶段，模拟潜艇失事、定位搜寻、救援这个完整的过程。实际演练时，使用新型的深潜救生艇，与美方的模拟平台实施水下对接，并且美方派海军人员全程随长岛船参加演练，进行深入的互动和交流。

编队 5 艘军舰都是由我国自行设计制造、性能先进的现代化军舰，具备长期执行远洋任务的能力。参加此次军事演习，有利于锻炼、提高中国海军应对非传统安全威胁的能力，同时也有利于深化中方与有关国家海军的专业交流和务实合作。

（二）美日韩“太平洋龙”联合导弹防御演习

在“环太平洋—2016”军演举行之前，美、日、韩三国首次举行了导弹防御演习。美方认为，加深此类合作对美国及其盟友防御朝鲜的核导弹能力，以及让中国和俄罗斯知道美国不会被挤出亚洲至关重要。韩国此次决定加入美、日的反导训练，三国联合举行导弹防御演习尚属首次。

2016 年 6 月 28 日，美国、日本和韩国三方军队在夏威夷海域完成代号为“太平洋龙”（Pacific Dragon）导弹防御演习。美、日、韩开展的探测追踪“朝鲜导弹”联合反导演习，是三国首次实施针对“朝鲜导弹”的预警演习。演习由三国配备“宙斯盾”系统的军舰参演，科目为测试三国在探测和追踪朝鲜弹道导弹方面进行信息共享的能力。美、日、韩三国的“宙斯盾”舰探测和追踪在无预警的情况下从地面发射的目标导弹，并通过美国地面中继站交流导弹轨迹等情报。参加军演的各国“宙斯盾”舰包括韩国“世宗大王”号、美国神盾驱逐舰“约翰·保罗·琼斯”号和“萧普”号、日本“鸟海”号等。值得一提的是，此次美国新型无人作战机“死神”参与演习，探测并追踪目标导弹。演习使用计算机模拟反导，美、日、韩共享导弹的发射和飞行轨道情报并开展拦截训练。

为了应对朝鲜的核及导弹问题，美、日、韩于 2014 年 12 月就已交换了规定共享防务机密情报的备忘录。韩国国防部相关人士称，此次训练依据该备忘录而实施。此前的 4 月 19 日，美、日两国在首尔召开的美、日、韩三国外长会议上，向韩国提出举行联合军演的请求，当时韩国因考虑到中国坚决反对在朝鲜半岛部署“萨德”系统，曾慎重表示“将做考虑”。

2016年以来，美国以所谓“朝鲜威胁”为由，力推在韩国部署“萨德”（末端高空区域防御系统）反导系统，被指为“项庄舞剑意在沛公”。此次演习因涉及极为敏感的“反导”问题，美、日曾举行过关于导弹防御的联合演练，此次是韩国首次参加这类联合演习，可理解为“韩国参与美国主导的导弹防御系统”。美国在韩国部署“萨德”的目的是拼凑“亚洲版北约”，针对的是中国和俄罗斯。若“萨德”部署到东北亚地区，美、日、韩三国将可构建起导弹防御情报、指挥、控制、拦截一体化完整链条。在美国别有用心地炒作所谓“朝鲜导弹威胁”“萨德”入韩等议题的推动下，美、日、韩三国军事一体化在逐步加快进程，这对东北亚未来安全格局将产生十分不利的影响。

“萨德”是美国陆军于20世纪90年代开始研制，2008年开始部署的新一代导弹防御系统。它填补了“爱国者”和“宙斯盾”两个导弹防御系统之间的空白：“爱国者”系统为低层末段反导系统，“宙斯盾”系统为海基中段防御系统，“萨德”系统则为高层末段反导系统。“萨德”是高层末段反导系统，一旦部署到韩国，配合在日本部署的“宙斯盾”中段防御系统，加上“爱国者”低层反导系统，美国在东北亚便拥有了完整的反导系统。如此，美、日、韩三角同盟关系将得到进一步巩固和发展。

（三）“对抗北方”联合演习由双边到多边

“对抗北方”一词本身就带有极鲜明的冷战色彩。“对抗北方”(cope north) 并非一项新演习，而是始于20世纪70年代。一方面美国亚太军力由于侵越战争失败有所削弱；另一方面，随着苏联国力和科技水平的上升，苏联开始将大量先进战机部署于远东地区。在这一背景下，美、日认为需要更加紧密地协同训练，以对抗咄咄逼人的苏联空军。

1. 早期“对抗北方”是日美双边空军联演

1978 年，在日本青森县北部的三泽基地，美、日两国举行了首次“对抗北方”联合航空兵演习。三泽基地是美国海军航空兵和日本航空自卫队共有基地，与北海道隔海相望，距苏联较近。可见，“对抗北方”联合军演的目的，实际上就是训练美国海军航空兵与日本航空自卫队的协同作战能力，演习是那个时代美日同盟共同对抗苏联阵营的一个举措。

然而，冷战结束后这个演习没有消失。苏联解体以后，“对抗北方”军演并没有随着北方压力的消失而取消，反而有逐步扩大的趋势。美、日仍把它作为提高空军联合作战能力，进行年度空军联合训练的一个手段。有时美、日双方会进行空战对抗，打空中“友谊赛”，目的仍是提高两国军人的相互了解和联合作战水平。在 1997 年的一次“对抗北方”演习中，双方出动飞机达 1000 余架次。联合指挥所演习一般每两年举行一次，在美国的不固定基地进行，双方参演人员约 100 人，日方为参谋部人员，美方为太平洋空军或第 5 空军司令部人员。航空总队综合演习为日空军规模最大的演习，每年进行一次。此外，日、美空军还不定期举行海上救难、电子对抗、空中拦截等协同训练，并派地空导弹部队到美国进行实弹射击训练。1999 年，“对抗北方”的演习地点也从日本北方的三泽基地转移到关岛安德森空军基地进行并持续至今，演习针对中国的用意越来越明显。近年来，在关岛举行的“对抗北方”多国联合演习规模越来越大。

2004 年 6 月 7 日，美、日两国空军开始在冲绳岛嘉手纳空军基地举行联合“对抗北方 04—2”演习。数千名来自美空军部队作战人员参加了此次演习。美空军驻日本横田基地发言人表示，这次演习对于美、日空军保持高水平战备能力具有重要作用，此次演习的目的就是增进美、日空军的合作和了解，提高美、日空军共同保卫日本安全的能力。该发言人表示，冲绳岛西南部地区拥有那霸空军基地，这一地区是美、日部队防御的前哨站，很好地起到了早期预警的作用。美空军参加此次演习的机型包括F—15C“鹰”战斗机、KC—135“同温层油船”空中加油机和E—3B/C早期预警和空中控制系统飞机，这些飞机都是来自美空军第18联队，参演美军空中控制人员来自日本三泽和嘉手纳，演习参谋人员来自美空军第5航空队司令部。日本空军自卫队参演飞机包括F—4、F—15J和E—767型飞机。在第一周的演习中，参演人员主要对空中作战战术进行训练，在第二周参演人员就大规模部队空中作战、空对地作战、电子战和指挥控制能力进行演练。此次演习的指挥官为美军横田空军基地第605航天远征大队司令罗伯特·哈维。

2005年11月4日，驻日美国空军与日本航空自卫队开始在位于石川县的自卫队小松基地悄然举行超大规模的“对抗北方”超大规模的绝密联合空战训练，本次美、日联合训练演习持续到16日结束。这次超大规模的演习与往年一样“低调”，只言片语只能见诸日本的地方小报。最令人震惊的是，尽管动辄上万人的这一演习年年举行，可各国军事评论家与分析家绞尽脑汁也仍是未能弄清它的具体情况，因为与该演习相关的任何内容均被美、日两国军方列为“Top Secret”（绝密）！此次“对抗北方”联合演习的主要内容包括联合防空战斗训练以及战斗机共同战斗训练，此外美国空军的KC—135“同温层油船”加油机还与日本航空自卫队的F—15“鹰”战斗机进行空中加油训练。演习的主要目的是砥砺两国联合防空作战的能力以及双方战机的作战技能，加强协同作战能力，共同保卫日本安全。演习地点主要包括驻日美军横田、三泽、厚木、岩国、小松和入间基地，以及日本航空自卫队的府中、小松、三泽、入间和浜松基地等。

美方参加此次演习的部队包括美国空军第5航空队司令部、第35战斗机联队、第18联队、海军第5航母舰载机联队，以及海军陆战队第1航空联队，参演人员包括150名空军人员、20名海军陆战队队员和“小鹰”号航母所载第5舰载机联队的20名人员，参演战机主要包括空军的4架F—16“战隼”战斗机、1架E—3“哨兵”早期空中预警控制机、2架KC—135“同温层油船”空中加油机、海军的16架F/A—18“超级大黄蜂”战斗攻击机以及海军陆战队的1架KC—130空中加油机等。日本方面参与演习的部队则包括日本航空自卫队总队司令部、中部航空方面队司令部、第6航空团、中部航空警戒管制团以及警戒航空队。日本航空自卫队共派遣200名人员、16架F—15战斗机、2架T—4教练机、1架E—767预警机和2架E—2C“鹰眼”舰载预警机参演。

2.“对抗北方—2009”军演第四次打实弹

从2009年2月1日至14日，日本与美国在关岛举行为期两周的“对抗北方09—01”演习。整个演习包含空战、侦察、补给、战备转换、电子对抗等多种演习和训练。这次演习比较罕见地要进行打实弹的活动，30多年来“对抗北方”系列演习这是第四次打实弹。

日本航空自卫队派出F—2战斗机攻击机和E—2C“鹰眼”参加此次演习，借机充分展示其军事力量。据美国空军消息称，这次“对抗北方09—01”演习是在太平洋战区一系列演习中持续时间最长的演习之一。这是美、日两国第十次在关岛举行“对抗北方”演习。值得注意的是，这也是日本自1978年“对抗北方”演习开始以来，第四次利用实弹进行军事演习。日本空军自卫队的F—2战斗机攻击机与E—2C“鹰眼”全天候空中预警机参加了此次演习。它们分别来自日本筑城基地的第六中队与日本三泽空第601中队。

日本的 F—2 在 2003 年才正式服役，并没有参加过战斗。该战机是模仿美国的 F—16 研制的。据称，日本 E—2C 预警机的首要任务是在 7620 米的高空飞行，当空中威胁接近时，向战机发出警告，并为战机提供威胁识别与定位数据。其次要任务包括打击指挥与控制、监督、指导搜救任务，以及扩大己方通信范围。

此次演习前美军公开的文件里特别强调了一句话："本演习已经计划数月，与当前的现实形势无任何联系。"美军似乎也是担心外界对此有过多联想。但当前西太平洋有许多事务比较敏感，美、日联合军演活动不可避免地对地区热点有所影响。由于当时朝鲜与韩国的关系紧张，且传出朝鲜要试验远程导弹的消息，美、日联合空中军演客观上有给韩国方面和驻韩美军打气的作用，它所传达出的信息是：演习中美、日空军所表现出的反击能力在战时可以帮助半岛南方的盟军。但美方显然又不想与朝鲜的关系变得更僵，仅想保持有效和有限的威慑，因此声明文件中有那样一句特别的解释，以降低火药味。

3. "对抗北方—2012" 欲建亚洲北约

2012 年 2 月 11 日，美国空军、日本航空自卫队和澳大利亚空军联手举行的"对抗北方—2012"演习在太平洋上空拉开帷幕。此次军演为期 3 周。期间，来自美、日、澳 3 国的 1000 多名军事人员和多型主力战机进行了多次联合演练，美国空军第 18"侵略者中队"还客串"红色空军"与友军展开"空战"。联系到此次军演的规模和实战化程度，美国联合日本和澳大利亚两个地区盟友对抗东北亚地区"潜在对手"的意图已昭然若揭。

安德森空军基地此前主办的"对抗北方"军演只有美国空军和日本航空自卫队参加，澳大利亚空军是 2012 年刚加入的新伙伴，这足以显示"美国地区盟友决心在促进地区安全和合作方面承担责任”。演习规划主管约翰·希拉称，“通过军演、民事—军事行动以及大量建设性军事交流，我们会与亚太地区盟友构建并保持关系”。据希拉介绍，军演的第一周包括人道主义援助、救灾、多机种空战和对地攻击等科目；第二周的大规模武装部队演练是重点；另外，美国空军和日本航空自卫队还在美属北马里亚纳群岛进行对地(海)攻击实弹演练。除了驻扎在日本和美国本土的大批F—16、F—15C战斗机外，美军还出动了C—130运输机、KC—135加油机、E—3“哨兵”预警机和RQ—4“全球鹰”无人侦察机参演。日本和澳大利亚对此次演习也格外重视，位于府中空军基地的日本防空指挥部向演习派出代表，驻扎策城的航空自卫队第6中队的F—2战机、驻扎那霸的第204中队的F—15J战机以及驻扎三泽的E—2C“鹰眼”预警机都将参与演练；澳大利亚空军司令部代表也参与了军演，澳空军还派出F—18F战机、E—7A“楔尾”预警机和C—130运输机参演。

虽然美国太平洋空军司令部称演习包括“人道主义援助和救灾科目”，但从参演战机的型号、演习科目和日程安排来看，军演面向实战的意味更浓。尤其值得注意的是，在美国推出亚太“再平衡”战略的大背景下，有日本和澳大利亚参与的“对抗北方—2012”军演已露出亚洲版“小北约”的端倪。而在西方媒体和分析家眼中，与美国、日本和澳大利亚存有“潜在战略矛盾”的亚洲国家只有正在崛起的中国，因而这场三国军演的剑锋所指也就不言自明了。就是说，美国正在加紧拉拢地区盟友打造军事同盟，而“对抗北方”这样的专业性演习正是构建军事同盟的“练兵场”。

“对抗北方—2012”这样的大型专业化军演不仅能巩固美国与盟国的战略合作关系，还可直接提升盟国的空战能力。来自美国艾尔森空军基地的第18“侵略者中队”的F—16战机将扮演假想敌；

来自迈诺特空军基地的第23轰炸机中队的B—52轰炸机既可充当友军也可扮演对手。这是“对抗北方”开演至今第4次出现由假想敌部队扮演的“红色空军”。按照美军的惯例，第18“侵略者中队”扮演的角色通常是俄罗斯和中国空军。为了让飞行员拥有“敌人的心态”，第18“侵略者中队”的指挥部里甚至悬挂起五星红旗和列宁的画像。

事实上，包括第18“侵略者中队”在内的9支美国空军假想敌部队经常参加“红旗”和“对抗北方”军演，以便通过模拟对手的想法和战术动作，来帮助其他战斗机中队掌握迎战方法。这样看来，美军在此次“对抗北方”军演期间出动第18“侵略者中队”，显然有叫日本航空自卫队和澳大利亚空军对付“共同的敌人”的意图。

2013年美、日、澳“对抗北方—2013”演习于4日已经在关岛展开，演习持续两周，美、日、澳三国共出兵850人，驻扎在那霸和青森三泽机场的E—2C鹰眼预警机与F—15J战机都将参与演练，美国还出动KC—135加油机、E—3哨兵预警机，韩国则以特别观察员的身份参与本年度联合军演。美国艾尔森空军基地的第18“侵略者中队”F—16C战机扮演假想敌。按照惯例，就是扮演中国和俄罗斯空军，指挥部依然悬挂五星红旗和列宁的画像。

随着近年中国军事现代化进程的加快，美国、日本、澳大利亚等国不时传出要求中方“增加军事透明度并解释战略意图”的杂音。为了打破“威胁论”谎言，中国多次表明和平崛起、不参与军事竞争的立场。而加紧在亚太地区构建新军事同盟、接连举行挑衅性演习的美国反倒应该好好解释一下自己的意图了。

2.“对抗北方—2014”多国联合军演

2014年2月17日至28日，美国空军在关岛安德森空军基地举行了扩大的“对抗北方—2014”联合军演，涉及日本航空自卫队及澳大利亚空军和韩国空军。“对抗北方—2014”军事演习是“对抗北方”系列演习有史以来规模最大的一次，有 89 架飞机和 1900 名人员参加，而 2013 年的演习仅有 50 架飞机参加。其中，美军约 1200 人、航空自卫队约 430 人、澳军约 240 人参与，韩军方面将有约 25 人和 1 架运输机参演。战斗机、轰炸机、运输机、空中加油机以及预警机等机型都参与了演习。

这是韩国首次参加该演习。虽然受日本首相安倍晋三参拜靖国神社等因素影响，日、韩两国出现了对立，但此次联合演习却反映出日、美、韩鉴于朝鲜局势对安全领域合作的重视。“对抗北方”演习包括人道援助和救灾演习，还有使用战斗机的空战等实战训练。韩国此次仅参加人道救援和救灾演习。

近年来，在关岛举行的“对抗北方”多国联合演习规模越来越大，美国公开宣称演习目的旨在提高各国空军的战斗能力。2013 年的“对抗北方—2013”联合军演中，美、日、澳的战斗机、轰炸机、运输机和空中加油机同时升空，其中日本加油机是首次参演。2014 年演习规模的增大让人们更加相信，美国正致力于针对中国的军事增长，与日本和澳大利亚组成更强大的安全集团。在近几个月，这三个国家的政府一直联合表达担忧。他们表示，对中国在东海建立防空识别区感到担忧。

3.“对抗北方—2015”演习秀肌肉

2015 年 2 月 15 日，关岛安德森基地，参加美国主办的“对抗北方—2015”演习的多国航空兵部队齐聚一堂拍全家福，这场演习一直持续到 2 月 27 日。参加演习的包括美国海空军、日本航空自卫队、韩国空军、澳大利亚皇家空军、新西兰皇家空军以及菲律宾空军，可以说规模空前。举行该演习，美方宣称是为了提升人道主义援助和救灾任务的能力，并提升空战能力与大机群部署能力，提升相互协作性。

2015 年 2 月，美国海空军、日本航空自卫队、韩国空军、澳大利亚皇家空军、新西兰皇家空军以及菲律宾空军，以增强空战能力与大机群部署能力、提升相互协作性为目的，在关岛安德森基地举行了规模空前的“对抗北方”联合演习。这是紧贴实战的封闭式演习，美军只吸收盟国或伙伴国参加，极少公开信息。演习内容除了部分人道救援科目外，大多是针对实战需要展开相关科目。

4.“对抗北方—2016”演习规模最大

近年来，在关岛举行的“对抗北方”多国联合演习规模越来越大，自 1978 年作为双边季度演习开始举办以来，2016 年的空中演练是规模最大的。

2016 年 2 月 10 日至 26 日，“对抗北方—2016”演习在关岛安德森空军基地外举行。演习以旨在提高指挥控制能力的人道援助和救灾训练做为开场。随后，演习转入为期一周的系列实战演练。重点内容有：大兵力运用训练、战斗机空中格斗战术训练以及空地打击训练。有来自澳大利亚、日本、新西兰、菲律宾、韩国和美国的 1800 多名人员和 100 多架飞机参加演习。日本的 F—2 战斗机和 F—15CJ 共同亮相演习现场。菲律宾首次参与“对抗北方”军事演习。菲律宾空军方面设置了一个基地和医疗中心，并在“对抗北方”的首周演习中参与实施了战斗搜救训练。新加坡和越南以前就曾作为观察员国参加过演习。

据美国太平洋司令部称，“作为‘对抗北方—2016’演习的一部分，来自菲律宾空军、韩国空军和新西兰皇家空军的其他参演者参加了人道援助和救灾训练。”同样，美国阿拉斯加埃尔森空军基地的第 353 战斗训练中队也首次参加演习，并在演习中开展多边生存训练。美国太平洋司令部称：“该年度演习是促进印度洋—亚太地区安全稳定的一项重要活动，能够对地区各国军队在确保地区稳定方面不可或缺的重要战备技能进行磨炼。”

（四）“护身军刀”联合军演由双边到三边

“护身军刀”(Talisman Sabre) 联合军事演习是亚太地区最大规模的军事演习之一，美国和澳大利亚从 2005 年开始每两年在澳大利亚及周边地区举办一次该演习。此前日本自卫队曾作为观察员参加过该演习。

1. 美澳联合军演亮出“护身军刀”

美、澳宣称“护身军刀”演习旨在提高澳大利亚的防卫作战能力、加强美澳两国军队的协同作战能力。其假想背景是澳大利亚本土安全受到威胁，美军进行驰援，共同对侵占澳大利亚岛礁的假想敌实施两栖夺岛作战。因此，海空作战和两栖作战是历次演习的重点。但澳大利亚地理环境非常特殊，遭遇入侵的可能微乎其微，澳大利亚作为美国盟友是第二岛链的重要节点，演习的真实目的是检验并强化美国在第二岛链的军事力量。

2007 年 6 月 18 日，澳大利亚和美国开始了两国有史以来最大规模的联合军事演习。演习涉及 2.7 万人以及一个航母战斗群。美澳演习旨在巩固他们在亚太地区的军事主导地位。2007 年度的演习规模则创了历史纪录，有 2 万名美军士兵和 7500 名澳大利亚士兵联手对付假想敌人。他们将执行陆战、海战等一系列演习，以检阅部队的战斗、维和以及提供人道援助的能力。“护身军刀”演习持续到 7 月 2 日，其间将有 10 艘美国战舰、20 艘澳大利亚战舰以及 125 架战机相继亮相。

这次演习的背景令人关注。美国和日本加紧了构建亚洲地区导弹防御系统的步伐，澳大利亚正在研究是否参与。另外，日本计划派观察员考察“护身军刀”，似乎另有深意。

"护身军刀"不仅仅是护身。美澳之间的"护身军刀"军演原来是一个对国土进行防御的一次军演，但是从目前来看，美、澳的"护身军刀"现在已经发生了一个很大的变化。比如，他们经常会演练一些夺岛的科目、两栖作战的科目。澳大利亚周边有新西兰、印度尼西亚以及南太平洋的很多小的岛国。这些国家对澳大利亚如此庞大的领土根本不构成任何的威胁，所以美、澳进行这种两栖作战、夺岛演练实际上是另有所指。

"护身军刀"演习，刚开始的时候针对中国的目的还并不明显，但是这次演习，我们注意到美国海军陆战队第三远征军司令官威斯勒明言将展示联军的远征部队足以抵制中国反介入战术。因此，军演已经转换成进攻性的军演，"护身军刀"已经不仅是护身了，而是一个对外用兵的演练。

2. 日本首次参加美澳"护身军刀"联合军演

2015 年 7 月 5 日，两年一度的美、澳联合军演"护身军刀"在澳大利亚拉开帷幕。美国、澳大利亚、日本和新西兰在澳北领地和昆士兰州开启为期两周的"护身军刀— 2015"大规模联合军演，其中日本陆上自卫队和新西兰军队为首次参加。

2015 年的"护身军刀"联合军事演习是史上第 6 次，演习内容主要有开展登陆和空降作战、海上警卫活动、实弹射击等训练，军舰战机等也参加，这次军演美国和澳洲参演总兵力超过 3 万人，项目包括海上行动、登陆、特种部队战术和城市战等。在"护身军刀"联合军演中，共有 21 艘军舰加入联合军演，美军动用包括"乔治·华盛顿"号航母和"好人理查德"号航母远征攻击群等先进装备，日本也动用了最为先进的武器装备，澳大利亚陆军更是精锐尽出。其中新西兰派出 500 多人的分遣队和舰船、军机等装备，作为澳方部队的一部分。日本自卫队则派出大约 40 名人员，加入了参加演习的美军。

演习以两栖登陆、特种部队战术和城市作战为主要内容，新增的“夺岛”科目被暗指有中、日之间钓鱼岛争端背景，进攻性极强。美、日、澳想借军演提升所谓联合对抗能力的做法，让人想到两年一度的美、日“利刃”联合军演，“利刃”直接目的就是增强美军和日本联合参谋部的战备和同步协作，提高地区弹道导弹防御（BMD）能力。正如美军军官所言，“利刃”军演直接服务于实战，通过演习能够促使美军和日本海上自卫队建立协作关系。

随着近年来中国国家综合实力和地区影响力不断提升，美国加速推进“亚太再平衡”战略，日本借机膨胀军事大国化野心，各类军事演习在亚太地区频繁上演，在中国周边举行的军事演习规模与频次也在急剧上升。日、澳均为美国在亚太地区的盟友，而这两国强化安全合作正合美方意愿，日本、澳大利亚军官登上美军两栖战舰相互交流。虽然这次联合军演日方总共只派 40 人参加，但这是在南海紧张局势中，日、美、澳三方为了显示团结的一个决定。日本、美国和澳大利亚都曾对有主权争议的南海的航行自由问题表示关注。日本防长中谷元表示，参加美澳联合军演并非为了针对中国，而是为了加强与这两个国家的军事合作。负责亚太事务的美国助理国防部长施大伟 7 月初强调，华盛顿希望增强与亚太区域盟国的军事合作。施大伟表示，与日本和澳大利亚进行的三方合作将进一步加强东南亚的海事安全，同时探讨三国进行防卫技术合作的可能性。

虽然美国和澳大利亚方面一直强调该演习不针对特定国家或特定威胁，但日媒称其“明显是顾虑到了中国在领土主权问题上的强硬态度，以及对中国不断强化对‘反介入 / 区域拒止’战术的不安”。日媒还称，美国计划在亚太地区强化“美日印”及“美日澳”三国安保合作框架，此次日本自卫队参加“护身军刀”联合军事演习便是该计划的环节之一。日本这次参加演习的是陆上自卫队西部方面普通科连队(西普连)，这支部队非常引人注目，还特意为它调整了演习科目。西普连是日本的精锐部队之一，是未来的海军陆战队，是进攻性的。尽管是一个连队，实际上拥有约660人，很容易扩编成一个陆战旅。

"护身军刀"演习实际上就是针对中国举行的。美国亚太"再平衡"虽然进一步加强，但由于美国经费有限，而且担心一旦有事，自身损失太大，所以希望抽身到距离中国距离更远的关岛基地，而让日本和澳大利亚冲在前面封堵中国海空力量。其中日本负责第一岛链的北段，即台湾向北、冲绳、日本列岛所有海峡通道。澳大利亚负责封锁第一岛链中从台湾的南端开始，到菲律宾群岛、印度尼西亚群岛，到马六甲海峡口的南段。在这一段中，菲律宾军事实力不行，需要依赖澳大利亚来封堵巴士海峡、巴林塘海峡、巴布延海峡，试图阻碍中国海空力量通过这些海峡。今后几年，三国将在西太构成一个联合训练、联合封锁海峡、联合作战的强有力三角，试图全面扼控中国，减缓中国的发展，阻碍中国建设海上强国的进程。

日本参与"护身军刀"演习，从战略层面来看，将拓展日本军事力量的影响力，体现其在该地区的军事存在。从战术层面上讲，日本可以增强其两栖作战特别是夺岛作战的能力。从技术层面上讲，日本也可向美国学习AVV—7两栖战车和"鱼鹰"倾转旋翼机的战术运用。

二、"真刀真枪"的双边联合军事演习

近年来，随着美国军事战略的调整，美军战略重点日益向亚太地区转移，为此美军十分重视在亚太地区保持稳固的军事存在，而美国在东北亚地区的两个战略盟友日本和韩国恰恰为美军的前沿存

在提供了现实基础。为加强同日、韩两个盟国的军事合作，美军通过要员互访、军火贸易、联合演习等多种方式来加强同他们的军事一体化进程。在这一进程中，双边或多边联合演习由于内容含量多，实战意义强，美国与其盟友都颇为重视。

（一）“利剑”“铁拳”美日联合军事演习

日、美两国平均每年组织双边联合演习达十余次之多，既有各军兵种之间的特定科目演练，也有大规模的三军联合演练，海军演习内容有扫雷、反潜以及海上搜索、救援演习，空军演习则包括空中对抗、远程轰炸、电子战等演习，而日、美两国陆军联合演习通常以指挥所演习为主，重点演练“日美联合作战指挥部”的作业程序及双方指挥和参谋人员的组织计划能力。日、美两国部队通过联合演习完善了作战预案，提高了协同作战能力，也为日、美两国联合军事干预亚太地区安全事务打下了一定的基础。

1. 美日“联合利剑”三军联合演习

“联合利剑”军事演习是美军与日本自卫队之间举行的规模最大的联合综合实兵演习之一。从 1986 年起每两年举行一次大规模演习，参加者包括美国的四个军种和日本自卫队。军演最初的宗旨是通过日、美合训，提供日本抵御外来入侵的能力，加强日、美三军的联合作战能力。美军大多会出动航母战斗群、海军陆战队，日本陆上自卫队出动步兵和炮兵，空中演习科目则集中在近距离空中支持和空投任务，以及空中格斗等。进入 21 世纪以来，日、美联合军事演习在指挥、方式和内容等深层次领域不断加强，日美安保同盟关系进一步加强，日、美三军联合军事演习的内容、方式和规模发生了重大变化，其作战预案更趋完善，作战能力和协同水平进一步提高，日、美两国联合军事干预亚太地区安全事务、共同应付周边事态的趋势更为明显，这必将对亚太地区的安全构成新的不稳定因素。

● **“联合利剑—2000”联合军演日本自卫队唱主角**

2000年11月13日，日本北海道周边海域战舰云集，军机密布，日、美两国之间时为规模最大的“联合利剑—2000”三军联合演习正在这里举行。此次代号为“联合利剑—2000”的联合演习，是2000年5月日本国会通过《日美防卫合作指针》相关法案后，日、美两国首次举行的联合演习，也是日、美两国首次检验在“周边有事”情况下日、美两军联合作战能力的演习。

“联合利剑”演习是日、美两国自1986年开始每两年举行一次的三军联合演习，是日、美间最大规模的实兵演习之一。演习是由日本防卫厅参谋长联席会议和美军太平洋总部共同指挥，旨在检验日、美联合部队战时的联合作业程序和共同抵御“外来侵略”的能力。参演兵力主要以日本三军自卫队和驻日美军部队为主，必要时还可协同日本海上保安厅等民间机构参加，双方参演人数一般在万人以上，最多时达十余万人，是日、美两国间规模最大的军事演习。在演习体制上，“联合利剑”通常以指挥所演习形式为主，附带部分实兵演练科目。但近年来随着日、美联合安保体制的不断加强，“联合利剑”演习的实兵规模日益扩大，参演科目也不断增加，已逐渐演变成大规模的三军联合野战实兵演习。

在2000年的“联合利剑”演习中，日、美联军除继续进行兵力集结、海上对抗、空中拦截、对地攻击等传统科目的演练外，还重点演练了非战斗人员撤运和海上搜索与救援等内容。演习规模也比往年有所扩大，驻日美军派出了包括“小鹰”号航母在内的10余艘各型战舰、100余架各型飞机，参演总兵力达1.1万余人，日本自卫队的参演人数也超过了万人。日美联合演习指挥官在介绍此次演习的特点时强调，这次“联合利剑”演习之所以把非战斗人员撤离、搜索与救援、灾难援助等一些非作战科目融在其中，旨在检验两国军队在遭遇大规模地区冲突时的自救能力以及对其他危机地区的支持保障。其中，有 20 余架美军飞机在日本南部的山口、福冈和长崎等地近海实施搜救演练，部分美军飞行员和水兵乘坐救生筏等待救援。而日本海上自卫队派遣 P—3C 型“猎户座”侦察机执行搜索“生还者”的任务，然后引导日本的驱逐舰队及直升机、水陆两用飞机前往出事地点进行救援。此外，日、美两军还派遣大批运输机和直升机前往岩国的“敌占区”将 200 余名“美日侨民”撤至福冈县日本航空自卫队的筑城基地，这也是美军首次在亚太地区进行大规模的侨民撤运演习。在演习过程中，驻日美空军的 2 架 F—16CJ 型战斗机在超低空飞行时突然相撞坠毁，一名飞行员获救，另一名飞行员则下落不明。美国军方发言人表示，尽管发生了飞机相撞事件，但 11 月 2 日开始的日美联合演习仍继续进行，并一直持续到 11 月 19 日结束。而就在“联合利剑— 2000”联合军事演习期间，由俄军苏—27 战斗机和苏—24 侦察机组成的双机编队低空直接从“小鹰”号航空母舰上空掠过。第一支编队低空掠过时，航空母舰上的美军误以为是自己的参加演习飞机，有些人还挥手致意；不久，另一支俄军双机编队再次低空掠过，看清飞机俄军红星标志的美军立即处于混乱状态，当时情景被苏—24 侦察机拍下。

“周边有事”成为干涉借口。“联合利剑—2000”联合演习还有一个重要特点，就是在演习想定中增设了在“周边有事”情况下日、美两军“应当采取”的军事行动。自 1997 年新《日美防卫合作指针》提出“周边有事”概念以来，日、美两国军队一直在探究联合应付日本领土范围之外周边紧急事态的有效办法，并先后制定和修改了《周边事态法》《日美两国军队相互提供后勤保障、物资与劳务协定》等一系列相关保障法案，从而为日、美两军联合应付日本领土之外的地区事务提供了法律依据。在 2000 年 5 月日本国会通过《日美防卫合作指针》相关法案后不久，基于“周边有事”的“联合利剑”演习就粉墨登场了。

按照《日美防卫合作指针》相关法案的规定，当日本周边地区的一些“紧急事态”有可能对日本安全构成威胁或影响时，日本三军自卫队有义务向驻扎在这一地区的美军部队提供必要的军事支持、后方保障等，必要时还可以向海外派遣部分军事力量以协助上述行动的顺利进行。在 2000 年的“联合利剑”演习中，日本自卫队和驻日美军除了进行模拟的侨民撤运演习外，还在日本九州岛和四国周边海域实施了“公海搜救遇难美军飞行员和舰艇人员”的演习，以提高日本自卫队从后方支持在前线作战美军的能力。依据“周边事态”情况下的日、美相互支持计划，日本将为美军提供积极的军事援助，如为美军提供情报、实施海上扫雷、保护海上交通线安全、对美军飞机和战舰进行燃料和弹药补给等，这实际上已经是一种日本自卫队在“周边有事”借口下完全参与战争的行动。而且一旦对美军进行支持的日本自卫队舰机遭到攻击，尽管此时日本领土安全还没受到威胁，但日方完全可以将其视为“对日本发动的进攻”，从而全面卷入战争。由此看来，所谓的“周边有事”实质上只不过是日、美两国完善联合作战体制，干涉周边国家和地区事务的一个堂而皇之的借口。

早年演习内容以检查船只、海上警戒、海上机动等为主。2001 年后，“利剑”演习被纳入美国主导的“防扩散倡议”体制，从“联合利剑—2003”开始，美、日两国就在演习内容上突出检查船只、海上警戒等内容，使演习成为围堵朝鲜核技术和导弹技术输出的一环。朝鲜半岛发生第二次核危机后，“联合利剑”演习被纳入美国主导的“防扩散倡议”（PSI）体制内，在演习项目上逐渐突出检查船只、救助、海上警戒、海上机动等内容，针对朝鲜的色彩一度比较明显。从 2005 年的“利剑”演习开始，似乎与朝鲜无关的反潜及岛屿防御作战开始成为演习的重要内容，显示美、日军事同盟把演习的假想敌从朝鲜，转变为与日本存在岛屿纠纷的中、俄、韩等邻国，日本防卫省更是把“加强西南岛屿防卫”作为工作重点。然而，由于国内经济状况不佳，日本防卫省感到单靠自己的力量无法如愿。从 2007 年开始强调反潜战，演习规模不断创造新的纪录。显而易见，这项演习不仅密切了美、日安全同盟，同时还把日本更加牢固地绑定在美国的战车上。

●“联合利剑—2010”美日联合军演

2010 年 12 月 3 日至 10 日，代号“联合利剑”的美日联合军演在日本本土大分县训练场以及日本所谓“西南诸岛”(冲绳、宫古岛和钓鱼岛等大小岛屿)周边海域展开。时称“美日军演史上规模最大”的此次演习，囊括了两国的精锐进攻型兵力，演习内容则涵盖防空、反导、海空作战、空降等大型海战所应具备的要素。始于 1986 年的“联合利剑”，到 2010 年已经是第 10 次了。近年，美日联合军演的摊子越铺越大，甚至开始模拟大规模海空战争，在东亚“亮剑”的意味很浓。

美、日两国海空精锐的立体作战。2010 年“联合利剑”军演共有 3.41 万名日本陆海空军官兵和美国 1.04 万余名官兵参加。包括日本海上自卫队“宙斯盾”护卫舰和刚刚结束韩、美联合军演的美国“华盛顿”号核动力航空母舰在内的约 60 艘舰艇、约 400 架战机参加了演习，规模达到刚刚结束的韩、美黄海军演的 6 倍，是日、美史上最大的联合军演。本次军演模拟日本遭受弹道导弹攻击等情况，采取应对措施，日本海上自卫队的“宙斯盾”舰参演，意在牵制朝鲜。演习的主要内容是弹道导弹防御及岛屿防御。韩国军队也派遣观察员观摩了此次的日、美联合军事演习。在接下来的8天里，两国海军在“西南诸岛”周边海域进行一系列岛屿防御训练。训练以“华盛顿”号和日本护卫舰“日向”号为中心，连同美军B—52轰炸机等战机，展开反潜作战与防空作战训练。美国海军此次派出核航母战斗群，明显是想展示其强大的海空立体空间控制能力，进而为盟友助威。经过20多年的磨炼，美、日联合军演的规模越来越大，合作层次也越来越高，逐渐朝着模拟大型海战的方向迈进。由于演习恰逢延坪岛炮击事件之后，因此从一开始，美、日两国就在不断强调军演的“防御”性质。这里的防御其实是一种攻势防御，也就是通过防御对手的打击，为己方提供更多主动权。尽管任何一个国家的演习都不可能公开承认其“进攻性”，但此次美、日演习用到的大部分装备均为攻防两用，“开始以防御作背景，防御之后当然可以反击敌人”。

数万日兵练习全面攻击。从近年美、日联合军演日方的参演兵力构成来看，日本自卫队一直扮演后勤支持者的角色。在不断挑战《和平宪法》的背景下，日本自卫队把每一次与美军练兵，都当成是提升自卫队适应现代作战环境能力的绝佳机会。就在美日联合军演举行的当口，日本防卫省于年底推出的新《防卫计划大纲》也在紧锣密鼓的筹备中。日本共同社12月5日披露称，新大纲将采用“机动防御能力”这一新概念，来替代原先的“基础防卫能力”。分析人士认为，此次“利剑”演习的部分内容，正是为“防卫大纲”的出台预热。所谓“机动防御”，就是最大限度地发挥防御的积极性，以攻势实施防御。而此次演习的目的，也在于检验日本通过快速攻击来夺取“海外领土”的能力。此次美日军演使日本的“西南战略”初显端倪。将于年底推出的新“防卫大纲”，其中一个重要内容就是加强“西南诸岛”的攻防。而此次演习囊括了两栖登陆、航空兵远程对海攻击、防空压制等现代远洋登陆作战中的大多数科目。实际上，日本通过演习向外界释放了这样的信号——日本已开始考虑在“视为必要”的情况下，将“武力解决”与政治谈判并列为其解决与别国领土、领海争端的可能手段。

俄侦察机“不请自来”，美日联合军演一度中断。12 月 6 日上午，两架俄罗斯空军的侦察机接近日本海上空，迫使正在该海域进行的美、日联合军演一度中断。两架俄罗斯伊尔—38 战机出现在日美军演的岛屿上空，打断了日美联合军演。俄罗斯的飞机好像是算好了时间，在军演开始的 9 点飞入能登半岛海域的训练区域。其中一架飞机南下，另一架飞机北上，在该海域进行交叉飞行，横贯演习区域上空，直到正午以后才离开。日本媒体称，一般外国战机的出现是为了收集军演情报，但是，伊尔—38 战机直接出现在军演上空这种情形还属首次。

当时日、美的宙斯盾军舰正在进入日本海上自卫队舞鹤基地，作为弹道导弹应对训练的一环，日、美飞机正在进行防空训练。日本防卫省称，美、日在举行大规模的联合军演的同时，别国军方也在利用侦察机进行相关军事情报的收集工作。此次因别国战机的“不请自来”导致联合军演中断是一次“突发事件”，不会对美、日军演构成“威胁”。日本《产经新闻》称，美、日举行大规模军演引起了周边国家的“高度警惕”，部分国家自然会收集相关的军事情报。

12 月 6 日的演习上演了一场名为“夺岛行动”的海空大战，美国第 7 舰队的航空母舰“华盛顿”号战斗机群和日本航空自卫队第 6 航空团等参加了这一次演习。日本航空自卫队第 6 航空团从唯一一个面向日本海的航空基地——小松基地起飞，与美军战斗机群在靠近冲绳岛附近的海域上空进行了一天的多次演练。这次被称为“离岛作战”的日、美联合军事演习，日本除了出动 F—15 战斗机之外，还出动了侦察机和预警飞机，对模拟的“战斗机群”进行拦截和攻击。美国战斗机群也协助日本战斗机群在东海上空进行了多层面的战斗演练。演习结果显示，日美联合部队获得了制空权和制海权。

2012 年的“联合利剑”演习是美、日两国自 1986 年以来第 11 次举行联合实兵军事演习，当时，美国对日本单方面取消“夺岛”内容，史无前例地完全不公开演习画面；2010 年的“利剑”演习则是美、日两国史上规模最大的一次联合军演，当时两国称为应对朝鲜半岛的紧张局势，日本派出 3.4 万自卫队士兵、40 艘军舰和 250 架飞机参加，美方则出动 1 万多名士兵，还有 20 艘军舰和 150 架飞机。

● “联合利剑—2014”联合军演

2014 年 11 月 8 日至 19 日，日、美两国在日本周边海空域和日本自卫队基地、美军基地等处举行代号为“联合利剑”的大型联合军演。日、美联合军演通常分为实战演习和指挥室演习两种，此次演习是两国第 12 次举行实战联合军演。尽管日本官方刻意强调演习地点位于奄美大岛，行政上属于日本九州岛鹿儿岛县，不属于冲绳地区，但仔细分析演习内容，仍是日本防卫省有关“西南有事”的战役想定，难免有“换汤不换药”之嫌。

此次“联合利剑”演习，日本派出约 3 万名海陆空自卫队员、30 艘舰船、260 架飞机，而美方投入 1 万名官兵、20 艘舰船和 150 架飞机。双方在九州岛南部离岛及其邻近水域展开实兵训练，内容以所谓“西南有事”背景下的离岛夺还、反潜、反水雷训练为主，此外还涉及联合防空、基地防御、搜救活动、空对海攻击等科目。日本海上自卫队出动“下北”号两栖运输舰（“大隅”级）和“伊势”号直升机驱逐舰执行兵力投送、联合反潜等任务，多名日方人员登上美军“马斯廷”号宙斯盾驱逐舰，观摩美军驾驶舰船和操作武器。

不仅如此，日本陆上自卫队还在奄美大岛和冲永良部岛部署岸舰导弹，这与 2013 年 11 月日本首次借演习之机向冲绳县宫古岛部署岸舰导弹，演练封锁海峡作战的行动形成呼应。

美国海军的“华盛顿”号航母战斗群在九州岛东侧水域同日本海上自卫队展开多达 20 余项重点科目的操演，第 7 舰队指挥官、海军少将约翰 · D · 亚历山大特别强调，演习模拟了反潜、反水面舰艇、夺取局部水域制空权和防空反导等作战场景，许多美、日军方战略规划人员参与了演习全过程，“他们将计划与实际场景相结合，完成任务分析与数据采集，为今后完善联合作战和应急行动提供理论依据”。外界推测，“联合利剑”军演已成为日、美军事一体化的“试金石”。日本防卫省称，此次日、美联合演习目的在于提高日本在受到武力攻击时与美军共同应对的能力。

近年来，美日联合军演的水准有了极大提高，特别是日本邻国频繁成为美日演习的假想敌——从“对抗北方”到“联合利剑”，美、日联合军演设定的主要假想敌都来自“面向日本的亚欧大陆一侧”，其矛头所指不言自明。日本《追求》杂志称，这些演习着重强调夺取战区制空权、反潜和导弹防御作战，目的便是检验其与邻国军队展开高技术较量的能力，尤其针对邻国快速发展的空军、潜艇和导弹力量，强化抗衡能力。另外，日、美联合演习也逐渐强调快速反应能力，特别是日本极为关注“离岛夺还作战”，突出发挥直升机的作用。近年来，在九州岛、冲绳等地举行的日美联合演习都有陆自航空队、空自运输团乃至美国海军陆战队的直升机（包括“鱼鹰”旋翼机）介入，在战场通信、弹药补给、特种部队突击等领域，日本自卫队也更多地依赖直升机。2014 年的“联合利剑”军演意在确保日、美两国联合军事行动顺利、加强相关防御的能力。

● “联合利剑—2016”联合军演

2016年10月30日，为期13天的日美“联合利剑—2016”联合军演开始举行，一直持续到11月11日。约1.1万名美军与2.6万名日本自卫队员、260架战机与20艘舰艇在日本周边、冲绳、关岛、天宁岛与北马里亚纳群岛等海域，进行两栖登陆与导弹防御等演习。此次“联合利剑”联合演习是假设美军与其他国家处于战斗状态，出现了针对日本的“重要影响事态”，因此军演格外引人关注。

在此前的“联合利剑”军演中，日、美曾基于《周边事态法》实施过日本自卫队对美进行“后方支持”的演习，但安倍政府在2015年强行通过的新安保法中将《周边事态法》更名为“重要影响事态法”，事实上解除了自卫队实施“后方支持”行动仅限于日本周边的地理限制，并将对象国扩大至美军以外的国家，而所谓对日本和平与安全发生“重要影响事态”的判断仅归于日本政府的主观判断，完全不受议会审查制约，因此在本次“联合利剑”军演中实施的在“重要影响事态”下，日本自卫队如何对美军实施“后方支持”的演习就引发了外界高度关注。

11月4日，美国海军陆战队员、空军战术空管人员和水兵与大约1300名日本自卫队士兵参加了美军全程向日军传授两栖作战经验。日本为整合陆海空自卫队采取了新举措，与美军进行了野外演习，这是自东京2015年通过扩大防务选项的法律以来，日本开展的最为复杂的野外演习。这两个安保盟友的地面部队搭乘直升机在美属天宁岛实施登陆。天宁岛是1944年“二战”一场主要战役的战场，美军当时击败了一支多达9000人的日本守备部队，此役巩固了美军可对日本本土发动攻击距离内的各岛屿的控制权。参演部队在假设成功实施登陆的情况下继续演习。部队抢占位置后，演习继续按计划展开，多架直升机发动攻击，多架F—2战机从上空掠过，士兵还进行了丛林伏击训练。在海上，“日向”号直升机驱逐舰带领一支由 4 艘军舰组成的编队参演——后有美国“康斯托克”号坞式登陆舰实施增援，并成功搭载了美国海军陆战队第 11 远征队的队员。驻扎在夏威夷卡内奥赫湾的海军陆战队陆战第 3 团第 3 营的士兵与日本陆上自卫队士兵还登上了“大隅”号运输舰，其中有些士兵没有连续多日在舰上执行任务的经验。

11 月 8 日，两国士兵徒步进入一片热带丛林，对模拟敌军展开扫荡。参演士兵在行进途中还经过了 71 年前把投向广岛和长崎的原子弹装载上飞机的地点。第 7 舰队两栖作战指挥部指挥官马克·多尔顿海军少将 8 日在天宁岛视察演习情况时说：“确切地说，这是一场由日本自卫队策划实施的演习。”天宁岛演习是“联合利剑—2016”军事演习的一部分。

作为“联合利剑—2016”军演的一部分，日本自卫队和美军 11 月 7 日在冲绳附近首次实施了反映新安保法内容的联合演习。尽管日本防卫省反复强调此次演习属“例行性质”，但在新安保法生效的背景下，此次军演以其中新增的“重要影响事态”概念，打破地理限制，积极演练强化日本自卫队为美军提供“后方支持”能力的目的仍屡遭外界质疑。由此，安倍政府以新安保法架空现行和平宪法，大幅推进扩大日本自卫队海外军事活动范围和机能的“扩军”野心迈出了关键一步。此次演习于 9 日结束，演习并未完全按计划推进，两栖登陆演习由于海岸浪大被迫取消。

日、美联合演习针对中国意味明显。在 2016 年的“联合利剑”演习举行前，日本与中国因东海的领土争端问题紧张关系升级。在这一背景下，演练收复岛屿也许是“联合利剑—2016”演习的目标之一。尽管日本防卫省反复强调此次演习属“例行性质”，但在新安保法生效的背景下，此次军演无疑将为日本自卫队赴海外进行军事行动进行了预演。鉴于日本准备在2018年年初组建一支类似美国海军陆战队的作战旅，今后会有更多日本自卫队员进行这种体验。这支编制为2100人的拟建作战旅代表日本将作出重大战略调整。

2. 美日“铁拳”演习练夺岛

● 美日“铁拳—2006”离岛夺回演习

2006年年初，日、美两军首度举行代号为“铁拳—2006”的“离岛夺回演习”。此次演习模拟远离日本本土的某个西南孤立岛屿遭占领后，日、美合作重夺该岛的行动。长期以来，日本与周边国家严重的领土纠纷都是不争的事实，但这次演习似乎在明火执仗下包藏着更大的战略野心。

为促成此次演习，日本防卫厅（2007年1月改为防卫省）整整运作了一年半的时间，早在2004年下半年，日本防卫厅就将目光投向“防卫力量薄弱”的西南诸岛，试图让驻日美军在演习中体现“美日军事合作的姿态”，但遭到了驻日美军司令部和太平洋美军总部的断然拒绝，因为美国“不想在简单的美日军事演习中掺入复杂的政治因素”。美国之所以以这种高姿态表态，显然是做给外界看的。伊拉克战争以来，美国身陷中东地区，迫切需要日本在亚太地区的战略支持。台海问题上，美国也希望日本能够提供实质性的军事合作，所以，美国明里对日美联合演习持否决态度，暗里却大力支持日、美联合军演，不过等待的是成熟的时机。

就日本而言，自然希望美国能够插手演习，以借助美、日同盟关系实现日、美军事一体化，进而运用军事手段解决与亚洲邻国间的领土、领海、资源等纠纷。为促成此次演习，并确保演习达到预期目标，日本国内动作频频。据2004年11月日本《产经新闻》报道，日本政府计划以距中国台湾400多千米的下地岛为自卫队反潜基地，以提高反潜作战效率。2005年2月9日，日本政府又宣布“接管”

中国钓鱼岛上的灯塔，当时的日本官房长官细田博之在记者招待会上宣布，由于右翼团体放弃了在中国钓鱼岛上设置的灯塔“所有权”，该灯塔将“作为国家财产”由海上保安厅接手管理。3 月 3 日的日本《读卖新闻》报道，日本防卫厅已确定了一个方案，2008 年之前将 F—15 战斗机部署到冲绳那霸基地，替换那里的 F—4 战斗机。另外，日本防卫厅在制定新防卫大纲时，也秘密炮制“中国攻击日本”的 3 个可能方案，其中一个攻击地点就是锁定在先岛诸岛的宫古、石垣等岛，而下地岛正位于此区域的中心位置，趋同的战略利益，成为日、美双方联合演习的催化剂。2005 年 8 月，日、美双方基本确定联合举行“离岛夺回演习”意向。经过近 4 个月的精心策划，双方最终同意于 2006 年年初，在美国第一陆战远征部队的圣迭戈基地举行联合“夺岛”演习。

精心密谋“夺岛”演习预案。有关演习地点，日本原希望能在其离岛，至少也要在冲绳举行。但为避免演习过分刺激日本周边国家，躲避国际舆论，最终双方将演习地点定于圣迭戈郊区训练场。在演习内容上，双方一致同意分四阶段举行，即先期准备阶段、情报收集阶段、模拟推演阶段和实战演习阶段，时间跨度为 3 个月，参演兵力主要有日本陆上自卫队西部方面军步兵团和美国第一海军陆战队远征部队。

一是先期准备阶段：从 2006 年 1 月 1 日开始，日本陆上自卫队搭乘 C—130 运输机，远程机动到美国第一陆战远征部队的圣迭戈郊区训练场。据日本防卫厅草拟的离岛防御战略显示，日本陆上自卫队从本土向偏远的离岛投射兵力，是整个演习最重要的一环，意在增强日本战时远程兵力投送能力。二是情报收集阶段：从 2006 年 1 月 10 日开始，持续 2 周时间，进行情报收集演练。根据演习想定，一旦敌方特种部队入侵，并占领九州岛近海的离岛。日本陆上自卫队和美国第一陆战队远征部队的远程侦察连，将于夜间乘坐橡皮艇和登陆艇潜入离岛，对敌展开实地侦察与情报收集，为下一步的夺占离岛打下基础。三是模拟推演阶段：从2006年1月24日开始，由日美双方的作战指挥官，在电脑和沙盘上进行与敌交战并且夺回离岛推演。这一阶段持续一周时间。四是实战演习阶段：从2006年3月底开始，日美双方举行了实地实兵演习。据日本防卫厅官员透露，双方已确定要在2006年3月举行正式的“离岛夺回演习”，级别为“WARGAME”。相对于即将举行的级别为“EXER—CISE”的圣迭戈“离岛夺回演习”，这次演习范围小，目标清晰，实际操演性强。

神秘“特种部队”闪亮登场。陆上自卫队西部方面军步兵团，是日、美“离岛夺回演习”日方的主力部队，成立于2002年3月，目前驻扎佐世保。该步兵团编制只有600人，远远低于日本陆上自卫队常规步兵团1000人的编制，其成员主要由“特种作战群”、陆上自卫队直属的专业防化部队和以担负城市巷战反游击为主要任务的第一师部分官兵组成，专门负责九州岛和琉球海域2522个岛屿的巡逻防卫，以确保日本重要的离岛(包括冲绳在内的西南各岛屿)的安全，该部由防卫厅长官直接指挥，属于战略机动部队。尽管这支部队规模不大，但其作战能力不可小觑。该部绝大多数成员是军官和士官，士兵所占比例很小，成员的素质和职业化水平在日本武装力量中名列前茅，从而注定了在需要的时候能够迅速扩充兵力，为日后战争或区域冲突奠定基础。该步兵团自组建后，尽管训练频繁程度远远超过其他部队，却一直保持低调。2005年11月，日本举行海上自卫队军事演习时，就曾出动大型运输舰运送该部队前往日本离岛。另外，该部的不少分队，也曾神秘融入普通的陆上自卫队参加各种联合演习。此次他们公开亮相，和“离岛夺回演习”

一样引起各界的高度关注。

“离岛夺回演习”无疑是美国和日本要在亚太地区乃至全球的安全问题上密切合作的产物。在日、美看来，共同的“责任”已取代共同的恐惧，并成为今后日、美军事同盟的基础。尽管此次日、美演习的目的，已经被日本陆上自卫队的一名高级军官包装成：“美国海军陆战队的作战能力强于陆上自卫队。这次训练旨在向美军学习包括渗透在内的登陆行动的基本内容。随着训练的继续，日本陆上自卫队的水平将得到提高。”但早有国际评论人士指出，这些演习显示日本迫不及待向外扩军备战，以及掠夺海洋资源的野心已经蠢蠢欲动。

“铁拳—2006”离岛夺回演习还有一个焦点值得关注，那就是美、台可能为干涉台海冲突做准备。钓鱼岛地处第一岛链，也是中国台湾不可分割的一部分。为此，很多日本战略家都将此地归属同台海问题联系起来，而且日本西南各岛屿比日本本土更靠近台湾，联系到日、美2006年2月将台湾纳入其安保范围以及日本所谓的“有事三法案”，此次日、美演习插手台海的战略考虑已隐约可见。“离岛夺回演习”之前，日本在处理与周边国家领土争端时叫嚣声颇多，但试图通过军事手段进行施压尚属首次。

● 美日“铁拳—2012”展开联合“夺岛军演”

2012年8月21日至9月26日，美国海军陆战队与日本自卫队展开为期37天的“铁拳—2012”岛屿防御作战演习，在关岛和天宁岛实施“岛屿防卫”相关演习项目。日本方面说，日、美两国政府旨在具体实现“动态防卫合作”。在中、日钓鱼岛局势紧张之际，这样的演习被视为“火上浇油”。

首次将岛屿作为军演场地。在这次演习中，日本陆上自卫队和美国海军陆战队将出动直升机、登陆舰、橡皮艇等，在关岛和北马里亚纳群岛的天宁岛举行假设日本离岛遭到攻击时的夺岛演习。这是日、美两国首次在这两个岛举行夺岛演习。迄今为止，日本陆上自卫队已和美国陆战队第三远征军或第一远征军进行多次联合军演，但实际上将岛屿作为军演场地这是第一次。很明显，此次演习的目的就在于美、日操练防卫岛屿演习。此次军演的矛头实际针对中国，日本政府希望通过军演提高对中国的遏制力。

军演的内容包括从关岛、天宁岛的海域，利用登陆舰、直升机、船舶等从海空登陆、袭击敌方部队、救援非战斗人员等。部署在驻日美军横须贺基地的美国核动力航母“华盛顿”号20日上午驶离了横须贺基地。这是新舰长格里高利・范顿8月11日上任后的首次出港。天宁市市长拉蒙・德拉・克鲁斯8月16日宣布，由于要举行实战军事演习，天宁岛部分军事区域将于9月10日至22日期间关闭，同时该市参议院副主席祖德・霍夫施奈德和众议员特伦顿・康纳分别表示，日本军方人员也要参加在该岛的演习。

演习场既有地理目的又有历史意义。位于北马里亚纳群岛的天宁岛是第二岛链的一个支点，离东京有2000多千米，离马尼拉2500千米，离关岛5000多千米，所以，它左右前后都可以起到一个支撑点的作用，这是一个地理上的考虑。从历史上考虑，“二战”期间美国跟日本实际上在这个地方打得很激烈，比方说，塞班岛战役，双方都有伤亡，很惨重的，不知道美国是有意还是无意，日本也是服服帖帖地来到这个地区跟美国进行合练。

这次军演突出的地方，一个是美国要传递一个信息——美国对日本是支持的。以往在钓鱼岛的问题上，美国是相对中立的一个立场。但是2012年以来，美国高官一再表态，美、日安保条约不同级别的官员说到覆盖钓鱼岛，这个话是日本最愿意听到的。因此我们看到美、日所谓岛屿攻防演习过程中，日本防卫省的官员就明确地提出来，事实上考虑的是钓鱼岛如果将来发生战事的时候，美、日之间采取一个什么样的配合措施。因此，这次的美、日军演，实际上暗含着这样一个企图——美、日安保条约覆盖钓鱼岛。

关岛是太平洋马里亚纳群岛南端的岛屿。面积 549 平方千米，东距火奴鲁鲁 (檀香山)5863 千米，为美国与日本、菲律宾间的联络站，扼控西太平洋海、空交通要冲，战略地位重要。天宁岛又名提尼安岛，是太平洋马里亚纳群岛的大岛。在塞班岛西南 5 千米处，陆地面积 101 平方千米。南岸有提尼安港，是美国军事基地。“二战”中美国投向广岛和长崎的两颗原子弹都是从这里装载起飞的，现在岛上留有当时安放原子弹的铁架等遗迹。

日本明确表示，此次军演将促进“动态防卫力”方面的合作。所谓“动态防卫力”，是日本 2010 年《防卫计划大纲》中提出的构想，即日本要特别重视部队的机动性和快速反应能力，以防范“恐怖袭击”和“外部力量侵占离岛”。日本急于掌握远程投送与作战能力，展开“夺岛之战”，背后的算盘是什么呢？日本《产经新闻》引述一防卫官员的谈话说：“演习是以中国军队进攻钓鱼岛所展开的夺回战术为剧本。”日本极力将钓鱼岛归属问题同《日美安保条约》扯到一起，试图借外部力量向中国施压。美国像煞有介事地模糊在中、日领土争端问题上立场的同时，不时给日本递送一些“关心”信号。明知是一张“废牌”，却打得热火朝天，这究竟是意在激怒中国的战术小聪明，还是战略上的不自信？日、美两国想必心知肚明。

● 日美“铁拳—2016”演习演练夺岛作战

2016 年 2 月 24 日晚上，美国海军陆战队和日本陆上自卫队员在美国西海岸进行了代号“铁拳”的联合登陆演习。26 日，双方又出动水陆两栖战车，又进行登陆演习。美军和日本自卫队之间越来越频繁地举行联合军事演习，双方密切程度大大提高，其最终目标就是要真正实现联合作战。

日、美联合登陆演习画面显示，黑暗中，一批日本陆上自卫队侦察小队，携带步枪、无线电等简单装备，登陆海岸。为了不引起敌方注意，他们默不作声，通过手语沟通。美国海军陆战队的主力装备 AAV—7 的水陆两栖战车也参与了演习，它能在浅滩地区行驶，然后上岸进行战斗。为强化所谓离岛防卫体制，日本陆上自卫队正在引进这一装备。此外，在此次训练中，还进行了利用美海军陆战队的“鱼鹰”运输机护送负伤自卫队员的演练。日本 2016 年赴美参加演习的 300 多名队员来自陆上自卫队西部方面普通科连队。日本计划 2018 年设计专门进行夺岛作战的水陆机动团，而西普连将成为这一日本版海军陆战队的核心战力。尽管日、美“铁拳”夺岛演习每年都举行，但 2016 年的演习正值日本安保法实施前夕，演习项目也更接近实战。从公开的画面来看，美国海军陆战队几乎是在手把手地教自卫队员两栖登陆作战相关的各种技能，包括使用美制武器进行实弹射击、使用汽艇登陆，以及使用两栖突击车进行排雷作业等。

日本为何如此迫切地向美国学习夺岛作战？日本有两个目的：首先是要加强和美军联合作战，尤其是联合两栖作战的能力；其次是为其自身筹备、组建一支两栖作战部队做准备。为此，日本正在购买相关的武器装备，如“鱼鹰”倾转旋翼机和两栖战车等。这样，日本不但可以与美国进行联合演习，也可独立进行两栖作战。日本与俄罗斯、中国、朝鲜、韩国等周边国家都存在岛屿主权争端，因此，日、美举行夺岛军事演习很可能是有一定针对性的。日本自卫队演习指挥官青木伸一毫不讳言地表示，日本正式实施安保法后，日本自卫队与美军的合作将会进一步推进。现在美、日间类似演习的频度很高，高频度的演习使美军和日本自卫队间的密切程度大大提高，并且在演习中实现情报信息共享，使用通用的数据链，双方可共同掌握战场态势。一旦美、日真正实现了联合作战，战时双方军队之间的密切程度和战场效率将会非常高。

3. 美日海军联合演习

日、美海军例行性联合军事演习主要有 6 种，每年举行 10 余次。其中，联合扫雷演习是日、美最早进行的演习，始于 1955 年，现每年仍进行两三次，双方参演舰艇数十艘、飞机 20 架左右；联合反潜演习是进行次数最多的演习，1957 年首次举行，现每年进行四五次，双方参演舰只 10 艘左右；每年秋季举行的年度综合演习是日海军最大规模演习，美海军 20 世纪 80 年代以来每年参加，已成为日、美海军例行性演习。通过借助美海军训练基地、设施进行专门的训练，并与美海军部队频繁进行大、小规模演练活动，使日海军部队既提高了与美舰艇部队的协同作战能力和联合作战组织指挥水平，也实际学到美海军部队的训练经验，对日海军迅速学习、掌握最新装备技术，提高战术、技术水平大有益处。近年来，日、美夺岛演习逐渐增多，而且规模越发加大。

● 2003 年日美大规模海上联合军演

2003 年 11 月 7 日至 17 日，日本海上自卫队与美军举行了大规模的联合军事演习。按日本防卫厅的说法，年度最大规模海战演习的目的是为了应对“国家危机”。这是 2003 年度日本自卫队举行的规模最大的军事演习。由于此前几天，小泉首相公开扬言要使日本自卫队成为“名副其实的军队”，因此这次演习引起海内外舆论的关注。

这次联合演习目的是提高两国海军共同实施军事行动的协调能力。这次在日本海、太平洋和东海海域举行的演习，内容包括反潜、对空战斗、与敌对舰艇交战、对可疑船只进行海上警备行动时的应对、海上搜救国人、强制要求对方停船进行临检等。这次演习属于美、日两国海上作战力量的年度演习，主要演练两军之间的海空协同作战。其规模在世界范围内也是数一数二的。与海上大规模演习相配合，日本自卫队的其他军种也会举行相应的配合演习。参演的美国海军第7舰队动用了10艘战舰，包括“小鹰”号航空母舰、“科茨”号驱逐舰、两艘从珍珠港调来的潜艇以及8000名官兵。日本参加演习的有防空性能很高的、可以同美国通信系统共享情报的宙斯盾舰艇“雾岛”号等约80艘主力战舰，以及情报收集战机EP—3和直升机等170架飞机。演习出动了海上自卫队（约4.4万人）的6成人员（2.5万人）。海上自卫队的演习从1954年开始，此次是第49次，也是第22次与美军联合演习。

这次年度演习使日本军事力量的发展出现了一系列新动向。日本一直十分重视发展海空力量，坚持以“海空优先”为指导原则，不断提高自卫队质量与现代化水平，致力于建成一支“规模精干、质量充实”的现代化军队。特别是“9·11”事件后，日本政府借机出台出兵海外3项法案，派遣战舰赴印度洋，为美军提供支持。为满足由近海不断向远海推移的海上作战需要，逐步形成远洋作战能力，日本特别注重加速提升其海上自卫队的作战能力。目前，日本海上自卫队拥有60多艘大型水面舰艇，是老牌海上强国英国的两倍。海上自卫队的每个护卫舰队都配备了一艘“宙斯盾”导弹驱逐舰，与常规型导弹驱逐舰搭配，大大提高了舰队整体的防空能力。另外，海上自卫队在战舰数量增加的同时，主战舰艇吨位也在不断提高。

“9·11”事件前，日本长期执行的是渐进扩张力量的策略，在动用武力的问题上十分谨慎。“9·11”事件后，日本在为美国“小鹰”号航母起航护航时竟出动数十艘舰艇，规模之大完全超出了护航的实际需要，很明显是另有意图。阿富汗战争爆发后，日本出动近1000名自卫队队员、3艘后勤保障船前往印度洋支持美军，随后频频出动“宙斯盾”战舰前去“护航”。塔利班武装根本不能对日本军舰有什么威胁，而日本大举派遣世界上最先进的大型军舰护航，只能表明日本假借国际社会反恐之机，炫耀自己强大的武力。近年来，日本不断举行各种大规模演习，先进武器频频亮相，不断创造新的“纪录”，其用心都是为了炫耀实力，显示日本“有实力说话”。

随着日本军事实力的急速膨胀，日本自卫队的职能也发生着变化，开始极力拓展海外空间，想方设法走出国门，干预外界事务。日本在积极修改宪法、突破向海外派兵限制的同时，还不断参加境内外各种军事联合演习，扩展日本在亚洲扮演的军事角色。当今，日本的军费支出属于世界前列。随着军费开支的增加，日本加速扩充军备，扩充的重点是海上自卫队和航空自卫队，扩充的方向是提高进攻作战能力。“9·11”事件后，日本借机加快了推动实现“海外军事行动自由”，加速战略转型。

日本认为只有跟随美国，配合美国的战略部署，才能获得发展自身军事力量、扩大军事影响和提高对亚洲安全事务发言权的机会。因此，日本对与美军进行的联合军事演习十分重视，力图在演习中扮演好自己的角色，显示出自己的作用。为了加强日、美军事同盟关系，日本在20世纪90年代中期以来采取了一系列加强日美同盟的重大步骤。在新《防卫计划大纲》中，日本提出了密切日、美军事合作，在情报交换和政策磋商、兵力运用方面建立有效的合作态势，在装备和技术方面加强广泛的相互交流以及保障美军在日本的驻留等4大措施。日本在此基础上还把日、美军事合作具体化，其主要表现是为实施“相关法案”制定具体方案。

1998年12月，日本正式决定与美国共同研究开发战区导弹防御系统后，日、美又于1999年8月9日参加TMD研究的换文达成协议，并签署了规定4个研究项目及费用分担、技术转让等实施细则的谅解备忘录，正式启动TMD的联合研制。随着日、美军事同盟的加强以及日本在同盟中自主地位的提高，在必要时同美军实施联合作战，密切双方在战斗中的协调和协同，已成为日本军事战略的重要组成部分。

● "ANNUALEX—13G"彰显日美军事同盟新变化

2004年11月10日至19日，日、美两国海军在日本海域悄然举行了一场代号为"ANNUALEX—13G"的绝密联合军演。日本海军现编的4个"八·八舰队"全部出动，共计有1.13万名自卫队员和4400名美军、35艘战舰与核潜艇、260架战机以及6颗军事卫星参与。这场军演被称为美国和日本之间迄今为止规模最大、性质最绝密的海空军联合大军演。

与其他演习不同的是，日本对于此次超大规模的演习非常低调，所有相关的内容均被美、日两国军方列为"Top Secret"。因此，对于人数动辄上万的这一演习，各国军事评论家与分析家绞尽脑汁也未能弄清它的具体情况，也没人能解释这一演习的代号和意味，只能隐隐猜测是"年度演习"。日本和美国11月12日在鸟取县陆上自卫队的米子驻地进行了联合军事演习。演习中假想"日本周边发生战事"，日本出动陆海空自卫队将在海上遭难的美军士兵救出并给予治疗。但据外国媒体称，在这次演习中，美日还首度模拟猎杀"C"国战略核潜艇。从日、美此次联合大演习内容看，日、美军事同盟关系正在发生新的变化。首先是日本将承担更多的军事义务。由于美国需要其同盟国日本能够更多地分担其负担，在美国的默许和鼓励之下，日本完成了所谓"有事"法制体系，为日本搭上美国战车赴海外采取联合军事行动提供法律支持，也使日本从美国的"军事助手”一跃而成为所谓能承担更大军事义务的“平等伙伴”。这更使日本实现了其多年向往的摆脱雅尔塔战后体制、成为“普通国家”的“雄心”。

这次演习表明，日、美同盟关系的职能正从“防御”向“进攻”转变。美、日军事同盟关系的职能是“保卫日本”。从此次演习想定看，日本是假想“周边发生战事”，这说明日、美同盟的职能已转变为应付“周边事态”。由此可见，今后日本只要认为周边发生的事态对它的安全有影响，就可以进行军事干预。因此，美、日军事同盟关系正由“防御”型转变为“进攻”型。

4. 日英“北方卫士”联合军演

2016 年 10 月 23 日，日、英两国举行空军联合演习。演习内容包括防空、空战与对舰攻击，演习区域为三泽基地周边的太平洋及日本海沿岸海空域。这充分反映了日本急欲通过与外部力量的联合演习，扎实做好基本功，从而为自卫队在海外使用更多武力手段打下基础。这是日、英两国战机自第二次世界大战以来首次举行空中作战演习，也是日本航空自卫队首次与美国之外的国家在本土举行联合演习，象征意味颇浓。

日本作为第二次世界大战之后的战败国，本国宪法和其他一些政策规定，国际法对它也有约束，它不能行使集体自卫权，但因为美国在战后运用军事力量占领了日本，所以它跟美国的安保关系是特殊的，是一种同盟的关系。从这个意义上来讲，这次联演可以说是第二次世界大战结束以后，日本作为战败国的一个突破性举动，它的意义在于日本方面政策上的变化和调整。

此次日本跟英国联合空中力量演习，是 2016 年 1 月日本和英国在“2+2”会谈上敲定的。演习规模有限，日本方面主导，一共投入了 8 架作战飞机，英国这次参加演习的主要是 4 架“台风”战机，除此之外，还有空中加油机，一共参与演习的只有150名人员。4架参加演习的英国空军“台风”战机10月22日从马来西亚起飞，于当晚抵达日本青森县三泽空军基地。同时抵达的还包括空中加油机、运输机等保障机型和人员。英军战机抵达后，英国空军中校罗杰·埃利奥特发表简短讲话，称希望在演习中与日本航空自卫队相互学习。日本航空幕僚长杉山良行在新闻发布会上说，日本希望通过此次演习加强与英国空军合作行动的能力。从24日起，英军“台风”战机就和日本航空自卫队驻扎在三泽基地的4架F—2战机，以及北海道千岁基地的4架F—15J战机一起进行了“北方卫士”联合军演。

近年来，日本一直寻求对正在服役的战机更新换代，以提升在海上争端中的空中震慑力。日本努力推动与英国的联合演习，除了战略考虑外，还希望借此机会在新战机的设计上有所突破。日本目前正在规划F—3战机，并且在技术准备上早已启动。日本准备建造新一代作战飞机，主要目的就是将来取代现在正在装备的F—2，以及从美国进口的其他作战飞机，并对其进行改装、更新换代。“台风”战机到访为日本航空自卫队提供了一次近距离观摩欧洲最先进战机的机会，借此为“F—3战机项目”取经。“F—3战机项目”被视作日本自卫队现有F—2型战机的升级版，能够与日本向美国订购的F—35战机以及本土制造F—15JS战机升级款配合执行任务。

从技术设计角度来看，F—3战机吸收了F—22，包括F—35等一些技术上的特点，技术来源虽然是美国的，但日本也想吸收其他方面的技术，特别是欧洲战机的一套设计体系、一些特别理念。日本想兼收并蓄，通过这种方式来给新一代的战机F—3在设计上吸取更多的经验。日本政府预计2018年夏季宣布招标结果，最早21世纪20年代末期全面部署这些战机。

（二）美韩联合军事演习

长期以来，笃信“联合就是力量”的美、韩军方不仅在指挥层次上实现统一调度，还频繁实施联合演习，以促进战术融合更加顺畅。自 1953 年朝鲜半岛停战以来，美韩联合司令部主导的联合演习每年有百余次之多，演习内容包括登陆、巷战、撤侨、入侵、反攻等多种。其中战略战役级别的军演有 7 个，其中大型军演有二三月举行的“关键决断 / 秃鹫”和八九月的“乙支 · 自由卫士”演习。

1.“关键决心 / 秃鹫”联合军事演习

“关键决心 / 秃鹫”(也译为“关键决心 / 鹞鹰”)联合军事演习是美国和韩国一年一度举行的两场联合军事演习行动，并且每次都会通告朝方。演习目的是检验在朝鲜半岛发生“突发事件并导致全面战争”的情况下，美军及时从朝鲜半岛外向韩军提供支持及联合作战保障。军演包括美军海军陆战队实弹射击、空中打击演习和城市巷战训练等内容。

●“关键决心 / 秃鹫”综述

韩、美两国军队从 1964 年起每年联合举行以训练野外协同作战能力为重点的“秃鹫”演习，从 1994 年起每年联合进行“战时增援演习”（RSOI）。2002 年起，这两个军演改为同时举行。“秃鹫”联合军演是实战性的野外机动训练，主要内容包括韩美军队联合进行保卫后方地区安全、稳定作战和主要装备向前方移动等。“战时增援演习”由接收、集结、前方移动和整合四部分组成，主要目的是训练并评估韩、美军队指挥官接收来自海外基地美军的能力。2008 年起，韩、美开始每年举行代号为“关键决断”的联合军演，取代以往的“战时增援演习”，旨在提高韩、美军方的联合行动和作战能力。

作为美、韩联军参与规模最大、最贴近实战的指挥部与实兵演习，“关键决心/秃鹫”军演既是美、韩联军向朝鲜展现实力的手段，更是朝鲜半岛局势的风向标。“关键决心/秃鹫”演习是指挥部与实兵演练相结合的系列演习。美、韩结合此前朝鲜半岛的新情况，在“关键决心”演习中制定新的作战方案，并通过计算机模拟进行验证，待方案成熟后，再以实兵演习的方式在“秃鹫”军演中加以验证。因此，从“关键决心/秃鹫”军演中美、韩参与的人数与装备中，就能看出他们对朝鲜此前动向的态度。例如，在2009年，当美、韩策划该年度的“关键决心/秃鹫”军演时，朝鲜在2006年10月9日已进行了首次核试验后不断有消息显示其将在2009年进行第二次核试验。同样是在2006年，被外界认为将首先具备核武器搭载能力的朝鲜“大浦洞—2”型弹道导弹进行了首次试射后，不断传出的消息也显示该型导弹将在2009年再次进行试射。鉴于此，美、韩对本年度的“关键决心/秃鹫”军演相当重视，但着眼于朝鲜的这些动作都仅停留在传达“超强硬”态度的层面上，美、韩两国分别只派出3600人与2.1万人参加“关键决心”演习，1.2万人与20万人参加“秃鹫”军演，与此后历年参加该演习的人数相比并不多，但“斯坦尼斯”号航母的参演还是体现了美、韩的严重戒心。

2010年3月8日至18日，韩、美举行了代号为“关键决心/秃鹫”的联合军演。它主要假想朝鲜半岛出现紧急情况，美国如何立即向韩派遣大量部队增援，并接收和展开增援部队。在此次举行的“关键决心”演习中，驻扎美国本土华盛顿州刘易斯堡的“斯特赖克”战斗旅搭乘多架C—17运输机，经一周左右抵达韩国，这被认为是封堵朝鲜人民军“胜利时间窗口”的关键（美韩一般认为朝军首波攻势会持续一周左右）。此次“关键决心”美方派遣1万多名驻韩美军和8000多名增援军队士兵参加，韩国方面由军团级以上的兵力2万多人参加。其间，还举行了“秃鹫”联合军演。据韩军联合参谋本部官员向媒体介绍，举行“关键决心/秃鹫”军演旨在提高韩、美联军的应对能力，在非常时期进行有效的防御。驻韩美军司令夏普说，“以废除朝鲜大规模杀伤性武器为任务”的一支美军部队也参加了2010年的军演。此间媒体称，这是美军首次对媒体披露其拥有专门针对“朝鲜大规模杀伤性武器”的部队，并派来参加韩、美联合军演。对此，朝鲜在“关键决心”演习开始之前和演习期间多次予以强烈抨击。朝鲜最高司令部还在演习开始当天发布公告，命令朝鲜人民军陆海空军部队“立刻进入备战动员态势”。朝鲜方面虽然进行了警告，但整个演习期间并没有特别的动向。

尽管韩国一再表示“关键决心”联合军事演习的重点在于防御，是为了提高韩、美联合司令部抵御外部侵略的战力而进行的年度联演，但有分析认为，此次美韩联合演习在兵力规模、演习时间、武器装备等方面都为近年所罕见。由于该演习假想美、韩如何发现并粉碎“朝鲜的侵略野心”，招致朝鲜方面强烈抗议。朝鲜外务省发言人称，针对美、韩举行的联合军事演习，朝鲜已经做好了“对话和战争的两手准备”。朝鲜人民军最高司令部通过朝中社发表声明，命令全国军民“做好一切战斗准备”，来应对美韩联合军事演习。另据韩联社披露，朝军新组建了中程导弹师，专门负责在战时打击从海外驰援韩国的美军。据美国《洛杉矶时报》3月9日报道，本年度的“关键决心”演习区域为韩国全境和周边水域，参演兵力包括两万名韩国军人、1.2万名驻韩美军，再加上6000名来自美国本土及多个太平洋基地的美军增援部队。虽然韩国国防部在演习前明确说美国核航母不参加，但值得注意的是，此前已举行两次的“关键决心”演习中，都会看到美军核航母、核潜艇以及“宙斯盾”驱逐舰的身影。驻关岛的“俄亥俄”级战略核潜艇“适时参演”，配备有154枚巡航导弹的“俄亥俄”级核潜艇，一直被外界视为美军威慑朝鲜的“撒手锏”。“关键决心”演习期间，还穿插进行了代号为“秃鹫”的野外机动训练，“检验美韩军队遭遇朝军进攻时的‘抗压力’及稳定后方秩序的能力”。就以往情况看，“秃鹫”训练科目一般包括：航空基地和港口警戒、清除核生化污染、伤亡救治、空降、物资空投、渗透与反渗透、防空、反潜，以及非战斗人员撤离等。

与2009年“关键决心 / 秃鹫”军演的有张有弛相比，2012年的军演尽管没有航母参加，但美、韩的参演军队人数却是历年最多的。更为重要的是，在此次军演中代替航母挑大梁的是美国第7舰队的旗舰“蓝岭”号指挥舰，此举预示着美韩在此次演习中以美国为主导，对两国海上力量进行更加深入的整合，一方面能对朝鲜进行更加严密的海上封锁，同时也能在朝鲜出现异动的情况下，进行更有效的打击。之所以美、韩将这些行动定在2012年，原因在于，朝鲜在演习之前的动作实在让美、韩不得不提高戒心。在2011年年中至2012年年初的半年间，朝鲜不断放出消息称，该国将在2012年以脱胎于“大浦洞2”型弹道导弹的“银河3”号运载火箭发射“光明星3”号卫星。事实证明，朝鲜在2012年不仅发射了，而且还是两次。按照美、韩在演习之前的分析，朝鲜进行此类卫星发射预示，该国5000千米射程的弹道导弹技术或已基本成熟且已具备搭载核弹头的能力，在核弹头尚未研发成功的情况下先以卫星加以验证。由此，朝鲜的核威胁将逐渐具备实战能力，美韩在获得此类信息后，在“关键决心 / 秃鹫”军演中，投入最多的兵力，进行最贴近实战的部署也就不足为奇了。

有别于之前这两次的剑拔弩张，“关键决心 / 秃鹫”军演也有配合半岛局势，低调举行、低调报道的时候。当美韩联军司令部2014年宣布将举行本年度的“关键决心 / 秃鹫”军演时，不仅否定了媒体关于在此次军演中将有 B—2 与 B—52 轰炸机飞越朝鲜半岛空域的假设，还罕见地未提及美军究竟能有哪些重要战舰参演，尽管参演的韩军有所增加，但是参加“秃鹫”军演的美军从2013年的1.2万人大幅降低至7500人，不仅如此，2014年的“秃鹫”军演也是历年中唯一没有外来增援美军参演的一次，整个军演都在以相当低调的形式宣传、进行。原因在于，本年度朝、韩关系缓和迹象明显，两国进行了离散家属见面会，两国军方交流增多，互信有限增加。与此相对应，当美韩联军司令部公布了本年的演习计划时，朝鲜也极为罕见地未对韩国进行任何指责，只对美国进行了并不算激烈的口头警告。

● **2016 年“关键决心 / 秃鹫”军演**

2016 年 3 月 7 日至 4 月 30 日，韩国和美国在韩国全境同时展开“关键决断 / 秃鹫”两场年度联合军事演习。这是自 2010 年 3 月发生“天安”号事件以来规模最大的一次韩美联合演习。

美军投入的战斗力量为 40 年最大。3 月 7 日，一年一度的韩美大型联合军演“关键决断 / 秃鹫”在韩国全境正式启动。代号为“关键决断 / 秃鹫”的美韩联合军演共有约 1.5 万名美军和超过 30 万名韩军人员参加，且将出动核潜艇、F—22 战机等各类战略武器。此外，本次联合军演还会探讨对朝“斩首行动”的现实性。美军还出动了战斗航空旅团、海军陆战队机动旅团，以及“斯坦尼斯”号核动力航空母舰、空中加油机等大批尖端装备。其间，美军出动了战斗航空旅团、海军陆战队机动旅团、“斯坦尼斯”号核动力航空母舰、核潜艇等，其投入的战斗力量在质与量两方面都创下自 1976 年以来的最大规模。值得一提的是，“斯坦尼斯”号航母部署到位后，美军在这一地区就拥有了两艘核动力航母，另一艘是长期部署在日本东京横须贺美军基地的“里根”号。

演习重点将放在对朝鲜“核心设施进行精确打击”上。自朝鲜于2016年年初进行第四次核试验并发射“光明星”四号卫星后，国际社会谴责，安理会通过对朝制裁决议。美、韩更欲用“外科手术”的方式——联合军演，展现威慑力。在以往的演习中，韩、美军方都会声称与朝鲜立场无关，是防御性例行演习。但此次军演，在朝鲜进行第四次核试验和发射卫星导致半岛紧张局势进一步升级的背景下，似乎向朝鲜发出强烈警告信号。3月13日上午11时许，美国海军“斯坦尼斯”号航母战斗群驶入韩国釜山作战基地。“斯坦尼斯”号航母战斗群除了“斯坦尼斯”号核动力航空母舰外，还包括“斯托克代尔”号驱逐舰，“钟云”号、“劳伦斯”号、“莫比湾”号导弹巡洋舰以及第9舰载机联队、第21驱逐舰中队等。其中仅“斯坦尼斯”号核航母上就搭载有F/A—18“大黄蜂”战斗机、EA—6B电子战飞机、E—2C“鹰眼”预警机等80多架飞机，舰员约6500人，堪称“漂浮的军事基地”。破坏力强大的美国战略武器来到朝鲜眼皮底下，彰显了“一旦朝鲜挑衅将严惩不贷”的决心，向朝鲜释放出强烈的警告信号。

在军演启动前的2月17日，一副吸人眼球的场景出现在朝鲜半岛上空：4架美国F—22“猛禽”战机飞抵韩国，在8架普通战机的护航下低空飞行，向朝鲜示威。F—22堪称当今世界最先进的隐形战机，韩国媒体在报道这一消息时宣称，F—22可以快速潜入平壤空域，“对朝鲜领导人的办公场所或朝军核心设施实施核轰炸”。更早之前，韩、美在韩国东部海域举行联合潜艇演习，美国“北卡罗来纳”号核动力潜艇参加。这是美国继B—52战略轰炸机后，又向朝鲜半岛派出的战略武器。因此，此次“关键决断”是第一次适用“作战计划5015”的一次演习。军演中美国的核动力航母和B—2轰炸机赴韩，大批美国海军陆战队集结半岛，意味不言自明。根据

“作战计划5015”，一旦朝鲜半岛进行挑衅，韩、美将对朝鲜进行先发制人的攻击。韩国《朝鲜日报》6日报道称，此次韩美联合军演，一个重要演练内容就是对朝进行“斩首作战”，推翻该国政权。

作为韩美联合军演“关键决断/秃鹫”军演的一环，韩、美还进行了海军陆战队联合登陆演习——“双龙演习”。该演习每年都会进行，但2016年决定在登陆以后提高占领内陆的演习强度并延长时间，为史上最大规模。3月7日至18日，韩美海军陆战队展开“双龙训练”。训练中，韩方派出3000名海军陆战队员和2000名海军军人，美方则派出7000名海军陆战队员和5艘海上预置舰。此次“双龙训练”侧重加强内陆作战训练，而训练目的在于培训迅速深入朝鲜内陆、破坏其核与导弹基地等核心设施的作战能力。

2.“乙支·自由卫士”联合军事演习

“乙支·自由卫士”，是美、韩一个例行年度演习，主要假想对朝鲜作战的，原来叫“乙支·焦点透境”演习。乙支，指的是乙支文德，是朝鲜三国时代高句丽国的著名将领，朝鲜半岛最杰出的将领之一，传说公元612年指挥了萨水之战，乙支文德以少胜多，击退了百万隋军。

自1975年以来，韩、美两国每年举行“乙支·焦点透镜”联合军演，演习于1976年由“乙支”民防演习和“焦点透镜”指挥所演习两部分合并而成，为年度例行性演习，每年八九月举行一次，为期约两周，是迄今世界上规模最大的计算机模拟军事演习，用于检验韩、美两军指挥部在朝鲜半岛发生突发事件并导致全面战争情况下的指挥作战能力。从2008年开始，联合军演改名为“乙支·自由卫士”。“乙支·自由卫士”军演与其他韩美联合军演一样，目的是为维护朝鲜半岛的稳定和提高区域内的防护与备战水平。该演习由美、韩两军参谋长联席会议共同协调，每次演习都能出动至少2万名军人参加，是亚太地区参演兵力最多的演习之一。

● “乙支·焦点透镜—2004”模拟朝鲜半岛全面战争

2004年8月23日至9月3日，美韩军队在朝鲜半岛举行代号为“乙支·焦点透镜—2004”的大规模年度性双边计算机模拟指挥所带部分实兵演习。这是美、韩两军联合举行的第30次“乙支·焦点透镜”演习。尽管这一演习属于“年度性常规军演”，但由于正值驻韩美军大调整前景不明，朝鲜猛烈抨击这一军演，是否再参加六方会谈前景不明，同时口水战全面升级，因此“乙支·焦点透镜—2004”演习非常引人注目。

单从“乙支·焦点透镜—2004”演习的规模来说，2万名韩、美官兵参加便使该演习成为朝鲜半岛近年来军演之最。美军此次军演的主要参演单位有运输司令部、军事海运司令部、特种作战司令部、国防信息系统局、太平洋总部及所属各组成司令部、驻韩美军司令部及所属各组成司令部、驻日美军司令部及所属各组成司令部、本土第3军、第7舰队等近1.2万人，其中包括从美国本土和海外其他地区赶到朝鲜半岛的6500名美军官兵。韩国主要参演单位包括韩国防部、参联会、陆海空三军本部、陆军营以上司令部、海军各舰队司令部、空军各战斗飞行团以上司令部。

模拟朝鲜半岛爆发全面战争，演练美、韩如何防御反攻。“乙支·焦点透镜—2004”演习由美、韩两军的参谋长联席会议共同协调，美军太平洋总部主持，美韩联合部队司令部具体实施。演习以美、韩“5027”朝鲜半岛防御作战计划为指导，评估两国战时协调体制、美军对韩的增援程序及协同作战计划以及美韩联合部队司令部战时指挥控制程序，提高美、韩各级指挥机构的指挥与控制能力及联合作战水平。这次演习是模拟朝鲜半岛全面爆发战争，美韩联军如何防御与反攻，主要演练科目有：地面攻防、海上作战、空中作战、重要设施防御、两栖作战、特种作战、电子战、计算机网络防御、反恐怖、核生化防御、战区弹道导弹防御、民防、海难救援、非战斗人员撤离、人道主义救援及国家战时危机管理等。整个演习分为两个阶段进行，第一个阶段是中级和高级军官在指挥所里用电脑进行战争模拟，完全是虚拟世界的真实战争；第二个阶段则是实兵演习，主要是演练特种部队如何应对渗入后方的“朝鲜特种部队”。与“乙支·焦点透镜—2004”演习同步进行的是韩国代号为“2004华兰”的全国性核生化防御大演习。在演习中，汉城（2005年1月正式更名为首尔）地方政府将举办公开展览，让公众充分了解防毒面具、生化侦察车和个人反辐射药品等。

尽管“乙支·焦点透镜—2004”是年度性常规演习，本身并没有特殊之处，然而，该年度的军演却让有关各方有“生不逢时”的感觉，因为演习举行之时恰值驻韩美军打算大调整，美、朝双方大打口水战。美、韩双方无法就驻韩美军大调整达成一致意见，只能将此问题提交到2004年10月22日在华盛顿举行的年度性安全协商会议上继续讨论。美国政府向韩国保证说，在裁军的同时，美国将会同步为驻韩美军配备新式的精确制导武器，在未来三年的时间里，耗资110亿美元为驻韩美军配备最新式的武器。韩国政府在得知保证后仍觉得不够，提出要求称，如果美国方面裁军的意志不可动摇，那么至少要把重要的武器，比如说，火箭炮和“阿帕奇”武装直升机留在韩国，这样可以继续对朝鲜有震慑作用。至于调整后的美国军力是否有能力阻止朝鲜半岛爆发战争，美、韩双方就是要通过像“乙支·焦点透镜—2004”这样的军事演习进行检验。然而，朝鲜方面对这次演习进行了猛烈的抨击。8月6日，韩美联合部队司令部将“乙支·焦点透镜—2004”演习的相关事宜向朝鲜进行了通报，声称这是一个“年度的常规演习”。联合部队司令部正式将军演的消息通报给朝鲜后，朝鲜立即作出反应，强烈反对演习，声称“乙支·焦点透镜”是“为战争作准备”。

2004年度的“乙支·焦点透镜”演习是第30次，大约有6500名来自美国本土的官兵参加了本年度的演习，但没有大规模的部队部署到朝鲜半岛。几年来，由于韩国与朝鲜的关系改善，所以实兵演习的规模越来越小。不过，从2003年起，美国和韩国的实兵演习的规模开始升级，韩国军方在“乙支·焦点透镜”演习中罕见地举行了坦克通过汉江的演习。23日，汉城市在首都防卫司令部化学部队的支持下，从上午9时开始至下午5时在汉城市政厅前的草地广场以市民为对象，举行了防毒面具、化学侦察车(K—316)及个人解毒物资(KMARK—1)等反化学武器装备及物资的展示会。汉城瑞草区厅和城市铁道公社从当天下午3时开始，在瑞草区厅办公大楼和地铁4号线淑明女大入口站等地与52师、瑞草警署及瑞草消防署等一起举行针对化学武器恐怖袭击的防备训练演习。

龙山兵营是“乙支·焦点透镜—2004”的神经中枢。据美国全球安全网消息，“乙支·焦点透镜—2004”演习其实涉及驻韩美军所有的基地和部队，各部指挥所均与汉城的“坦戈”地下指挥中心联网。尽管驻韩美军调整在即，但其各基地现在的状况仍没有多大的变化。龙山基地是驻韩美军最重要的军事设施之一，也是汉城地区美军诸多军事设施中最大的一个。基地坐落在有1100万人口的韩国首都汉城市中心的黄金地带。尽管兵营处在繁华的都市中，可它却是一个地地道道的城中之城，令人感受到的是郊区的宁静。不过，在这表面的宁静背后却隐藏着浓浓的杀气，因为龙山兵营是驻韩美军司令部、驻韩美军第8集团军司令部、联合国军司令部和韩美联合部队司令部所在地。因此，龙山基地堪称驻韩美军的“指挥神经中枢”。

●“乙支·自由卫士—2016”引来朝鲜强烈反弹

2016 年 8 月 22 日，韩美年度联合军演“乙支·自由卫士”拉开帷幕，一直持续到 9 月 2 日。韩美方面称军演旨在提升韩美同盟应对能力，维护区域内防御和朝鲜半岛稳定。朝鲜人民军总参谋部当天就此发表声明称，一旦发现敌方有侵略迹象，朝鲜军队将会进行先发制人的核打击。

一边是年度韩美军演大戏，一边是朝鲜频射导弹，你来我往使得地区充满火药味。8 月 22 日，韩美启动的“乙支·自由卫士”年度联合军演，不出所料引来了朝鲜方面的强烈反应。就在 8 月 22 日韩美启动“乙支·自由卫士”年度联合军演之后，24 日朝鲜便向朝鲜半岛东部海域发射一枚潜射弹道导弹。在局势紧张的朝鲜半岛上，这场“模拟指挥演习”却好像总在挑动各方的敏感神经。朝鲜当天清晨向朝鲜半岛东部海域发射一枚潜射弹道导弹。朝鲜最高领导人金正恩指导了此次潜射导弹发射试验。金正恩在讲话中提及正在进行的美韩“乙支·自由卫士”联合军演，警告美国及其追随势力不要损害朝鲜尊严和安全，保持自制。算上 2016 年，“乙支”联演已经进行了逾 40 年，在高度敏感、局势紧张的朝鲜半岛上，这场演习是个什么样的存在?

对比美韩每年二三月举行的“关键决断”和“秃鹫”演习，被媒体称为“世界上规模最大的电脑化军事指挥演习”的“乙支”，更像场大规模的“在线游戏”。2016 年的演习的假想情景是“敌方”对韩国境内的美韩军队发动海陆空常规协同进攻，以美韩联合司令部人员和下级附属机关人员以及相关基础设施为主要对象，所采用的电脑模型则包括海、陆、空作战、联合作战模型和战争损失评估。《日本经济新闻》报道称，2016 年的“乙支·自由卫士”演习增加了向韩军供应弹药等内容，提高了训练级别，但轰炸机和潜艇等实战武器装备则并不参加。

从参演人数规模上说，“乙支·自由卫士”参演人数每年大致稳定，通常在8万人左右浮动，2016年韩方和美方各派出5万余名和2.5万余名军人，韩军规模与2015年持平，美军略少于2015年的3万余名，此外还有澳大利亚、加拿大、哥伦比亚、丹麦、法国、意大利、菲律宾、英国、新西兰9个国家参演。从缓和半岛局势的角度看，韩、美对这次“乙支·自由卫士”联合演习的表述可谓“尽可能低调处理”，虽然朝鲜此前已多次试射导弹或发射炮弹，但韩、美军方并没有发出什么强烈的措辞，试图降低公众对联合军演关注的“热度”。韩美联合司令部在“乙支”演习开始的当天上午就向朝方口头通报了此次军演的日程、目的等，称演习“不具挑衅性”，并反复向外放风，说演习是“防御性指挥所演习”。韩国军方有关人士还告诉媒体，“军演期间没有把美军战略武器用在韩半岛的计划”。

但“乙支”真就这么“绿色”吗？五角大楼发言人杰夫·戴维斯对“美国之音”则一语道破，这次演习的目的是确保美国有能力履行保护韩国的责任，应对“朝鲜可能发动的任何侵略”。这一系列表述之下，恐怕朝鲜不强行“对号入座”都难。不出意料，军演消息一出立刻引发朝鲜一如往年的强烈反应。朝鲜人民军总参谋部发言人当天就发表声明称，韩美军演是“核战争挑衅活动”，“此次军演是出其不意核打击和入侵朝鲜的预演”。朝鲜为何一再强调“核战争”，硬把这场以模拟指挥为主的例行演习与之挂钩？军事观察人士认为，这与朝鲜对韩、美2015年提出的“作战计划5015”颇为敏感不无关联。韩美联合司令部曾表示，2016年“乙支·自由卫士”与2015年一样，将根据“作战计划5015”的剧本进行。该计划是韩、美两国于2016年6月签字生效，用于半岛战时状况的作战计划，内容包括受到攻击时进行反击，以及必要时“先发制人打击”朝鲜的核与导弹设施和基地。在2016年二三月举行的“关键决断”联合军演中也首次启动“作战计划5015”。演习中首次实施对朝鲜核、导弹先发制人，进行探测、扰乱、破坏、防御四阶段应对的“4D作战”联合演习。

一年一度的韩美“乙支·自由卫士”演习常常引发朝鲜半岛局势紧张。2016年的演习又碰上了不久前朝鲜的导弹试射与外交官叛逃事件，使得地区充满火药味。朝鲜在韩美“乙支·自由卫士”军演前后进行导弹发射，似乎已算不上什么新闻，这次也不例外。继8月初首次向日本专属经济区发射两枚可覆盖日本全境的疑似“芦洞”中程弹道导弹后，就在24日，朝鲜又发射一枚潜射弹道导弹。该导弹飞行500千米最后落入日本防空识别区。这是朝鲜2016年来第三次发射潜射导弹，4月23日朝鲜首次发射潜射导弹时，导弹飞行30多千米后在空中爆炸。7月9日第二次发射时，导弹在距离地面十余千米高空爆炸，飞行距离仅为数十千米。与前两次相比，韩军认为朝鲜的此次导弹飞行技术大有进展，最快能在今后一两年内完成实战部署。虽然美国战略司令部援引北美防空司令部的分析说，该导弹“无法对美国构成威胁”，但美国军方仍谴责了朝鲜最新的“挑衅”行为，并发誓要在联合国提出这个问题。此前，有数项联合国安理会决议要求平壤终止其所有的弹道导弹项目活动。

3.“不屈意志”海上联合军事演习

除了这两个兵力过万的大军演外，美韩其他的军演更是花样繁多，有海、陆、空专项演习和协同演习。

●“不屈意志—2010”海上联合军事演习

2010年11月28日，为期4天的美韩联合军事演习于当地时间早晨6时在韩国西部海域（我称黄海）正式开始。

演习是在朝鲜、韩国双方在延坪岛发生炮击事件不久的背景下举行。2010年11月23日上午10时，韩国在延坪岛附近海域上进行已预定年度例行的军事炮击演习。当日，朝鲜曾要求韩国停止有关军事演习，但韩国方面不予理会，并向韩国一方的水域进行了发射炮弹的演习。在当地时间下午约2点34分，朝鲜人民军无预警开始向韩国延坪岛炮兵阵地射击。延坪岛上的韩国军事设施随即在炮击中起火，韩国方面立刻用K—9自行火炮（6辆中共有4辆正常开火）向朝鲜海岸炮部队基地还击。朝鲜遭到韩国还击后，随即又进行了还击。朝鲜发射的炮弹共计170余枚，其中60枚命中延坪岛。韩国亦还击了80多枚炮。朝方炮弹造成2名韩国海军士兵和2名平民死亡，20人受伤，伤者中有17名韩军士兵和3名平民。朝鲜的炮击造成延坪岛上多处停电与火灾，韩国的炮击也造成了朝鲜方面的损失。韩国军方命令疏散平民躲进防空洞内，且快速重新组织在岛上的战力，并迅速派遣F—15K、F—16战斗机协防空域。

自从朝鲜人民军与联合国军在朝鲜战争中达成休战协议以后，朝鲜和韩国海上界线的划定一直未能取得进展。其中韩国设定的海上北方分界线在朝鲜主张的南方警戒线以北，双方的界线均未得到国际社会的认同。事实上，朝鲜政府并不承认韩国主张的北方分界线，并且宣称拥有此线南侧由韩国支配的富含渔获量的延坪岛及其周边海域的主权。历史上朝、韩双方多次在韩国设定的海上北方分界线周围进行军事行动，韩国同样不承认朝鲜主张的南方警戒线。

从20世纪90年代末至21世纪初期，双方军队以拥有此海域的主权为理由，在双方主张的分界线中间有争议海域活动，引起第一次延坪海战、第二次延坪海战等军事冲突。2009年11月10日，朝鲜人民军海军与韩国海军在大青岛海域发生海战。2010年在此海域附近所发生的“天安”号事件，由于韩、美等国认定该舰是被朝鲜微型潜艇击沉，从而使此海域的紧张对峙局面升级。

2010 年 11 月 28 日，炮击事件发生 5 天后，美、韩在朝鲜半岛西部海域开始联合军事演习，时间持续了 4 天。此次军演的海域距离中国山东半岛最近处仅 170 千米。美国航母“乔治 · 华盛顿”号开入黄海与韩国军演，美国国防部表示，“这并非针对中国，而是要加强震慑朝鲜，事前已通知中国。”韩国总统李明博表示，军演期间，朝鲜或会进一步“挑衅”，呼吁官员与联军合作做好准备。韩国《朝鲜日报》报道称，前联合参谋本部议长金宽镇获提名为韩国国防部长后，在青瓦台的人事听证会上扬言，若朝鲜再开炮，韩国“有必要以数倍还击”。针对美韩的联合军事演习，朝鲜在官方网“我们民族”网页上再发警告，称美韩黄海军演是“另一次不可原谅的军事挑衅”，“哪怕 (美韩) 只侵犯 0.01 毫米领土”，朝鲜的报复袭击“将令敌方大本营陷入一片火海”。朝鲜中央通讯 27 日警告称，如果美航母进入朝鲜西海参加军演，“后果无人能料”。朝中社又指，美国是策划此次军事冲突的“元凶”。

此次演习被称为韩、美有史以来级别最高的军事演习，美军派出了“乔治 · 华盛顿”号核动力航母、多艘先进的海面舰艇、侦察机，以及 F—22“猛禽”战斗机。旨在“震慑朝鲜”的联合演习由于距离中国山东半岛仅 170 千米，受到中国各方的强烈关注。在 11 月 28 日进行的美韩黄海联合军演中，一门韩国火炮在开炮时走火，导致炮弹落入朝韩非武装地带 (DMZ) 中。11 月 29 日，韩、美两军当天在韩国全罗北道群山港以西 66 千米处的于青岛，和忠清南道泰安半岛以西 55 千米处格列飞列岛等地进行了联合对空防御、航母舰载机和空军飞机空中渗透训练、航母强袭作战、反潜演习、海上补给战术机动联合演练等高难度战术演习。美军当天派出“乔治 · 华盛顿”号航母、J—STARS 监视机，监视朝鲜的海岸炮及地面炮基地的动向。美军还派出 9600 吨级巡洋舰和 9750 吨级驱逐舰参加演习。韩军则投入 7600 吨级“世宗大王”舰、两艘 4500 吨级驱逐舰（KDX—Ⅱ）以及巡逻舰、护航舰、战斗支援舰和反潜飞机等参加演习。在当天进行的海上自由攻防战训练中，美国航母舰载机 EA—6B 电子战飞机、E—2C“鹰眼”预警机以及“超级大黄蜂”战机等 80 多架舰载机全部出动。韩国空军和美国航母舰载机在当天的军演中都使用训练弹进行了武装射击。

美军此次新派出参演的 J—STARS 监视机是一种先进的远距空地监视飞机，主要用于对付地面目标，可在任何气象条件下对地面目标进行定位、探测与跟踪。其主要参数：机长 46.6 米，机高 12.9 米，翼展 44.6 米。动力装置为 4 台 JT—3D 型涡扇发动机，单台推力 84.48 千牛。最大飞行速度为 M0.8，续航时间为 11 小时，如进行空中加油则可在空中停留 20 小时。J—STARS 联合星实际是 E8 联合监视目标攻击飞机，这种飞机是美国加强对地攻击能力的一个主要信息化手段，曾经在科索沃战争中大规模使用。联合监视目标攻击飞机通常跟地面的雷达系统联合使用，比如，F—16 等飞机对地面进行攻击时，它就相当于对地攻击目标的一个预警和指挥机。它对空军、海军和陆战队的飞机都能够进行引导。因为它是跨军种使用的，所以叫联合星。RC—135 是一种非常先进的电子侦察机，将对朝鲜的一些电子辐射进行侦察。所谓的电子辐射主要是朝鲜部署的雷达，对其频率进行侦察记录，待真正作战的时候，就能够有针对性地进行干扰。同时，RC—135 还具有通信侦察的能力，对朝鲜所有的战备和战备之间的通信联系，不管是长波还是短波的信息都能进行侦察记录，而且对大量的手机信号进行跟踪和记录，一旦录入它的数据库以后，就可以判断出朝鲜的指挥中心在什么地方。

韩美联合军演 30 日进入第三天，两军演练了海上拦截作战、对空防御训练、空中入侵和应对以及航母攻击敌方地面目标作战等。韩国联合参谋本部负责人表示，海上拦截作战训练意在防止朝鲜侵犯北方界线，韩军舰艇包围并拦截朝鲜舰艇是此次演习的最大特点。空中入侵及防御演习以韩、美“宙斯盾”舰艇支持美国第七空军和韩国空军战斗机的方式进行，演练了以“宙斯盾”系统控制多架战斗机。美军派出“乔治·华盛顿”号航母参加航母舰队训练和空中入侵及防御演习。两军还首次进行了拦截并搜索疑似装载大规模杀伤性武器的朝鲜船舶的演习。12 月 1 日，韩美联合军事演习进入最后一天，两国军队对西海 (中国称黄海) 舰艇进行运输军需物资的机动演练。联合参谋本部的有关人士表示：“今年将进行机动军输演练和航空母舰护送作战。计划在下午结束全部演习。”机动运输演练是对战争期间移动的舰艇运输粮食、弹药和燃料等补给的演练。

● “不屈意志—2016”海上联合军事演习

2016 年 10 月 10 日，韩美 2016 年度“不屈意志—2016”（Invincible Spirit 2016）联合军事演习当天上午在韩国海域正式启动，演习持续至 10 月 15 日。演习的目的是确保美韩军事同盟随时准备好战斗。韩、美海军在朝鲜半岛西部、南部海域展开以“里根”号航空母舰为主力的演习，在东部及西部海域进行反特种部队作战训练。

美韩这次海上联合军演一共举行了 6 天。此次演习，美军派出包括“里根”号航空母舰在内的共 7 艘舰艇，韩国海军则派出包括“世宗大王”号驱逐舰在内的 40 多艘舰艇。两国还出动海上巡逻机、战斗机及直升机参演。在外界盛传朝鲜即将为献礼建党节而进行核试验或射导的情况下，韩、美两国于劳动党成立纪念日的 10 日在韩半岛全海域启动大规模联合军演，“里根”号核航母也参加武力示威释放强烈警告信号。除“里根”号核动力航空母舰（CVN—76）外，还有宙斯盾巡洋舰等 6 艘美军舰艇参加演习，韩方参演的有 7600 吨级“世宗大王”号宙斯盾驱逐舰等40多艘舰艇。美国陆军的“阿帕奇”直升机和韩国空军战斗机也将同P—3及P—8反潜巡逻机、F/A—18“超级大黄蜂”展开三军立体作战演习。两国海军将在韩半岛西部和南部海域开展“里根”号参加的航母战斗群演习，并在半岛东西部海域进行反特种部队作战演习，严防朝鲜特种兵对韩国后方实施海基渗透。两军还将通过针对朝军指挥部的对地精确打击、反潜作战、防空作战、威慑海上目标、航母护航等堪比施展的演习提高两国海军之间的互操作性和联合作战能力。

“里根”号是可造成大面积摧毁的战略武器，此番参演对朝鲜有相当大的威慑力。“里根”号属于排水量10.2万吨的尼米兹级核航母，全长333米，载员5400多人，甲板面积1800平方米，相当于3个足球场大，可容纳80多架舰载机。因能够快速投送足以匹敌寻常国家全部空军力量的空战力量，“里根”号有“会走的军事基地”之称。朝鲜击沉“天安”号巡逻舰后的2010年7月，韩美也曾举行代号为“不屈意志”的大规模海上联合演习，并出动“华盛顿”号核航母彰显严惩朝鲜挑衅的坚定决心。美国2016年已向韩半岛出动B—52及B—1B远程轰炸机、F—22“猛禽”隐形战斗机、“俄亥俄”号核潜艇等战略武器，并将继续接连调派战略武器赴韩，加大对朝鲜的军事施压力度。联合军演还包括模拟挫败朝鲜特种部队在日本海和黄海穿越海上边界线发动攻击。这次美韩联合军演还首次操演韩国的大规模惩罚报复作战理念，在面临朝鲜即将发动核攻击时，对朝鲜领导人和核设施实施先发制人的打击。

而韩国陆军总部12日在忠清南道鸡龙台接受国政监察时向国会国防委报告称，军方争取具备自主遂行特种作战任务的能力，为此引进MH级直升机、小型卫星通信设备、特战机枪。其中，MH级直升机类似于正在驻韩美军服役的MH—47直升机，这架直升机可空中加油，搭载自动探测敌阵地形的雷达，可不分昼夜冒着恶劣天气深入敌后600多千米投送40多名特种兵。军方计划争取在2017—2018年形成特种作战战力。2016年9月朝鲜进行第五次核试验后，军方表示正在调整特种部队的任务安排，以便在有事时消灭朝军指挥部。陆军特种作战司令部在接受国政监察时提交的工作汇报资料中表示，正在组建空基渗透所需特种作战航空部队和执行特殊战略任务的特战部队。虽然军方没有具体介绍“特殊战略任务”，但这被视为在战时潜入朝鲜，消灭金正恩等朝军首脑及首脑机关。

三、“磨刀霍霍”的单边联合军事演习

在东北亚地区，除了以美国为首组织各种规模的多边和双边的联合军事演习外，还有一些区域内各国单独进行的各种军事演习。如美国在关岛军事基地进行的演习、日本和韩国分别在本国举行的各种军事演习等。

（一）美军举行的单边军演

1. 美国关岛“勇敢盾牌”军事演习

“勇敢盾牌”可算是美军年度众多演习中的新成员，脱胎于2003年开始的“美军年度海空联合军事演习”。从某种意义上说，“勇敢盾牌”是美军专为外国军事观摩团“量身定做”的。正如“里根”号航母战斗群司令迈克·米勒少将所说：“‘勇敢盾牌’演习的一个重要部分就在于，我们能够邀请到来自中国的代表团……”美军自己介绍说，“勇敢盾牌”的目的在于加强海空联合作战能力，提高战场联合作战中发现、定位、跟踪和接战的效率。这里的战场，包括陆地、天空、海洋和网络空间。

● “勇敢盾牌—2006”大规模海空联合军事演习

2006年6月19日至23日，美军独立在关岛附近的太平洋海域

进行了为期5天的代号为“勇敢盾牌—2006”的大规模海空联合军事演习。尽管美军的军事演习十分频繁，似乎已经司空见惯，但这次演习由于规模庞大，演习是十多年来美国在太平洋地区调集航母最多的一次，以及有中国等7个国家的观察团参与观摩而格外引人注目。

6月19日，美军关岛“勇敢盾牌—2006”大规模联合军事演习正式开始。与此同时，美军在整个太平洋战区还进行着两场不同规模的演习，分别是在阿拉斯加境内举行的北方边境演习和在夏威夷举行的反战区弹道导弹海上操演。美国以这三次演习表明其能够在太平洋地区同时进行两场战争，并可以有效反制战区弹道导弹袭击。在关岛联合军演中，美军出动了包括3艘航空母舰在内的30艘船舰、280架各类战机和2.2万名官兵。

参加演习的3艘航母分别是核动力航母“林肯”号和“里根”号以及常规动力航母“小鹰”号。3艘航母战斗群一般在高威胁地区参与局部战争或在大规模常规战争中使用。关岛基地的一些美军官员接受《防务新闻》采访时则称，“仅仅在关岛集结的空中火力就足以打一场可怕的战争！”此前，美军在伊拉克战争中动用了4艘航母，不过它们并未部署在同一海域，而且部署在印度洋上的一艘航母并没有参与轰炸。由此可见，这次军演所设想的战争规模可能比伊拉克战争还要大。参演部队还有来自关岛安德森空军基地和夏威夷希卡姆空军基地的部队、从美国本土密苏里州和加利福尼亚州等空军基地调来的航空兵联队，以及从美驻日本横田和冲绳基地调来的海军陆战远征大队等。这次演习具有五维特征，即在地面、海上、空中、太空以及网上同时进行；演习科目很多，包括海上拦截、制空控制、反潜战、电子战情报侦察、防空、侦察战、海上反恐和网上作战演练等，十分贴近实战。尤其值得关注的是，反潜战贯穿这次联合演习的始终，这是美国海军在西太平洋地区十分重视的训练科目。与往常不同，这次演习预案模拟了 8 艘敌潜艇同时袭击美军的导弹驱逐舰，大大增加反潜的难度，以此磨砺美国海军的反潜作战能力。

在演练空战科目中，美国海军、空军和陆战队的战机在关岛上空各显风采。美军 F—22、F—16、F—15E、B—52H 和 B—2 等战机进行了空对空、空对地模拟科目演习，其中 F—15E 攻击机以前主要担负空对地作战，但这次却对海面目标发起攻击。6 月 23 日，在演练完预定科目后，美军关岛联合军演圆满结束。美军关岛联合军演之所以吸引世界的目光，影响很大，是因为与其他军事演习相比，呈现出几个显著的特点。

一是演习具有多重战略意图。这次关岛联合军演与其他演习不同，它是美国军方根据当前的国际安全环境而精心打造的，具有多重战略意图。首先，军事演习意在威慑朝鲜和伊朗等处于“战略十字路口”的国家。美国 2006 年《四年防务审查报告》将朝鲜、伊朗和中国等国家称为“战略十字路口”的国家，并将影响这些国家的战略选择作为美国国防战略的四大重点之一。目前，伊拉克局势依然混乱，美军一时难以脱身，而朝鲜和伊朗核问题又困扰美国，前不久朝鲜又顶着美国的压力试射了导弹。作为当今世界唯一的超级军事大国，美国在进行外交努力的同时，始终没有放弃使用军事手段解决问题的打算。因此，美军有人在解说此次演习的政治含义时，明确指出这是针对朝鲜和伊朗的威慑行动，即美国虽然身陷伊拉克，但仍有能力采取另外一场军事行动。其次，展示武器装备和检验训练水平。从邀请 7 国观摩团观摩演习到美军官方网站的大肆宣传，都可以看出美军有意扩大这次军事演习的影响，炫耀其先进的武器装备，展示和检验训练成果。军事演习成为美军日常训练的一部分，美军官兵对军事演习已经习以为常，普遍认为“演习就是训练”。再次，探索和检验美军联合指挥和作战能力。参加关岛联合军演的美军部队包括海军、空军、海军陆战队和海岸警卫队，3个航母战斗群和30艘舰船从不同母港或任务地点集结到关岛。这次演习是多军兵种从不同方向汇集，在不同地域展开多样化的行动，旨在进一步探索和检验美军联合作战的模式和效能，提高美军联合作战能力。为实现联合作战的目的，所有参演的海军、空军、陆战队和海岸警卫队的各型战机，全部归太平洋空军司令部司令指挥，突出体现了多军种一体化联合作战的基本特点。

二是演习的规模非常大。据不完全统计，美军太平洋总部每年举行的各种联合军事演习和训练多达1500多次。然而，这次关岛联合军事演习非同寻常，它是冷战结束以来美军在亚太地区最大规模的海空军力集结。“勇敢盾牌”演习原本是年度例行的联合海空操演，但2006年美军太平洋指挥部将其规模扩大。美军派出了3个航母战斗群，其中“里根”号是美军最先进、吨位最大的航空母舰，从而使这场演习成为自越南战争结束以来，美国在太平洋海域演习中参演航母战斗群数量最多的一次。美国太平洋舰队司令加里·拉夫黑德说，此次关岛联合军演的一个重点是演练3艘航母的协同作战。美国海军通常以航母为主组成航母战斗群，因使命、任务、作战海区、作战对象的不同，一般又分为单航母战斗群、双航母战斗群和三航母战斗群。三航母战斗群以3艘航空母舰为核心，配以9艘防空型导弹巡洋舰和驱逐舰、14艘反潜型驱逐舰、护卫舰和五六艘攻击型核潜艇。一般情况下美军不使用双航母和三航母作战，三航母战斗群一般要在“高威胁局部战争或大规模常规战争”时使用。由此可见，关岛联合军演的规模确实很大，其动用的军事力量不亚于应对一场规模相当的局部战争。

三是演习的进攻性很强。有关专家指出，此次演习虽然以“盾牌”为名，但却接近实战，突出进攻性。从部队集结速度上看，参演部队来自美国本土、夏威夷、日本冲绳和横田以及关岛等各个地方，有些部队还在中东地区刚执行完任务，却能够在很短的时间内迅速集结，并展开军事演习，这足以说明美军的集结速度很快，能够对各种危机做出快速反应。从武器装备上看，参加演习的武器装备几乎全部是美军最先进的，作战距离远，具有很强的进攻能力。3 艘航母、B—2 战略轰炸机、F—22A“猛禽”战斗机、“全球鹰”无人侦察机和“洛杉矶”级攻击型核潜艇都是众所周知的武器明星，F—22A 的航程可达 4000 多千米，“全球鹰”可以提供覆盖 4 万平方千米范围的图像情报，“洛杉矶”级核潜艇能够潜航 90 多天。从作战任务上看，根据美军近年的作战实践，如此大规模的海空军力集结，其作战任务一般只有两种：一是利用大型航母的舰载机群实施战区制空或联合空域控制，二是利用舰载作战飞机携带的各种武器与空军的远程作战力量紧密配合，对战区战略性目标实施联合打击和摧毁。显然，这两种作战任务都要求主动出击，具有明显的进攻色彩。

四是首次邀请中国军方观摩。应邀观摩美军命名为“勇敢盾牌—2006”演习的有 7 个国家的观察员（中国、澳大利亚、印度、日本、韩国、俄罗斯、新加坡）。在美军太平洋司令法伦的邀请下，中国人民解放军首次派遣一个 10 人观察团观摩关岛联合军演，并于 6 月 16 日抵达关岛。观察团成员包括 6 名军官、2 名外交官和 2 名新闻记者。6 月 17 日和 18 日，美国让外国观察员分乘 3 艘航母，参观战机在航母上的起降等训练。中方观摩团成员登上美军“里根”号核动力航母，参观了飞行甲板、飞机库、航空控制室、作战指挥室等，并观看了舰载机起降、编队飞行等科目的训练。针对美航母的武器装备、战役战术、指挥管理等问题，中方观察员与美方进行了坦诚、深入的交流。一名水兵在其所在航母的网站上留言说：“现在我们竟要在中国军人面前展示作战技能，这在一年前是难以想象的。”美军是第一次邀请中国军方参观其单独在本国领土上举行的军事演习，这是两国军事交流的重要内容之一，因而引起了世界媒体的高度关注，也成为本次演习的一大特点。美方认为，解放军观摩这次军事演习的政治意义大于军事意义，它表明两国军事交流确实已经有了实质性进展。

随后几天观察员们就被美国人当作“贵宾”养起来了，只是定期通报一下演习的内容，显示一下实力而已，其他就难以了解了。无论是美军安德森空军基地，还是“里根”号航母，都显得气氛平静，秩序井然，丝毫没有重大演习前紧张而忙碌的情景。面对记者“为演习做何准备”的提问，从航母战斗群司令到普通士兵都回答：演习就是训练。

五是519特遣联队首次参演。在媒体铺天盖地的报道中，有一支部队却悄悄隐藏在耀武扬威的美军后面。这就是指挥这场演习的519特遣联队。519特遣联队由太平洋司令部法伦上将组建，并由他直接负责。特遣联队成立于1999年，目的是应付亚太地区的突发事件，小到人道主义危机，大到大规模地区冲突。过去，美国一度感到应对突发性冲突的反应速度非常慢，海空军各自为战。而519特遣联队与传统参谋机关的不同，是它的人员结构和组织方式。519特遣联队人员精干，仅有400人，并未以某个总部为核心，相反，其人员散布全美各地，东至马里兰州的密德堡，最北可至阿拉斯加。平时人员分布在不同部队，战时则进行快速集中，可以全部住在“蓝岭”这样的指挥舰伴随部队前进。为了突出联合作战，519特遣联队有44%来自海军，22%来自空军，15%来自陆军，7%来自海军陆战队，剩下的 12% 来自美国政府的一些部门，如中央情报局。美国人自己的说法是，519 特遣联队的诞生，很大程度是为了应对“西太平洋地区性军事强国”对美国的挑战。特别是在西太平洋执行任务的第七舰队，519 特遣联队拥有极大的权威。甚至每个新报到的水兵，都会被告知，除了舰队内部的命令外，特遣联队的指令也是不可动摇的“金科玉律”。

●“勇敢盾牌—2010”演习声势不小

自 2010 年 7 月底美韩军演引发中、美较量之后，被警告应远离中国周边海域的美国“华盛顿”号航母似乎淡出了人们的视线。8 月中旬在日本海举行的美韩“乙支·自由卫士”演习，原定参加的“华盛顿”号也没有现身。不过，这艘神神秘秘的“海上堡垒”却突然出现在美国在西太平洋的属地——关岛，参加为期 10 天的“勇敢盾牌—2010”演习。关岛的特殊地理位置使得美军一直将其视为西太平洋理想的前进基地和兵力投送中心。

“勇敢盾牌—2010”演习从 9 月 12 日持续到 21 日。虽然时隔 3 年后再次举行，但美军并没有大肆声张。不过，从美国军方此前透露的参演兵力来看，2010 年的演习声势不小。“勇敢盾牌—2010”演习汇集了美国分布在亚太各基地的 1.4 万名兵力、18 艘舰艇和上百架战机。海上力量方面，包括“华盛顿”号航母、“夏威夷”号核攻击潜艇以及“宙斯盾”驱逐舰等先进舰艇参加了演习。

“华盛顿”号航母打击群是美国海军常驻西太平洋的核心作战力量，包括第 5 舰载机联队、第 15 驱逐舰中队、“考佩斯”号和“西罗”号巡洋舰。美军最先进的弗吉尼亚级“夏威夷”号核攻击潜艇、洛杉矶级“土桑”号核攻击潜艇，以及“艾赛克斯”号两栖攻击舰、“麦克坎贝尔”号“宙斯盾”驱逐舰等先进舰艇也赶来助阵。参演的战机、轰炸机、加油机超过 150 架，其中包括 16 架 F—22“猛禽”战斗机。

这次演习针对反潜而且有攻击型核潜艇参与，明显是加强水下反潜与水面反潜的配合。美国加强航母编队的反潜演习，主要是针对中、俄，因为朝鲜的潜艇目前基本不具备远洋攻击能力。如果美国的航母战斗群针对中国潜艇的反潜战术成型，则美军航母战斗群下一步执行前沿部署的可能就会增加。

第 7 舰队航母战斗群指挥官科洛伊少将对美国媒体表示，这次演习的目的在于强化美军各兵种之间的联合作战能力，并提高它们在所有作战领域内对海、陆、空及太空目标的侦察、定位、跟踪和打击能力。“B—52 轰炸机、航母战斗群这些不经常在一起操练的作战平台，能够借演习之机汇集到一起，锻炼协同作战能力，是一个很好的机会。这有助于美军各兵种更为迅速地应对太平洋地区的突发事件和紧急状态。”科洛伊少将说。“勇敢盾牌”演习原是美军为应对假想中的台海危机而设计。2006 年和 2007 年的演习都十分高调，参演兵力均达到 2.2 万人，而且美军出动了 3 个航母打击群的作战力量。2006 年的演习，美军还邀请了包括中国在内的一些国家的军官进行观摩。而 2010 年的演习，规模明显缩水，也许是美国有意避免激化中美关系而为之。但演习本身传递出的信号依旧未变，是美国宣布重返亚太后，对中国军力的又一次“耀武”。

演习中，美国海军最先进的弗吉尼亚型潜艇“夏威夷”号使用了更庞大的光纤网络、数码相机，以及高清晰度的视频来进行监测活动，同时对于之前型号的潜艇能装载更多的鱼雷。“夏威夷”号攻击型核潜艇是作为第一艘弗吉尼亚型潜艇部署在西太平洋海域，该潜艇是在 9 月 3 日首次停靠在日本横须贺美军基地。

● “勇敢盾牌—2016”演习

2016 年 9 月 12 日至 23 日，美国海军举行名为“勇敢盾牌—2016”的大规模海军演习。每两年在关岛海域举行“勇敢盾牌”演习，是由美国太平洋司令部组织实施，2016 年是第 6 度举行。演习着重两栖突击、海上安全、反潜作战、防空作战，以及侦查、定位、追踪，还有各部队船舰与机种在海、陆、空三度空间的综合演练，并融入网络作战元素。

演习是在西太平洋关岛海域与马里亚纳群岛靶场附近举行，有超过 1.8 万美军，以及来自美国海军、空军与海军陆战队的约 180 架军机参与。美国海军陆战队航空后勤中队的一名指挥官指出，这次演习的首要重点是进行跨军种演习，彼此取长补短，提高应变能力，以发展出崭新的战术、技术与流程。参与这次演习的包括驻在日本横须贺海军基地的尼米兹级核动力航母“里根”号、黄蜂级两栖攻击舰“好人理查德”号及另两艘两栖舰，还有其他 9 艘军舰。美国第 7 舰队副司令兼“勇敢盾牌”演习负责人艾伦指出，美军既然派驻太平洋，就要有可靠的战力。

（二）富士山脚下的日本军事演习

● 日本自卫队“炮弹演习”

2000 年是日本陆军成立 50 周年，作为庆典的一环，9 月 7 日、9 日、10 日，日本防卫厅在这里举行了一连三天的“炮弹演习”。9 月 10 日，日本防卫厅除了让一般日本民众入场外，还特别安排了驻东京的外国记者前来观赏日本的“军力”。10 点半开始的演习，在 30 分钟以前已经是座无虚席，人山人海。防卫厅宣传部告诉我们，通过互联网发出的 3 万张免费票，很早就被抢光。在日本国歌声中揭开了演习的序幕。

有一位美国记者问防卫厅宣传部的负责人，这样的公开演习用意何在？防卫宣传官员说：“主要让人们了解自卫队的演习并不危险。”为了拉近军与民的关系，在宣传陆军部队 50 周年纪念的册子上，还特地登了首相府的国民抽样调查和自卫队的意识调查的统计表，以便人们从中了解自卫队，其中显示了国民表示赞成亲友加入自卫队的有47%，而表示自愿加入自卫队的高达63%，显示大家对自卫队的好感。

日本政府擅长于借题发挥。回顾1991年的波斯湾战事，日本借用外压，在慌忙中派出6艘扫雷艇到中东帮助联合国收拾残局，和平宪法中“自卫队不可外出”之条文，也在次年6月通过国会成立的“国际和平协力法案”中明示日本自卫队以后可以在“国际贡献”的前提下到纷争地域维持秩序，而替日本自卫队打开了第一条枷锁，给军队“旅行海外”发了个通行证。在考虑到队员可能于“外出”时遇上危险，又优待自卫队可以携带护身用的军事武器。

至于“灾害派遣”，则是在1995年的神户大地震之后大幅度地修正宪法，使一向不容易在大众面前亮相的自卫军队能在各个地方政府的促请下，毫无顾忌地粉墨登场。从这天的演习中得悉，日本国防的军备，坦克、战车等，几乎是日本本身研究、开发、生产的。演习过后，在回答记者们的问题时，日本防卫厅口口声声表示日本是一个岛国，为确保国土不受外侵，必须持有最低限度的军力。他也一再表示希望亚洲国家民众不要对日本的军力存有戒心。“防”与“攻”只是一线之隔，其中又不知有多少是“虚”，多少是“实”。毫无疑问的是，这天的炮弹演习里，远道而来的民众挤得水泄不通，只为一睹日本拥有的军备，为它喝彩。播音器里，却尽是炫耀武器威力，以及强调周边有事的语言。如此言行不一，又岂能叫人掉以轻心呢?

2007年9月10日，富士山下的静冈县东富士演习场炮声隆隆，日本陆上自卫队为纪念创立50周年而在这里举行大规模综合火力演习。日本陆上自卫队富士教导团、第一直升机团、第一反坦克直升机队、第一空降团、第101防化队和自卫队直属部队等约1700

名官兵参加了这次演习。演习场上，上百辆战车隆隆驶过，天空中数十架直升机铺天盖地，火炮齐射更是声震四野。演习动用了日本陆上自卫队的大批先进装备，包括新型90式坦克、96式多目标导弹系统、203毫米榴弹炮、地对舰导弹、F—4EJ战斗机、AH—IS反坦克直升机等武器。对于这幅“壮观”的场面媒体评价时称之为“公开的展览”。

从军事部署上看，日本的军事战略重点正在由北向西转移。日本防卫厅决定计划将沿岸部署的师和旅建成对付“周边事态”的主要部队，并配备先进的装备。海上和航空自卫队也在加紧调整部署，海上自卫队计划将10个护卫队缩编为7个，把陆基巡逻队的16个航空队缩编为13个，其力量投入的重心将转向西部和西南部地区。航空自卫队将由原来的28个警戒群整编为8个警戒群、20个警戒队，兵力部署的重点将转向中部地区和西部沿海地区。日本还以打击海盗为借口，准备配备远程侦察机，并计划装备4架空中加油机。

●“富士综合火力演习”日本自卫队露出“锋利牙齿”

2016年8月28日，日本国内最大规模的实弹射击操演——“富士综合火力演习”在陆上自卫队东富士演习场举行，由于是日本正式实施新安保法后的首次实弹演习，因此备受外界关注。

此次“富士演习”动员自卫队约2400人，出动坦克装甲车辆约80辆，各种火炮约60门、战斗机和直升机约20架，其他车辆约700辆。演习名为“按表操课”，但处处流露着准备与邻国打一场“岛屿争夺战”的味道。以装备为例，陆上自卫队罕见地邀请美军搬来AAV—7A1式两栖突击车进行静态展示，并有美国士兵现场讲解性能要点。在科目演练方面，演习指南上赫然写着“后段演习：岛屿攻击夺还应对”，而观摩席旁边的大屏幕上持续播放相关科目的情景想定：即一座日本岛屿被他国攻击，岛上的陆上自卫队坚持抵抗，同时三大自卫队进行举国动员，从外围实施反攻，一举挫败“外敌入侵”。

在具体战法上，扮演“岛屿防守军”的陆上自卫队富士教导团，出动了 12 式反舰导弹、96 式多用途导弹，配合海上自卫队的 P—3C 反潜巡逻机、航空自卫队的 F—2 战斗机进行拦截，阻挠“敌”舰队抵近，同时教导团还动用 03 式中程地空导弹攻击俯冲攻击的“敌机”，号称也颇有斩获。不过，演习导演者可不想这样“收尾”，而是安排“防守军”予“敌”重创后“转进”岛屿内陆，为外围援军到来争取时间。紧接着，来自陆上自卫队第 12 旅团、中央即应集团的轻装步兵在 CH—47 直升机支援下实施伞降、机降，并将大口径迫击炮送上岛，提高岛上“防守军”的实力，随后假想由海上自卫队两栖运输舰和征用滚装货轮送来的陆上自卫队 10 式、90 式、74 式坦克和 99 式自行火炮等重武器持续压制敌方火力，配合登陆部队与防守部队聚歼“敌军”，整场演习至此结束。

表面看来，本次演习设定很简单，就是一个夺岛与反夺岛的模拟战斗。虽然演习没有说明是哪个岛，但知情者称，现场画面中出现的岛屿外形与钓鱼岛相似。在现场，新任女防卫大臣稻田朋美身着深色套装，以一副特有的“傲慢熟女”（日本网友语）扮相登上检阅台，她没有像 2015 年时任防相中谷元那样发表现场训示，但非常认真地观摩了自卫队干部在每个科目的实操表演，并不时与身边的统合幕僚长和陆上自卫队幕僚长进行交流。值得注意的是，本次年度演习，申请观摩的日本民众人数达到 14 万多人，最后抽签能来现场的只有 2.7 万人，这显示出日本民众对自卫队战斗力和武器装备的关注度显著提高。

自 2014 年以来，陆上自卫队富士学校每年都会派出精干人员，携带现役坦克、步兵战车、自行火炮等重武器前往加利福尼亚欧文堡的美国国家训练中心，与使用M1A1坦克、“斯特赖克”装甲车的美军进行联合攻防训练，一名陆上自卫队干部说，去美国“深造”，最大的感受是“所有感官都高度警觉”“与私人军事承包商扮演的‘化装敌军’打交道都成为我们要掌握的重要技能，扮演‘恐怖分子’的人既可以突然袭击，也会不露痕迹地向你套取有用的情报，这种场景在日本根本无法复制”。

（三）半岛单边军事演习

1. 半岛南方的军演

● 韩国举行独岛防御演练

2012年9月，韩国和日本围绕独岛（日本称竹岛）矛盾，已经影响到了两国的军事交流。从9月7日起，韩国军方开始进行为期4天的独岛防御演练。此次演练由韩国海军第一舰队司令官主持进行，韩国驱逐舰（3200吨级）、护卫舰（1800吨级）、潜艇（1200吨级）、海上巡逻机（P—3C）、F—15K战斗机、海警警备舰（3000吨级）等武器将参加演练。

独岛防御演练由通信、搜查、水中搜查、机动训练等部分组成，射击训练并非每年都要进行。韩国军方一位消息人士则表示，海军陆战队计划投入师团级兵力，在直升机参与的情况下进行独岛登陆训练。2011年和2010年的演练因天气情况不佳不含登陆训练，因此这是海军陆战队时隔三年来首次进行独岛登陆训练。演练为韩国每年例行的常规演练，目的在于面对来自海外的船舶可能非法接近独岛的情况，增强打击力度。韩国军方从20世纪90年代初期开始，以“东方训练”为名与海警进行联合独岛防御演练，从1997年开始改称为“联合机动训练”，每年进行两次。

日、韩两国取消多个军事交流项目。日本自卫队原定于9月3日至6日邀请韩国空军南部战斗司令官对日进行交流访问，已按韩方要求取消。韩国海军教育司令官预定从9月3日起访问日本的计划也被取消。此外，10月韩国海军第一舰队司令官对日本海上自卫队进行交流访问的日程安排也可能发生变动。日本航空自卫队高级指挥官培养课程的学生18日访问韩国的计划被推迟。

● **韩国“护国演习”**

“护国演习”始于1996年，是韩国每年实施的例行应急联合军事演习，旨在增强韩国各军种协调配合能力和作战能力的例行性演习，通常于每年下半年的10月至11月举行。2010年10月23日，韩、朝之间发生延坪岛炮击事件后，朝鲜方面曾谴责韩国在延坪岛炮击事件发生的前一天开始的护国军事演习激化了朝鲜半岛的局势。

2012年10月25日至11月2日，韩国举行“护国演习”，范围覆盖韩国全境。这次演习重点放在实战能力的培养上，与往年相比增加了实战训练规模。演习包括防止朝鲜的渗透和应对局部挑衅或全面战争的大规模训练、应对空中进攻威胁的联合防空演习、首都圈防恐演习以及培养海军陆战队执行全天候任务能力的联合登陆演习等。韩联合参谋本部还透露，此次演习有包括警察在内的陆、海、空以及海军陆战队24万多人参加。参加人数与往年相比将有大幅增加。此外，美军也出动了500余人参与演习。演习期间，共派出空军飞机700多架次及海军舰艇60多艘。此次演习项目主要包括应对局部“挑衅”和全面战争，实施军团级作战计划，为应对大规模空中打击实施联合防空和联合攻击编队飞行训练，为应对首都地区后方恐怖袭击和多个挑衅实施首都地区联合防护训练，以及海军陆战队进行联合登陆训练。

2014年韩国举行此前最大规模“护国演习”。演习是11月10日至21日在韩国全境实施，军演由海陆空三军和海军陆战队的33万名军事人员参与，一些驻韩美军士兵也将加入。演习在韩国全境展开，内容包括联合登陆、海上渗透防御和西北岛屿地区防御演练等。此次“护国演习”是自1996年开始以来规模最大的一次。2014年的“护国演习”是根据应对“朝鲜发动全面战争”的全面战争作战计划举行，内容包括前线军团作战计划执行训练、机械化步兵师团双向演习、西北岛屿地区防御演习、海上和海岸防御演习、联合登陆训练、探测弹道导弹及拦截演习等。

从15日起至20日在庆尚北道浦项市附近的海域和海岸举行“2014护国联合登陆演习”。此次演习是为应对朝鲜局部“挑衅”和全面战争而实施的战区级联合训练，韩国海陆空三军和海军陆战队的战斗力将大规模参与演习，具体包括“独岛”号运输舰(1.45万吨级，以下称“独岛舰”)、登陆舰(2600吨级)、“栗谷李珥”号宙斯盾驱逐舰(7600吨级，以下称“栗谷李珥舰”)等20余艘舰艇和海陆空军的40余架飞机。韩国海军陆战队1200余名兵力和20余辆韩国型两栖装甲突击车(KAAV)也将投入演习。另外，在演习期间，美国海军MH—53小型直升机将在“独岛舰”上实施升降训练。登陆演习的高潮——“决定性行动”于18日实施，届时海军陆战队官兵将搭乘登陆舰、运输飞机、直升机和KAAV等战斗力，在海军舰艇的舰炮射击以及空军战斗机、陆军攻击直升机的射击掩护下登上目标海岸。“独岛舰”将对此次登陆演习进行总指挥，并发挥战术航空控制总部的作用，管控登陆作战的整个过程和各种飞机执行任务。“栗谷李珥舰”将以敌方在海域进行威胁为假想情况，在战斗力抵达目标海域之前，负责警备和护航。

2016年10月31日至11月11日，有美军参加的代号为“护国军演”的韩军各军种联合军演正式举行。美军130多名民事军事行动专职人员参演分享了在阿富汗收容和援助难民的经验，韩国海军及海军陆战队为此组建第一支专门执行民事军事行动的部队。11月

3日，韩国庆尚北道浦项地区，韩国海军及韩、美两国海军陆战队举行2016年护国联合登陆演习，首次实施战时收容和援助朝鲜难民的演练。在11月8日的演习中，韩、美在忠清北道忠州市南汉江一带和江原道洪川郡实施了联合空中突击演习，模拟向朝鲜内陆投送特种兵。该演习旨在提升空中突击能力，以便在战时隐蔽地突破朝鲜防空体系并向其内陆纵深投送特种部队等地面兵力，破坏指挥中心等军事目标或占领据点、击溃防线，进而赢得陆战。当天，驻韩美军第2航空旅的UH—60、CH—47等6架直升机，韩军陆航司令部10架UH—60直升机、4架AH—1S“眼镜蛇”直升机和第30师250多名突击营官兵参加演习。在演习中，载有空中突击兵力的韩、美两军直升机从南汉江一带起飞，在“眼镜蛇”直升机的掩护下分4个梯队深入敌境并在洪川郡预定地点着陆，参演兵力随即下机准备发动大规模攻势。

2. 半岛北方的军演

● 朝鲜定期军演展示核威慑力和无限攻击力

2014年8月4日，朝鲜《劳动新闻》发文称，朝鲜将实现军事演习的例行化和定期化，在军演中展现朝鲜的核威慑力和无限攻击力，以应对韩美联合军演。文章称，韩、美两国不断举行联合军事演习，这给朝鲜提供了一个合理的理由，可以采取更为强硬的应对措施。如果朝鲜半岛燃起“核战争”的火焰，朝鲜将打击美国本土。

韩联社分析称，“打击美国本土”的言论暗示朝鲜将致力于推动小型、轻型核弹头和远程导弹的研发。《劳动新闻》称，韩美“乙支·自由卫士”联合军演是一种严重挑衅，也是针对朝鲜的“核战争宣言”，朝鲜将对此采取反制措施。《劳动新闻》3日也曾发文谴责韩美军演，称朝鲜将研发更精密的制导武器。

● 朝军举行坦克大赛和导弹发射训练回应美韩军演

2016 年 3 月 11 日，朝鲜最高领导人观摩了“朝鲜人民军坦克兵大赛—2016”和弹道导弹发射训练。坦克大赛和弹道导弹发射训练，是为了应对美国主导的“关键决断”和“秃鹫 16”联合军演。

朝鲜人民军坦克大赛采用了抽签来确定的军别次序，出发的坦克在比赛跑道的 9 个界线克服障碍、对移动和不动目标进行射击后，根据两个项目的得分总和决定名次的方法。金正恩说：“坦克几乎都飞过障碍，确实壮观。坦克是人民军的气概，心里怪爽快的。与杀敌的轰隆声一道，火线宣传、火线鼓动有力的回音激发每个坦克兵的勇猛，致使这里仿佛是战场，而非训练场，氛围令人称心。”大赛中，第 108 机械化步兵师、第 3 军、第 105 坦克师排名前三。大赛结束后，金正恩就人民军做好一切战斗准备提出了纲领性任务，为完善坦克兵备战作了重要指示。

此外，朝鲜人民军还进行了弹道导弹发射训练，以评判其实战能力。金正恩在训练场听取战略军司令官金乐兼的火力打击决心，并予以批准。这次训练假设对敌方港口实施打击，采用在目标地区的预定高度爆破核战斗部的射击方法。金正恩说，要进一步加快党作为新的目标提出的核武器研发步伐，大力推进核弹适用手段的多种化，为在地上、空中和水下等任何空间也对敌人发动核攻击做好准备；进一步加强核武器研究部门和火箭研究部门的协作，不断发展核打击能力，继续进行评判新研制核弹头威力的核爆试验和提升核攻击能力所需的试验。金正恩强调，必须在国家最紧急状态下确保核攻击体系运转的迅速性和安全性，更加切实建立对战略核武装的唯一领军体系和管理体系。

● 金正恩指导朝军演习剑指解放首尔

2016 年 3 月 20 日，朝鲜最高领导人金正恩指导朝鲜人民军进行登陆及反登陆防御演习。演习的目的在于检验在南半部作战地带活动的敌后前线部队和机械化步兵部队与海军联合作战时，迅速进行海上机动和登陆作战的能力，进一步完善海上攻击和海岸防御作战计划。

演习的具体日期是韩美“关键决断”联合军演结束的3月18日。朝鲜军方高层几乎全部出动陪同金正恩观摩演习，包括朝鲜人民军总政治局局长黄炳誓、人民军总参谋长李明秀、人民武力部部长朴永植。金正恩对这一登陆及反登陆防御演习表示非常满意。金正恩说，登陆战的成败，很大程度上取决于一口气克服敌人的海防工事，并有效压制敌人对朝军登陆的反制措施。金正恩要求制定具体和现实的作战方案，并加强实用性的训练，同时改进海军水上舰艇的武装状态。参加演习的官兵们表示，将时刻保持作战态势，在“首尔解放作战”“南半部解放作战”中建立军功。

与此同时，韩国也在积极备战。韩国《每日经济》20日称，韩国海军陆战队当天对外证实，已于3月1日创建3000人规模的快速机动部队，“可在24小时内在朝鲜半岛全局执行作战任务”。该快速反应部队将在有事时首先潜入朝鲜后方地域执行破坏核心设施任务，平时则发挥紧急救灾作用，这是韩海军陆战队首次设立类似部队。此外，针对朝鲜近日相继发射短程导弹和中程导弹，韩国已向国际民用航空组织和国际海事组织表达担忧立场，指出朝鲜的发射行为很危险。这是在间接要求两大机构对朝鲜的行为提出抗议，并采取外交方面的措施。针对目前的朝鲜半岛紧张局势，朝中社19日刊登评论称，美国和韩国把朝鲜半岛变成令人发指的核战场，却荒唐地指责朝鲜威胁和平，忽悠全世界。朝鲜革命武装面对敌对势力日趋公开化的核战争活动，进入万全的先发制人的打击准备。世界将见证侵略者和挑衅者落得何等悲惨的下场。

朝军沙盘演练所谓解放韩国首都作战。朝鲜为应对韩美联合军演，举行“首尔解放作战”，运用地形沙盘演练攻击首尔重要设施。韩国国防部预测，朝鲜针对韩美联合军演“关键决断”（KR）和“秃鹫”（FE）可能发起各种形式的挑衅，例如，侵犯韩朝边境地区、对韩国首都圈和战略后方进行恐袭、动用无人机、发射导弹、扰乱全球定位系统信号等，而国防部正在为此做准备。韩国国防部消息说，韩国国防部发言人文尚均说，国防部只是就朝军总参谋部所谓“解放首尔作战”进行了一般性说明，朝媒以往曾多次报道运用地形沙盘攻击首尔的演习。

四、东北亚地区军事演习评析

以美国为主导的东北亚一系列军事演习，遍布东北亚各地，客观上成为东北亚和平稳定的“绊脚石”。尤其是针对朝鲜的军演不仅威胁着朝鲜半岛的和平与稳定，更是威胁着亚太地区的和平、安全与稳定，受到世界爱好和平的国家与人民的反对。随着美国军事战略重心向亚太地区的逐步转移，东北亚地区的军演呈现出规模大、参演国多、次数频繁的趋势。这给东北亚地区增添了新的不稳定因素，美国主导的东北亚地区军演需要引起区域内各国的关注和警惕。

（一）军演成为美国主导东北亚地区事务的重要手段

作为一个面向两洋的海上强国，美国在太平洋地区有着全面而重要的利益，为牢牢掌握地区安全主导权从而更好地维护美国利益，美军每年要在亚太地区举行数十场双边和多边演习。其中，“环太平洋”演习因其政治敏锐性、规模和复杂程度等原因牢牢地吸引了世人的目光。如今，军演已经成为美国主导东北亚地区事务的重要手段。

一是军演成为美国展示军力、威胁潜在对手的一种重要战略手段。军事演习是一种公认的威慑手段。美国认为，亚太地区存在着对其利益的现实挑战。按照它一贯的震慑与恐吓的战略文化，美国习惯于把先进的武器“高调”亮出来给别人看，从而“劝阻”潜在对手。针对进入21世纪以来亚太地区复杂的安全环境，美国的军事演习越来越频繁，每年举行实兵和指挥所演习60到80次，其中80%是与亚太地区国家联合举行的。仅2000年，美军就与亚太国家军队举行各类军事演习60多次。这些演习规模大，名目多，针对性强，演习区域主要集中在东北亚和东南亚，假想作战对象以朝鲜等国为主，其中以朝鲜半岛、台湾海峡和南海海域发生冲突为背景的演习日益增多。自苏联解体以后，美国成了唯一的超级大国，俨然以“世界警察”自居，动辄对自己“看不惯”的国家和事情指手画脚，甚至大打出手，且屡尝甜头。美国为了维护自己的霸主地位，一直在亚太地区维持相当规模的驻军，以牵制和遏制所谓的现实敌人和潜在对手。

二是利用军演达到其战略利益。对美国来说，拥有朝鲜半岛，就拥有了在亚洲乃至太平洋地区的前进基地；进而南可控制太平洋，北可遏制俄罗斯，西可牵制中国。为此，美国政府不惜巨资和亚洲其他国家的反对，在维持驻朝鲜半岛大规模驻军的情况下，不断加强在朝鲜半岛乃至东北亚地区的各种联合军演。从地缘战略考虑，美国不希望朝鲜半岛统一，担心朝、韩统一损害美国在东北亚的战略利益。因此，美不断加强针对朝鲜的美韩军事同盟关系。美、韩每年都要进行多次联合军演，虽然大多数演习假想敌都是朝鲜，但美国也想向东北亚地区其他国家发出信号：美国依然是世界上头号军事强国。在2015年系列美韩军事演习中，美国重点向亚太盟友展示了其“手挽手”式演习项目，表明了其维护盟友利益的诚意。规模超前的美韩“秃鹫”演习，重点演练了美韩联合机动作战能力，向周边表明美国“平衡”亚太的能力与决心。鉴于韩国国内要求美军撤离的呼声高涨，美韩修改了《驻韩美军地位协定》，但美韩军事同盟关系总体未受影响，防务合作水平没有下降，军事采购、防务磋商及联合演习等活动依然活跃。此外，美国还大肆渲染“朝鲜威胁论”，并以此为借口继续在韩国驻军，举行针对朝鲜的大规模军事演习。

三是利用联合军演巩固战略同盟以构筑牢固的威慑体系。美军认为，有效的信息分享是跨地区努力的一个关键能动器，情报、后勤、计划以及作战行动对成功至关重要。联合军演的一个重要目的是增强盟国及伙伴国海军间的相互协作性。目前，美国在亚洲及太平洋地区共与25个国家建立了联合军事演习关系。近年来，美国与东亚多国加强了军事合作，以打击恐怖主义并遏制中国在该地区的崛起。改革开放30多年过去了，中国一天比一天强大，因此“中国威胁论”便成为以美国为首的西方遏制中国发展的最常用借口。利用这一借口美国推出亚太“再平衡”战略，并移师亚太地区，频频举行联合军演以巩固战略同盟，构筑以关岛为核心的亚太军事同盟，构建威慑中国的战略体系。关岛是美国本土以外在太平洋上的海外属地。这个美军在西太平洋中最大的海空军基地被称为“寂静的山谷”。然而与名称蕴含的沉静相悖，美军在此地常驻的各型战略轰炸机和轮换部署的F—22“猛禽”战斗机、战略核潜艇，早已将此地变成美军军事大演练的热土。2006年，美军更调动F—22、三艘航母战斗群、“全球鹰”无人机和“俄亥俄”级巡航导弹核潜艇，在关岛附近水域举行“勇敢盾牌”军演，称其为越南战争后美军在太平洋举行的最大规模军演。近年来，美军常常演练B—2轰炸机从关岛长途奔袭回美国本土，测试这种轰炸机的远程投送能力。

四是联合军演扩大化显示出美国地区安全政策开始向重视大型多边合作的方向发展。美国与亚太地区的日本、韩国、澳大利亚、泰国、菲律宾和新加坡等诸多安全盟友长期保持着密切的安全合作关系，按照美国太平洋总部的官方说法，美日关系是太平洋和平与繁荣的基石；美韩联盟是朝鲜半岛和平与安全的基础；澳大利亚是美国最坚定的盟友；泰国是美国重要的地区盟友；菲律宾对美国在东南亚反恐战争的成功起着中心作用；新加坡是美国在亚洲最坚定的安全伙伴之一和反恐战争的关键盟友。近年来，美国在亚太进行重大军事战略调整中，“伙伴”一词出现的频率特别高。美国军政官员明确宣称，美军扩大在亚太军事存在，主要将通过美国的盟国和伙伴国的合作实施，多边合作是太平洋总部在该地区进行平衡的基础。

据不完全统计，冷战后军演的规模在不断提高，而且大规模军事演习几乎都有美国参加或“主演”。美国太平洋战区部队在该地区每年举行各种形式和规模不等的军事演习高达1500余次之多，仅2002年全球共上演了90次规模较大的军事演习，而美国在该亚洲及太平洋地区参与的双边和多边军事演习就达60余次。2016年，包括美国和中国在内27个国家、45艘船舰、5艘潜水艇、200多架飞机和2.5万名人员组成的9个特混舰队参加了“环太平洋—2016”这一世界上规模最大的国际海上军演。2016年，代号为“关键决断 / 秃鹫”的美韩联合军演共有约1.5万名美军和超过30万名韩军人员参加。

（二）美日韩联合军事演习更加关注地区热点

近年来，美、日、韩军队在亚太地区筹划实施了一系列重大军事演习，在参演国家数量、演练科目设置、指挥体制调整及投入装备规模等方面均呈现出一些新情况、新特点，演习旨在强化美在亚太地区的军事存在，威慑和牵制潜在对手，联合制华的战略意图日益凸显。

一是美、日、韩系列军演展现空海一体战概念。动用了“超过一个国家的战力”的美韩黄海联合军演于2010年12月1日结束，紧接着“规模超过美韩演习6倍”的美日联合军演又开始登场。但这不过是拉开了美、日、韩三国12月一系列军事演习的大幕而已。接下来的一段时间里，东亚局势仍将处于持续的紧张状态当中。毫无疑问，以“华盛顿”号核动力航母战斗群为标志的西太平洋美军在其中居于绝对的主导地位。2009年9月，美军正式启动由空海军共同开发的新作战概念——“空海一体战”计划；2010年2月，美国国防部部长罗伯特·盖茨发布的新版《四年防务评估报告》正式确认“空海一体战”这一联合作战新概念。“空海一体战”出台的2010年，就赶上朝韩延坪岛炮击事件。美国之所以确定“空海一体战”而不是海空一体战的概念，就意识到了空军乃至太空力量在作战过程中的主导作用，以及核动力航母在未来战场的地位和作用。

二是注重通过演习展示武器装备现代化建设的最新成果。观察美、日、韩一系列联合军演发现，演习非常注重通过演习展示武器装备现代化建设的最新成果。其中，重点展示两方面的武器装备现代化建设水平：一方面是测试新型指挥信息系统。韩军为积极适应新的指挥结构和作战体系，在“关键决心 / 秃鹫—2013”联合演习中，尝试运行“联合指挥控制系统”。美韩“乙支·自由卫士”联合演习中，增加应对朝鲜干扰GPS系统的演练科目。日陆上自卫队在赴美实兵训练期间，首次确认了近年“C4ISR部队实验”的成果。另一方面是检验新型作战与支持装备。美军在“勇敢盾牌—2012”演习中，首次将RQ—4B型“全球鹰”无人侦察机、EA—18G型电子战飞机及P—8A型反潜巡逻机等先进武器装备投入演习。在“环太平洋—2012”演习中，美海军首次运用潜射“弹簧刀”无人机，并检验了新型潜艇通信系统。日自卫队在“富士”综合火力演习中首次投入 FFRS 无人侦察机和信息化水平更高的 10 式主战坦克。

三是针对中国的进攻性演习规模不断扩大。冷战结束后，日美联合军事演习的规模不仅没有缩小，演习时间反而不断延长，使用的基地不断增加。有时兵虽不多，但参演单位数量多，组织指挥的层次高，而且强调进攻性。美国把联合军事演习当作推行亚太“再平衡”的重要手段，不断深化与中国周边国家的军事合作关系，举行多种实战意味的军演，明显针对中国。

四是联合军演中近似实战的演习科目增多。由于东北亚特殊的地缘政治与安全环境，这一地区的联合军演的针对性极强，近似实战的演习科目不断增多。例如，在美日举行的“利刃”演习中，实施弹道导弹防御演练，演练日军对美军舰艇实施油料和导弹补给的新内容。2010 年 5 月 20 日，韩国政府宣布“天安舰”事件调查结果，确信“天安”舰系遭到朝鲜潜艇发射的鱼雷攻击。作为对朝鲜“挑衅”的回应，韩国第一反应就是与美国进行联合军演。于是，7 月底，美韩出动总共约 20 艘舰船、200 架飞机以及 8000 名陆海空三军人员，同时在日本海展开代号为“不屈意志”的联合海上演习，此演习为 34 年来规模最大的美韩联合军演。在第一波应对“天安舰”事件演习过后，8 月 16 日至 26 日，3 万多名美军以及 5.6 万名韩国军人，又在日本海和黄海举行年度例行性的“乙支 · 自由卫士”联合军演。抛开美国航母是否前往黄海引发的火爆，与往年相比，2010 年美韩演习数目增多，韩国国防部官员在韩美“2+2”会谈上确认，美韩 2010 年将举行 10 次军演，覆盖面更广，对抗味更浓。

（三）美军在东北亚地区军演具有针对性和实战性

纵观近年来美军在东北亚地区的联军演习，非常具有针对性和实战性。这种针对性和实战性较之其他地区的军事演习不同，是一种战略威慑。

一是针对性强，具有现实威慑意义。美军在亚太地区的联军演习很多，但演习地域相对集中，一个是朝鲜半岛及其周边海域，另一个是中国南海海域，演习具有很强的针对性。美国认为，朝鲜半岛是世界上随时可能爆发战争的地区之一，朝鲜半岛的局势直接关系到美国在亚太地区的利益，美韩和美日举行的联军演习都是以朝鲜半岛作为战场环境，以朝鲜作为演习的假想敌。美韩的联军演习注重配合政治与外交斗争的需要，根据朝鲜半岛形势的变化，及时地对演习的时间、地点、科目等内容进行调整，具有明显的现实威慑意义。美、日、澳想借军演提升所谓联合对抗能力的做法，让人想到两年一度的美日“利刃”联合军演，“利刃”直接目的就是增强美军和日本联合参谋部的战备和同步协作，提高地区弹道导弹防御（BMD）能力。美日举行的“利刃”演习则把日本西南岛屿假设为战场进行作战演练。正如美军军官所言，“利刃”军演直接服务于实战，通过演习能够促使美军和日本海上自卫队建立协作关系。中俄 2016 年 9 月 12 日至 19 日在南海举行“海上联合—2016”大规模军演。无独有偶的是，美国海军也于 9 月 12 日至 23 日举行名为“勇敢盾牌—2016”的大规模海军演习。双方海上军演时间重叠，美国这次军演的针对性不言而喻。

二是实战性强，重视作战效果。美军在亚太联军演习中，强调演习的实战性，突出作战效果。在“环太平洋—2000”联军演习中，美军共使用了 4 艘即将退役的大型水面舰只做靶舰，先后以各种作战平台、使用多种不同弹药，从多方向对靶舰实施实弹攻击。这种演习方式不仅更加切合实战，而且也为未来战争中有效击沉大型水面舰只探索了最佳攻击手段和方式。在演习中，参演的武器装备先进，高技术含量大。美军一向强调在战争中以高技术兵器制胜，重视在平时的联军演习中大量使用新研制的高技术武器装备以检验其战术技术性能。在“环太平洋—2000”联军演习中，为解决联军演习中各国士兵的语言交流障碍问题，美军还首次使用了新研制的计算机翻译系统（TIDS），有效地克服了联军演习中的语言障碍，提高了演习的效率和不同国家军队之间交流的可靠性，这对未来战争实践亦有重大现实意义。

三是筑强要地，凸显关岛战略位置。在“勇敢盾牌—2006”演习中，3艘航母同时出现在关岛，再次宣布关岛已经成为美军调整军事战略的中心。从这里看不到太平洋沿岸的贸易港，也看不见繁忙的商船队，关岛已给太平洋设立了一个新坐标。时任美第7舰队司令格林纳德曾在接受《星条旗报》采访时说：“如果你从地图上看着西太平洋，用手指在我的战场责任区内画个十字，你会发现交叉点就是关岛，正因为此，关岛将永远在战略上处于重要地位。”在美国宣布要控制的全球16个航道咽喉中，关岛就可扼守4个。它距离夏威夷5300千米，距离台湾、日本各2500千米。2003年以来，美军开始扩建关岛基地；2005年，3艘携带最新型“战斧”巡航导弹的核攻击潜艇驻防于此；2006年3月，美军表示将把60%的核潜艇移到这里。另外，美11艘航母中的6艘也将常驻太平洋，在2014年前后基本完成对太平洋兵力的重新部署。美军太平洋海军司令加里·拉夫黑德在谈到关岛的“大兴土木”时说：“关岛再也不是太平洋的拖车场。关岛已经从偏僻位置逐渐转移到了雷达屏幕的中央。”太平洋总部司令法伦在众议院军事委员会做证时说：“关岛的地缘战略重要性怎么强调也不过分。在关岛日益发挥‘军事力量投放中心’作用的过程中，拥有海军和空军设施的重要性会继续凸显出来。”

四是构建新构想，检验新的作战理念。在“秃鹫—1998”联军演习中，美国海军对“舰队战斗试验”进行了第4次检验。所谓“舰队战斗试验”，是美国海军面向21世纪，通过使用情报、通信、指挥网，最终实现攻击力量一体化目标的一种尝试。目前，这一作战理念还处于试验阶段，并在2010年后达到了实用化。演习的主要目的是检验美国海军新的作战思想，评价美国海军目前的技术能力。美军《2020联合构想》出台后，根据这一构想提高的长远目标，多国部队在“环太平洋—2000”演习中，首次试用了联军宽域网络系统（CWAN）。CWAN系统采用各作战单位通用的网络系统，形成以互联网为中心的信息传输网络，能够实现空战、水面战和两栖作战各作战单位之间的无缝连接，从而可提高舰队之间以及舰艇与陆上指挥中心之间的通信与协调能力，加强联合作战中远距离通信能力，使指挥官能够获取更多的相关信息，更快地作出有效抉择。

五是“夺岛”成重要科目，演练日渐实战化。日美联合军事演习始于20世纪50年代，演习的类型和数量随着时间的推移不断增多，到现在已增至16种之多。如代号“山樱”“北风”和“东方盾牌”的美陆军和日陆上自卫队联合演习，代号“森林之光”“铁拳”的美海军陆战队与日陆上自卫队联合演习，代号“对抗北方”的美空军与日航空自卫队联合防空演习，代号“利剑”的美日联合演习。这些演习在内容上既有指挥所图上演练、计算机模拟推演，也有实兵对抗。2006年的“山樱”军演，则开创了美日“夺岛”演习的先河。2010年的“利剑”军演就包含了在冲绳附近海域进行所谓“岛屿守卫”的内容。6月底举行的“环太平洋—2010”联合军演，也是美国联合澳大利亚、加拿大、智利等国进行的战略演习，美军“里根”号核动力航母、“好人理查德”号两栖攻击舰、3艘核潜艇悉数出动，其目的亦是检验美军实际战力。2012年8月，美日在关岛、天宁岛及其附近海域进行了为期40多天的联合军演。总的看来，“夺岛”已成为美日联合军演中的重要科目，且演练越来越实战化。

（四）超频密军演史无前例，美军战略重心已向东移

进入21世纪,美军在亚太地区的军事演习可以说是“家常便饭”，近年来的军事演习较之往年更加频繁，而且演习地域范围也较之以前有所扩大。随着美国对亚太地区安全形势的关注日增，它在该地区搞的军事演习不但愈益频繁，而且规模越来越大，如美国2007年在关岛附近海域举行的“勇敢盾牌—2007”军演，出动航母3艘，参演军力达2.2万；2007年美日举行的“利剑”联合军演，双方参演总兵力达2.25万人，军舰100艘，战机450架。2008年六七月，在美国的主导下进行的“环太平洋”军事演习，时间长达5周，多国战舰和战机参加。参演国除美国外还包括加拿大、英国、日本、秘鲁、智利、韩国、新加坡和澳大利亚等国。

特别是2010年，美军在亚太地区的各种军事演习超级频密。2010年美军在亚太地区的各种军事演习，其数量之多，规模之大，科目之繁杂，目标之明确都达到了史无前例的程度。以往大都是在朝鲜半岛的东部海域，即日本海进行，而2010年美国航母不顾中国的反对来到了黄海海域显示武力，这在历史上都是相当罕见的。2010年3月8日，韩、美开始每年一次的“关键决断”和“秃鹫”韩美联合军事演习，军演的重点是检查“有事”时韩、美共同防御的联合作战态势。“天安”舰事件后，据不完全统计，从2010年6月以来，美军与亚太盟国已举行近20场不同规模的联合军事演习，令整个亚太地区感受到了美国军事力量的“无处不在”。6月23日至8月1日，两年一度的多国“环太平洋—2010”军事演习在夏威夷海域进行。演习的科目包括反潜战、水雷战以及登陆演习，其中25艘各国军舰参与了实弹射击。美国、澳大利亚、加拿大、智利、哥伦比亚、法国、印度尼西亚、日本、马来西亚、荷兰、秘鲁、韩国、新加坡和泰国14个国家的34艘战舰、5艘潜艇、上百架战机和两

万多人参加。外界对此次演习的评价是，本年度的“环太平洋”军演是历届规模中最大的一次，而演习目的是“防备中国等亚太地区的新兴军事力量”，有着明显的“炫耀武力的意图”。7 月 25 日至 28 日，美、韩在韩国东海水域举行了代号为“不屈意志”的联合军演，包括“华盛顿”号在内的 20 艘战舰，以及 F—22 战斗机在内的 200 余架战机和 8000 名军人参加了此次演习。这一演习被朝鲜视为“侵略战争的预演”，触发了朝鲜半岛的紧张局势。9 月底，印度军队远赴日本冲绳临东海一侧，与美国海军陆战队和海军举行代号为“哈卜纳格 2010”的两栖攻击训练。9 月 27 日至 10 月 1 日，美、韩在韩国西部海域 (黄海) 举行历时 5 天的联合反潜军事演习。美国出动了“约翰•麦凯恩”号和“菲茨杰拉德”号驱逐舰、“胜利”号水声监听船，以及核动力潜艇、海上巡逻机等，韩国出动了韩国型驱逐舰 (KDX—II) 等两艘驱逐舰、护卫舰、巡逻舰、P—3C 巡逻机和潜水艇等。

10 月，韩国首度主持了 14 国参加的防扩散安全演习，参演的包括美国、加拿大、法国、澳大利亚、日本的军舰和人员。10 月 15 日至 22 日，美韩在朝鲜半岛西部空域举行历时 8 天的“最响雷鸣”空军联合军演。包括韩国空军 F—15K 和 KF—16 系列战斗机、美国空军 F—16 型“战隼”式和 KC—135 型“同温层油船”式在内，大约 50 架战斗机参加演习。11 月 28 日至 12 月 1 日，美、韩在韩国西部海域 (黄海) 举行“利剑 2010”联合军演。除“乔治 · 华盛顿”号航空母舰外，美国还派遣巡洋舰、驱逐舰等参加演习。韩国军方投入两艘 4500 吨级的韩国型驱逐舰，以及巡逻舰、护卫舰、战斗支援舰和反潜飞机等参加演习。12 月 7 日，驻日美国海军陆战队第 31 远征分队的千余名官兵，再加上 200 名来自美国本土的海军陆战队员和海军官兵与日本自卫队，举行了代号为“森林之光”的双边野外实兵演习。12月3日至10日，美日在冲绳以东海域及日本各军事基地举行历时8天的“利剑”联合军演。美军有1.1万名士兵参演，出动了20艘战舰及150架战机、核动力航母“华盛顿”号、B52战略轰炸机；日本自卫队有3.4万名士兵参演，出动了40艘战舰、250架战机。这是美、日之间不断加强演习的重要动作之一。

（五）日本利用联合军演增强对华作战能力

一是重金打造两栖作战力量。冷战结束后，日本的防御对象由过去苏联的单一威胁转为俄、中、朝等“多元威胁”，日美联合军事演习的对象国也随之发生了变化，应对周边地区冲突成为演习的重要内容，尤其是中国成为其军演的主要作战对象。因此，日本近年来重金打造两栖作战力量，斥巨资为筹建水陆机动团配备先进装备，提升陆上自卫队夺岛、守岛部队的对空、对舰作战能力频繁举行各类夺岛演习。无论日本自卫队内部军演还是涉外双边、多边军演，均提升了实战科目比重，演习内容有明确针对性，其中大量涉及岛屿防卫、两栖作战与海空力量协同作战内容。日本自卫队官员曾在接受采访时直言不讳地宣称，夺岛演习是为应对与某些国家的长期对抗打基础，特别是应对钓鱼岛问题。在西南地区岛屿演习中，日本大规模地把北海道重装甲部队调运到演习地区，其基本考虑就是在发生岛屿争端时，若西南方面军力不够用，可以从其他地区进行远程投送，对西南地区进行支援作战。

二是钓鱼岛争夺成为联合演练的重中之重。近年来，日美联合军事演习除继续进行反潜、防空等常规科目演练外，还不断增加新的更近似实战的演练科目。钓鱼岛及其附属岛屿自古以来一直是我国的固有领土。但由于历史和美国的原因，钓鱼岛成为战后中日两国领土争端的焦点。近年来，日本一改原来的“搁置主权争议”的做法，转而主张“不承认存在争议”，通过巡逻监视等显示军事存在，保持对钓鱼岛及其周边海域的实际管控，并通过日美联合军事演习公开显示武力保卫钓鱼岛“主权”的决心，目的是迫使中国放弃对钓鱼岛等岛屿的主权。日、美陆军2006年举行的“山樱”指挥所演习、日美“铁拳”联合演习，以及该年度海军联合演习都将争夺钓鱼岛主权作为演练的重点，钓鱼岛争夺战成为日美联合演习的重点科目。2015年7月的美、澳、日“护身军刀”联合军演中，美军动用航空母舰、战斗机和坦克等先进装备，澳、日也动用了最为先进的武器装备。演习以两栖登陆、特种部队战术和城市作战为主要内容，新增的“夺岛”科目被暗指有中、日之间钓鱼岛争端背景，进攻性极强。这些演习所传递的信息是，日本将运用军事力量保卫钓鱼岛，而且，美国将站在日本一边介入中日之间的领土争端。钓鱼岛将是美、日用来干预台海事务和扩大其西南防御纵深的前沿地区，具有十分重要的战略地位。

三是在各种联合军演中日本自卫队羽翼逐渐丰满。进入21世纪特别是2010年以来，日本自卫队参与的军事演习次数“陡然”增加。如果再细心梳理，就会发现，出现变化的不仅仅是自卫队军演次数增多，而且演习的形式也更加丰富多样，演习层次不断提升，走出去的也越来越远。如今日本自卫队与他国军队开展的联合军演形式越来越丰富，已经从以往的防灾、搜救，发展到军事打击、封锁与突击，演习范围也遍及陆、海、空，甚至是网络空间。即便是在国内，自卫队的军事演习也从以往的“自编自导自演”，发展成为与警察、海上保安厅、消防队相互联动的一场场“惊险大片”。借美国向亚太“调整重心”之机，日本也开始调整自身的军事战略。从“守土防卫”变为“机动防卫”，日本自卫队也更加大胆地走出国门，走向海外。目前，日本自卫队的足迹已经扩展到印度洋、南海、东海。自卫队也分别与印度、越南、菲律宾、澳大利亚搭上钩。

频繁开展联合演习，加强军事合作，甚至开始推进武器合作开发。值得注意的是，日本自卫队正在通过各种军演，飞快提升着自身的战略战术水平。近年来，日本自卫队积极与驻日美军开展联合军事演习。在美军手把手的传授下，自卫队学到了陆海空立体作战技巧，以及在复杂气候及海况下制定作战计划的技能，掌握了弹道导弹防御系统，练就了从本土向偏远离岛投送兵力的能力。可以说，自卫队已初步被打造成为一支擅长两栖突击、跨海夺岛和海上特种作战的“准海军陆战队”。

第二章

东南亚地区军事演习

从地理意义上来讲，东南亚区域是指西太平洋南部的亚洲东北部地区。冷战结束特别是进入 21 世纪以来，东南亚地区越来越受到国际社会的关注和重视。东南亚国家联盟以一个新的地区力量在国际舞台上发挥着越来越重要的作用。但由于东南亚国家普遍军事实力薄弱，因而需要依赖以美国为主的域外大国给予军事支持。东南亚地区的政治、经济和军事价值的重要性，决定了该地区也是大国或国家集团逐鹿的角力场，通过各种军事演习来表达各自的诉求。美国则借助与菲律宾、泰国、新加坡等东南亚的传统军事合作伙伴关系，以履行军事同盟协议，加强军事互动为借口，与该地区多个国家建立了联合军事演习机制，形成了南海周边国家海军年度例行军演，并逐渐成为世界知名军演。

一、远东战略催生的多边联合军事演习

就远东战略形势来讲，美国不像在欧洲那样可以将其军事力量直接部署在欧洲大陆的边缘地带，而只能相对地局限于亚洲大陆几个临近岛屿上。因而，在地缘政治中占据着重要的战略位置的东盟诸国，自然也就成为美国远东战略的重要组成部分。美国近年来一直十分关注加强与东盟国家的防务合作关系，除了双边和多边的军事人员交流外，军事演习也是美国扩大对这一地区影响和插足这一地区事务的重要方式。如今，美国在东南亚有例行的多边军演主要有“金色眼镜蛇”联合军演、“卡拉特”联合军演、“科摩多”联合军演和“夏季脉动”联合军演。

（一）“金色眼镜蛇”系列演习

作为东南亚地区最大规模的多国联合军事演习之一，“金色眼镜蛇”联合军事演习是由美国和泰国共同主办的东南亚地区最大规模的年度联合军事演习，始于1982年。进入21世纪后，为扩大演习的影响和与该地区国家的合作，美将该演习扩大为多边演习。在后来的“金色眼镜蛇”演习中，又增加了许多国家，使该演习成为一个多国联合军演。从2000年开始，美国将“金色眼镜蛇”与美菲“肩

并肩”、美澳“前后推进”军事演习纳入同一体系内，合称“协作挑战”。截至2016年已是第35次。中国从2002年起开始派遣观察员参与“金色眼镜蛇”演习。

1.　“金色眼镜蛇—2001”演习开始坐大

2001年5月中下旬，美国与泰国和新加坡在泰国北部第三军区进行了一年一度的“金色眼镜蛇—2001”联合军事演习。此次演习是美军在东南亚地区组织的“金色眼镜蛇”军事演习的第20次。演习总的感觉是美国已下决心要把这块“蛋糕”越做越大，既要拉更多国家入伙，又要扩充演习内容和人数。

演习的目的是增强参演各方在应对地区危机的联合军事行动中的快速反应及协调能力，以及在区域维和、抢险救灾等方面的协调行动能力。美、泰、新三国总共派出1万余名官兵参加演习，其中泰国士兵最多，有5800余人，美国则出动近5000名士兵参演，而第二次参加该演习的新加坡军队仍只是象征性地派出了55名参谋和后勤保障人员。另外，来自菲律宾、日本、韩国、马来西亚、印度尼西亚、澳大利亚、斯里兰卡、蒙古和法国9个国家的军事观察员对演习进行了观摩。

美、泰、新三国参演部队以联合特遣部队形式编组，下设陆、海、空、陆战队和特种作战5个司令部。其中，美军主要参演单位有美太平洋总部及其所属的太平洋陆军司令部、太平洋舰队司令部、驻日美军司令部、驻韩美军司令部、美海军第7舰队、第3陆战远征部队，以及直接隶属于参联会的运输司令部、特种作战司令部、联合作战司令部等，驻阿拉斯加的美空军第11航空队和驻夏威夷的美陆军第25轻型步兵师也派员参加。

“金色眼镜蛇—2001”演习的主要科目有联合特遣部队的两栖登陆作战、搜索与救援、反水雷战，特种作战部队的危机处理、渗透与补给、医疗撤运、心理战等。演习仍分三阶段举行：第一阶段为指挥所演练，由参演各方的指挥及参谋人员制定应急计划并进行理论研讨，重点是演练对自动化指挥系统的操控能力；第二阶段是陆上演练阶段，主要是地面部队进行多科目演练，包括地面渗透、登陆支持、沿河作战、特种侦察、非战斗人员撤离等；第三阶段主要为海上演练阶段，演习地点在泰国湾中部海域，美、泰、新三国海军及陆战队人员和部分参演舰只联合进行了海上航渡、战场支持、海上搜救、反水雷战、两栖作战等科目的演练。

根据主持演习的美军太平洋总部制定的演习想定，同往年不同的是，本年度“金色眼镜蛇”演习的演练重点是支援“联合国主导的维和作战行动”，以确保东南亚地区的安全和稳定，并借此加强泰国皇家武装力量对地区争端的应急作战能力。“金色眼镜蛇—2001”演习设想亚太地区的两个国家由于主权和领土争端发生冲突，美、泰、新三国军队在联合国的主持下及时介入以迫使双方停战。这个演习预案与原来对抗假想敌对泰国的侵略设想不同，更容易让东南亚国家接受。演习中民事活动科目比例也大为增加。演习指挥部专门成立了民事联合特遣队，并制定了十余项抢险救灾、医疗保健及社区公益设施建设计划。

为了能够保持在东南亚地区稳定的军事存在，并密切与东盟国家的防务合作关系，美国近年来一直想方设法维持和扩大“金色眼镜蛇”演习的规模和范围。于是，“联合国主持下的国际维和行动”成为美军“拉帮结派”的最好理由。“金色眼镜蛇”演习原先只是美、泰两国之间的双边联合演习，自2000年新加坡正式加入后，该演习已演化成为地区性的多边联合演习。按美国军方规划，“金色眼镜蛇”演习还将和在亚太地区同一时期举行的美澳“双重突击”军事演习以及美菲“巴里卡丹”军事演习一同纳入代号为“协同挑战”

的地区演习框架之内。

尽管美国派出了数千名陆、海、空三军以及海军陆战队官兵奔赴泰国参演，但由于受到泰国政府所拨预算的限制，2001 年的“金色眼镜蛇”演习史无前例地取消了实弹射击科目，成为“没有枪声的演习”。据泰国武装力量最高统帅部透露，泰国军方之所以取消了 2001 年泰美演习中的实弹科目，其根本原因是 2001 年的“金色眼镜蛇”演习的重点在于训练如何支持联合国维和部队行动和危机救援行动等，因而没有必要组织大规模的实弹演习，而以往泰美联合演习的重点则是如何协助泰国抵御假想敌的入侵，泰国方面认为理所应当根据局势的改变来确定演习的主题。实际上，泰国政府并不缺演习经费，就在 2001 年泰国又恢复了同马来西亚自 1997 年金融危机以来停顿了 5 年之久的联合海军演习。此外，泰、新两国之间的联合军事演习也一直在紧锣密鼓的规划之中。

进入 21 世纪后，美国决定将“金色眼镜蛇”演习和美菲、美澳双边演习共同纳入“集体挑战”演习的框架，这是美国在亚太地区增强军事活动的又一明显标志。2001 年在澳大利亚东北部海域举行的美澳“前后推进”演习人数多达 2.7 万，是 2001 年以来西太平洋地区举行的规模最大的军事演习。2001 年美菲“并肩作战”演习是 1999 年两国恢复联合军事演习后举行的第二次军事演习，演习的参加人数由原定的 4000 人增加到 7000 人。根据美国军方规划，“集体挑战”的第一阶段是“前后推进”，从 2001 年起吸收加拿大部队参加作战培训。第二阶段是“金色眼镜蛇”和“并肩作战”，在此阶段，美、泰、新、菲 4 国将进行一些联合行动。

2. “金色眼镜蛇—2002”军演中国派遣观察员

2002 年 5 月 14 日至 28 日，“金色眼镜蛇—2002”演习在泰国中部的罗勇府、春武里、占他武里、巴真府和华富里等地举行。中国自2002年开始，以观察员的身份参与到这一东南亚规模最大的联合军演。此外，文莱、智利、德国、老挝和新西兰等国也都派观察员观摩了这次军演。

演习由美军太平洋总部与泰军、新军最高司令部组织实施，主题是多国部队联合强制维和作战，采取海上演习、野外实兵演练与指挥所计算机网络模拟演练相结合的形式进行。泰国陆军第1军军长阿恰温中将和美海军陆战队快速反应部队司令官格雷格逊中将分别担任参演部队正、副最高指挥官，新加坡陆军蔡水阁准将担任参演部队最高指挥官助理。演习目的是：检验泰、美、新三军的协同作战能力与快速反应能力，提高三国联合军事行动的协调能力；健全泰、美、新三国诸军(兵)种联合作战机制，进一步密切泰、美、新三国在安全领域的合作，维护三国安全利益。

演习想定东南亚地区某两国由于主权和领土争端突发武装冲突，泰、美、新三国经联合国授权，紧急向事发地区派遣维和部队，隔离冲突双方部队，救助并撤离难民，恢复当地正常秩序。演习分两阶段，前期主要进行联合特遣部队训练和交流训练演习，后期进行指挥所演习和野战演习。演练内容包括兵力远程投送、空中打击、空地联合作战、封锁海上通道、两栖作战、非战斗人员撤离、反恐作战、反核生化作战和部分实弹科目等。参演部队按联合特遣部队形式编组，共设联合陆军、联合海军、联合海军陆战队、联合空军、联合特种作战5个司令部及民事联合特遣队。参演兵力包括陆、海、空、海军陆战队、特种作战力量20677人，其中美军13200人、泰军约7407人、新军70人。美国派出了包括F—16、F—18喷气式战斗机和C—130大型运输机在内的78架飞机，塞兹级护卫舰、“朱诺”号两栖登陆舰及坦克登陆舰、水雷对抗舰、猎雷艇在内的14艘舰船和各类装甲、运输车辆参加这次演习。泰军参演飞机12架、舰船 12 艘 (包括“差克里·纳吕贝特”号航母)。此外，部署在美军普天间机场的新型运输机 MV—22“鱼鹰”也首次被派往现场，将参加以强攻登陆作战为假想的训练等。

2002 年“金色眼镜蛇”联合军事演习是美国发生“9·11”恐怖袭击事件后举行的首次这类演习，出于其军事战略需要，此次联合军事演习反映出不同的特点。

一是演习形式由双边军事演习向多边军事演习转化，反映了美国军事战略和海军战略调整的基本走向。“金色眼镜蛇”联合军事演习始于 1982 年，本次演习是第 21 次。该演习原是美、泰双边联合三军协同作战演习，由于演习投入大量的海、陆、空和两栖作战部队以及现代化、尖端的武器装备，因而使之成为全球瞩目的、亚太地区最重要的军事演习之一。2000 年新加坡正式加入该演习，从而使“金色眼镜蛇”联合军事演习转变为地区性的多边联合军事演习。美军在这次演习中称：要将“金色眼镜蛇”演习继续下去并将其发展为一个开放的合作交流平台，每年邀请大批国家派观察员演习，而且连续两年派出观察员的国家可以通过使馆提出申请参加联合军演。这一转变从一个侧面反映了冷战后美国军事战略和海军战略调整的走向。

二是演习组织领导虽然变化了，但美军在演习中仍然发挥着主导作用。1995 年前，“金色眼镜蛇”联合军事演习由美参谋长联席会议指导，太平洋总部协调第 7 舰队和泰国部队共同计划并组织实施，并由美国海军第 3 陆战队远征部队司令担任联合特遣部队司令和演习总指挥。1995 年后，开始由泰国武装部队高级将领任演习总指挥。但从这次演习的情况看，演习总体上仍是美国化的军事演习。美军参演兵力占总参演兵力的三分之二。演习内容涉及的远程兵力投送、空中作战、海上封锁和反恐作战，都主要体现了美方的军事需求。虽然从演习指挥和导演人员的设置情况看，正职指挥官基本由泰军军官担任，美、新军官任副职，但在实际演习中，由于美军联合作战理论比较先进，条令完善，军官专业化程度高，经验丰富，所以无论是制定总体方案，还是拟制战术层面的具体计划，基本是以美方人员为主展开工作，泰、新两军主要是借机向美军学习。

三是演练主题从传统安全领域的军事对抗转变为非传统安全领域的军事对抗，“反恐维和”和人道援助为美军干预亚太事务的借口。“金色眼镜蛇”是美国在东南亚地区最大的军事演习，近年来一直想方设法维持和扩大该演习的规模和范围。从2001年开始，“金色眼镜蛇”演习改变了以往以指定的某国为对抗假想敌入侵泰国的设想而改为非针对某国为对抗假想敌的设想，即演练主题从传统安全领域的军事对抗转变为非传统安全领域的“反恐维和”和人道救援，因此更容易让其他国家特别是东南亚国家接受。从“9·11”事件后整个世界形势的发展看，东南亚一些国家之所以愿意与美国举行联合军事演习，主要是因为这些国家对本地区的跨国犯罪以及民族、宗教冲突等问题抱有危机感，他们希望通过联合军事演习加强本国战备和应变能力。而美国则利用一些东南亚国家的这种想法，乘机维护和扩大“金色眼镜蛇”联合军事演习的规模，以达到其长期保持在东南亚的军事存在的目的，同时密切与东盟国家的防务合作，最终筹组以美国为核心的东南亚地区多边安全机制，进一步增强美国干预亚太地区事务的能力。

四是美军的联合作战计划和作战指挥体制比较完善。美军强调要像平时训练一样组织作战，认为演习是最好的训练，而计划工作则是组织演习的关键。“金色眼镜蛇”演习通常组织初期、中期和最终的三次计划会议。每次会议，所有参演指挥机关和战术单位的各类计划人员集中工作，共同制定演习计划、方案和文书。参演的高层指挥机构和各军兵种计划人员负责对各军兵种演习计划的综合和横向协调，战术级单位计划人员负责对各类任务行动的具体细化和纵向协调。这种纵横一体、立体协调的计划工作方式不仅使战术层次计划人员能够充分了解战役全局情况，而且便于战役层次计划人员直接指导和协调战术单位的计划内容，既解决了制定联合作战计划协调难度大的问题，又避免了战役演习中战役层次训练课题复杂而战术层次具体行动简化的矛盾，符合联合作战的组织指挥要求。

五是注重高效实用，强调军地结合。高效实用、军地结合是本次演习的一个明显特点。在军演过程中，美军普遍使用了科技含量较高的现代化设备和软件。如其主要使用手提式电脑，演习软件由地方公司会同军方共同研制，加上密码、黑客防火墙、防震保险。不但演习指令由计算机控制和提示，而且还能将演习过程中指令发出后部队执行的情况(已完成、正在执行、未能完成和执行等)通过不同颜色标示出来，供指挥员决策用。演习中，为了精兵简政，寓军于民，大多数的评估工作均由美军退役的资深军官担任，18个国家的观察员日常活动也主要由美军预备役人员负责，而吃、住、行等生活保障则主要由地方宾馆负责。尽管有许多预备役人员参加，但演习各部位联系紧密、环环相扣。如演习中美军多余的部位几乎没有，整个导演部仅有36个终端，其情报中心从情报收集、整理、分类到标示、选择、分发等基本是以流程来运行。有特别重要的情况，标示部位还可以及时将情况图打印出来，供指挥员参考，个别部位还有地方专家协助。

3. “金色眼镜蛇—2010”军演多国抢滩东南亚

2010年2月1日，代号为“金色眼镜蛇—2010”的东南亚地区最大规模多国联合军事演习在泰国中部罗勇府乌塔堡海军机场展开。作为美国在东南亚地区最广泛的多边演习，一年一度的“金色眼镜蛇”演习在泰国已开展了 29 年。

2010 年度联合军演为期 11 天，来自泰国、美国、印度尼西亚、新加坡、日本和韩国的 14073 名军事人员参加，其中包括泰国士兵 4658 人、美军士兵 8741 人。日本从 2005 年起派遣自卫队参加，本次派遣人数达 100 人，为过去最多。韩国 2010 年则首次派遣 331 名军人参演。演习主要场所包括泰国中部主要海陆空军事基地及演练场。从内容上看，主要演练科目包括救生、抢滩登陆、转移战区居民及维和等。

“9·11”事件后，美国打着“反恐”的旗号，进一步加快重返东南亚的步伐，不断加深与菲律宾、泰国、新加坡等传统盟友的军事合作，与印度尼西亚、越南等非盟友的防务交流亦有所拓展。在这种背景下，奥巴马政府的“重返”东南亚战略核心就是要开展多种形式的交流与合作，而双边或多边的联合军演更是军事交流与合作的重中之重。美国在东南亚深化、固化联合军事演习的举动反映出奥巴马政府对域内外主要力量在东南亚地区博弈形势的基本判断，是对布什政府“单边主义”外交政策的调整，亦是着力推行“巧实力”外交的直接结果。

与“金色眼镜蛇”等大规模多国演习相比，泰国更愿意与美国开展双边军演，因为这样更有利于学习美国的军事理念和军事技术，而且演习也为泰国军方开展联合训练与协同训练提供了难得的机会。鉴于自身海空军无力监控 2300 千米长的海岸线和专属经济区，泰国认为与美国的联盟关系尤为重要。演习中，美、泰两国只设立一个指挥、控制与协调机构，泰国军队指挥官可以更多地参与“金色眼镜蛇”演习计划及方案的制定。尽管泰国军队装备技术并不先进，但泰国十分珍视与美军联合训练与协同训练的机会，积极学习美军的军事理念和军事技术。每当财力允许时，陆、海、空三军都竞相改进武器装备。目前，泰国军方领导层已提出了一系列希望与美军开展合作的领域，特别是通过开展更多的联合军演可以了解和获取更多目前仍属保密的美国武器装备系统。2月4日，泰国、美国和韩国约6000名士兵在泰国中部春武里府梭桃邑海军演习场举行了抢滩登陆环节的演练，演习从当天上午10时开始，分为部队运送、抢滩攻击、巩固阵地等6个部分。据泰国武装部队司令部介绍，参演武器装备主要包括美国海军“埃塞克斯”号反潜航空母舰、“丹佛”号巡洋舰和“夏洛”号巡洋舰等6艘作战舰艇，以及F—18“大黄蜂”战斗机、AV—8型“海鹞”式战斗机和“奇努克”直升机等35架战机。

2010年的“金色眼镜蛇”演习，是太极虎首次登陆东南亚。而日本也是该演习的新贵，借助演习，美国与日、韩等盟国的关系将更加密切。值得关注的是，韩国以往仅以参观国的身份参与军演，从2010年开始，韩国正式参加了该演习。对于韩国军队首次参加演习，美国军方表示，韩国参加“金色眼镜蛇”联合军事演习，将增加韩国参加海外军事演习的机会，有助于美国正在积极推进的美日韩三国联合军事演习。正在泰国指挥“金色眼镜蛇”军演的美军太平洋司令部陆军司令本杰明·密克森中将向媒体表示，今后韩国军队参加多国或两国联合军事演习的机会将更多。他还表示，有关方面正在讨论美军、韩军以及日本自卫队，以人道主义援助或救灾为主要内容，进行三国或多国联合军演的方案。日本是从2005年起派遣自卫队参加“金色眼镜蛇”军演的，本次派遣军事人员数达100人，也创历年之最。在2010年的演习中，日本首次安排研修要员参加格斗等必要的特殊作战演练。

“9·11”以后，反对和打击恐怖主义成为国际社会的共同愿望，许多国家不但公开谴责恐怖主义行为，表明愿与国际社会携手打击恐怖主义的立场，而且通过联合军演，显示了愿与国际社会共同合作的决心。近年来，以国际反恐、人道主义救援等名义举行的联合军演，占到联合军演总量的80%以上。演习是军队训练的最高形式，是提高战备水平的重要手段。应该说，联合军演是强化军队战备水平，增强联合军队协同作战能力的重要措施。不同国家军队联合作战，诸军兵种间密切配合、协调一致行动的难度很高。通过联合军演，有助于发现和减少军队间的不协调，强化战备水平，增强联合军队密切配合和协同作战的能力。美军参联会在公开文件中就表示，联合军演除了可以炫耀武力外，最重要的是可以为未来的多国军队行动做准备。

此外，联合军演还是演练和展示高技术装备，吸引军火订单的重要舞台。海湾战争以来，信息化武器装备在战争中的突出表现，越来越赢得人们的青睐。各国在削减军队总员额的同时，纷纷研发和购置信息化武器装备，以图通过提高装备技术含量，增强作战能力。在布什政府期间，美国的外交重点是反恐和能源问题，伊拉克战争和阿富汗战争牵制了美国的主要精力，美国对东盟的忽视，造成美国在东南亚地区的影响力不断下降。当前，美国对东南亚地区正在进行一系列的重大外交调整，显示了美国将重新调整对东南亚的策略，增加在该地区的政治、经济和军事介入。可以预见，在未来几年内美国与东盟的军事合作将会进一步提升。

4. “金色眼镜蛇—2012”变为多边军演

2012年2月7日，有美国海军陆战队参加的“金色眼镜蛇—2012”军演在泰国举行。这是亚太地区时为最大规模的多国军事演习。参加这一军演的国家为美国、泰国、新加坡、日本、韩国、印度尼西亚和马来西亚。其中参演人数美国8948人、泰国3623人、日本74人、韩国324人、新加坡人59人、印度尼西亚73人、马来西亚79人，参演共计13180人。除上述7国派军参加演习外，还有澳大利亚、法国、加拿大、英国、孟加拉国、意大利、印度、尼泊尔、菲律宾和越南10国参加了参谋指挥演练。而中国、新西兰、文莱、老挝、荷兰、俄罗斯、南非、东帝汶和阿联酋9国是此次演习的观察员。

此次军演内容涵盖反恐、人道主义救援、指挥演习、包括实弹训练和非作战疏散演习的野战演习，以及维和任务演练等。美海军出动了船坞登陆舰“日耳曼城”号及“托尔图加”号、CH—46型“海上骑士”直升机等多种军机、通用登陆艇，以及M—777型牵引榴弹炮。其中，两栖作战演练于2012年2月10日在春武里举行，转移平民演练12日在罗勇举行，伞兵和特种作战在彭世洛、碧差汶和春武里举行，此外还增加了洪灾后的救助演练。

与以往不同，2012年的“金色眼镜蛇”军演已经由最初美泰间双边联合演习，转变为多国多边军事演习，而且演习参演人数增加、规模增大、时间延长、影响提升。军演靠近处于“多事之秋”的南海附近；时间也长达10多天而非通常的三四天；美国更强调多国合作应对地区突发事件，演习设定更接近传统安全领域，变得更加敏感。尽管美国等强调是正常的例行演习，并非针对某国，但国际事务专家质疑，通常演习把谁排除在外，就有可能针对谁，此次演习南海诸岛声索国中，只有中国被排除在外，针对性不言而喻。日本媒体认为，由于美国刚颁布了以亚太为中心的新军事战略，此次演习将被美国用来强化与亚太军事盟友的合作关系，其意图遏制中国崛起和军事实力的强大的考虑十分明显。

5.“金色眼镜蛇—2014”军演中国首次参演

由泰国、美国军队共同主办的2014年“金色眼镜蛇—2014”多边联合演习于2月11日正式开幕。2月21日，为期11天的“金色眼镜蛇”联合军事演习结束，来自美国、泰国等7个亚太国家的

1.3万名军事人员参与演习。应主办方的邀请，中国军队首次派出17人分队赴泰国彭世洛府参演。

“金色眼镜蛇—2014”联合军事演习11日在位于泰国彭世洛府的泰国陆军阿卡托撒罗军营举行了开幕仪式。出席当天开幕式的美国太平洋司令部司令洛克利尔表示，作为东南亚地区最大规模的年度联合军事演习，“金色眼镜蛇”为包括美、泰两国在内的各方提供了分享安全关切的平台，有助于为这一地区各国构建互信。正式参演国为美国、泰国、日本、新加坡、印度尼西亚、马来西亚和韩国。美军参演士兵达9000人、泰国参演士兵为4000人，其他参演军队还包括新加坡80人、日本120人、韩国300人、印度尼西亚160人以及马来西亚120人。正式参演国之外，中国、缅甸、越南、老挝、南非、新西兰、乌克兰、俄罗斯、巴基斯坦、英国等国派观察员出席。“金色眼镜蛇—2014”联合军事演习副总指挥，泰国陆军威塔亚少将表示，2014年适逢“金色眼镜蛇”联合军事演习“大年”，意味着参演人数更多、演练的项目更全，并将更加注重实战演练。

演习科目包括指挥所演练、野战实兵演练和人道主义救援行动演练 三部分。除了实战演练，人道主义救援演练一直是“金色眼镜蛇”联合军演的重要组成部分。美国驻泰国大使肯尼当天表示，在台风“海燕”灾后救援和重建过程中，军队再一次显示出不可替代的作用，而本次军演将无疑有助于提高各国在救援行动中的合作水平。中方参演分队以广州军区为主抽组，参加演习的人道主义救援行动演练部分，主要参演科目包括指挥协调中心工作和室内推演、工程援助演练、医疗救援和军事医学研讨交流活动。“金色眼镜蛇—2014”联合军事演习副总指挥、泰国陆军威塔亚少将表示，“金色眼镜蛇”联合演练旨在维护地区和平与稳定发挥着重要作用，而中国的参与将有助于实现这一目的。

6.“金色眼镜蛇—2016”军演

2016 年 2 月 9 日至 19 日，“金色眼镜蛇—2016”在泰国境内梭桃邑海军基地举行。此次是自 1982 年以来第 35 次举行。2016 年参与联合军演的国家超过 24 个，包括泰国、美国、韩国、日本、印度尼西亚、新加坡和马来西亚等，中国以观察员身份参与。

军演的主要参与国有泰国、美国、新加坡、印度尼西亚、日本、韩国和马来西亚等。另外还有包括中国在内的多国以部分参演或观察员的身份参与此次军演，总参演人数接近 9000 人。联合军演包括三个主要项目，分别是战地指挥所训练、人道主义援助演习、实弹训练演习。这将是中国连续第三年参加“金色眼镜蛇”军事演习。2014 年中国首次派出兵力参加该项军演，令世人瞩目。此次联合军演在泰国境内多地举行，演习强调的重点是提升区域协调与合作，增强参与国应对复杂多边行动的能力，如打击海盗、提供人道主义救援和灾难救援等。

“金色眼镜蛇”联合军演从最初的美、泰两国联合演习到如今的多国联合军演，演习规模不断扩大，演习项目不断增多。通过历年的“金色眼镜蛇”军演，不但能看到其作战样式、形态的变革，也能透过演习看到国际格局的深刻变化。“金色眼镜蛇”军演内容涵盖反恐、人道主义救援、指挥演习、实弹训练，以及维和任务演练等。尽管美国一再强调军演是为了“和平”，泰国强调联合实施人道主义救援是演习的重点，但是上万人的军队，加上美国海军出动了船坞登陆舰、直升机等，大量先进战斗机和舰只的参与，使得这一说法很难令人信服。

考察演习，可以看到几个特点：一是演习计划周密。“金色眼镜蛇”演习通常组织初期、中期和最终三次计划会议。参演的高层指挥机构和各军兵种计划人员负责对各军兵种演习计划的综合协调和横向协调，战术级单位计划人员负责对各类任务行动的具体细化。二是演习部队联合程度较高。从联合演习规定的制定到“联合特遣部队”司令部下设各部门的成员构成都体现出了很强的联合性，“联合特遣部队”司令部下属的联合陆军、联合海军、联合空军、联合海军陆战队、联合特种作战5个二级司令部，均由多国军队的人员混合编成。三是美军在演习中的主导作用依然明显。从演习导演机构和联合部队司令部人员编成情况看，虽然正职指挥官一般由泰军军官担任，美军军官任副职指挥官，但在实际工作中，无论是制定总体方案还是拟制战术层面的具体计划，基本是以美方人员为主展开工作，然后多方进行协调。

（二）“卡拉特”系列联合军演

美国“卡拉特”年度海上联合军事演习是1995年在同新加坡、泰国、菲律宾、马来西亚、文莱等东南亚国家在中国南海地区举行的系列双边联合军事演习。“卡拉特”英文名“Cooperation Afloat Readiness And Training(CARAT)”，意即“海上联合战备训练”，也就是根据美国与东盟各国的演习计划，由美海军太平洋舰队具体负责组织实施的双边海上联合军事演习。“卡拉特”系列海上联合军事演习说明美国与东南亚国家之间的“卡拉特海上力量集团舰队”已形成，并将保卫东南亚各方在南海争端中的权益。

1. “卡拉特”军演为海上系列军演

“卡拉特”演习是美军显示其所谓承担加强亚太地区和平与安全义务的重要手段，亦是联系美国在东南亚军事伙伴的纽带。“卡拉特”系列军演每年年中开始，由美国海军西太平洋后勤补给群(第73任务特遣队)统筹，美军分别先是与菲律宾、泰国、新加坡、马来西亚、印度尼西亚及文莱6个东南亚国家，后是与孟加拉国、文莱、柬埔寨、印度尼西亚、马来西亚、菲律宾、新加坡、泰国和东帝汶

9个东南亚国家的海军部队展开联合演习。

美国与东南亚国家举行“卡拉特”系列联合军演，于1995年首次举行。“卡拉特”系列联合军演注重进行海上安全相关科目的演练，演习时间从5月底开始，一直持续至8月底，演习中美军专门组建一支特混编队赴东南亚地区，依次与东南亚国家举行联合演习，美军参演部队分阶段与每个国家的演习时间约10天，总共要历时数月。演习由美国海军太平洋舰队统筹，美国海军、陆战队共同组成的特混编队和各参演国海军具体实施，美国海军西太平洋后勤大队司令部任特混编队总指挥。“卡拉特”演习一般以南海主权冲突为立案背景，美国应东南亚相关国家的要求，出于自身全球战略和同盟利益的考虑，对东南亚国家进行军事和“人道主义”援助，以遏制所谓的“潜在的地区威胁”，维护“地区安全和海上航行自由”。

为了显示美军对联合军事演习的重视程度，美军早年即专门成立了相应的军演特遣大队。美国派出部分驱护舰、登陆舰、潜艇以及登陆作战部队和海上巡逻飞机，先后与东南亚的菲律宾、文莱、印度尼西亚、新加坡及泰国等若干国家各举行一次联合演习，旨在提高双方的协同作战能力，促进相互了解，增进友谊。美海军“卡拉特”军演特遣大队隶属于美海军第一驱逐舰中队，该大队由美海岸警卫队“梅隆”号高耐力炮艇、“麦亨利堡”号船坞登陆舰、“拉赛尔”号导弹驱逐舰、“迈坎贝尔”号导弹驱逐舰以及“救援”号海上搜救舰艇组成。“卡拉特”系列演习强调东南亚各国和美国的防御合作，协助提高两国武装部队的协同能力。东南亚国家通过上述一系列军事演习，既提高了本国军队的战斗力，又增强了维护该地区军事安全的能力，但同时在一定程度上也加深了对美国的依赖性。

美国海军与各东南亚国家海军演习科目不同，主要包括预警、扫布雷、海上侦察与反侦察、反潜作战、水面作战、海上搜救与救援、海上巡逻、舰队防空、舰队编队航行、实弹射击、两栖登陆与抗登陆、特种作战、城市作战、反海盗、反空袭、后勤支持、通信管制、电子战、战场救护以及人道主义救援等。除此之外，参演国部队还将演练其他作战科目，其中包括海上机动、通信、指挥、控制以及潜水和救援等。而在海岸方面，参演部队还参与社区建设和公共服务工作。

“卡拉特”联合军演属于美军常规系列双边军演，旨在加强美国与东南亚盟国间的军事合作，强化部队协同作战能力。冷战后，美国不甘心撤离东南亚的军事基地，通过卡拉特联合军演，美国可以向东南亚周边国家显示美军力量，进而为美国的全球战略服务。通常军演的目的有三：一是提高联合作战的能力，二是展示威慑力，三是检验新式武器。卡拉特联合军演更多的是前两者。美国国防部长在菲律宾曾表示，美国不介入南海争端，美国对南沙群岛问题没有立场。当然，美方的这个表态并不意味着美国对南海问题就真的没想法。

2. 近年来的“卡拉特”系列军演

● “卡拉特—2006”联合军演

美海军于6月1日至11日与新加坡海军举行了第一阶段演习，于6月21日至6月26日与文莱海军举行了第二阶段演习，与泰国方面的演习属于第三阶段演习，此后美海军还与菲律宾和马来西亚举行了下一阶段演习，“卡拉特—2006”系列演习一直持续到8月初结束。

2006年6月1日，美国与新加坡开始举行自1995年以来的第10次代号为“卡拉特”的年度海上联合军演。有来自两国的1500余人和12艘舰艇参加了这次演习。演习的主要科目包括海面战、防空作战、反水面舰艇战和反潜作战。此外演习科目还包括潜水与救援行动和医疗与后勤支持等。新加坡国防部称，有超过 1500 人参加了这次演习，分别来自新加坡空军、美国海军和美国海军陆战队。此外，参加演习的还包括 12 艘舰艇、1 艘潜水艇和固定翼与偏转翼飞机。在这次演习中，新加坡海军首次发射一枚“巴拉克”导弹，打击一个水面目标。同时新加坡的军事计划人员还首次在“坚决”号登陆舰上建立一个联合指挥平台。新加坡国防部还在声明中描述了新加坡与美国良好的防务关系，还称这次演习不仅能加强两军的协同作战能力，同时还能加强两军人员的友好关系。

6 月 21 日，美海军与文莱海军开始举行“卡拉特—2006”第二阶段联合军演，演习旨在加强美军与文莱部队在该地区的军事合作，提高部队作战能力。文莱皇家海军司令部、美海军西太地区后勤大队司令以及美驻文莱大使参加演习的开幕仪式。按照计划，演习对部队海上作战科目进行了演练，如海上机动、通信、指挥和控制作战、潜水和海上救援行动以及搜索拦截行动等。此外，参演双方还举行了各种研讨会，海军和海岸警卫队作战人员也在不同阶段的“卡拉特”演习中参与了民事、医疗等其他活动。此次有 1400 名美海军和海岸警卫队人员部署参加“卡拉特”演习，除麦克坎贝尔导弹驱逐舰外，还有另外 4 艘舰艇也参加了演习。

“卡拉特—2006”军演的第三阶段是美泰海军联合参演。美国海军与泰国海军 6 月 30 日举行仪式，正式开始举行“卡拉特”系列军演第三阶段演习，大约有 4000 名来自美海军、海岸警卫队以及泰国皇家海军部队的作战人员参与了此次演习。美海军方面派遣 6 艘舰艇，各式战机以及其他部队参与此次演习，“卡拉特”第三阶段演习是美泰海军 2006 年以来规模最大的一次军事演习，也是美泰举行的第 10 次此项军演。在参演的 4000 兵力中，有 1400 名来自美军，2600名来自泰国海军。

美海军第712特遣部队司令部，“卡拉特—2006”军演指挥官凯文表示，在此次演习中，两艘美海军阿里伯克级导弹制导驱逐舰首次参演，这两艘军舰分别是“拉赛尔”导弹驱逐舰和“麦坎贝尔”导弹驱逐舰，其他参演的舰艇还包括海岸警卫队“梅隆”高耐力巡逻艇、“麦亨利堡”两栖船坞登陆舰以及“救援”搜救和打捞舰。凯文表示，美海军特遣大队成为“卡拉特”军演中最具活力的一支舰队，这也成为美国对东南亚国家作出承诺的象征。此外，凯文表示，一些新的倡议也在演习中体现出来，在此次演习中，演习部队使用了一种新型便携式联合指挥、控制和通信终端系统，该系统是首次在演习中使用，并被装备到泰国海军舰艇上。新型便携式联合指挥、控制和通信终端系统不仅允许两国海军安全进行通信，而且也向美泰作战人员提供联合作战图像，并能够使海上军事指挥官保持对战场部队和战术作战的感知能力。此外，通过在“麦坎贝尔”导弹驱逐舰上进行的验证，美海军通信技术人员引进一套联合企业地区信息交换系统，该系统基于全球互联网协议架构，允许美军部队与盟军部队分享作战信息和作战计划。

在2006年的演习中，美海军和泰国皇家海军的参谋人员还在“拉赛尔”驱逐舰上进行联合特遣大队指挥控制演练。在海上演习中，特遣大队注重“卡拉特”演习的主要特点，其中包括所有基于提高作战人员作战能力的技能演练。这些常规标准演练对于此次演习来说尤为重要，同时美海军也进行了其他方面的作战能力，以应付新型威胁。美海岸警卫队“梅隆”巡逻舰的作战人员还将与泰国海军人员举行一系列座谈和实际海上验证活动，并对海上法规、海上拦截行动等双方感兴趣的话题进行了讨论。此外，“麦亨利堡”两栖船坞登陆舰还与泰国海军陆战队举行两栖登陆训练，而“救援”搜救和打捞舰的潜水员与泰国海军潜水员举行潜水搜救演练。泰国海军也派遣4艘扫雷艇，针对美海军P—3C机部署的水雷进行扫雷训练。

泰国海军第二护卫舰中队司令表示，此次“卡拉特”军演不仅给予美泰海军部队作战经验，而且还使当地民众从演习中获益。美海军修建营部队在6月初即开始在泰国当地建造一所多动能学校，演习期间，该建筑就可完工，而其他一些医疗、诊所建造计划也依次展开，同样由“卡拉特”演习特遣大队承担的数项社区项目也将按照计划进行。

● 菲美“卡拉特—2012”联合军演低调进行

2012年7月2日至10日，近千名菲、美海军官兵及海岸警卫队人员在菲律宾南部的棉兰老海举行代号为“卡拉特—2012”的年度军事演习。演习内容包括战地指挥所演习、海上拦截和登船临检，以及打捞和海上搜救等救灾演练。演习科目包括：在位于萨兰加尼的桑托斯将军湾进行港内训练、主题经验交流以及潜水和救援训练，在桑托斯将军城和格兰等多地开展医疗、工程等民事行动项目和旨在发展社区关系的活动。

参与演习的美方舰船包括2艘美国海军舰艇和1艘海岸警卫队船只，菲方将派出4艘海军舰艇和1艘海岸警卫队船只。人员方面，美方将派遣350名海军官兵和150名海岸警卫队员，菲方将投入400名海军官兵和50名海岸警卫队员。此次参演的有美国海军和海岸警卫队以及菲律宾海军和菲海岸警卫队地面、空中和特种行动部队。两国举行岸基交叉训练演习、潜水、救援、空中行动、海上舰队训练等演习以及排球、篮球友谊赛。此外，演习还对人员、海军装备和行动迅捷度进行测试，其最终目标是通过理论和战术交流提高菲律宾海军的防御能力。

不过应该注意到的是，此次美菲军演规模较之以往比较小，同时演习地点也在菲律宾的最南部海域，远离更有争议和敏感的南海地区。这表明在当前的局势下，美、菲两国并不希望此次军演引起其他更多的联想使得这一地区局势更加复杂。目前，美国在菲律宾南部就长期部署数百名美军，帮助指导菲律宾军队打击恐怖组织。美军可以频繁使用菲律宾的设施并获得补给，同时，菲律宾军方军队的培训依然离不开美国的帮助。

●“卡拉特—2014”军演一箭多雕

2014年特别值得关注的是美国海军陆战队与泰国、马来西亚和菲律宾分别实施的“卡拉特—2014”登陆作战演习。美国海军陆战队的参与并非仅仅具有象征意义而已。“卡拉特—2014”系列双边联合军演中，和美国开展演习的有孟加拉国、文莱、柬埔寨、印度尼西亚、马来西亚、菲律宾、新加坡、泰国和东帝汶9个国家，其中有美国海军陆战队参与的有3个国家，分别是泰国、马来西亚和菲律宾。美海军陆战队登陆部队连队（Landing Force Company）有199人。

5月20日至25日，美国及泰国海军陆战队（有100人）在泰国的梭桃邑海军基地实施持续6天的登陆部队演习，其中2天是城市作战训练；2天是两栖突击车维护和使用培训；2天是丛林战演练。5月31日至6月16日，美国及马来西亚军队（有200人）在关丹市的南部海滩进行登陆部队演习，演练内容主要包括：丛林生存、机械化步兵集成和舰对岸两栖攻击。6月23日至7月1日，菲、美两国海军共派出约1000人参加，其中美军约700人、菲军约300人。演习地点是在菲律宾吕宋岛西部的苏比克湾、三描礼士、甲米地和特尔纳特等地附近海域。美国派出包括美国海军最新服役的“哈尔西”号导弹驱逐舰在内的军舰、战机及海军陆战队组成的特遣部队参加此次军演。菲律宾将派出“拉蒙·阿尔卡拉斯”号巡逻舰、直升机等装备参加演习。演习科目包括：海上联合作战、两栖登陆、潜水打捞、海上巡逻和侦察飞行等。菲美两军还将进行多次专业交流及研讨会，并进行情报分享。其间，美国海军陆战队还与菲律宾海军陆战队（有 60 人）实施演练。除了进行格斗术、机枪实弹射击和狙击科目外，美国海军陆战队和菲律宾部队还在菲律宾的海军教育训练中心（Naval Education Training Center）实施 AAV—7 两栖突击车的两栖突击训练。7 月 1 日，美国海军陆战队结束“卡拉特—2014”登陆部队演习，回到各自基地。

美国海军陆战队员与泰国、马来西亚和菲律宾的同行们密切合作执行多种类型的任务，包括海上拦截、信息共享、救灾和人道主义援助等。与各东道国的联合演习都是以舰对岸两栖突击科目结尾的。对海军陆战队员来说，此次演习的意义在于在战术上取得进步。而对于参与演习的海军陆战队和海军而言，意义在于培养了更好的关系，可以在战略层面以更有效的方式展开行动。美国海军陆战队在“卡拉特”登陆部队演习中的角色，是支持由位于新加坡外海的第 73 特遣部队指挥官指挥更大的海军行动，该特遣部队是西太平洋司令部的后勤之臂。

2014 年以来，随着国防预算日趋紧急，美国海军和海军陆战队在规划“卡拉特”登陆部队演习这样的行动时不得不做出一些调整。其中涉及决策的一个关键因素，就是文职海员操作、军事海运司令部拥有的干货弹药船，这种船负责把陆战队部队及其辎重运往演习目的地。过去，人员和货物通过空运投送付出的成本更高。

●“卡拉特—2016”联合军演

2016 年 6 月 26 日至 7 月 1 日，菲律宾与美国海军在南海举行代号为“卡拉特—2016”的联合军事演习。此次军演，菲、美两国海军共派出约1000人参加，其中美军约700人、菲军约300人，演习的地点选在菲律宾吕宋岛西部的苏比克湾、三描礼士、甲米地和特尔纳特等地附近海域。美国派出包括美国海军最新服役的“哈尔西”号导弹舰在内的军舰、战机及海军陆战队组成的特遣部队参加此次军演。军演科目包括海上联合作战、两栖登陆、潜水打捞、海上巡逻和侦察飞行等。菲律宾派出“拉蒙·阿尔卡拉斯”号巡逻舰、直升机等装备参加演习，菲、美两军还进行了多次专业交流及研讨会，并进行情报分享。

一厢情愿，菲律宾拉美军为其站台。此次“卡拉特”军演双方各派出500名军事人员参加。舰艇方面，菲律宾派出的是购于美国的“德尔毕拉尔”号二手巡逻舰以及数艘小型舰船。美方则派出3艘军舰，值得注意的是，刚刚部署新加坡的“自由”号濒海战斗舰也参演了。横向比较来看，美军并未给予此次军演过多的关注。

美国与印度尼西亚于5月举行“卡拉特—2016”军演，美方派出1000名官兵参演。6月刚结束的与马来西亚的演习中，美军则派出1200名人员，当时也出动了“自由”号濒海战斗舰。从这个角度来看，尽管菲律宾在南海问题上一直上蹿下跳，并不时扯出美军为其站台，但美方针对美菲军演的投入却还比不上其他东南亚国家，菲律宾的一厢情愿可见一斑。

打擦边球，菲媒热炒军演挂钩黄岩岛。“菲律宾海军的旗舰‘德尔毕拉尔’号又回到黄岩岛附近了！”6月27日，菲律宾《每日问询报》如此报道称。事实上，此次美菲军演的地点位于黄岩岛以东约108千米。对此，中国国防部新闻发言人杨宇军指出，中方一贯主张，有关国家之间的军事合作不应危害地区和平稳定。至于此次美菲演习，国外的有些报道虚张声势，纯属炒作。实际上，此次演习地点早在2010年就已确定。

对于此次军演，菲方态度诡异。一方面极力否认演习与黄岩岛有直接关系；另一方面，最初传出军演与黄岩岛有关，也正是因为菲军匿名人士向媒体提供假消息——该名人士声称演习地点离黄岩岛仅 20 海里。此后，菲媒关于此次军演的报道也都将其与黄岩岛直接挂钩，甚至声称演习是在黄岩岛水域举行。菲方此举意在打“擦边球”，既不想直接承认演习与黄岩岛有关，但又乐见国际社会将两者联系在一起，借此保持南海问题的热度。

美方便与菲拟重设苏比克湾基地。多名菲律宾海军官员 27 日放风说，军方打算向政府提出在苏比克湾划出大约 30 公顷的区域新设空军和海军基地，而这些基地将向美国军事力量开放，整个项目预计耗资 2.3 亿美元。新建基地将部署菲律宾军方战斗机以及大型战舰，包括从美国获得的两艘“汉密尔顿”级巡逻舰。

苏比克湾位于菲律宾首都马尼拉以北大约 100 千米处，距中国黄岩岛 200 多千米，三面环山，是一座天然的深水良港。美国曾在这里长期设有海军基地。1992 年美军撤出后，苏比克湾海军基地被改造成经济开发区和自由港。菲律宾军方在苏比克湾新设基地的计划与美军舰船近来频繁造访菲律宾相关，今后也将为美军访菲提供更多便利。2016 年美军战舰和潜水艇 72 次造访苏比克湾，而 2012 年、2011 年和 2010 年全年分别为 88 次、54 次和 51 次。

（三）“科摩多”系列联合军演

“科摩多”海上多国联合演习是印度尼西亚海军主办，由东盟各国海军、东盟合作伙伴国海军共同参与的，为应对重大自然灾害，各国密切协同、联合实施的快速有效的救援演练，旨在推动各国救援减灾、军事医学等非传统安全领域的务实合作，加深与其他国家海军的交流与合作，以及建立高效、顺畅的联合救援机制。演习中，参演各国共同筹划、联合指挥、联合实施，共同研究联合救援的组织指挥机制和跨国间的协作机制。演习迄今举办过2届，为“科摩多—2014”和“科摩多—2016”。

● **“科摩多—2014”联合军演**

2014年3月31日至4月3日，印度尼西亚海军在廖内省巴淡岛主办“2014年东盟多边海军演习”（也称“科摩多”），以“为稳定而合作”为主题，参加这次演习的17个国家包括马来西亚、新加坡、文莱、泰国、菲律宾、越南、柬埔寨、缅甸、老挝、印度、日本、韩国、新西兰、美国、中国、俄罗斯和澳大利亚。同时，联合国、欧盟、荷兰、西班牙和东盟派出25名观察员。重点演练了海上联合搜救、直升机互降、航空测绘、损管操练、人员落水、灯光通信、防油污扩散与燃气泄漏等人道主义救援科目。

此次参加联合演习的人员约4885人，其中3000人是印度尼西亚海军人员，约1885人是17国海军人员。印度尼西亚海军调派19艘战舰、2架飞机和4架直升机参加演习。参演各国抽调人员组成的演习联合指挥所负责指挥4个编队群指挥组。其中，中国海军“长白山”舰与马来西亚“马哈旺萨州”号指挥支持舰以及印度尼西亚西格玛级导弹护卫舰组成阿南巴斯救援群，进行协同救援。3月31日上午7时许，参加由印度尼西亚海军主办的“科摩多”多边人道主义救援减灾演习的17国海军共24艘舰艇分别从各自锚地起锚，组成4个特混编队向演习指定海域集结，展开为期两天的海上人道主义救援减灾实兵演习。在31日进行的海上实兵演习过程中，各兵力群按照联合指挥所下达的指令分别展开救援行动。在中国海军两栖船坞登陆舰“长白山”舰所在的阿南巴斯兵力群，4艘舰艇组成两路纵队，同时校正通信波段，迅速赶往事发海域，与3架直升机密切协同，对“沉没船只”和“落水人员”进行救捞，并互降直升机对“伤员”进行转乘救治。

此次实兵演习，以某海域发生海啸，造成过往船只沉没、人员落水、海上石油钻井平台损毁、某国人员伤亡严重，急需救援为背景。接到求援后，联合指挥所迅速启动应急救援机制，各国军舰驶离锚泊海域后随即展开战斗部署，对演习中的相关科目展开针对性和协同性训练，并按多国救援协作机制完成相关准备工作。演习中，所有参演国舰、机根据灾害特点和装备性能划分为阿南巴斯群、海上平台群、纳土纳群、空中支持群共 4 个兵力群。其中，空中支持群由印度尼西亚 3 架固定翼飞机和美国 1 架 P—3C 飞机组成，主要任务是飞赴受灾一线，对灾情进行综合评估；海上平台群由美国、印度、文莱、新加坡等国 10 艘军舰和两架直升机组成，主要负责对海上石油钻井平台进行抢修及对油污进行控制；阿南巴斯群由中国、印度尼西亚、马来西亚等国 4 艘军舰和 3 架直升机组成，主要担负对落水船员进行搜救；纳土纳群由俄罗斯、澳大利亚、日本等国 10 艘军舰和 5 艘直升机组成，主要职责是援助受灾国。

● **“科摩多—2016”联合军演**

2016 年 4 月 12 日，主题为“为和平而合作、为和平而准备”的由印度尼西亚海军主办的“科摩多—2016”多边人道主义救援减灾演习，在印度尼西亚西苏门答腊岛首府巴东开幕。印度尼西亚总统佐科参加开幕式并致辞。

“科摩多—2016”演习在印度尼西亚巴东海域举行，演习主题为“为和平而合作、为和平而准备”，来自中国、美国、俄罗斯、法国、澳大利亚等 16 个国家海军的 40 余艘舰艇和 10 余架军机参演。12 日上午 10 时许，参加“科摩多—2016”联合演习的多国舰艇在巴东港海域，参加了印度尼西亚方组织的国际海上阅舰式。来自 16 个国家的 40 多艘舰艇在锚地接受检阅，中国海军潍坊舰、长兴岛船代表中国海军参加阅舰式。海面上战舰林立，接受检阅的各国海军舰艇按国际礼仪悬挂满旗。来自联合国维和行动部、欧盟和东盟人道主义中心的专家，围绕联合国安理会授权的停火协定确立和实施、海上行动任务兵力组织实施方法、海上停火协定的基本原则、人道主义救援实施、军民协作救援等内容，为各参演国海军军官代表进行了授课。

4 月 14 日是“科摩多—2016”联合演习的第一天。当天上午，“科摩多—2016”联合演习正式进入海上演练阶段。各参演国海军舰艇联合展开了编队航渡、通信、防空、损管等海上科目的演练。整个演习期间，各国海军演练对空搜索、损害管制、灯光通信、舰艇位置标绘、驱离不明快艇、登临检查、直升机搜索及人员转运、直升机互降、编队运动和航行补给等 13 个科目，并为西普拉岛和西伯鲁斯岛居民提供医疗救援，为岛上医护人员提供基本培训。“科摩多”联合演习是东盟各国海军、东盟与合作伙伴国海军为应对重大自然灾害的联合救援演练。近年来，中国始终以开放的态度支持东盟在这一机制中的主导作用，推动了中国与各国救援减灾、军事医学等非传统安全领域的务实合作。

（四）美军的“夏季脉动”联合军演

从 2004 年 6 月开始，美国进行了一场为期两个月的史无前例的军事演习，演习的名称为“夏季脉动 04”。美军共有 7 个航空母舰战斗群在不同战区参加演习，这在美国军事史上是从未有过的。演习涉及亚太、欧洲、中东、拉丁美洲和美国周边 5 大战区，并在大西洋、太平洋、印度洋、波斯湾、红海和地中海水域同时展开。在这次为期两个月的“夏季脉动 04”演习中，动用了 7 个航母战斗群，投入 50 多艘战舰、600 多架飞机和 15 万名官兵，来自英、加、日、韩、澳等 20 多个国家的军队参演，堪称美国近年来最大规模的一次全球性军演。

1. 演习规模空前宏大

航母战斗群是美军的战略反应力量，主要用于海外执勤和危机反应，通常也是地区危机或冲突爆发时的首发兵力。“夏季脉动04”演习，实际上是由美军航母战斗群参加的一系列演习的总称。

“脉动”（Pulse）一词，在英语中的意思是“电流突然增强”。美军这次演习之所以取名为“夏季脉动”，就是因为它旨在检验参加演习的 7 支航母战斗群能否在短时间内迅速集结至某一热点地区并进入战时状态。按照美国海军传统的航母部署规划，和平时期，每艘航母一个标准的训练、执勤和休整周期为 18 个月，并各占 1/3 时间。因此，正常情况下，美国海军现役航空母舰，有 1/3 在海外执勤或担负作战任务、1/3 进行海上训练，另 1/3 在港内休整或进厂维修保养。在此种情况下，一旦海外热点地区出现紧急事件，美国海军只能同时向这一地区部署两个航母战斗群。在 2003 年的伊拉克战争中，大规模的军事集结和漫长的战争进程就严重打乱了美军航母战斗群的部署计划，致使参战的多数舰艇都不得不延长原定 6 个月的海外部署时间，甚至还使美军航母战斗群一度出现“捉襟见肘”的尴尬局面。为此，美军方不得不重新调整航母部署战略，加快航母战斗群由“前沿部署部队”向“应急机动部队”的“战略转型”，以达到在 30 天内集结 6 个航母战斗群、90 天内完成 8 个以上航母战斗群部署的标准。

美国预测，下一场战争“应该发生在太平洋，特别是西太平洋地区”。美国要演练 30 天内向全球同时派出 6 个航母战斗群的能力，并且有另外两个航母战斗群可以随时准备增援，或者轮换的能力。为此，“夏季脉动 04”海军演习规模空前，7 个航母战斗群倾巢而出，或分或合演练各种作战技能！具体科目包括航母战斗群部署、水面联合作战、反潜战与潜艇战、海空联合作战、海陆空立体作战、官兵高级训练和港口访问等。美国海军出动了母港在弗吉尼亚州诺福克的“乔治·华盛顿”号航母战斗群、“杜鲁门”号航母战斗群、“企业”号航母战斗群，母港在加利福尼亚州圣迭戈的“里根”号航母战斗群、“斯坦尼斯”号航母战斗群，母港在佛罗里达州迈（梅）波特的“肯尼迪”号航母战斗群，美国海军唯一常驻海外日本横须贺的“小鹰”号航母战斗群 7 个航母战斗群，4 万名官兵，约 50 艘战舰（美国海军航母战斗群一般由六七艘水上及水下战舰共同组成），近 600 架战斗机，每一艘航母可舰载 75 架作战飞机，其中包括战斗机和轰炸机，加上驱逐舰和护卫舰的舰载直升机。而协同演训的美国空军、陆军及配属在舰队的陆战队，动员总兵力估计超过 15 万人。“夏季脉动—2004”演习还演练了部队后勤支援和海岸基础设施作战应急能力，以满足美海军各种水面作战行动需求，检验并强化美海军 21 世纪海上力量战略作战概念，同时提高美海军与盟国部队和美军其他军兵种的协同作战能力。

这 7 支航母战斗群在亚太、欧洲、中东、拉丁美洲和美国本土周边 5 大战区，与盟国军队演练多艘航母同时部署所需要的各种作战技能与后勤保障能力，向世界展示美国具有向 5 大战区同时投送战力、进行作战并最终取胜的能力。演习在美第 2、第 3、第 5、第 6、第 7 舰队分别所属的大西洋、太平洋、印度洋、波斯湾、红海和地中海水域同时展开。其中，“杜鲁门”号航母战斗群率先在美国东海岸的佛罗里达湾进行了“舰队合成”演习，“企业”号航母战斗群 6 月 7 日至 15 日在西班牙南部海域参加了北约的全方位协作军事演习，“斯坦尼斯”号航母战斗群也于 6 月中旬前往日本海参加了“北方边缘 04”军演。而最为引人注目的是规模更大的“环太平洋 04”多国联合军演则从 6 月 29 日开始，一直持续到 7 月 26 日结束，7 个航母战斗群齐聚夏威夷，数支美军航母战斗群与澳大利亚、英国、加拿大、智利、日本、秘鲁、韩国等国海军共同参演。演习地点遍及美、欧、亚、非全球水域。

美国的大型航空母舰有10艘部署在本土，太平洋舰队拥有第3、第7舰队，主要控制太平洋和印度洋海域，司令部所在地为美国夏威夷的珍珠港。第3舰队主要部署在美国的西海岸，其司令部所在地为美国加利福尼亚的圣迭戈，驻扎有第1航母大队；第7舰队部署在西太平洋地区，司令部设在日本的横须贺，拥有以“小鹰”号为主体（“小鹰”号退役后为“乔治·华盛顿”号）的第5航母大队。大西洋舰队拥有第2和第6舰队，其主要任务区域分别为大西洋和北冰洋的部分海域，司令部所在地为美国东海岸弗吉尼亚州的诺福克军港，此地驻扎有第4、第6、第8航母大队。第2舰队部署于美国东海岸，司令部所在地为弗吉尼亚州的诺福克军港；第6舰队部署在地中海地区，司令部位于意大利的加埃塔港，此地驻扎有第2航母大队。

2. 美国“夏季脉动”意欲何为

尽管美太平洋舰队司令部和五角大楼在解释“夏季脉动04”演习的意图时用词谨慎，称“夏季脉动04”演习旨在演练大规模水面作战时后勤和岸上基础设施的支援能力，提高美国海军与盟国海上力量的协同作战能力。其实，“夏季脉动04”演习的用意远非如此简单。

一是实践美军新军事变革思想，检验美国海军21世纪新作战模式。对于这次演习的目标，美方声称是为加强美国海军的战备能力，提高美国海军部队战斗力，为美国总统应对国家危机或者全球热点提供足够的军力，是美国海军在《21世纪海军战略——舰队反应计划》框架下，进行的首次大规模联合军事演习。《舰队反应计划》是2003年12月提出的一种新型的舰队作战、训练、编制和维护方式，使舰队提高战备，能够在危机或紧急时刻为美国总统提供强大的作战力量。“夏季脉动04”是依据美国《舰队反应计划》举行的首次演习。在“舰队反应计划”机制下，美国海军能够在30天之内部署6个航母攻击群支持全球的突发行动，还能够在3个月内准备好另外2个航母攻击群，轮换或者加强前期部署的部队，继续保持在世界其他地区的存在，或者支持其他危机引起的军事行动。为达到这一目的，以前实行的为期6个月的12艘航母海外轮换部署周期将被压缩。

二是布什政府出于国际、国内政治的需要进行的一场炫耀强大军事实力的超级“军事秀”。布什执政以来，在其4年任期内打赢了影响全世界的两场地区战争，除掉了塔利班政权和萨达姆王朝两个心头之患。但美国也遭受了两次重大创伤，一是“9·11”恐怖袭击，二是伊战后愈陷愈深的泥潭。通过这几年的拼打，布什及其鹰派阁僚认识到，在当前美国安全战略发生重大变化的背景下，他们所主导的外交政策只要贴上“保卫国家安全”的标签，就能赢得争取人心的筹码。目前，在国际问题上美国在伊拉克四面楚歌，在国内新一届总统大选决战之日即将在年底到来，为拉住盟友和国内选票，布什政府尤其要向美国选民乃至世界各国做出这样的姿态：恐怖活动不会吓倒美国！而之所以选择航母战斗群，不仅是因为它最能代表美国的军力，具有强大的威慑和震撼力，而且还将令人信服地说明布什政府在武装力量建设方面取得的突出成就。正如五角大楼所称，该演习同时动用7个航母战斗群，要向全世界展示，“美国、盟国和盟军有能力向全球5大战区同时投放可靠战力的能力”。

三是美国军事战略中心将向亚太地区转移，准备应对东亚冲突。这次军演的核心重点地区是亚太地区，2004年7月中旬，7个航母战斗群齐聚夏威夷至西太平洋水域，这说明美军对西太地区“高看一眼”。实际上，美国海军和五角大楼都认为，需要动用大量海军的下一场战争“应该发生在太平洋，特别是西太平洋地区”，所以最终决定将首度检验美国21世纪海战能力的“夏季脉动04”演习地点定在了太平洋。在亚太地区，对美国安全战略构成最大挑战的无疑是朝鲜半岛危机。美、朝之间围绕着朝鲜核问题的较量几度激化，而核扩散是美国眼下非常敏感与关注的安全问题。此外，近年来国际恐怖组织在南亚、东南亚一带建立了错综复杂的盘踞据点，对美国国家安全利益构成重大威胁，成为美国反恐行动的重要战场。还有，台海局势的变幻莫测、印巴之间的恩恩怨怨，以及东南亚“黄金水道”马六甲海峡愈演愈烈的海盗活动，无不牵动着美国的中枢神经。所以，美国将其军事战略中心向亚太地区转移势在必行。而此次美国航母战斗群集结在太平洋，特别是西太平洋为中心进行的军事演习，很大程度上是五角大楼在该地区的一次“试水”。

四是加强军事外交拉拢全球盟友，保持前沿军事存在。7艘航母战斗群近乎同时部署，为海军和联合作战指挥官提供了演练“舰队反应计划”的机会，同时也保持美国响应全球危机的能力，提高地区安全，改善他们与美国的关系，满足前沿存在的需求，并显示美国信守对盟国的承诺。美国五角大楼认为，目前美国面临的最大挑战是威胁美国安全的恐怖主义活动、大规模杀伤性武器扩散、战乱与贫困国家及热点地区潜伏的危机。为了应对突发事态，确保美国的全球战略利益，美军必须能够在危机与冲突发生时迅速赶往相关地域，并在介入冲突后能有效地应对敌人的种种非常规作战。美军高层意识到，旧有的全球军事部署以及在和平时期保持两艘航母同时部署能力的做法远不能满足突发战事时快速部署的需要。为此，美军于2003年12月公布了“舰队紧急反应计划”的新军事战略，以提高部队的快速反应、远程机动和非对称作战能力。美军希望做到在突发事件发生30天内向热点地区派遣6支航母战斗群，并保证另外两艘航母在3个月内能够增援或者替换先前派出的航母（所谓6+2方案）。

“夏季脉动04”演习是美国军事战略调整的重要标志，也是美国作为唯一超级大国军事力量的大展示。从军演特点看，美国未来的战略重点正向亚太地区转移，甚至军演具有明显针对中国的特点。

（五）东盟“10+8”海上安全与反恐联合演习

2016年5月3日，在文莱海军基地多国协调中心举行的东盟防长扩大会议—海上安全与反恐联合演习开幕式上，文莱皇家武装部队司令哈姆扎准将宣布此次演习正式开始。演习在文莱、新加坡及其海域进行，于5月10日结束。

这次联合军演由东盟10国和中国、俄罗斯、美国、日本、韩国、澳大利亚、新西兰、印度共8国参加。参演国主要进行编队航渡、海上搜救、临检拿捕、扫海警戒、跟踪监视目标船只、直升机互降等非战争军事行动科目，参演国共出动18艘舰艇、17架直升机，约3500人参加。中方派出海军“兰州”舰参加演习。“兰州”舰为中国海军新一代防空型导弹驱逐舰，主要作战使命是负责作战编队的防空、反潜作战以及配合其他舰艇进行反舰攻击，具有较强的隐身效果，武器装备威力强大、发射速度快、火力密集；配备防空、反舰导弹和较先进的近程防御、反潜及自动化指挥系统。

整个演习共分三阶段：港岸阶段主要是参演国进行海上演习方案研讨和相关科目训练；海上阶段主要进行了编队航渡、联合搜救、海上警戒幕队形、出版物知识问答、互派军事观察员、海上临检拿捕、直升机甲板互降等多个科目；闭幕阶段在新加坡进行。

这次演习相较以往同区域军演有四个特点：一是参演国家兵力多，这次是前几次联合军演兵力最多的一次，东盟有关国家均派出了兵力或派观察员参加；二是统一使用指挥系统，这次演习使用主办方为参演国提供的 OPERA 指挥控制信息系统进行指挥控制，各指挥节点可通过该系统上报战场情况和下达作战命令，发布演习文件和实现各兵力间的实时在线交流，将进一步提高各国参演兵力之间的信息交换和共享，使各国兵力协同更顺畅；三是参演国舰艇特战分队和直升机共同参加联演，有利于各国军队提高非战争军事行动能力；四是在演习中所有通信指挥联络均采用英语进行。

（六）日本参与南海多边联合军演

2000 年 10 月 2 日至 14 日，日本海上自卫队更是走出国门，在南海与美国、韩国、新加坡的海军举行了名为“2000 年远征太平洋演习”的联合演习。10 月 2 日，日本的“千代田”号潜艇救援舰和另外一艘装备有小型潜水艇的抢救支持船开到南海南部。8 日上午，排水量为 3650 吨的“千代田”号从“沉入”80 米海底深处的韩国潜艇上成功地“营救出”3 名被困艇员，展示了日本强大的水下作战及救援能力。多国联合举行潜艇救援演练在亚太地区尚属首次，也是日本自卫队第一次到东南亚参加多国联合演练。与此同时，日本还准备抽调海上自卫队和海上保安厅的舰艇，组建“离岛部队”，把其活动范围扩大到马六甲海峡。

日本为何要参加这次军事演习呢？这要从日本的海上实力说起。冷战时期，全世界约有 1000 艘潜艇，而目前仅剩 500 艘左右。苏联解体后，日本的海上自卫队成了在亚洲海域除美国海军之外最强大的海上力量。近年来，日本舰只的排水量大幅增加，原来 1500 吨左右的舰只先后退役，代之以超过 4500 吨甚至是 8900 吨的先进船舰，远洋作战能力进一步增强。这就向为水面舰只提供保护的潜艇在战斗力、救援经验等方面提出了更高的要求。日本自卫队人士宣称，日本拥有 18 艘潜艇，均采用先进的科技，其攻击力之强在亚洲无人能敌；除定期修理外，自卫队潜艇的活动在内部也是保密的。而此次日本潜艇公然走出国门，还显示出“相当强”的战斗力，炫耀之意不言而喻。

2014 年，日本自卫队首次参加美菲南海军演。日本自卫队 10 月 2 日以观察员身份，参加了美国和菲律宾军队在靠近南沙群岛的菲律宾巴拉望岛海域举行的联合军演。这是日本自卫队首次参加菲律宾军队的实战军演。针对在南海与东南亚国家争夺主权的中国，日本将加强与亚太各国的合作。日本自卫队 2012 年也曾参加过美菲联合军演，但内容只限于灾害救援。这次参加演习，“自卫队可以获得实战经验”。

2016 年，日本作为观察员国参与了美国和菲律宾从 4 月 4 日开始的在南海举行为期 11 天的“肩并肩”联合军演。严格来说，日本自卫队并不具备国家武装力量的法律地位，也不拥有交战权，它只是一支“专守防卫”的自卫力量，主要任务是抗击侵略。但在美国的扶植下，日本自卫队早已羽翼丰满，有意把防卫厅升格为“防卫省”，把自卫队改编为“国防军”，并企图通过修宪最终成为正规军。随着实力的不断壮大，日本再也不甘心只在日美军事同盟下搞双边军事演习，而是希望不断突破宪法的限制，走出国门，更多地参与多国联合演习。

二、假以“盟友”实为“介入”的双边联合军事演习

美国在东南亚地区不仅频繁举行多边联合军演，而且还频繁举行双边联合军演。密集举行联合军演，不仅能够凸显自身军事存在和增加震慑，更能为盟友们“打气助威”。正如美国驻菲大使在 2015 年“肩并肩”军演开幕式上所说，“美国忠于盟友……美国将捍卫空中和海上的航行自由”。美国借助频繁的军演有效整合了军

事同盟网络，使美军能在整个同盟网之中进行自由部署，必要时可以鼓动部分国家成为实现其战略意图的“马前卒”。

（一）美菲“肩并肩”联合军事演习

美菲“肩并肩”联合军演，是美菲两国年度例行大型三军联合演习，主要演练两国诸军兵种联合两栖作战，由1978年8月的“高速跃进”演习发展而来，1982年改为“肩并肩”军演，此后每年4～5月举行，每次2～3周。1992年两国关系跌入低谷，1995年“肩并肩”联合军演曾一度中断，1999年5月菲律宾参议院批准美菲《访问部队协定》，美菲“肩并肩”联合军演重新恢复，2016年已是第32次。该军演也是美国提出的“太平洋通道”计划和亚太再平衡战略的一部分，包括同亚洲盟国的一系列军事训练和美军在亚太地区的重新部署。由美军太平洋总部具体组织实施，参演部队主要来自驻日美军、美海军第7舰队以及部分驻夏威夷的部队等。

● “肩并肩—2000”维护既得利益

2000年2月21日至3月3日，美军和菲律宾军队在南沙群岛附近水域，恢复了时隔5年之久的代号为“肩并肩—2000”大规模实兵联合军事演习。这是自菲律宾参议院于1999年5月批准美菲《访问部队协定》之后进行的首次军事演习，也是该演习系列的第16次。目的是加强两国安全防务关系，显示美支持菲律宾抵御外敌入侵的决心，拟定和完善美菲联合作战计划，提高联合协同作战、人道主义救援以及维和行动等方面的相互协调和适应能力。

美菲两国曾于1951年8月30日签订了《美菲共同防御条约》，该条约一直沿用至今。拉莫斯总统1992年7月执政后，根据美军撤出菲律宾这一新形势，强调继续保持与美国的军事合作关系，美菲两国将继续履行《美菲共同防御条约》以保障菲律宾的安全，并与美国签订了《访问部队协定》。1998年5月，埃斯特拉达当选菲律宾总统，重申继续履行《美菲共同防御条约》，并根据该条约的执行文件《访问部队协定》的规定，美、菲两国军队将恢复大规模联合军事演习，美国海军舰艇可停靠菲律宾码头，美军官兵可自由上岸访问，美军人犯法可不受菲律宾法律约束等。尽管此举遭到近60%的菲律宾人反对，但非参议院在三次延期投票后，仍于1999年5月27日以18票支持、5票反对的结果批准了这项《访问部队协定》。

2000年1月28日，在菲律宾阿基纳尔多基地举行了“肩并肩—2000”联合军事演习的开场仪式。菲律宾国防部部长梅尔卡多、菲军参谋长雷耶斯、美军太平洋总部副司令唐纳德少将和美驻菲大使哈伯德等军政要员出席。演习的组织指挥，美国方面由美国参谋长联席会议指导，美军太平洋总部主持，美海军太平洋舰队司令组织计划和实施，美海军第7舰队司令指挥。参加此次演习的美、菲军队兵力各2500人。美军参演部队人员大多来自驻扎在太平洋地区部队，少数来自美国本土。陆军参演人员由驻夏威夷的美陆军步兵第25师派出，空军参演人员分别来自驻本土的美国空军空中机动司令部、驻关岛的美空军第13航空队和驻日本冲绳嘉手纳基地的美空军第18联队第961空中警戒与控制中队、第353特种作战大队第1中队，海军和海军陆战队参演人员来自第7舰队和驻冲绳的美海军陆战队第3远征部队。此外，美海军还派出船坞登陆舰“麦克亨利堡”号，美空军派出C—17、C—141、C—130、C—5、HH—60等飞机参加演习。演习地域包括马尼拉湾、苏比克湾、吕宋岛和克拉克空军基地等多个地点。

演习分两个阶段进行：第一阶段主要是美、菲两国军队在克拉克机场举行“联合特遣部队理论研讨会”和图上作业演习；演习第二阶段，美、菲两国合成部队和特种作战部队进行野外训练和两栖登陆演习。演习的高潮为 2 月 28 日美、菲两国部队在吕宋岛卡维特尔纳特海滩联合进行的两栖登陆作战演习，美、菲海、空军派出大量舰艇和飞机进行了大规模的对岛攻击火力准备和抢滩登陆等军事科目的演练。此次演习，陆军和空军野外演练的主要地点为菲律宾克拉克机场、苏比克港、新怡诗夏省麦格赛赛堡基地。海军和海军陆战队实兵演习地点为吕宋岛甲米地省的桑莱岬和巴拉望省沿海海域。

美菲“肩并肩—2000”联合军事演习是5年后的恢复军演，因此，美菲“肩并肩—2000”联合军事演习的影响是多方面的，其政治意义远远超过军事意义。一是菲律宾希望得到美军支持，以维护其在南沙侵占岛礁的既得利益。20 世纪 70 年代后，菲律宾等几个东南亚国家先后宣称对中国南沙群岛的某些岛屿拥有部分或全部主权，有的派军舰和飞机巡逻，有的在岛上构筑工事并派兵把守，摆出“先占为王”的架势。“肩并肩—2000”联合军事演习标志着菲律宾在拉拢美国介入南沙争端问题上已迈出了重要一步，必将对解决南沙群岛领土主权问题增加难度。二是菲受经济利益驱使，邀请美军重返。20 世纪 60 年代以来，南沙海域探明蕴藏有丰富的石油和天然气资源。自那时起，该水域便成为世界争议面积最大、争议国最多、争议最激烈的海域之一。菲律宾希望美国重返，恢复其对菲律宾的军事和经济援助。美菲两国联合军事演习将使菲律宾加大开采南海石油的力度，实现“搁置争议，共同开发”的主张愈加困难。三是美国为维护其在南海的战略利益，急于重返菲律宾。1992 年，美军从菲律宾撤走后，宣告美军在东南亚军事存在的结束，但美国从来没有放弃插手南海事务的欲望。为维护其在南中国海的既得利益，弥补其营造的一线基地网中由冲绳至新加坡之间的空缺，美国急于重返菲律宾。“肩并肩—2000”联合军事演习，标志着美军已经完成重返菲律宾、插手南海事务的夙愿，这将对南海周边形势和中国海上安全构成严峻挑战。

●“肩并肩—2002”演习唱“新戏”

2002年1月至6月，美菲两国举行了代号为“肩并肩—2002”的联合军事演习。2002年度“肩并肩”联合军事演习与以往相比大不同，演习实际上已演变成一场“反恐实战”。参演人员除战斗人员外，还包括大众传媒、社会发展等反恐行动中必不可少的行政和技术人员。美军人员和顾问也将直接配备到菲精英部队的营、连一级，自上而下和自下而上对菲军实施双向、全方位影响。

整个演习分成两阶段：第一阶段从1月30日开始，第二阶段从4月开始，一直持续到6月。第一阶段军事演习代号为“平衡活塞”，重点放在反恐战争技巧上，包括如何应对狙击兵和伏击、直升机行动、枪法训练和近距离战斗。参加第一阶段“肩并肩”联合军事演习的总共有1800多人，其中菲军1200人，美军660人（包括160名特种部队成员）。美军主要负责反恐训练和后勤保障任务，其中包括训练菲律宾士兵如何使用先进的武器装备、如何在夜间驾驶直升机以及提供心理战、情报等方面的帮助。

菲律宾是一个多山的岛国，7000多个大小岛屿与茂密的热带雨林是天然的隐蔽场所。阿布沙耶夫武装的主要基地在菲南部棉兰老岛附近的巴西兰岛，近1000名成员大多是土生土长的岛民，熟悉地形，擅长丛林作战，并得到当地穆斯林的支持。巴西兰岛地形复杂，悬崖陡峭，雨林茂密，加上气候多变，多雨多风，在这样的丛林里打仗，美军的高技术优势发挥难免受到影响。

4月，“肩并肩—2002”联合军事演习进入第二阶段。4月6日，菲律宾首都马尼拉南部特尔纳特军事基地炮声隆隆，上千名美军和菲律宾军队在这里举行了联合实弹演习。这是代号为“肩并肩—

2002—2”的美菲联合军事演习打响后，第一次进行实弹演习。参加此次为期3周演习的有2700名美国大兵和2900名菲律宾军人。美国军方发言人阿尔伯特·埃斯卡利斯说：“这是一个极为重要的演习，是美菲军队分享训练技巧、分享文化、加强双边军事关系的大好机会。”菲律宾军方也十分重视，称这次演习将会提高飞行员夜间飞行、搜索与救援能力，陆军部队则会积累有关直升机行动和近空支援的经验。在演习期间，美国海军陆战队将驻扎在马格赛赛堡陆军基地，重点演练步兵指挥技巧和进行丛林战训练。海军修建营官兵则在克拉克空军基地安营扎寨，为演习提供支持。此外，美、菲还进行了两栖登陆演练，先后进行夜间航渡、无线通联、灯语和旗语通信、战术标图、舰炮射击、对岛攻击等科目的演练。根据计划，美菲联合两栖特遣部队在卡维特市附近海滩进行两栖登陆。在卢班岛附近海域，美菲海空军进行了海上搜索与救援演练，完成包括搜索海上目标、海上救助、舰机协同在内的科目。接着，参演舰只在马尼拉湾外海一带展开海上侦察、海上反渗透、海上航行队形变换、海上补给。

●“肩并肩—2004”军事演习摆阵油气田

2004年2月23日，代号为“肩并肩—2004”的美菲联合军事演习正式开始。演习目的是为了增强菲律宾反恐和自卫能力。在这次为期两个星期的军事演习中，两国部队演出了一场模拟武装分子袭击菲律宾马兰帕亚天然气田的战斗，以考验美菲军队应急协同作战能力。

演习在菲西部巴拉望岛等地进行，其背景设定是：巴拉望岛马兰帕亚地区遭受一场罕见的疟疾袭击。正当当局全力控制疫情时，受国际恐怖组织支持的菲律宾反政府武装企图强占该地区海上石油平台，并准备将这一平台作为发动恐怖攻击的立足点。参加演习的美、菲部队在此场景下模拟如何击退武装分子的袭击。菲美军方之所以把马兰帕亚天然气田选定为反恐演习地，是因为这一气田是菲律宾的一处重要经济设施。马兰帕亚天然气田投资总额为45亿美元，是菲律宾迄今为止最大的外资项目。菲律宾壳牌勘探公司和谢夫隆—德士古石油公司共拥有这一气田运营商 45% 的股份。马兰帕亚天然气田可开采天然气储量约有 708 亿立方米，原油储量约有 8500 万桶，正在为 3 座总装机容量为 270 万千瓦的发电厂供气。除在巴拉望岛进行反恐演习外，"肩并肩—2004"联合军事演习还在吕宋岛、巴坦岛举行，内容包括战地指挥所演习、实战演习以及人道主义救援和民事救援等。2652 名美国军人和 2278 名菲律宾军人参加这一系列行动。

● "肩并肩—2012"军事演习搅动局势

近年来，美菲年度"肩并肩"军演的规模不断增大，演习地点越发靠近敏感地区，内容具有挑衅意味。观察人士认为，加强"肩并肩"军演是美国实施亚太"再平衡"战略的重要一环，而菲律宾也希望寻求美国撑腰，仰仗美军的"保护伞"。2012 年 4 月 16 日至 27 日，在菲律宾北部吕宋岛和南部巴拉望地区举行了第 28 届"肩并肩"军演。约 6800 名官兵参演，演练科目 60 多项，并首次邀请日本、韩国、澳大利亚、马来西亚、印度尼西亚等国军方观察员参与。

细看此次的美菲"肩并肩"演习，较往年有诸多明显变化。从双方投入兵力上看，菲律宾作为东道主出动了 2300 人，而美军参演兵力多达 4500 人，是美国参加历届"肩并肩"联演出动兵力最多的一次，足见美国的重视程度。从演习地点来看，"肩并肩"演习的两栖作战等实战科目安排在菲律宾巴拉望岛以西海域进行，逼近中国南沙群岛，属于争端频发区域。从演习科目来看，2012 年的演习内容除了前面提到的两栖作战，还包括一项所谓"反恐"性质的油气平台攻占演练，可谓贴合南海主权争议的“现实需要”。而从参演国家来看，此次联合军演突破了以往单纯美、菲合作的框架，日本、韩国、澳大利亚等国军队将参加桌面模拟演习，来自越南、新加坡等国家的代表将参加模拟指挥演习。美菲“肩并肩—2012”军演共涵盖60多场活动，演习地点涉及菲国巴拉望、邦板牙、新怡诗夏、甲米地、塔拉克以及首都大马尼拉等多个省份。

菲军派精锐打靶，命中率仅为美特种部队零头。4月16日上午9时菲美两国将在菲武装部队总部阿奎纳尔多兵营举办军演开幕式，菲国防部部长、武装部队总参谋长以及美国驻菲大使等多名官员出席。本次演习地点主要集中在菲律宾北部吕宋岛上的新怡诗夏省麦格赛赛堡和菲南部的巴拉望省等地。4月21日，美菲“肩并肩—2012”联合军演22日进入第7天。凌晨5点半左右，美、菲两军举行了野战排实弹演练。野战排实弹演练的场地设在该省麦格赛赛堡“菲律宾特种部队训练学校”内的一处山谷中。进行“野战排实弹演练”的美军部队来自美军驻夏威夷沙夫特堡陆军游骑兵（美军特种部队）161旅。设在对面山谷上的标靶配备有同步传感器，士兵击中目标后将会在电脑上显示。美军游骑兵161旅某排（36人）首先登场。只见士兵们沿着公路以警戒队伍前进，突然从对面山谷传来猛烈的机关枪射击声。枪声响起后，在指挥官“卧倒”的命令下，士兵们马上匍匐在地上并寻找有利地形进行还击。整个演练持续10分钟左右，总共击中目标81次。而菲律宾特种部队在同一地点进行的相同科目演练，只有5次击中目标。美国与菲律宾“肩并肩—2012”联合军演4月27日正式落下帷幕，菲军方高层声称，这场军演取得“巨大成功”，稳步提升了菲美两军协同能力。

不难看出，这次美菲联演，菲方大有“项庄舞剑意在沛公”的意图。搅动南海局势、提升双方在亚太地区的影响力恐怕是美菲双方最大的契合点。对于菲律宾来说，通过演习借助美国的军事力量“撑腰壮胆”是其首要考虑。就在2012年4月中旬，在中国黄岩岛海域以涉嫌非法捕捞为由对中国渔船进行所谓“执法”，企图扣押中国渔民，被两艘中国海监船成功阻止，继而引发双方舰船在海上对峙。菲律宾军方称，演习主要以人道救援为重心，与双方船只在黄岩岛海域对峙事件无关。不过演习内容除伤亡人员疏散之外，还包括小艇登陆突击和两栖登陆突击等实弹以及模拟战斗科目，意图明显。

● “肩并肩—2013”军事演习美菲各有算盘

2013年4月17日，为期近两周的美国与菲律宾第29次“肩并肩—2013”联合军事演习宣告结束。美菲联合军演从4月5日开始在菲国北部吕宋岛上多处地点举行。从2013年演习规模和装备上看均高于往年，两国参与兵力超过8000人，美军出动了12架F/A—18大黄蜂战机和8架鱼鹰MV—22B飞机以及C—130运输机、两栖登陆指挥舰、导弹护卫舰以及第七舰队的“托尔图加”号登陆舰，还邀请了日本、韩国、澳洲等国家派观察员参与。演习期间，两国军队在菲北部三描礼士省开展了社区医疗、民用工程援建等活动，并在奥唐纳军营、克洛峡谷、苏比克湾、麦格赛赛堡等地陆续举行混合参谋人员演习和野外训练，增强协同配合与应急计划能力。

军演规模进一步扩大。在“肩并肩—2013”军演中，两国军方还特意穿插安排了一场多国参与的人道主义援助和灾害回应圆桌研讨会，澳洲军方还派来6人观察员小组观摩演习活动。菲军方当天发布新闻稿称，菲军希望未来能继续与其他国家军队合作，不仅与美国，也同其他东盟邻国加强双边军事关系，以实现全球和平稳定。在闭幕仪式上，本次军演菲方指挥官多明戈表示，今年的肩并肩军演取得了诸多成果，测试了菲美两国肩并肩地合作应对突发状况的能力。美方指挥官罗布林则宣称，菲美两国之间的伙伴关系进一步提升，向全世界特别是亚太地区国家发送了一个信号，即作为一个联盟，菲美两国一起变得更加强大。

“肩并肩—2013”军演表态双方大相径庭。“肩并肩”是菲美年度常规联合军演，自1991年开始举行，2013年规模虽大，但演习前后美菲两国政府及军方人士对演习的表态大相径庭，美方一再强调演习旨在加强双方应对恐怖主义、海盗、走私以及自然灾害等方面的合作，而菲方却刻意制造话题，强调应对领土争端及周边国家威胁。在演习的开幕式上，美国极力避开敏感话题，淡化军演的政治色彩，美国驻菲大使汤玛斯表示，此次军演主要围绕救灾展开。他大谈美军如何参加此次救灾军演，如何在遭受自然灾害时救援帮助菲律宾，但对于美菲军事合作及南海问题等敏感话题都避而不谈。而菲律宾外长德尔罗萨里奥当天在开幕式上也发表了相关讲话，大谈菲美军事合作，并在南海问题上见缝插针地指责中国。

长期以来，菲一直在利用美国的亚洲再平衡政策推动自己的议程。由于菲美是盟国，菲认为美国会在包括黄岩岛在内的问题上支持自己。因此，菲自然不会放过联合军演这个大好时机，极力向外界展示菲美非同寻常的铁哥们儿关系。而美国的情况则有所不同。中美关系发展中，美国需要“受控制的紧张”，如果局势达到临界点，美国会按下按钮，美国决不会让任何国家挟持。此前一年中菲之间刚刚发生黄岩岛争端，美国显然不想看到局势失控从而影响自己的利益。特别是在当前朝鲜半岛局势十分紧张的情况下，美国无意在此刻再造新事端，更迫切需要在这一重大地区问题上得到中国的合作。在各打自己算盘的情况下，貌似肩并肩的菲美调不同就不难理解了。

● “肩并肩—2014”联合军演加强海事安全演练

2014年5月5日，菲律宾与美国“肩并肩—2014”联合军演在菲首都马尼拉正式拉开帷幕，于5月16日结束。在为期两周的时间内，3000名菲军官兵和2500名美军士兵在菲境内多处地点参与一系列演习活动。“肩并肩—2014”联合军演是基于美菲两国1951年共同防御条约中，有关两国需要提高能力以抵御军事攻击的要求而进行的。“肩并肩—2014”联合军演着重于海事安全，人道救援、灾难应对和人道主义社会援助方面的演练。此外，两国联合军事演习还进一步锻炼了菲律宾军队在危机应对中的能力，意在提高部队反恐行动的效率以及与美军合作的协调性。兵力编制演习在阿奎纳多将军营以及巴拉望的军事基地举行。

就在军演开始前几天，美菲两国于4月28日签署了旨在扩大美军向菲律宾派兵规模的新军事协议。奥巴马再次向菲律宾承诺，美国政府将遵守1951年签署的《美菲共同防御条约》。4月下旬开始的奥巴马亚洲四国之行的主要议题就是，中国与美国的亚洲盟友之间愈演愈烈的海上争端，这些争端引起了国际社会对该地区可能爆发军事冲突的担心。尽管奥巴马试图安抚菲律宾，称一旦美国的盟友遭到攻击，美国将提供援助。但奥巴马并未如菲律宾所期望的那样明确提出，一旦菲律宾与中国因南海争端爆发冲突，美国将向菲律宾提供援助。在美国总统奥巴马承诺将“坚定”支持菲律宾之后，美菲这两个长期盟友于5月5日将开始举行年度大规模联合军演。

在奥巴马访问菲律宾前夕，美菲签署了一项新的军事协议，扩大了美军使用菲律宾军事基地的权限，这也是美国向亚洲“再平衡”战略的一部分。

● “肩并肩—2015”军事演习兴风作浪

2015年4月20日，一年一度的美菲“肩并肩”军演开幕式在菲律宾奎松市阿奎那多兵营举行，至30日结束。与往年相比，2015年的“肩并肩”军演扩大到战役规模，规模达15年来最大，参演军人超过1.1万名，参演兵器包括100多架飞机和4艘舰艇。

按惯例，菲律宾作为演习东道国，出兵数量理应最多，不过2015年的情况却大为不同，美国派出的军事人员多达6656名（2014年仅2500余人），76架飞机以及3艘军舰；菲律宾派出5023名军人、澳大利亚派出61名军人，参加演习总兵力达到11740人，人数规模为近5年来最大。此外，美、菲、澳三国还会动用92架军机、4艘舰艇参加演习。军演的场地将包括巴拉望岛西部、阿希楠省以及三描礼士省。值得注意的是，其中三描礼士海军基地距离中国黄岩岛仅仅220千米。在近来南海局势风云激荡的情况下，美、菲开展的军演规模达到历年之最，且将军演角色由双边扩大到多边，颇有展示肌肉、兴风作浪的架势。

美难以“割舍”菲战略价值，借军演绑定“传统盟国”。菲律宾作为美国在西太平洋地区的传统盟国，被美国视为在亚洲的重要一环。其原因来自两方面：一方面，菲律宾所处环境具有重要的战略价值。菲律宾西临南海，东靠广阔的太平洋，北面扼守着巴林塘海峡，南面把守着苏禄海、苏拉威西海，印度洋与太平洋之间的多条航道均从菲律宾“眼皮底下”穿过，一旦菲律宾派兵阻断这些航道，将对世界航运，特别是石油的运输产生不可估量的影响。另一方面，菲律宾周边海域资源丰富。菲律宾东海岸的太平洋蕴藏着丰富的海底矿产资源；西面的南海以石油著称，特别是南海周边的越南、文莱、马来西亚均在南海深处找到了高品质油田，并为这些国家带来了巨额利润。因此，谁控制住了菲律宾，谁就夺取了在南海，甚至是整个西太平洋海区的战略利益——这正是美国所全力争取的。

近年来，“肩并肩”军演逐渐变味，演习规模不断增大，演习地点也越发靠近敏感地区。2015 年“肩并肩”军演美菲投入超过 1.1 万人，号称是两国 15 年来最大规模的联合军事演习；演练内容突出两栖登陆和突袭，地点大多设置在争议海域附近，重点提升战术层面军事水平，具有极强的挑衅味道。在美国的南海图谋中，由菲律宾扮演其向南海投送军力“马前卒”角色的安排正在一步步实现。美菲两国军队定期举行“肩并肩”联合军演，演习规模不断增大，演习地点越发靠近敏感地区。

● “肩并肩—2016”美菲在南海演练“联合夺岛”

2016 年 4 月 4 日至 15 日，美国与菲律宾在菲境内多地举行“肩并肩—2016”联合军演。此次有大约 1 万名澳大利亚、菲律宾和美国士兵参与了“肩并肩—2016”演习，包括 3773 名菲律宾士兵和 4904 名美国士兵。日本部队也以观察员的身份参加该演习。演习内容包括“夺岛演练”、特种作战等。这是“肩并肩”系列联合军演的第 32 次。

4 月 4 日，美国与菲律宾的“肩并肩”联合军事演习拉开大幕。美菲双方上万兵力、数十架军机以及多艘大型军舰参加演习。同时，美国国防部部长卡特还在演习期间访问菲律宾，现场视察美、菲部队，这也是美国国防部部长首次观摩这一演习。演习内容则不局限于传统的联合训练项目，还包括假想夺回岛屿的想定。此外，澳大利亚军队首次作为正式成员参加演习，日本则作为观察员国参与，日方还首次派遣“伊势”号准航母进入南海。更富威力的新装备、更富针对性的新项目、更多的参与者、更高的演习级别，都让本已不平静的南海局势进一步升温。此次“肩并肩”军演约有 1 万名美国、菲律宾、澳大利亚和日本等国的部队参加，其中美军有约 5000 人，菲律宾方面有 4000 余人参加，另有数百名日本自卫队人员，以及数十名澳大利亚军人。与 2015 年相比，自卫队是首次参加这一演习。

除了有大量兵力参与外，此次投入的武器装备也是可圈可点。在装备方面，美军出动了 55 架军机，菲方也出动了刚从韩国购买的 FA—50 战斗机。这是菲律宾 FA—50 战斗机 2015 年服役后，首次参加多国联合军事演习。在演习期间，美军还首次在靠近南沙群岛的巴拉望岛上部署了“高机动火箭系统”（HIMARS），并进行实弹射击。这一武器系统具有轻便和机动的特点，可直接用 C—130 运输机空运，能够提供强大的火力支持。这是美国海军陆战队首次将该系统部署到太平洋地区，也是首次部署到菲律宾。值得一提的是，HIMARS 不仅仅是一种普通的火箭炮，在发射火箭弹时，其射程为 40 余千米，但其还可以兼容发射“陆军战术导弹”，此时射程可达 300 千米。这意味着，如果从巴拉望岛发射这一导弹，其射程覆盖美济礁在内的南沙群岛部分岛礁。

在演习内容方面，“夺岛”成为关键词。在演习的其中一场想定中，菲律宾军队试图夺回被外国军队占领的一处海岛，菲登陆舰在海滩突击上陆，特种部队则冲上海滩。而在另一处演习场景中，乘坐“鱼鹰”旋翼运输机着陆的美国海军陆战队士兵正在与菲律宾联络人员协调战斗行动。在敏感海域，美菲联合进行夺岛演习，这无疑具有明确的针对性，同时体现出双方军事合作正在向更深层次发展。“肩并肩—2016”军演从规模和力度上来看均已极大扩展，并为菲军测试新技术、装备提供机会，有助于菲军提升实力，从而把更多注意力从国内安全行动转向领土防卫。

“肩并肩—2016”演习的另一个关键词是“联合”，在美、菲两国之外，澳大利亚正式成为参加国，而日本也首次成为观察员国，且还可能在 2017 年升级为正式成员。这显示“肩并肩”军演已经从美菲双边军演正式升级为多边军演，且其范围还可能不断扩大。日本、韩国、马来西亚、泰国、柬埔寨、新加坡、印度等多个国家派员观摩。军事演习是战争行动的模拟，而多边联合军演往往也是联合作战的模拟形式。例如，在此次演习中，澳大利亚伞兵与菲律宾伞兵联合进行了伞降训练。联合伞降训练需要双方统一信号、通信器材、部分地面保障条件等，这有很强的实战针对性。如果两支完全没有接触的军队进行联合伞降作战，很可能会因为互不熟悉对方的规则、习惯等闹出各种乌龙。菲律宾军队虽然长期接受美军培训，但其装备、训练与美军相距较大，语言和习惯等与美军也大为不同。澳军与菲军的联合训练，能够增加双方相互熟悉程度，对于实战有直接意义。

日本的参与是“肩并肩”军演新动向。此次日本虽然只是作为观察员参与“肩并肩”演习，但却派遣了海上自卫队吨位最大的舰艇“伊势”号。“伊势”号在日本自卫队内称为直升机驱逐舰，实际上就是一艘准航母。其可同时起降5架直升机，共计搭载直升机数量可达14架。而且，在过去的美日联合演习中，美军的“鱼鹰”运输机也曾在“伊势”号上起降。此次演习中，美军同样出动了“鱼鹰”。这显示出，美、日、菲在联合军演中正在日益重视起装备的互操作性和共同运用。总体而言，借美菲军演之机，美国在显示其强势介入南海事务的姿态，澳大利亚和日本则在展示其追随美国的态度。而菲律宾则颇有借势炫耀的“成就感”。根据日本媒体的报道，日方目前正在与菲律宾方面协商，希望于2017年成为“肩并肩”军演的正式成员国。届时，“肩并肩”军演将成为美日澳菲4国定期的多边军演，其意义将与此前完全不同。

● 美菲“平衡活塞—2016”演习“重头戏”实弹演练被取消

2016年11月16日，尽管杜特尔特在嘴上对华盛顿毫不客气，但“平衡活塞—2016”军事演习仍然在菲律宾西部的巴拉望省举行。尽管美、菲双方均同意在为期一个月之久的军事演习中放弃实弹演习，但此举表明，虽然军演遭到菲律宾总统的反对，这一联合军演还是继续举行。实弹演习是由美国和菲律宾特种部队举行的“平衡活塞—2016”年度联合军事演习中传统且重要的部分。射击术的训练仍将继续，但仅会在一个营地进行。这场联合军事演习还包括海上军演、人道援助及“战斗性”游泳训练。有40支菲律宾精英部队参与这场军演。“这场年度军事演习旨在测试士兵的基本作战能力，以及改善并促进两方武装力量的关系。”菲律宾总统杜特尔特2016年6月底上任以来，采取铁腕手段打击国内毒品泛滥的问题，招致美国对于该国人权状况的关注。杜特尔特因美国批评其禁毒行动而对美国怀有不满，并曾公开宣布将停止两国所有联合军事演习。杜特尔特认为，这种军事演习中只有美国从中获利，而菲律宾获得不到什么。在美国军方向其说明菲方从军演中所能获得的利益后，杜特尔特表示同意与美国军方的小规模联合军事演习。

虽然菲律宾总统杜特尔特曾表示要停止菲美联合军事演习，但菲律宾与美国仍为2017年安排了大大小小共计258场军事演习。2016年11月23日，菲律宾参谋总长里卡多·维萨亚表示：“明年会有258场美菲军事演习。”但他补充道：“和今年的260多场美菲联合军演相比，明年规划的次数有所减少，美方尊重菲律宾军方的决定。”维萨亚说，被除去的例行联合军事演习有“两栖登陆演习”(Phiblex)和“海上战备暨训练联合演习”(CARAT)，而规模最大的“肩并肩”(Balikatan)联合演习则被保留下来。维萨亚说，未来菲美联合军事演习将聚焦于人道救援与反恐等项目，以符合杜特尔特总统的指示。虽然2017年菲、美两国将举办258场军事演习，但规模较大的只有6～7场。

（二）美越在南海的联合军演

目前，越南侵占中国南沙29个岛屿，是侵占中国岛屿最多的国家。1978年，越南正式声明对我西沙群岛和南沙群岛拥有主权。1979年9月，越南发表了题为“越南对黄沙和长沙两群岛主权”的白皮书。1993年，越南占领南沙岛礁24个，守军600人；2002年，越南占据27个岛礁，守军增至2020人，成为侵占中国南沙群岛最多的国家。2007年4月11日，越南总理阮晋勇正式宣布在长沙群岛设立“长沙县”。鉴于南海争端持续升温，为固化侵占中国岛屿，近年来越南不断提升与美国的关系，并加强与美国的联合军演。

1. 美越“不谋而合”的2010年联合军演

美、越两国曾于1960—1975年爆发战争，1995年两国建立外交关系，2010年两国建立外交关系15周年。为纪念两国建立外交关系15周年，美、越这对曾经的敌人于2010年8月在南海举行了为期一周的联合海军演习。

在联合军演中，美国出动“乔治·华盛顿”号航空母舰，演习内容主要集中于非战斗行动，如海上救援活动等。“约翰·麦凯恩”号驱逐舰也参加了演习，这是美越两国建立外交联系15周年纪念活动的一部分。美国“乔治·华盛顿”号航空母舰在参加韩美于2010年7月在日本海举行的联合军事演习之后，于8月8日率队前往越南岘港进行访问。搭乘了290名美国海军官兵的“约翰·麦凯恩”号驱逐舰于8月10日到达越南中部的岘港，成为继美国“乔治·华盛顿”号航母8号访越以来的第二艘访越的美军军舰。11日，美国与越南展开了历年来首次海上联合演练。美国海军船员和越南海军进行了为期4天的交流活动，与此同时，美越双方还联合举行持续一周的海上演练，演练的重点内容是非战斗行动，比如，展开海上搜救、灾害控制等。“约翰·麦凯恩”号驱逐舰的指挥官在抵达越南后表示，美国和越南在南海的海上安全方面拥有共同利益。尽管美方声称，此次越美海上军演没有“攻击性”，是“非战斗性的”，但美国派出了世界上最大的舰船之一，载有70架尖端战机的核动力航母“乔治·华盛顿”号参与此次军演。

美国和越南的军事合作进入一个新的阶段。克林顿政府时期，美、越恢复了外交关系。2003年，在越战之后，美国军舰首次靠泊胡志明市。此后，美、越关系持续升温，而且关系恢复得非常快。克林顿在卸任前曾访问过越南，但当时的越南领导层仍然对美国保持着敬而远之的态度，一直到2006年越南主办APEC国际峰会，在需要美国总统参加的背景下，才于2005年由越南时任总理潘文凯开始了恢复关系后的第一次高级别对美访问。在2010年4月迎来越南战争结束35周年之际，美国和越南的关系迅速升温。7月23日在越南河内举行的东盟地区论坛是两国在军事、安全领域“不谋而合”的决定性契机。2010年7月末，在河内举行的亚洲安全峰会上，美国国务卿希拉里曾宣称，美国军舰能否在该海域自由巡航涉及美国的国家利益。声称南海问题“事关美国国家利益”，正面提到了南海主权争端及自由航海问题。

2. 美越海军5天联合军演

2012年4月23日，在持续升温的南海争端中，美国同越南海军在南海开启了为期5天的军事演习。美海军第7舰队旗舰“蓝岭”号指挥舰、“查菲”号导弹驱逐舰以及“哨兵”号营救和打捞舰及约2000名官兵，在岘港同越南海军展开了互动。此次演习是自2010年以来美越第三次联合海军演习。

此次演习为“非战斗”式交流活动，“聚焦于非战斗活动，例如导航和维护之类的技术交流”，“显示出美国和越南之间更加紧密的关系”。同往年一样，双方只进行了海上营救和灾难应急交流训练。演习的美国方负责人迈克·莫利少校称，该次演习的时间与地点不针对任何第三国，称这一次与越南的合作计划是“一年前商定的”。双方没有安排实弹演习，不过预计将进行海上灾难救援演练。近年来，越、美两国军事领域交流频繁，美国海军舰船定期应邀访问越南。基于亚太“再平衡”战略的需要，越南日益被美国视为一个重要“砝码”，用来平衡中国在该地区日益增长的海上力量。在此次美越军演之前，越南和中国就南海岛屿的主权发生了一系列外交小摩擦。对美国而言，有争议的南海海域是一个重要的贸易航道，近年来，美军军舰定期停靠于越南港口，上一次是在2011年7月。2011年7月15日，包括“钟云”导弹驱逐舰在内的美军两艘驱逐舰和一艘救援舰抵达越南岘港市仙沙港，对越南展开为期6天的交流活动。

（三）日本悄然回到南海参与的双边联合军演

联合军演、提供装备、考虑派战机巡航……在日本军队被逐出南中国海70年后，通过打造与美国、菲律宾、越南之间的安全联系，日本正悄然回到这块区域。据外媒报道，在美国的积极支持下，日本正在以一种逐步升级的参与方式向菲律宾和越南提供援助。

● 美日南海军演巡航中国岛礁

2015年10月28日，日、美海军开始在南海举行联合军演。这是在美国军舰进入中国南海岛礁12海里海域，局势趋于紧张的背景下，日本海上自卫队在南海与美军举行联合军事演习。

日方参加演习的是海上自卫队“秋月”级驱逐舰“冬月”号护卫舰，刚刚结束在印度洋的日、美、印三国的联合军演，与美国的航空母舰“罗斯福”号和驱逐舰舰队一起，停泊在新加坡的樟宜港。根据计划，“冬月”号护卫舰与美军航空母舰“罗斯福”号和驱逐舰舰队一起，在加里曼丹岛以北的南海海域进行通信训练以及美军士兵与日本自卫队员换乘对方军舰等的演习。“冬月”号护卫舰没有进入中国主张拥有主权的岛礁附近12海里的海域，但是参与了美军对南海的监视行动。

● 日本越南在南海演练“监视中国”

2016 年 2 月 15 日至 18 日，日本海上自卫队与越南海军在这个东南亚国家及其附近海域举行了为期 3 天的联合演习。日本派遣海上自卫队以及两架 P—3C 巡逻机前往越南中部的岘港参加此次演习，该演习旨在加强两国防卫合作并在南中国海领土争端中监视中国。

2015 年 11 月，日本防卫大臣中谷元与越南国防部长冯光青在河内举行会谈期间达成一致意见：海上自卫队的舰船将停靠越南在南中国海的海军基地金兰湾。双方还同意：考虑到南中国海的局势，两国将举行联合军事演习，为人道主义支持活动和减灾活动进行联合训练。17 日，在岘港某海军基地举行的桌面推演所假设的情境是，P—3C 巡逻机和越南海军舰船救援遇险的民用船只。日本海上自卫队的 P—3C 巡逻机 2014 年 5 月到访过越南。

● 日本悄然潜回南海与菲律宾联合军演

2015 年 5 月 6 日，日菲首次在南海举行联合海军演习。演习在苏比克湾附近的菲律宾海域进行，日本海上自卫队驱逐舰“春雨”号和“天雾”号共计 600 名官兵参加，菲律宾将派出 1 艘护卫舰。具体科目包括舰上直升机行动、互相着舰以及探讨海军演练。

5 月 12 日，两艘日本海上自卫队护卫舰“春雨”号和“天雾”号与菲律宾海军进行联合训练。这是日、菲两国首次在南海争议海域附近举行联合海军演习。这已经是近一个月来，日本军舰第二次在南海露面了。4 月 16 日至 19 日，日本海上自卫队“雾雨”号和“朝雪”号护卫舰访问越南，并与越南海军开展联合训练。2015 年 1 月，日本和菲律宾签署协议加强安全合作，为菲律宾打造的首批 10 艘巡逻艇于 2015 年年底交付。此外，日本还可能为巴拉望岛的一个菲律宾军事基地基础设施改造提供资助。该岛是菲律宾距离南沙群岛最近的一个主要岛屿。此外，日本还将向越南提供6艘旧海军巡逻船。

南海仲裁后日菲启动海上联合演习。2016年7月13日，在海牙仲裁庭就中菲南中国海仲裁案宣布结果后的第二天，日本和菲律宾在马尼拉附近海域举行联合演习。此次演习专注于打击海盗和海上武装抢劫行为，旨在增强两国的能力，便于双方获得知识和技能，并加强双方之间的相互理解。

菲海岸警卫队海上安全和执法指挥部代表将与其他政府执法机构一同参加演习。此外参加演习的还有美国和澳大利亚的代表，他们将以观察员身份参与此次活动。日本海上保安厅的“津轻”号巡逻舰已在11日抵达马尼拉。“津轻”号连同它搭载的1架直升机和1艘充气艇都将参加演习。菲律宾海岸警卫队将动用海上和空中力量。演习将在南中国海仲裁案结果公布的第二天举行。尽管日本和菲律宾声称演习不是针对中国和南中国海，而是针对海盗行为和武装抢劫的，但演习举行的时机极可能向媒体提供大量有关北京和马尼拉在裁决公布后相关反应的素材。

近年来，菲律宾一直在与日本加强防务合作。2016年早些时候，双方就防务装备和技术还签署了一份里程碑式的协议。东京从2016年开始向马尼拉提供包括巡逻船和侦察机在内的装备。在“介入”南海的同时，日本加紧防卫西南岛屿。继确定在与那国岛部署自卫队后，日本政府正式决定在宫古岛配备自卫队特别警备部队。防卫省希望通过在西南诸岛这一日本防卫体系“空白地带”部署新的自卫队部队，对海洋活动日益频繁的中国加以牵制。

（四）印越2013年南海军演试探中国

2013年6月8日，印度4艘军舰同越南海军在“东海”（南海）

附近举行联合搜救演习。不知是为了试探中国态度，还是为联合与中国有岛屿纷争的国家，印度与越南在南海海域上演联合军演行动，对外宣称是搜救演习，真实目的已不言而喻。

印度东部舰队的这几艘军舰5月30日离开基地维维沙卡帕特南港，开始年度海外部署。两年前，印度海军“埃拉瓦特”号两栖攻击舰从一个越南港口驶往另一个越南港口，该舰被中国海军警告已进入中国海域。现在，随着一支规模更大的印度海军编队出现在大致相同的地方，印度正密切关注中国的回应。在印、中“帐篷对峙”后，此事件尤其敏感。在两国“帐篷对峙”事件刚告一段落的敏感时刻，印度这是在向中国叫板。《印度时报》评论称，印度正在同越南和日本这些国家构建强大的海上安全桥梁，以此对抗中国在印度洋的“珍珠链”战略。马六甲海峡等主要商业航线和能源命脉连接到印度洋，印度洋是印度的重心，这使印度成为该地区安全与稳定的主要利益相关者。

印度3艘军舰: 东部舰队4艘军舰“萨特普拉”号导弹护卫舰、“沙克蒂”号远洋补给舰、“兰维杰伊”号驱逐舰和“科赤”号护卫舰同越南海军在南海联合举行搜救演习。印度媒体称，印度与越南的此次联合军演可视为“试探中国”，隐隐有向中国叫板之势，除了与越南的联合军演之外，此前印度海军和马来西亚海军也举行了一场演习。越南军方则一直强化“南沙守卫意识”与“海洋国防建设工程”：近10年，越南占领的南沙岛礁守军从600人增至2020人。占据中国29个岛礁。而菲律宾在侵占的中国中业岛上驻有50名特种部队，还新安装两门40毫米防空火炮，外加接受准军事化训练的300名岛民；中业岛的兰科多跑道有1260米长，可以起降C—130军用运输机，对解放军驻南沙的前哨构成直接威胁。

印度东部舰队司令库马尔披露，印度正在同越南和日本这些国家构建强大的海上安全桥梁，以此对抗中国在印度洋的“珍珠链”战略。英国媒体对此分析称，印度正迫切与其他所谓受中国政治和军事“胁迫”的国家结成统一战线。此外，未能参加此次军事演习的菲律宾似乎很落寞，在同越南海军联合军演后，6月12日，一支由4艘印度军舰组成的小型舰队12日抵达菲国首都马尼拉访问，一方面是印度围堵中国战略的一部分，另一方面也是菲律宾强烈“要求”所得。印越南海军演就是一个开端，印度军舰访问菲律宾说明周边国家已经迫不及待，像是联合向中国宣战。

三、海洋资源诱惑下的单边军事演习

出于对南海的战略考虑，南海周边国家海军每年还单独举行大量年度海军演习，如越南频繁举行的保卫南海、支持南沙作战、保卫北部湾方向、保卫海上油气田的作战演习；马来西亚为检验年度军事训练成果，每年举办检验性、海上护航、反情报侦察等海上演习；作为印度尼西亚海军最高级的年度例行性演习，“伟大舰队”年度演习将检验印度尼西亚海军各部队对作战程序、理念和武器操作的熟练程度，提升指挥、控制、通信与情报的最佳协同作战能力。

1. 越南在南海的军演演习

● 2011年的南海搞实弹演习

2011年6月13日，越南在其中部海岸附近某海域举行持续6小时的实弹演习，并警告各种船只远离该海域。美联社文章评论称，越南此举显示是对中国的“回应”，因为就在越南发布演习声明的前一天，中国指责越南非法进入中国领海、危及中国渔民生命，并要求越南停止这种行为，要求越南停止在该海域的所有石油勘探活动。

越南之所以要在南海搞军事演习进行实弹射击，这与当时的南海形势和对华关系有直接关系。当时，网上热议中国和越南之间开展了网络大战，首先越南黑客黑了中国的网站，而随后中国的黑客组织黑了越南上百家网站，其中包括越南外交部的下属网站。此事并不是单一的，而是由当时的中、越关系引起的。据法新社 6 月 5 日报道，数百名越南民众 6 月 5 日在中国驻越大使馆门前集会，以抗议所谓的中国船只在南海争议水域“侵犯越南领土”行为。大约有 300 人参加了此次集会，他们举着写有“抗议中国引发麻烦”等内容的标志牌，聚集在中国驻越大使馆门前。集会大约持续一个半小时之后，被在场负责监控活动的 50 名武装警察“和平驱散”。

自从南海发现大量丰富的资源以后，就成为周边国家眼中的“香饽饽”，其中以越南最甚。为了夺取资源的控制权，不惜强夺中国的领海，非法窃取中国 29 个岛礁，中国为了维护南海主权权益分别于 1974 年 1 月 20 日与南越进行了“西沙自卫反击战”和 1988 年与越南进行了“3·14”海战。

● 2016 年大张旗鼓演练夺岛

2016 年 7 月 30 日，越南电视台公布了越南军队进行岛屿登陆作战演练的画面，媒体曝光了越南海军陆战队正在南海地区演练登陆战，高调展示了 PT—76 水陆两栖坦克、国产坦克登陆舰等武器装备，其中还展示了从国外进口的以色列 TAR—21 型自动步枪。近年来，越南军队在轻武器装备方面大量引进了国外先进产品，逐步替换了老旧的 AK—47 型自动步枪。

越南海军陆战队是越南海军的一个重要兵种，负责对敌舰船和岛岸军事设施及各类军事目标进行攻击。越南海军陆战队前身为水上特工部队，成立于 1967 年，曾在历次战争中为越南立下战功。越南海军拥有两个陆战旅，驻扎在金兰湾的 26 陆战旅和 861 水上特工团是海军作战的中坚力量。组成被称为“水鬼”的蛙人中队，对敌突然进行水上破袭战，是越南海军陆战队的惯用手段。1968年，在抗美战争中，越南水上特工部队曾击沉击毁美、伪军舰船14艘；1969年曾炸沉了一艘距越南海岸4海里的美国万吨级油轮。

2. 马来西亚首艘潜艇完成海上作战训练演习

2010年7月29日至8月6日，马来西亚皇家海军（RMN）首次在南海举行了包含潜艇在内的舰队作战训练演习。该潜艇是刚刚购置的“鲉鱼”级潜艇“端古·阿卜杜勒·拉赫曼”号。另有其他十艘皇家海军的护卫舰、驱逐舰同“拉赫曼”号潜艇一起参加了海上联合作战训练。海军特种部队和潜水、防空小组也搭乘皇家海军的“超山猫”“非洲小狐”直升机参与了训练。此外，马来西亚皇家空军也派遣了2架“鹰”喷气式战斗机、1架海事巡逻机以及1架S—61直升机参与训练。

此次训练在位于马来西亚东部沙巴州首府、哥打基纳巴鲁市附近瑟邦伽湾的皇家海军司令部的第二海域举行，意在检验舰队的战备情况、训练海空军与潜艇的协同作战能力、突出皇家海军在南中国海的存在，以及演练皇家海军在斯普拉特利群岛（南沙群岛）的应急防御计划。此次训练表明，“超山猫”和“非洲小狐”直升机具备为在海上作战的潜艇投送人员及物资的能力，直升机机组人员也可以利用夜视设备完成夜间搜索营救。7月26日，其在南海成功潜射了“飞鱼”SM39 Block 2反舰导弹，该导弹命中了40千米外、40米长的目标。

3. 印度尼西亚在南海争议领域举行海空军演

“伟大舰队”演习系印度尼西亚海军最高级别的年度例行性演习，演习旨在检验海军各部队对作战程序、理念和武器操作的熟练程度，提升印度尼西亚海军联合作战的能力，发挥指挥、控制、通信与情报的最佳能力，同时防止外国势力侵犯印度尼西亚的领土和领海，保卫印度尼西亚的主权和安全。此外，印度尼西亚海军还举行大规模海上搜救演习、“军事海运”等演习以提高印度尼西亚海军联合搜救能力。

2016 年 6 月 9 日至 20 日，印度尼西亚海军派出 5 艘水面战舰、1 艘辅助舰以及 1 架海上巡逻机前往纳土纳群岛海域，在南海争议水域附近进行为期 12 天的“伟大舰队”海上演习。本次演习的科目包括水面作战演练、护航，以及搜查、救援等，演习属于年度例行的训练项目，上一次在纳土纳群岛附近展开训练还是在 2012 年时。纳土纳群岛位于马来半岛和婆罗洲岛之间的南中国海，由 272 个岛屿组成，总面积 2110 平方千米，人口约 9 万。纳土纳群岛位于南中国海西南部，距曾母暗沙约 400 千米，距中国内地陆地约 1900 千米，距印度尼西亚加里曼丹岛最近之处 225 千米。该群岛位于我国南海“九段线”之外，自宋代以来，纳土纳群岛以北海域被视为中国与外国的海域分界，凡从外国来的船只，行驶过纳土纳群岛之后即进入中国之境，目前纳土纳群岛隶属印度尼西亚廖内群岛省管辖。同时，该区域是著名的石油和天然气蕴藏地。中国与印度尼西亚对于该群岛的归属没有异议，承认是印度尼西亚领土，但该群岛附近的南海海域是中国的传统捕鱼海域。近年来，印度尼西亚媒体一直在炒作莫须有的纳土纳群岛的“主权归属问题”，印度尼西亚国防部部长里亚米萨德•里亚古都曾表示，将向纳土纳群岛增派更多军人和装备，应对外国渔民在印度尼西亚领海内的“非法捕鱼作业”。

2016 年 10 月 6 日，印度尼西亚在靠近南海“九段线”的纳土纳群岛附近又举行史上最大规模的空军演习，意在宣誓主权。印度尼西亚总统佐科 6 日一早就飞往纳土纳群岛，视察空军演习情况和武器系统，同时查看当地渔业发展。

这是佐科近几个月内曾二度前往纳土纳群岛，2016 年 6 月他乘坐军舰前往该处水域，并在舰上召开内阁会议，以异常高调的姿态宣示主权。在那之前，印度尼西亚海军射击了在附近海域正常作业的中国渔船，造成中国渔民1人受伤，另有1艘渔船及7名船员被抓扣。印度尼西亚海军当时与随后赶到的中国海警船发生了对峙。

此次参演的“霍克109”（远）和“霍克209”（近），隶属印度尼西亚空军第12中队。对于外界“演习针对中国”的猜测，印度尼西亚在演习尚未开始时就一再出面澄清。印度尼西亚外交部部长雷特诺5日表示，印度尼西亚在靠近有领土争端的南中国海海域举行军事演习并不是挑衅，因为这是在印度尼西亚领海进行的例行演习。

所谓“纳土纳海”只是印度尼西亚单方面的称呼而已。印度尼西亚在2016年8月表示，“为了维护主权”计划将纳土纳群岛周围200海里的南海海域更名为“纳土纳海”。对于纳土纳群岛海域相关问题，中国外交部多次表态纳土纳群岛主权属于印度尼西亚，中方对此无异议，中国和印度尼西亚之间不存在领土主权争议。但附近海域属于南海中国西南传统渔场，是中国—印度尼西亚双方海洋权益主张重叠海域，双方应以建设性的方式处理问题。

4. 台湾军队在太平岛演练

2016年11月29日，台湾“海巡署”和海军在南沙太平岛海域举行代号为“南援一号”的人道救援演练，据称是为强化台湾在南沙太平岛海域的海难搜救与紧急医疗护送机制。这是7月12日所谓的“南海仲裁案”后，台湾首次在太平岛海域实施军警联合演练。而且，为了扩大影响，此次演练邀请多家国际通讯社登岛采访，这也是蔡英文上任后首次邀请国际媒体登上太平岛。蔡英文曾在“南海仲裁案”后指示，要将太平岛建成为国际人道救援中心和整补基地。

本次演练共动员 3 架飞机、8 艘舰艇，演练表明让太平岛成为人道救援中心没什么问题，只是规模要慢慢提升。此次演练有两个主要目的，第一是要向国际社会说明政府对人道救援的重视和投入，第二是展现政府解决南海争议上所持的立场，包括巩固和平、搁置争议、维护南海航行自由与安全、重视人道价值等一贯主张。本次演练状况模拟外国籍货轮航行至南沙太平岛海域时，甲板货物起火，船上有人员受伤跳海逃生，“国搜中心”调度“海巡”、海军舰艇实施海域搜救，将受伤人员由小艇接驳到太平岛岸上，并由“海巡南沙巡防指挥部”派遣救护车护送病患到南沙医院，实施远距视讯医疗，之后再由空军将病患载运至屏东的医院治疗。

整个演练过程包括五个项目科目：遇险求救任务分工、船舶救火人员抢救、物资整补及灾损复原、视讯医疗和专机检派和接驳紧急候送。“海巡署”派出排水量 3000 吨的“高雄舰”、海军派遣设有与野战医院同等级医疗器材的“磐石舰”参加演练，空军则由 C—130 运输机负责伤员候送任务。“海巡署”邀请台媒及外媒到太平岛参观演练，这是 520 后首次有外媒前往，包括路透社、美联社、NHK、法新社、日本共同社、彭博新闻社等媒体。外媒也特别关注台、美关系。

台湾“行政院”30 日上午举办“南援一号操演”记者会表示，南海主权属于“中华民国”所有，这是毋庸置疑的事实，台当局立场没有改变；各自安排演练，有各种考虑，但没有相互关联，台方会持续安排自己的演练，在必要时实施。南沙太平岛目前由“海巡署”驻防，但所有驻防官兵都经过陆战队训练、验收合格，战力等同陆战队，岛上所有部署也和陆战队驻守时一致。

四、东南亚地区军事演习评析

随着南海海域因海洋权益和岛屿争端升温，南海有关主权声索国欲借助外部势力提高自己的地位，而美国更是明显改变了在南海问题上所谓的“中立”立场，声称南中国海是亚太地区的潜在热点，执意假手地区安全论坛介入南中国海问题。近年，南海周边国家海军不仅增加了军事演习次数，而且演习科目越来越丰富、规模越来越大、演习海域也越来越广泛，呈现出演习活跃化、扩大化、主题背景针对性强的特征。

（一）通过联合军演美国意在重返东南亚

针对南海争端日益凸显，美军通过举行多边和双边的联合军事演习，以军用舰、机包括航母编队频繁巡弋于东南亚重要海上交通线，接踵出入东南亚国家港口、机场，既炫耀武力，又针对特定的情势进行战略战术预演，使美国在东南亚的一系列联合军事演习有着很强的针对性，矛头所指不言而喻。

一是频繁军演凸显美军加强在东南亚军事存在。美军认为，“未来世纪将是亚洲的世纪，谁掌握了亚洲谁就将掌握全世界”。对美国而言，东南亚地区既是美国商业活动所必须依靠的战略要冲，也是太平洋美军干预中东事务所必须经过的军事通道。在美国五角大楼最新出台的《全面防务政策评估》中更是明确提出，美国的军事战略重心必须尽快从欧洲转向亚洲，并采取了一系列重大举措，包括加紧在太平洋地区增加部署大批进攻性武器、加强在东南亚地区的军事存在等。东南亚地处太平洋与印度洋的交汇处，有许多重要的海上交通要道。因此，从 21 世纪开始正逐步加强在这一地区的军事存在，而军事演习就是其中的手段之一。进入 21 世纪特别是“9 · 11”事件后，美国进一步加强了与东南亚国家的关系，同菲律宾鉴定了军用飞机飞越菲领空协议，允许美军使用克拉克空军基地和苏比克海军基地；在新加坡建设停泊码头，在新加坡的樟宜为美军建一大型深水码头，以使美军的航空母舰、巡洋舰等大型舰只进泊；寻求租用越南金兰湾，以向驻扎在亚洲的美军提供作战物资及技术支持为名，向越南政府正式提出有偿使用金兰湾港口和机场的请求。

二是形成以美国为主导的东南亚战略格局。由于东南亚地区在美国安全战略中的特殊地位，美国正逐步加大与这一地区国家的合作力度，既寻求在这一地区建立或重建永久性军事基地，又频繁与这一地区国家举行联合军事演习。“卡拉特”演习的参演伙伴都是在这一地区具有很大影响力的“东盟”组织的成员国。美国从菲律宾克拉克空军基地及苏比克海军基地撤走后，造成了南海的权力“真空”，除了在新加坡还有美军部分兵力外，南海周边均不存在美军的“落脚点”。美方分析这种形势可能导致中国加快“南下”的进程，进而对美国在该地区的战略利益产生不可估量的“消极影响”。因此，美国意在通过美菲“肩并肩”联合军事演习，用以牵制中国，控制住菲律宾，使其内外政策朝着有利于美国的方向发展，同时对东盟施加影响，对周边国家，尤其是越南、印度尼西亚和马来西亚等地区性大国施以威慑作用。美军希望尽快重返东南亚，以便有效控制东南亚重要海上通道和有关国家，掌握地区局势的主导权，遏制中国。

三是通过军演加强与东盟国家的军事合作。美国的战略目标在全球，然而要实现这一目标，仅靠美国自己的力量美国感到有些力不从心，于是美国就更加重视与其盟国的合作，特别是军事合作，以期最大限度地发挥其盟国的作用。塑造一个强大而又稳定的亚太共同体是美国《新世纪国家安全战略》的三个核心战略目标之一。

美国在亚太地区与韩国、日本、菲律宾、泰国和澳大利亚等国签有安全条约或防务协定，与新加坡、马来西亚等国保持着良好的军事关系。《美澳联合安全宣言》加强了美国与澳大利亚的军事合作。美国与菲律宾达成的《部队访问协议》《增强军事合作协议》为美军重返菲律宾创造了条件。美国与一些东南亚国家达成的军事协议也使美军使用这些国家的机场、港口和后勤设施成为可能。美国还从多方面积极加强对东南亚地区的军事渗透，扩大军事影响。近年来，包括美国总统、国防部部长、参联主席在内的众多军政要员先后赴东南亚国家访问、商讨军事合作、构筑军事同盟。太平洋美军更是频频在这一地区举行军事演习，每年美国就与东南亚国家联合举行“金色眼镜蛇”“肩并肩”“卡拉特”“对抗虎”等多个大规模军事演习；为了检验美军提出的“亚太地区安全保障构想”，美军每年 4 月都要与菲、泰、新三国共同举行代号为“协同挑战”联合军事演习。按美国人的说法，演习着重于提高“应付地区安全危机”的能力，但美军频频在这一地区“动武”，其用意显然不是为了维护和平。美国与其东南亚盟国举行“金色眼镜蛇”“卡拉特”演习最直观地表明了美国承担着保卫其盟国的义务。同时，通过演习也加强了美军与盟军的交流，从而提高了美军与盟国军队的协同作战能力。

（二）通过联合军演在东南亚投棋布子

一是通过与东南亚国家举行军演搅动南海。2012 年以来，美国一直努力与东南亚国家尤其是菲律宾等国加强经济和军事联盟。在重返亚太的过程中，美国小心翼翼地走着钢丝，一方面向菲律宾等盟友提供军事支持，宣布它将帮助确保有争议的南中国海地区的航行自由，另一方面则表示在领土争端中不支持任何一方，以避免卷入争端。回顾历史，美国只会根据自己的利益来衡量介入地区事务的程度，美军每次行动，核心都是为了本国利益，不可能为他人火中取栗。但作为美国在东南亚的铁杆盟友，美菲之间的安全合作一直未曾停歇，尤其是在中菲黄岩岛领土争端凸显之后，美国明显加大了合作力度。美国驻菲使团副团长声称，美国与菲律宾的关系像一个双向车道，双方都准备着向对方施以援手。然而，放眼整个东南亚，美菲军演只是美国强化与东南亚国家军事合作的缩影之一。在新加坡、泰国、印尼、马来西亚等国，美国的身影一直未曾消失。在美国重返亚太战略的逐步实施以及东南亚国家对域外安全需求不减反增的背景下，美国与东南亚国家之间的军事防务合作仍将继续深化，这既不利于中国与部分东南亚国家之间海洋领土争端的解决，更不利于中国海洋强国梦想的实现。毫无疑问，随着美国实施战略重心东移，今后将有更多由美国主导的军演在亚太地区上演，美国军力也将频频造访并加大部署到这一地区。

二是通过重返东南亚镇守海上咽喉要道。东盟国家分布东南亚，具有“远东十字路口”之称的马六甲海峡就位于这里。在美国看来，东南亚是连接美在欧亚两翼军事部署的咽喉要道。该地区的港口、机场是驻日本、关岛等地美军前往中东地区的重要中转点，海上航线更是被美军视为“生命线”。在这里，美军可迅速调集兵力对付中东、朝鲜半岛的突发事件；从夏威夷穿越太平洋的美舰也需在东南亚国家港口停泊补给。从“金色眼镜蛇”演习的区域来看，通过泰国东南部的泰国湾，可以直达中国南海；从泰国西部和南部的安达曼海南下就可以到达马六甲海峡。在这里进行大规模的军事演习，与泰国、印度尼西亚、马来西亚、新加坡4国不断加深的军事合作，又增加了美国对马六甲海峡的控制能力，从而增大了对中国的能源运输航道的控制能力。新加坡位于东南亚的马来半岛最南端，尽管其面积不足700平方千米，但其军事战略位置却十分重要。它扼守着沟通两大洋的战略水道——马六甲海峡，是国际海运交通枢纽之一，素有“咽喉之国”和“远东十字路口”之称，世界上的很多军事家都认为全球没有几个地点能够赶得上新加坡的战略重要性。另外，从其海运航程看，从新加坡北上航行至千岛群岛或是西进至阿拉伯海 7 天之内便可抵达，而航至冲绳及台湾周边海域只需 4 天，航行至南中国海中部为 2 天；如果需要的话，部署在新加坡的战舰在 24 小时内即可控制整个马六甲海峡。作为亚太地区重要的海运中心，新加坡拥有世界第一流的深水良港，每年停泊新加坡各港的船舶近 4 万艘次。鉴于新加坡重要的战略位置，美国海军兵力在新加坡的存在和部署将能够有效控制“两洋咽喉”——马六甲海峡，而且部署于此的美海军航母编队西出可以驶往印度洋、阿拉伯海增援驻海湾美军；东进则可以随时监控南中国海以及台湾周边局势，并使亚太美军在日韩—冲绳—台湾—菲律宾—新加坡一线构筑的链式围堵态势更趋完整。尤其是在樟宜航母码头建成投入使用以后，将会更加有助于迅捷和有效地对部署在这一地区的美国海军航母战斗群实施战斗补给。

三是重新构建东南亚军事设施体系。从国家关系上看，美国一直视泰、菲为“重要盟友”，视新加坡为“紧密伙伴”，并认为印度尼西亚对美实施亚太安全战略也有重要作用。冷战结束以后，美国不甘心撤离东南亚的军事基地，通过举行联合军演可以向东南亚周边国家显示美军的存在，进而为美国的全球战略服务。基于美国重返东南亚的战略需求，通过与东南亚国家举行联合军事演习强化与相关国家的军事盟友关系。美军在东南亚地区接连举行联合军演，范围覆盖整个西太平洋南部地区，演习时间几乎贯穿全年。通过联合军演，构建美军在东南亚的军事设施体系。近年来，美国海军先后和马来西亚、菲律宾、文莱、印度尼西亚、泰国以及澳大利亚达成协议，使美舰可进入上述国家的基地和港口进行维修、补给，从而逐步完善了美海军在亚太地区的军事基地体系。除了新加坡的樟宜基地之外，美军还租用泰国乌塔堡和梭桃邑、菲律宾苏比克和克拉克、印度尼西亚莫罗太岛和比阿克岛等军事基地，并分别在泰国湾、纳土纳群岛建立海上浮动军事基地和后勤补给维修基地。

（三）南海周边国家通过联合军演维护其南海利益

军事演习是在近实战条件下进行专项或综合训练，是检验与提高实战能力和战技水平的有效途径。为在南海海域利益争夺中获得更多筹码，近年来南海周边国家密切与域外大国军事合作，引进新型海空装备，重视通过军事演习演练装备使用效能，并提高协同作战能力，南海海域日益成为地区内国家与域外大国频繁举行海空演练的练兵之地，大小军演不断。南海周边国家海军不仅定期举办年度双边或多边海上联合演习，还主动拉拢更多域外大国在南海开展联合演练或积极参与地区外军事演习，目的就是通过海上演习活动维护其南海利益。

一是东南亚国家通过演习提高应对冲突能力。东南亚国家之所以对与美国举行军事演习持积极态度，是因为他们对本地区日益不稳定抱有危机感。虽然东南亚地区存在多个发生冲突的火种，但是各国却缺乏单独对应的能力。东南亚国家的战略是，通过把美国拉进来，确保地区的战略平衡。印度尼西亚国内频繁发生的冲突也对地区稳定产生了消极影响。当东帝汶的独立派与统一派发生冲突时，由于东盟未能迅速采取措施，不得不等待建立以澳大利亚军队为主的多国部队。这使各国认识到东盟缺乏在军事方面进行多边协调的经验。新加坡、马来西亚、菲律宾等周边国家，都担心印度尼西亚的混乱会波及自身。很多难民从军人政权统治下的缅甸逃到泰国。另一方面，由于经济危机的影响，各国都在财政赤字中苦苦挣扎，很难再大幅度增加防卫费。可以说，以美国为核心的多边军事交流，是东盟国家有效提高应对冲突的反应能力的绝好机会。

二是以联合军演的制衡战略攫取更多南海利益。积极促成与地区外大国海军联合军演，实为利用大国之间的利益和矛盾关系达到制衡我国的目的，实现地区格局的多极化，从而保证本国利益。以越南、菲律宾、马来西亚为主的南海周边国家与我南海主权存有争议，这些国家认识到凭一己之力难以在南海争端中获取更多利益，而依靠东盟机制形成整体合力，并采取大国制衡战略是确保本国南海利益的有效途径。南海有关主权声索国不甘示弱，高规格举行各种实战性质军演，试图武力应对南海岛屿争端。通过与东盟国家海军进行联合军演，旨在营造彼此有利的海上安全态势，深化双方战略互信，加强内部团结，增强凝聚力，弱化对地区外力量的过度依赖的同时在南海争端上形成合纵之力共同对抗我国南海主权。美、菲两国军队定期举行“肩并肩”联合军演。2015 年，双方都投入了超过 1.1 万人，号称是两国 15 年来最大规模的联合军事演习，地点大多设置中、菲争议海域附近，剑指与菲律宾在南海“持续对立”的中国。随着演习规模不断增大，演习地点也越发靠近敏感地区，具有极强的实战挑衅味道。

三是以海军为外交工具推动实现国家战略诉求。随着国家经济实力不断提升，南海周边国家外交呈现前所未有的进取姿态，积极发展与地区内国家或地区外大国的关系。海军作为国家外交的有效工具，为实现国家战略诉求，提高国家地位，扩大影响力发挥重要作用。南海周边国家通过积极主办或参与地区内海上军事演习，表现出为维护地区安全稳定发挥主动作用的积极姿态，提高国家在东南亚地区的影响力与号召力。与美国、日本、印度等地区外大国开展联合军演，可以借助大国影响力拓宽军事外交渠道，提高国家在国际政治舞台上的活跃程度。南海周边国家海军军演趋于活跃，明显加强与地区内、外国家的军演强度、频次与深度，积极寻求将军事演习机制化、联合化、深入化。南海周边国家主动与地区外主要大国开展联合演习。如目前菲律宾不仅与美军开展例行性联合军演，还在寻求参与澳大利亚、日本、韩国等国家海军演习。泰国积极协商与澳大利亚、印度、我国等形成联合军演机制。通过与地区外大国开展联合军演，南海周边国家海军演习活动海域已经由周边近岸海域扩展到南海、印度洋、太平洋等多处海域。主动主办地区内海军海上联演。例如，印度尼西亚提倡并主办了“2014 年东盟多边海军演习”，聚拢东南亚地区多国海军参演，提高地区内国家海军协同作战能力，为维护地区稳定发挥主动作用。

四是针对演习想定背景演习凸显出以联合为主题。针对现实威胁，南海周边国家海军军事演习设定多种想定主题背景，切实提高海军使命任务能力。演习想定以非传统安全威胁为背景，演练反恐、反海盗、反走私、人道主义救援、贩毒、偷猎、护渔等科目，并研讨与演练海上安全与反海盗举措、海上多国联合巡逻和灾难救助等，提高执行非传统战争任务能力。演习想定以主权争议为背景，开展带有反“入侵”、保卫领土领海“主权”性质的演习，如越南多次举行以我军为假想敌，以保卫海洋权益为背景的“南海”“海防”“禁飞”等系列海空演练，菲律宾海军也屡次以南海争端为想定，进行海上油气区争夺、油气平台护卫等实兵演练。演习突出“联合”主题，以双边和多边联合军演为主。东南亚地区国家海军频繁举行各种规模的双边或多边联合演练，如“东盟多边海军演习”重点演练联合搜救、互操作能力等；印度尼西亚与新加坡举办“老鹰”双边联合军事演习演练联合反海盗、联合巡逻等协同能力；新加坡与马来西亚举行“马来坡拉”联合演习开展训练、海战和海事安全方面的联合演练。南海周边国家与美国、印度、日本、澳大利亚等地区外国家积极开展联合军演，并逐步机制化，如“卡拉特”联合海上战备和训练为南海周边各国和美国在南海地区开展的一系列双边联合演习。

五是立足海军发展增强海上联合作战能力。南海周边国家海军武器装备发展缓慢，面对捍卫国家主权、领土领海完整以及反对民族分裂主义、宗教极端主义、暴力恐怖主义等使命任务，海军作战能力明显不足，南海周边国家认识到与相关国家开展军事合作是促进海军发展的捷径，通过与地区内、外国海军开展联合军演是增强海军作战能力的最直接方式。与东南亚地区国家海军举行联合演习，旨在相互借鉴，取长补短，提高海军协同作战能力，共同捍卫地区海上安全。与地区外大国海军举行联合演习，意在学习、借鉴其先进军事理论和作战经验，提高部队指挥作战能力，提升装备作战水平，加强与友军互操作，增强统一指挥下的海空联合作战能力。

（四）日本参与南海海域军演用心险恶

进入21世纪后，日本不断强化应对“周边事态”的准备，军事部署重点由过去单纯侧重北方转向了西部：自卫队海空主力西移；为西部驻军增配高技术武器装备；演习内容增加了针对中国和朝鲜的分量。如陆上自卫队把最大规模的“北方机动特别演习”更名为“远距离机动特别演习”，演练科目由过去的抽调本州岛及其南部驻军支持北海道作战，改为抽调北海道驻军支援本州岛作战。此外，日本还要进一步加强与美军的联合训练。“利剑”联合军事演习便是演练对付“周边事态”的军事合作。

日本军舰出现在南海意味着日本插手南海问题的力度在逐步上升。近年来，日本自卫队一方面以日美同盟为核心，同时也与澳大利亚、东南亚各国等亚太地区友好国家加强了防卫合作。日本有意通过制造南海的压力来吸引中国更多的注意力，从而削弱中国在东海和钓鱼岛的压力，这样日本就可以在增加海上力量投入后与中国保持平衡或压制中国。这也正是日本在军事上不断对越南、菲律宾进行一些支持的根本原因。日本搅局南海问题目前主要有四种手段：一是“批评、抹黑”中国，在国际舆论上向中国施压；二是与菲律宾、越南海军举行联合演练；三是向越菲两国提供装备；四是拉拢其他东南亚国家，通过经济援助等方式，鼓动东盟在南海问题上持强硬立场。

2015 年 5 月，日本与菲律宾在马尼拉湾举行了反海盗、通信等联合演练。6 月，日本与菲律宾在南海争议海域举行首次联合海军演习，演习地点离黄岩岛不远，日本海上自卫队和海上保安厅力量同时出现在南海，对其解禁集体自卫权、干涉周边安全事务具有标志性意义。日本共同社援引日本海上自卫队匿名干部的话说，近期日菲演习就是针对南海局势和中国。共同社分析，日本就是想通过加深与菲律宾等南海周边国家的安保合作，逐渐构筑“中国包围网”。另一方面，为转移和减轻日本在钓鱼岛方面因挑衅中国而面临的压力，日本企图通过掺和南海周边国家演习，转移国际社会注意力，联合菲律宾等国对中国施加压力，妄图使中国疲于南北应付。可以看出，安倍当局掺和周边国家联合演习，“看”的成分更多，意在营造紧张气氛，为安倍通过新安保法案制造借口。为了进一步增进威慑遏制中国力度，美国还怂恿印度、日本等国与南海区域内国家联手，共同强化在南海对中国的前沿牵制。

日本的如意算盘是“祸水南引”、声南击东。多年来为了减轻东海方向尤其是钓鱼岛面临的压力，日本可谓处心积虑，一步步将祸水引向南海。其实，日本进行一系列小动作的同时，还怀揣着自己的“小九九”：欲使自己成为一个所谓“正常国家”，希冀搭上美国舰机“自由出入”南海的顺风车，将其海上、航空自卫队的兵力兵器“常态化”航行、飞越于南海，并由此走向世界。日本大肆向南海周边国家“支持”和租售巡逻艇、反潜机等各种武器装备，加大与美国、印度等国在南海的联合演习和巡逻的规模和力度，使得中国周边近海形势险象丛生，其目的在于全面震慑和扼控中国。

第三章

南亚地区军事演习

南亚是南亚次大陆的简称，南亚地区介于东南亚和西南亚之间，东临孟加拉湾、西滨阿拉伯海、南临印度洋，战略地位相当重要。由于战略地位十分重要，南亚地区历来是大国角逐的场所。进入 21 世纪后，由于国际战略形势发生重大变化，印度、巴基斯坦等南亚国家纷纷调整对外政策，美国、俄罗斯等区外大国加快调整南亚战略，使得南亚安全形势进一步复杂化。因此，近 10 年来这一地区的各种军事演习接连不断，导致地区局势也随着各种军事演习而动荡不安。

一、“大国角逐”的多边联合军事演习

无论是从国土面积、人口资源来看，还是比较科技能力、军事和经济实力，印度都是南亚地区当之无愧的头号强国，其他国家不可能对它构成什么威胁。然而，印度并不满足于这一点，仍然不断增强军事实力，仍然不断地与包括美国在内的许多国家举行名目繁多的各类联合军事演习，包括多边联合军演、双边联合军演和单边联合军演。鉴于印度频繁举行多边联合军事演习，巴基斯坦也举行了有多边参加的联合军事演习。

（一）“马拉巴尔”联合军演

作为南亚地区实力最强的国家印度，为了巩固在南亚地区的强势地位，并提高在国际舞台上的地位，积极加强与其他国家进行政治、军事和外交方面的往来，特别重视参与各种形式的联合军事演习，尤其是印度和美国主导的多边联合军事演习，其中，“马拉巴尔”联合军事演习是印度和美国主导的常态化多边联合军事演习。

1.“马拉巴尔”联合演习概述

美印海军“马拉巴尔”（MALABAR）系列联合军演始于1992年，该演习每年举行一次，最初主要以海上救援、联合反恐等科目为主，

后来发展成潜艇与空中协作演习，主要以反潜科目为主。之所以称为“马拉巴尔”，是因为最初举行这一系列演习的海域为印度西海岸城市马拉巴尔附近海域。1998 年，由于印度进行核试验，美国中断了与印度的所有军事演习。2002 年 9 月，印度海军与美国海军在阿拉伯海恢复举行了代号为“马拉巴尔”的大规模联合军事演习，表明美印军事合作关系开始全面恢复。

“马拉巴尔”系列演习最早仅限于美、印两国，旨在加强两国军事合作。在 2005 年的演习中，印、美两国出动航母战斗群，在阿拉伯海西北部水域展开大规模演习，除传统科目外，还囊括了模拟空战、防空、护舰、反潜等通常是盟国之间才能演练的内容。目前，经过多年的发展，旨在加强印、美两国军事合作的“马拉巴尔”联合军演，演习项目已从最初的海上救援、联合反恐等，逐渐向联合作战方向发展；从美印双边海军演习扩大为多边演习。近年来，美、印两国不仅邀请新加坡、澳大利亚、日本等国参加，演习还逐渐向联合作战方向发展。同时，演习的海域也不断变化，从马拉巴尔附近海域到孟买海域，再从阿拉伯海西北部水域到日本冲绳以东海域。“马拉巴尔”军演以往通常在印度洋举行，2009 年联合军演时移师西太平洋、2014 年起移至日本冲绳以东的东海。另外，“马拉巴尔—2009”海上演习结束后，美印联合军演更是从海洋拓展到了陆地。此外，演习的规模、参演设备也在不断升级。该演习的主要科目有紧急出动、舰舰对抗、海上补给、海上通信、舰机协同、反潜作战、舰载直升机作战、海上救援、通信管制以及电子战等，旨在通过演练相互熟悉对方的海上作战程序，提高海上快速反应能力和技术战术水平。“马拉巴尔”演习已呈现机制化的趋势，美、印、日等国未来可能将更加频繁地举行此类演习。

军事合作关系历来是国家政治关系最核心、最敏感的部分。从一定意义上讲，联合军演又是军事合作关系最高层次的体现，体现出两国或者多国的政治关系或者军事关系的密切程度。2007 年 9 月在孟加拉国湾举行的“马拉巴尔—2007”演习中，日本海上自卫队就曾派舰只参加。另外，此类演习也不是第一次在冲绳海域举行。2007 年 4 月，印度海军曾派遣远洋舰队，与美国海军在日本冲绳外海举行过“马拉巴尔—2007”第一阶段演习。“马拉巴尔—2009”演习充分说明，美、印、日三国的海上联合演习正在走向机制化，未来三方可能将更加频繁地举行此类演习，从而提升三国的军事合作水平。正如时任美国第 7 舰队司令约翰 · 伯德所说，演习为美国海军提供了“与两个最重要的地区伙伴共同提升军事操作性并制定海上行动程序的机会”。印度外交部人士则透露，“马拉巴尔”演习将加深三国海军“相互间了解和信任”。日本《福井新闻》则表示，“马拉巴尔—2009”可被看作是日本强化与美、印、澳关系的重要一环。自 2014 年起，日本与美国和印度舰队一起定期参加“马拉巴尔”军演。

2.“马拉巴尔”联合系列演习

●“马拉巴尔—2003”海上联合军演

2003 年 10 月 5 日至 9 日，美印海军在印度南部海域举行为期 4 天的代号为“马拉巴尔—2003”的海上联合军事演习。美海军导弹巡洋舰“乔辛”号、导弹驱逐舰“菲茨杰拉德”号、油船“切萨皮克”号、核动力潜艇“帕萨迪娜”号参演，此外，美海军还派出 2 架 P—3C 型反潜巡逻机参加演习。而印度海军则派出导弹护卫舰“布拉马普特拉”号、“恒河”号，潜艇“沙尔基”号、油水补给舰“沙克蒂”号，以及海上侦察机、反潜直升机等参加此次演习。从美、印海军举行的联合军事演习看，此次演习可以说是两国海军近年来举行的规模最大的演习，也是两国海军第 5 次举行此类演习。

关于美印海军此次举行“马拉巴尔—2003”演习的目的，印度海军在对外发表的声明中称，演习主要是为了加强两国海军之间的协作。时任印度国防部长辛格表示，此次演习进一步密切了印、美海军的合作关系，使双方的军事合作交流恢复到1998年印度实施核试验以前的水平。印海军演习协调官、海军上校拉维·盖克瓦德在演习结束后称，这次演习提高了双方海军协同作战以及共同控制海域的能力。从此次演习科目的设置看，主要有直升机兵力投放、编队航行、协同枪炮演练、潜艇作战、空中作战、反潜、反舰、防空、联合搜索与营救、VBSS禁运作战行动（VBSS指对在公海上的可疑船只进行观察、登船、搜索与查封）等。

美印“马拉巴尔—2003”海上联合军演是伊拉克战争后，美国在印度洋举行的首次演习，因此具有许多新的特点：一是双方重视程度高。此次演习系“9·11”事件后美、印加强合作的重要一部分，双方出于各自利益需要，对演习均高度重视。美海军此次参演的舰艇为作战性能较为先进的作战舰艇，并装备有“战斧”对地攻击巡航导弹、“鱼叉”反舰导弹，以及“标准”SM—2MR型舰空导弹、“阿斯洛克”反潜导弹等先进武器装备。印度海军也派出3艘战舰参加了演习，其中导弹护卫舰“布拉马普特拉”号装备有先进的武器、声呐、雷达等装置，是印度武器装备本土化的典范。二是演习规模较大。双方共派出各型舰船9艘参演，美海军还派出P—3C型反潜巡逻机参加演练，印度海军也派出侦察机及反潜直升机等参加了演习，双方参演兵力有几千人。三是重视反潜科目的演练。美、印两国海军均派出潜艇参加演习，同时具有反潜能力的P—3C型机以及印度海军的反潜直升机等也参加了演习。四是双方重视加强在反恐领域的合作。“9·11”事件后，由于美在全球范围内展开打击恐怖主义的活动，一些基地组织等恐怖分子在陆上已无活动空间，恐怖活动也逐渐由陆上转移至海上，美一直担心基地组织等恐怖分子利用商船、渔船、货船等对美海上活动舰船发动恐怖袭击，海上反恐成为美海上活动舰船一样重要的任务之一。

●“马拉巴尔—2005”联合军演剑指印度洋

2005年8月12日，印度和美国海军在印度西部沿海举行了代号为“马拉巴尔—2005”的联合军事演习。本次军事演习是在2005年6月下旬印、美签订10年防务协定后双方举行的第一场联合军事演习，美国的核动力航空母舰也在军演中首次出动，双方出动1万多人，人数也是印美历次军演以来最多的。

本次演习分两阶段，第一阶段的演习8月12日至23日在印度西南军港科钦港外水域举行，主要是进行海上救援军事演习。第二阶段的演习从25日开始，历时10天，有1万多人参加，在印度西部沿海果阿海域大规模展开。演习期间，双方进行了海上封锁、防空和反潜演练。美军的F—18战斗机从部署在海湾地区的美国“尼米兹”号核动力航空母舰起飞参加演习。印度海军还同美国海军的E2C“鹰眼”预警机进行联合训练。美军还在此次军事演习中出动“圣菲”号攻击型核潜艇和P—3C“猎户座”巡逻机。时任印度海军少将乔希说，从双方动用的军事装备来看，这是印、美海军最高级别的演习；也是印、美双方在“马拉巴尔”系列军事演习中首次动用航空母舰。截至2005年的演习是印度与美国从1992年开始在印度沿海地区举行“马拉巴尔”系列军事演习规模最大的。

实际上，美国同印度的军事演习有美自身的战略考虑，那就是在印度洋地区寻找一个战略伙伴，确保海上运输线的畅通。此次军事演习，双方抱着不同的目的，有着各自不同的国家利益。对美国而言，印度是一个潜在的武器大买主。印度2004年的军火采购已经跃居发展中国家的首位。印度已经拥有两艘从国外购买的航空母舰，当时正在科钦港口建造自己的第三艘航空母舰。航空母舰对防御系统的要求很高，这一点恰恰是印度的弱项，印度对美国的空中预警系统、反潜技术非常感兴趣。美国通过此次军事演习，向印度展示军事装备的性能，有利于向印度推销自己的产品。另一方面，印度的军事装备约有 70% 是苏式装备，美国同印度举行军事演习，可以摸清俄罗斯军事装备的性能。而俄罗斯也是中国重要的武器进口来源，印美演习对于美军摸清中国军事装备的实力也会有一定的帮助。

印度也有自己的战略图谋。如果印度能长期从美国保持获得先进武器和技术的渠道，将成为整个印度洋地区最具军事优势的国家。印度之所以同美国签订防务协定，看到的正是符合“印度国家利益”的这一点。从印度的地图可以看出，印度是唯一深入印度洋的沿岸国家。印度已经建立了一支强大的拥有航空母舰的海军，分为东、西两大海军舰队，一支防守孟加拉湾，一支拱卫阿拉伯海。目前，由于缺乏海洋监测卫星及海上监视装备性能有限，印度海军无法完全监控印度洋。E2C“鹰眼”预警机不但能监视威胁航母战斗群的各种目标、指挥舰载战斗机作战，还能与地面部队、普通战舰直接交换信息。据印度海军官员透露，印度海军在购进 6 架 E2C“鹰眼”预警机后，加上印度此前购买的“费尔康”预警机与自行研制的 3 架预警机，印度完全可对印度洋实施 24 小时的监控。

● “马拉巴尔—2007”演习国家增至 5 个

2007 年 9 月 4 日至 9 日，美国、日本、澳大利亚和印度、新加坡 5 国海军在印度洋上举行了为期 6 天的代号为“马拉巴尔—2007”的海上联合军事演习。仅从参演的如此多的国家就可以想见这场演习的规模。美国派出了包括 2 艘航空母舰在内的 13 艘舰船组成的舰队参加演习；东道主印度则派出了 7 艘军舰，包括一艘“维拉特”号航空母舰；日本与新加坡分别派出了两艘驱逐舰和一艘护卫舰；澳大利亚则派出了一艘护卫舰与一艘油轮。这也是印度洋历史上首次举行如此大规模的军事演习。

马拉巴尔联合演习最初是双边演习，从 2007 年开始突破双边的范围，涵盖了美国、日本、印度，此外还有澳大利亚和新加坡，演习国家一下增至 5 个。演习科目上也有很大突破，一般来讲，多国海上演习常态是海上救援演习、搜救演习、一般性的反恐演习，但如果上升到盟国这样性质的范畴，演练的科目就会有所不同。如反潜演练、联合防空、联合反舰、联合反潜等，这样的演习除了表面上看到的装备以外，还可以看到里面的情报交流机制有了变化。此次演习的海域为孟加拉湾。而这一海域却比较敏感，是因为它靠近众多国家特别是亚太国家的生命线——马六甲海峡。联系到这敏感的海域，演习的科目就更令人遐想了。印度海军发言人表示，此次军演旨在加强参演舰队之间的协调能力，包括打击海盗、打击恐怖主义行动、实施空中防御和救援任务。

那么实际上的科目又是什么呢？首先是临检和封锁演习。这就不得不让人设想，这几个国家将来会不会封锁马六甲海峡？如果封锁，会在什么时间，什么情况下封锁。封锁的又将是谁的船舶，对谁的船舶进行临检？其次，就是反航母、反潜和舰队防空演练。在演习中，印度空军的战机“击沉”了美国航母，随后美、印战机又联手“击沉”了印度航母。随后澳大利亚、日本、新加坡的战舰又对美国的核潜艇进行了模拟攻击。此外，所有舰艇分成两大阵营，进行了激烈的对抗演练。最后，参演的作战飞机之间也进行了对抗演习。这些情况都表明，此次演习的假想敌，决不仅仅是“海盗、恐怖主义”，而可能是拥有或可能拥有航母、核潜艇、庞大舰队和空中力量的国家。这就自然让人们联系到由印度学者提出的美国推动、日本积极响应的所谓“亚太版北约”的观点。虽然目前没有一个国家承认这个类似冷战式军事同盟的存在，但实际上，一些国家确实在做着相关准备。

●“马拉巴尔—2009”演习剑指东海

2009年4月29日至5月3日，美国、印度以及日本的海上力量在日本冲绳以东海域举行了代号为“马拉巴尔—2009”的大规模海上联合军事演习，重点围绕着反潜与反舰作战展开。

一向只将印度洋作为势力范围的印度海军这次却跑到西太平洋来熟悉环境，加之部分参演的美、印军舰是刚刚参加完中国以“和谐海洋”为主题的海军庆典后赶赴演习海域的，因而受到了周边地区和国际社会的广泛关注。

演习的主题依旧是反潜和反舰作战。尽管美、印日对外宣称，“马拉巴尔—2009”仍将以反恐、打击海盗为主，主要包括反潜作战和水面作战训练、射击训练、防空训练以及搜寻训练等，以增强印度、日本和美国海军之间的协同作战能力。但参加演习的美、印、日三国反潜力量以及演习设定的反潜科目，却引起外界很多关注。事实上，参加演习的三国军舰全部装备有反潜直升机和完整的反潜探测设备，再加上“海狼”号核潜艇和P—3C反潜机，实际上从空中、海面和水下撒开了一张立体反潜网。就在同一水域，数月前，美日就曾出动包括航母和核潜艇在内的数十艘战舰举行过大规模反潜演习。此外，长期活动在印度洋的印度海军，这次也来到西太平洋参加演习，不仅能借机向美、日学习反潜技能，更有三方联合演练防范中国潜艇的意图。就在2月，美国太平洋司令部司令基廷在评述中国军力时，着重强调了中国的“潜艇计划”不可忽视。因此，演习中加入反潜战的科目，其针对意图十分明显。

尽管“马拉巴尔—2009”没有美国、印度航母战斗群参与，但持续5天的演习，美、印、日三国还是派出了海军精锐力量参演。美国派出的参演舰队是其海上作战的主要力量，包括第7舰队旗舰“蓝岭”号指挥舰、“菲茨杰拉德”号和“查菲”号导弹驱逐舰、“海狼”号核攻击潜艇以及多架P—3C海上巡逻机和SH—60型直升机。印度海军则派出了由“孟买”号导弹驱逐舰、“蓝威尔”号导弹驱逐舰、“坎嘉尔”号导弹护卫舰与“乔迪”号综合补给舰组成的特遣舰队参加。而日本海上自卫队派出了最先进的两艘驱逐舰参演。特别值得一提的是，美国出动的最先进的攻击性核潜艇“海狼”号，这艘造价高达30亿美元的潜艇是美国冷战尚未结束之时开始研制的一级多用途攻击核潜艇，不仅可执行反潜、反舰、对陆攻击、布雷、护航等多种任务，而且创下水下航速最高、隐身性能最好、机动能力最强等多项纪录。该型核潜艇刚刚参加完3月在冲绳海域举行的日美海军反潜演习。印度海军则由包括“孟买”号导弹驱逐舰、“兰维尔”号导弹驱逐舰、“坎嘉尔”号导弹护卫舰以及“乔迪”号综合补给舰组成的特遣舰队参加。让外界颇为关注的是，美国“菲茨杰拉德”号导弹驱逐舰和印度“孟买”号导弹驱逐舰、“兰维尔”号导弹驱逐舰都是在4月23日参加了在青岛举行的中国海军庆祝建立60周年的大阅兵后，直接赶往该海域参加军演。

● “马拉巴尔—2010”军演在阿拉伯海展示武力

2010年4月23日，印度与美国两国海军在阿拉伯海开始举行代号为“马拉巴尔—2010”的年度联合演习，以加强两国海军的交流与合作。

在这次为期10天的联合演习中，双方海军进行一系列科目的联合训练，包括反潜、水面射击、防空、海上搜索和拦截等。这次联合演习中，两国海军均派出了战舰和战机。其中，印度海军参演部队来自西部舰队，包括导弹驱逐舰、护卫舰以及“海鹞”垂直起降战斗机等。美国海军参演兵力来自西太平洋的第7舰队，包括导弹巡洋舰、驱逐舰、护卫舰和核潜艇以及P—3C远程反潜巡逻机等。

●“马拉巴尔—2012”演习

2012年4月6日至16日美印海军举行了第16次“马拉巴—2012”演习。美国派第7舰队的航母战斗群，包括“卡尔文森”号航母、第17舰载机联队、1艘“邦克山”号巡洋舰和“哈尔西”号导弹驱逐舰。印度参加演习的有“兰维杰伊”号和“兰沃”号导弹驱逐舰、“萨特普拉”号导弹护卫舰和“沙克蒂”号远洋补给舰。

此次演习在印度孟加拉湾周边泰米尔纳德邦的首府钦奈举行，共持续10天。该演习岸上部分主要是对防空、反潜作战、舰载机作战和反海盗活动。而海上演习部分则包括联络官交流和通信演习、海上编队活动。显示美、印两国的军事合作正在急速升温。印度海军在南亚可以称霸，近年东进南中国海，是回应中国舰船巡弋印度洋，有以攻为守的意味。印度从俄军租借的排水量8140吨核潜艇具备极强的情报收集能力和打击力。这艘“查克拉”号最大航速30节，潜深达650米，配备射程300千米的“俱乐部”潜射反舰导弹和先进鱼雷，为印度海军提供远程、隐蔽性打击手段。据说“查克拉”号核潜艇在42天的归国航程中曾悄无声息地通过了南海。该核潜艇通过南海当然有向中国炫耀武力的作用，中国及南海周边国家是真的没发现也不出奇，“查克拉”号潜深到650米已经很难侦测到，就算发现了，在和平时期也不会干预它“无害通过”；况且攻击深到650米水下潜艇的鱼雷？中国没有研发出来吧？同样道理，藏在650米水下的潜艇，恐怕也不能用鱼雷及潜射导弹攻击什么目标。

●“马拉巴尔—2015”在印度南部城市举行

2015年10月14日，美国、印度海上联合军事演习“马拉巴尔—2015”在印度南部城市金奈开始举行，日本也派出海上自卫队“秋月”

级驱逐舰“冬月号”参加了此次演习。这次为期6天的军演包括头两天三国在钦奈港内加强部队交流的活动。16日，当参演舰船进入深水区时，一场反舰、反潜和防空的复杂军演随之展开。演习持续至19日，分为海上和陆地两阶段。

美、日、印三国计划借此强化互相之间在海洋安全保障方面的合作。“马拉巴尔—2015”演习为期6天，14日、15日两天是在金奈港加深部队之间的交流，16日至19日将在金奈东方海域进行反潜训练及搜索救援训练。参加“马拉巴尔—2015”联合军演的装备阵容堪称“豪华”：包括美国的“西奥多·罗斯福”号航空母舰、“诺曼底”号导弹巡洋舰、“洛杉矶”级“库帕斯克里斯蒂城”号核动力攻击潜艇；日本海上自卫队“秋月”级“冬月”号驱逐舰和SH—60K直升机参加；印度海军“迪帕克”级“莎蒂”号油水补给舰、“雅鲁藏布江”级“贝特瓦”号导弹护卫舰、“拉吉普特”级“蓝维杰伊”号驱逐舰、“海洋之吼”级“辛都拉耶”号柴电潜艇等。这次“马拉巴尔”军演所展示的海军力量不容忽视。

针对印度首次派出基洛级潜艇，印度新德里电视台报道说，印度海军装备的主要是9艘基洛级潜艇，多年来一直拒绝这些潜艇同外军演练。本次演习中，这艘潜艇的任务是拦截在指定区域活动的美、日舰只和潜艇。基洛级潜艇是海军领域的“金矿”，很多人都在研究它。中国也有多艘该级别潜艇，版本都在印度之上。此次演习将使其他两国了解，他们在南海和其他太平洋海域面临的对手能力如何。

●“马拉巴尔—2016”美日印军演现冲绳剑指钓鱼岛

2016年6月10日至17日，日本、美国和印度三国海上军事力量在日本长崎驻日美军佐世保基地进行了代号为“马拉巴尔—2016”的海上联合军事演习。演习包括反潜战、水面战、防空战、海上搜救训练等科目。自2007年日本海上自卫队首次应邀参加“马拉巴尔”海上联合军事演习以来，这次是第五次，也是2015年12月日本首相安倍晋三与印度总理莫迪会谈，敲定日本定期参加马拉巴尔军演协议后的首次。

6月10日，美日印“马拉巴尔”联合军演在九州岛长崎县佐世保海军基地拉开序幕。超过100件装备，包括战舰、战斗机和情报监视飞机将参加本年度历时一周的“马拉巴尔”演习。100件装备包括美国海军“尼米兹”级核动力航母“斯坦尼斯”号、超过20艘大型舰艇以及50架反潜直升机、远程海上巡逻机和超过100架固定翼飞机，其中包括“超级大黄蜂”战斗机。印度派出顶级的一线国产隐身护卫舰“萨亚德里”号和“萨特普拉”号以及“沙克地”号远洋补给船、“科赤”号导弹巡防舰。除此之外，1个海军陆战队突击队分队以及1架反潜飞机将参加演习。日本海上自卫队则派出了基准排水量超过1万吨的“日向”号驱逐舰及新型P—1巡逻机，此外，还有救难飞艇US—2、巡逻机P—3C等。

“马拉巴尔—2016”联合军演重点演练反潜和反舰。这次演习的想定为“反制解放军海军的敌对行动”，包括“猎杀”中国潜艇、水面舰艇。从三国参演军事装备来看，P—8A、P—3C、P—1都是美、日两国的反潜利器，值得注意的是，最多能搭载11架直升机的准航母“日向”号也大幅增强了日本海上自卫队的反潜能力，它能执行水下搜寻和防空工事任务。

6月13日，美、印、日三国在日本冲绳以东的海域展开“马拉巴尔”联合军演，突出了联合防范中国海洋军事行动的意图。除了反潜战，三国海军还进行了反水面战和防空作战演练。主要军演项目是：对舰战、水上战、对空战以及搜索和救难。三国部队于14日至17日，在冲绳以东海域进行海上训练。演练科目包括联合防空、反潜作战及搜索救援等。

美日印“马拉巴尔—2016”联合军演的意图，从目前形势来看主要体现在两方面。一是剑指钓鱼岛，使中国东海安全形势趋于恶化。此次联合军演地域位于冲绳海域，而冲绳海域距离钓鱼岛及其周围岛屿非常近，如果把3个国家海上主战平台在这一地区集中进行展示，目的必定是在争议海域制造摩擦，从而使中国东海局势变得更加复杂。二是扰乱中国在东海方向的军事部署。美、日、印意欲借助海上联合军演逐渐加强其制海、制空能力，必然会对我东海重要军事目标造成一定的威胁，从而达到扰乱我军事部署、制衡我军事战略的目的。此外，美日印“马拉巴尔—2016”联合军演还凸显三国加强了彼此间的军事合作。

（二）“米兰”系列多边海上联合演习

演习代号“米兰”（印地语“聚会”）系列多边联合演习，始于1995年，当时仅有4个国家参与，每两年举行一次。演习由印度东部海军司令部组织实施，演习在印度安达曼—尼科巴群岛附近海域进行，旨在增进孟加拉湾沿岸国家海军间的交流与合作。演习科目有海上搜索与救援、海上通信、编队航行、阵位变换、水面防御训练、反潜作战、舰队防空、海上护航、通信电子战等。

1.“米兰—2006”系列多边联合演习

2006年1月9日至14日，“米兰—2006”演习在印度安达曼—尼科巴群岛等海域举行。9个国家、12艘大型军舰在印度洋海域展开代号“米兰—2006”的全球第一场大规模的海军多科目演练。这场印度洋地区规模空前的联合海军演习，凸显印度海军新年“两手抓”——加强战斗力和扩大影响力。

“米兰—2006”演习的开始地点仍是布莱尔港，9国海军的12艘大型水面舰艇参演，印度海军派遣2艘最新的导弹轻巡洋舰参加，印度尼西亚、马来西亚和缅甸3国海军分别派遣2艘战舰参演，孟加拉国、泰国、新加坡以及斯里兰卡4国则分别派遣1艘海军战舰参演。除了以上8国之外，澳大利亚也派遣一个小型代表团参加部分演习科目，这是澳大利亚海军首度派官兵参加印度海军主持的联合演习。

本次演习还包括多个战略研讨会。来自9国海军的资深专家仔细研讨了安达曼海的海洋环境和反海盗举措，因为该海域是世界上最繁忙的能源运输线，是亚太多个国家的“经济命脉”。研讨会讨论了海上经济专属区多国联合巡逻问题和自然灾害发生后紧急救援模拟。本次演习的最后一天，9国海军12艘战舰联合出航，举行持续6～8小时的“过往演练”。

2.“米兰—2010”与12国海军举行联演

2010年2月5日，印度和12国海军开始在印度洋举行联合军事演习，演练“救灾和人道主义援助”行动。演习时间持续6天，地点在印度洋东部安达曼—尼科巴群岛海域，位于马六甲海峡西端。澳大利亚、孟加拉国、斯里兰卡、印度尼西亚、马来西亚、缅甸、新加坡和泰国投入舰船；菲律宾、文莱、新西兰和越南派遣海军官员参加。

这次演习的任务包括打击海上恐怖主义、搜寻和救援、反海盗、人道主义援助和救灾。印度海军司令维尔马表示，“米兰”演习“并非寻求结成安全同盟”。“这不是一次多国军事演习，更多是走到一起（演练）救灾和人道主义援助行动。”印度海军派出5艘战舰参加演习。按《印度斯坦时报》的说法，印度一直稳步扩大“米兰”演习规模，同时加快在安达曼群岛和尼科巴群岛建设基础设施。维尔马说，印度海军改造这两处群岛上的多座机场，满足更大型飞机进驻和夜间飞行要求，印军还计划部署更多战舰和近海巡逻船。

3.“米兰—2012”在马六甲附近海域

2012年2月1日，印度海军与来自南亚、东南亚、亚太及印度洋地区的12个国家海军共同举行两年一度的代号为“米兰—2012”的常规海上联合演习。这是自1995年以来举行的第8次“米兰”多国海军联合演习。此次演习旨在增强预防海上恐怖主义行为、海盗和非法捕捞和实施人道主义搜救的能力。

此次演习为期5天，地点位于印度安达曼和尼科巴群岛海域。参与演习的国家包括印度、澳大利亚、孟加拉国、文莱、马来西亚、马尔代夫、新加坡、斯里兰卡、菲律宾、新西兰和泰国，毛里求斯和塞舌尔是首次参加，而曾多次参加演习的越南则缺阵此次联合军演。印度海军官员表示，此次“米兰”演习旨在提升发生诸如海啸等自然灾害时各国海军之间的协调应对能力。此外，各国海军还就共同应对海事安全问题交换意见。

（三）巴基斯坦“和平”海上多国联合军演

“和平”系列军事演习是由巴基斯坦海军于2007年发起并组织的海上多国联合军事演习，旨在加强各国海军情报信息共享，增进相互了解，共同应对海上安全威胁，维护海上共同利益。每两年举行一次的多国联合军演的目的主要是反海盗、反恐以及人道主义救援。

1.“和平—2009”军事演习中国成亮点

2009年3月5日至14日，在巴基斯坦卡拉奇附近海域举行的由12国参演的“和平—2009”海上联合军事演习。中国、美国、英国、法国、日本和土耳其等11国海军派舰艇、飞机或特种作战分队参加这次联演，俄罗斯、德国、澳大利亚、埃及、印度尼西亚等20多个国家也派军事观察员观摩演习。

3月5日上午，在卡拉奇东沃尔夫港，巴基斯坦海军军乐队奏起了欢乐的乐曲，民间艺人跳着颇具民族特色的舞蹈。乳白色的“广州”号驱逐舰徐徐驶进港口。这是中国海军继“和平—2007”后，第二次派遣军舰到巴基斯坦，此次参演的目的是要展示中国海军一流的装备、一流的素质和一流的训练水平，要向其他国家展现我国扩大国际交流合作的诚意。此次随舰而来的，还有10名中国海军特种部队队员。这次是中国海军特种部队首次成建制踏上国际舞台，并与美国、土耳其、孟加拉国和东道主巴基斯坦等国的特战队员同台竞技，10名队员都经过了精心准备，上天能飞行、跳伞，下海能潜水，能熟练使用多种武器，还能运用外语和外军同行交流。这些中国海军特战队员被誉为“军中之军”，具有空中、陆地、海上和水下四栖渗透突击作战和海上反恐作战能力，曾执行过索马里、亚丁湾海域护航等重大任务。10名队员与其他国家参演的海军特种部队，共同入驻在巴基斯坦海军伊克巴尔兵营，参加港岸阶段演练的特战部队练习、特种渗透、近距离作战演练、轻武器射击比赛以及直升机滑绳速降等。除了中国的“广州”号外，还有美国、英国、日本等10个国家的舰艇，联合军事演习的主题则是反海盗和反恐怖。

就在军演开始的当天，巴基斯坦首艘自建的F—22P护卫舰钢板切割典礼，正在卡拉奇船舶和机械制造厂举行。F—22P是中国为巴基斯坦海军设计的护卫舰，前3艘已由中国建造，现在第4艘由巴基斯坦自行建造。F—22P护卫舰长约123米，排水量3000吨，航速高达30节，拟装备远程反舰导弹、防空导弹、鱼雷、最新的76毫米口径自动炮，最新式的武器引导系统等，巴军方认为，F—22P的加入将大大增强巴海军舰队的实力。

2.“和平—2013”海上联合军事演习

2013年3月4日至8日，“和平—2013”多国海上联演在巴基斯坦卡拉奇及其附近的阿拉伯海域举行，中国海军编队3艘舰艇将在赴亚丁湾执行第14批护航任务途中参加此次演习。此次多国海军联合演习是巴基斯坦从2007年起主办的第4次联合军演。

“和平—2013”联合军演将有助于参演军队提高战略和作战准备。3月4日，在巴基斯坦海军舰队总部召开了一个新闻发布会，标志着本次联合军演的开始。巴基斯坦舰队指挥官阿德米拉尔在发言中指出，由于当前恐怖主义的威胁是多方面且没有固定形式的，因此为了消除恐怖主义威胁，无论是在地区还是国际范围内，都越来越需要联合战略反应。联合军演的目的是通过联合军演的方式，建立一个各国海军相互沟通，信息共享的平台，明确不同地区国家对特定区域内的共同关心问题。各国海上力量联合起来，积极参与维和，提高海事安全和地区稳定，同时杜绝各类海上非法活动。从此次多国海军联合演习的具体训练科目来讲主要有三个：反恐、反海盗、人道主义救援。既然是多国参与，包括西方一些大国也参与类似于这样的演习，所以就让这个科目更显得是通用性、普遍性。一些专业的海上演习的科目是不会涉及的，比如，反恐、反潜、反舰这样的一些科目是很难涉及的。此次联合军演期间重点训练面对传统海上威胁时的应对战术、技术和程序。同时也增强了各国联合打击海上恐怖主义和犯罪活动的决心，这将大大有益于提高地区和平和稳定。

这是迄今为止巴海军组织的规模最大的一次军事演习，共有30多个国家的海军参加。演习分为港岸特种部队演练和海上舰机联合演练两部分，中国、巴基斯坦、美国、英国、日本、澳大利亚、孟加拉国、文莱、印度尼西亚、意大利等14个国家派出24艘舰艇和25架飞机以及特种部队参加。其中，有7个国家派出特战队、拆爆组以及大量远程海上巡逻机和舰载直升机，另有多个国家派出大约40名军事观察员也随舰参加演习。由“哈尔滨”舰、“绵阳”舰和“微山湖”舰组成的中国第 14 批护航编队参与了联合军演。通过这次的联合军事演习，中国的舰队能够从西方一些国家，尤其是向美国、英国这样的海洋强国学习如何反恐、反海盗，也包括在一些关键时刻如何进行人道主义救援，增强海军自身作战经验，提高自身作战能力。而这一点与中国第 14 批护航编队赴亚丁湾执行护航任务是吻合的。

二、“印巴论剑”双边联合军事演习

在南亚地区，举行双边联合军事演习最多的是印度，如印美、印日、印新、印德、印法、印蒙、印中演习；巴基斯坦虽然也不时举行一些双边的联合军演，但相对于印度则少得多。

（一）各怀鬼胎的印美联合军事演习

冷战结束后，美国采取的谋求世界霸权的一项重要措施，就是将战略触角伸向南亚地区，其主要目的是扩充自己在南亚的战略空间。为达到这一目的，美国确实也需要印度为其“行方便”。因此，美、印自从 2002 年恢复了两国的军事接触并直线升温。通过与印度搞联合军演，增强在南亚地区的影响力，同时向印度出售军火。而印度企图挟美国而自重，通过加强联合军演加强提升与美国的关系，提高本国的国际地位和对南亚地区的影响力。

1. 印美“易洛魁平衡”联合军事演习

“易洛魁平衡”联合军事演习，是美、印间举行的最大规模联合军事演习，也是两国间在军事领域开展密切合作的重要表现。2002 年 5 月，印度和美国两国军队在印度北方名城阿格拉举行了为期 2 个星期、代号为“易洛魁平衡”的联合军事演习。这次演习是在印度和巴基斯坦的紧张关系并未缓和、印美军事关系日益升温的情况下举行的，是近 40 年来印军与美军举行的规模最大的联合军事演习，也是自1963年以来印、美两国首次在印度本土举行的联合军事演习。此次演习分为两阶段：第一阶段演习在印度阿格拉城郊举行，时间为两周，这是美国特种部队首次在印度本土参加军事演习。第二阶段演习在美国的阿拉斯加州举行，这也是印军首次赴美参加联合军事演习。

5月11日，印度和美国的特种部队和空降部队在印度历史名城阿格拉开始举行代号为“易洛魁平衡操练”的联合军事演习的第一阶段演习。参加此次演习的部队包括来自美国太平洋司令部旗下的特种部队和印度的准军事突击队，演习项目包括跳伞、突击、营救等内容。参加这次演习的美军有200人，来自美军太平洋司令部所属的特种部队，他们和印度伞兵突击队一起演习跳伞和轻武器射击，还将和印度准军事突击队一起演练空中袭击、突击和营救等军事项目。演习在北方邦的伞兵特种训练基地进行，两国特种兵共同演练了跳伞和轻武器射击。有趣的是，跳伞的地点就在名胜古迹泰姬陵背后，美军特种兵可以在空中俯瞰壮美的泰姬陵。

美、印两国各怀心事、各取所需。“9·11”以后，美、印军事交流急剧升温。美国同意向印度出售一系列先进的武器装备，印度表示愿与美军举行三军联合演习。用美军太平洋司令部前司令布莱尔上将的话说，现在美、印两国在安全和军事合作方面几乎达到了“前所未有”的程度。然而，美、印在加强军事合作上是各怀心事、各取所需。对美国而言，与印度建立密切的军事合作关系，有助于提高美军在印度洋地区的战备水平和作战能力，扩大美国对南亚战略格局的影响，保证美国海上石油生命线的畅通，对美国在阿富汗进行的反恐战争也有帮助。从印度方面来看，与美国开展军事交流与合作，将使印度在武器更新换代、调整军队装备格局等方面有更多选择，而且为印度的大国之路提供了一条“捷径”，但与美国打交道，印度也有自己的顾虑——就在阿格拉演习展开的同时，印度外交部部长辛格在印、美关系研讨会上说，美国的“优越态势”在军事、政治和经济上存在“固有的缺陷”，美国必须认识到其“力量的局限”。印度不会加入任何军事集团或联盟，仍将奉行不结盟的方针。

“易洛魁平衡操练”第二阶段演习“杰罗米诺突击”于2002年9月29日开始，100名印度特种部队成员和100名美国空降部队成员、美空军C—130运输机、“支奴干”直升机以及印军伊尔—76运输机参加了演习。演习的目的是为了加强两国陆军和空军部队的联合作战能力。10月11日，印美两国举行的代号为“杰罗米诺突击”的联合空降演习在美国阿拉斯加的埃尔门多夫空军基地鸣金收兵。这是印度军队首次在美国本土参加军事演习。印度国防部长费尔南德斯在谈到这一演习时称，选择美国阿拉斯加州作为演习地点的主要原因是，那里的气候和克什米尔北部地区的气候类似，因此可以有效地提高印度军队在高寒地区作战的能力。有舆论认为，这次演习的矛头直指在克什米尔地区与印度有领土争端的宿敌巴基斯坦。

2.“马拉巴—4”印美阿拉伯海演练反恐

在“杰罗米诺突击”演习举行的同时，印度和美国海军还在阿拉伯海举行了另一场代号为“马拉巴—4”的联合军事演习。这是印度在进行核试验后与美国海军举行的规模最大的一次联合演习。美国海军派出了“泰孔德罗加”级导弹巡洋舰“钱塞勒斯维尔”号和“斯普鲁恩斯”级驱逐舰“保罗·福斯特”号及一艘SSN潜水艇，兵力约700人。印度海军的“德里”号巡洋舰、“戈达瓦里”级护卫舰以及SSK级潜艇“西舒玛”参加了演习，两国海军的远程海上侦察飞机也参加了演习。在为时4天的演习中，两国海军进行了包括舰载直升机着舰、编队行进、反潜作战和协同射击等主要科目的演练。

演习结束后，印军战舰还于10月2日首次对美海军在印度洋的迪戈加西亚海军基地进行港口访问。美舰“钱塞勒斯维尔”号指挥官托马斯·肯尼迪上校在印度西南部的喀拉拉邦接受印度报业托拉斯记者采访时称，这次演习“是美国和印度海军之间合作的一个平台”，将增进两国海军在“共同打击国际恐怖分子”方面的密切合作。印度海军官员则称此次演习将加强两国在反恐战争中的合作。

2002年，印、美共举行了6次联合演习。在印度1998年5月进行核试验后，美国对其实施了包括武器禁运在内的经济制裁，美印军事关系因而转冷。但在2001年5月，印度公开支持美国建立导弹防御系统，“9·11”事件后，印度更是积极表示愿意为美国的反恐战争做贡献，为美军打击恐怖分子提供基地和情报。美国于2001年9月22日取消因核试验问题而对印实施的制裁。美军方也愿意积极加强两国间的防务合作，因此，两国的军事关系由冷变热。印度与美国还制订了一份新安全协议，这标志着美印军事合作进入了一个新的发展阶段。同时，印、美两国高层领导还频繁进行互访。美副国务卿阿米蒂奇当年8月还对印进行了访问，双方讨论了印购买美P—3型机、机载雷达等武器装备及美协助印建立导弹防御系统等问题；美国防部9月6日称，美计划向印度出售价值1亿美元的4套AN/TPQ—37“火力探测者”武器定位雷达系统和13套单信地道/空无线电系统。9月8日，印外长辛哈首次实现了对美进行为期3天的正式访问，与美高级官员讨论了加强印美合作的相关问题。

3. 印美“对抗印度”演习空中“论剑”

印美“对抗印度”演习是美、印从2002年恢复接触后开始的一种以空中对抗为主要内容的联合军演。因此，美印首度“对抗印度”

演习始于 2002 年，其中以 2004 年的“对抗印度—2004”联合军演规模为最大。

●印美“对抗印度—2004”演习各藏底牌

2004 年 2 月 16 日至 26 日，印度空军与美国空军在印空军瓜廖尔基地首次举行“对抗印度—2004”空中对抗演习，双方在演习中展示出高技术条件下异常激烈的“大空战”场面。这是印度空军与外国空军举行的最大规模的联合演习。

“对抗印度—2004”演习酷似“盟友”而非“盟友”，F—16 和苏—30MKI 均未如期登场。在美国空军与印度空军举行的“对抗印度—2004”联合空战演习中，参演部队包括：驻阿拉斯加埃尔门多夫空军基地的太平洋空军司令部所属第 11 航空队第 3 战斗机联队的 6 架 F—15C，2 架 C—5 大型运输机和 140 名官兵。除顶级战机苏—30MKI 外，印度空军还出动其他现役所有的主力战机苏—30K、“幻影”2000、米格—21 和“美洲虎”。

所有演练科目最突出的特点是对抗性极强。在演习中，美、印两国战机进行了超视距导弹攻击、远程目标锁定、无线电干扰、空中格斗等复杂的空战科目操练。在代号为“对抗印度—2004”演习前，一个印空军小组就到美国熟悉美空军的作战程序。3 名印度空军飞行员还与美军飞行员一起试飞了双座 F—16 战机。从演习的规模、参演的战机与演习科目来看，此次演习就像美军与盟友的演习一样。按照原演习计划，印将派出其最先进的苏—30MKI 战机，然而从 2 月 16 日印军演习布阵来看，印军并没有出动顶级战机苏—30MKI，原因是美国空军拒绝让装有机载报警和控制系统的 F—16 战斗机出场，以免让非盟友的印军摸清自己的实力。苏—30MKI 是俄罗斯苏霍伊实验设计局研制、伊尔库茨克飞机制造厂生产的全天候多用途双座歼击轰炸机，主要用于防空、护航、海上巡逻等，可执行空中格斗和对地精确打击等多重任务。

印美空军演习双方不肯说胜负。2月26日上午，6架美式F—15C战斗机飞快地掠过印度中部城市瓜廖尔空军基地的天空，不一会儿就不见了踪影。这是来印度参加联合军事演习的美国战斗机在结束紧张的演习后“班师回朝”。印度和美国的空军2月25日结束为期10天的联合空军演习。这次演习项目包括空战识别训练、超视距导弹攻击、远程目标锁定、无线电干扰等科目，可谓是印、美空军实力大曝光。

在这次军事演习的对抗中，美国空军担任守卫瓜寥尔空军基地的任务，而印度空军则是进攻一方。战斗中，在苏—30系列飞机、“美洲虎”超音速战斗机、“幻影”—2000和米格—21战斗机的护卫下，印度的米格—27攻击机频繁地向自己熟悉的“敌方”基地发动攻击，试图发射导弹和投掷炸弹，但却被美国F—15战斗机顽强拦截。快速的F—15战斗机一次次呼啸着冲向蓝天，去迎击印度战机，破坏印度空军轰炸机场的计划。

双方10多架战斗机在蓝天上翻飞追逐，相互攻击，打得十分激烈。战斗结束后，双方军官都不肯说出“谁胜谁负”，谁的积分高。参加演习的美国空军飞行队队长纽贝克上校只是笼统地对记者说：“这种思想、战术和技术的交流非常有成果。”印度军方认为，有先进设备的美方在电子战中遥遥领先，但双方在其他方面，特别是飞行员的技术和应变能力方面，基本上旗鼓相当，不相上下。不过，印度一些空军飞行员甚至私下里说，他们的表现应该比美国飞行员略胜一筹。他们估计打击对方的胜算率应该是4 ∶ 1，印度明显优于美国。连一向高傲的美国飞行员也承认，他们从印度同行那里学到了不少东西。

美、印之所以打得如此火热，是他们心中打着各自的算盘。对于美国空军来说，“对抗印度—2004”“对抗合作雷”等演习本身使美军有机会全面了解印空军的俄制战斗机，包括先进的苏—30K，从而使其掌握亚太各国空军的实力。因苏—30战斗机是亚洲多个国家21世纪空军的骨干力量，所以摸清苏—30战斗机实力，也就知晓亚太各国空军21世纪的实力。同时美军摸清俄制装备的性能后，可为美军下一代战机的研制与对现役战机的改进提供依据，提高美军武器在世界军火市场的占有率，推动美国经济的发展。另外，据西方媒体评论，这次军演更深层次的意义在于促进美、印军事关系的发展，扩大美国在亚洲特别是南亚的势力范围。对于印度来说，演习本身可使印军熟悉美军装备的性能与作战原则，比较俄制武器与美制武器性能的高低，为今后购进美制装备打下基础，使印度在武器更新换代、调整军队装备格局等方面有更多选择，并增强自己在印度洋甚至太平洋地区的军事存在；在深层次的原因上，加强与美军的军演可改善其与美国的关系，借以提高自己的国际地位和影响，赢得更多的战略主动，实现成为世界大国的梦想。

在这次为期10天的“对抗印度—2004”军事演习中，还出了一次有惊无险的事故。2月20日下午2点多，美国空军一架KC—10加油机起飞不久，突然发现其中一台引擎起火，结果被迫紧急降落在新德里英迪拉·甘地机场。这架装有10人的飞机当时正在参加印度和美国举行的联合军事演习，好在紧急着陆时没有导致机上人员受伤。

● “对抗印度—2005”军演为“复仇”而来

2005年11月7日至17日，印度和美国空军在印空军东空司卡莱孔达基地举行代号为“对抗印度—2005”的联合军事演习。此次演习是近年来印美空军层次最高的一次联合空战演习。演习中印度空军现役的俄制苏—30、米格—29、“幻影”—2000与美国空军的

F—16进行了近距离空中对抗。

长期以来，印度空军一直希望能与F—16进行一次近距离对抗，因为印度的宿敌巴基斯坦装备有美制F—16战机。因而此次演习中，印度空军希望通过演习学习美空军的作战理念，提高飞行员和战斗引导员近距空中格斗能力、超视距攻击能力；通过与F—16进行对抗演练，了解F—16战机的技战术特点、电子设备参数，并向美空军学习预警机的使用知识。而美国空军参加“对抗印度—2005”联合演习，旨在掌握俄式装备(如苏—30、米格—21)的战术性能，了解其机载设备的技术参数，为未来美与潜在对手发生冲突时提供可靠的技术资料。因为在2004年的“对抗印度—2004”演习中，由于巴基斯坦的因素，美国空军没有派出F—16战机；而时任印度国防部部长的费尔南德斯更是认为“国之宝器，不可示人”，所以也拒绝让印度空军的苏—30战机参演。因此，2005年的这次F—16与苏—30能一比高下是双方不可多得的机会，也是双方经过一年多的谈判磋商才确定下来的。

从战机的性能和战术等方面来讲，F—16与苏—30等印度空军战机相比，有其优势。一是F—16本身的机载火控雷达性能很好，优势明显；二是F—16的一些近距格斗战术效果较好，形成有利态势迅速，战法灵活，摆脱锁定快。但演习中F—16也有一些不足。F—16机动性能不如苏—30，在近距格斗中往往被锁定；特别是F—16战斗机低速性能较差，在低速机动中明显处于劣势；另外，美空军飞行员对预警机等系统的依赖较大，当没有预警机时，被印空军战机“击落”次数明显增多。

“对抗印度—2005”联合演习中，美军信息化水平很高，不仅随时可以建立起战地与总部的直接联系，还通过预警机、战地指挥所等机构建立起总部与任务执行者(如F—16战机)的直接联系，太平洋总部能随时看到F—16临空执行任务情况；同时，美空军与通过自动化办公系统使正在执行任务的战机、战地保养分队、总部(或区域内)保养中队建立适时联系，使保养维修达到信息化。因此，尽管就战机本身及飞行员技术水平而言，美军与印度的战机和飞行员相比并没有明显优势，甚至在一些方面如低速性能和飞行员临空反应等上还处于劣势，但F—16在拥有预警机、信息化后勤保障等情况下，其执行任务的能力、空战能力“都远远超过印空军现役所有战机”。以美国空军的保养维护人员为例，其专业水平和保障能力强大，成为美空军执行高强度演习任务的坚强后盾。

4. 美印“准备战争”联合军事演习

“准备战争”军事演习是根据美军中央司令部倡议发起的演习，是一系列历史悠久的联合军事演习之一，也是印度和美国的一项重大防务合作之一。联合军事演习是美印两国陆军共同训练，以及共同从彼此丰富的作战经验中获益的伟大实践，意在进一步帮助两国军队之间建立互操作性。

●“准备战争—2009”联合军事演习

2009年10月12日至29日，印美代号为“准备战争—2009”的陆军联合军事演习，在新德里以南的巴比纳举行。同时从10月19日开始，美印空军还在阿格拉基地举行代号为“对抗印度—2009”的演习，美军现场演示了C—17“环球霸王”战略运输机和CH—47SD运输直升机的作战性能。

2009年10月12日开始，印度和美国迄今最大规模的陆军联合演习“准备战争”拉开帷幕，这是以地面作战为主的美印联合军演。此次演习美国陆军派出近300名官兵参加，展示大量先进武器，其中包括美军21世纪王牌战车——“斯特瑞克”装甲运兵车，美国陆军直升机部队与空军运输机也参演。在这次演习中，美军出动17

辆被称为21世纪陆军王牌战车的“斯特瑞克”轮式装甲车，这个数量也是美军在伊拉克和阿富汗战场以外投入数量最多的一次。“斯特瑞克”多功能步兵战车比美军以前的轻型装甲车防护能力更强，比重型坦克轻便，具有很高的信息化水平，战场感知能力强。因为尺寸相对较小，重量比坦克轻得多，可以大规模地空运，可在4天内部署到全球任何地点作战。“斯特瑞克”装甲车安装有105毫米低后坐力炮。发动机功率为350马力，采用8×8驱动，战斗全重17吨，挂装顶级装甲模块后全重约20吨。

“准备战争—2009”演习至少有以下三大看点：一是规模大。本次军演在印、美两国历年各次陆军联合演习中规模最大，二是新装备、新军购。斯特瑞克装甲车、C—17运输机都是美国第一次在伊拉克和阿富汗战场之外曝光；三是俄制和美系（西方）武器同台竞技。印度军队中70%以上的现役武器硬件由俄罗斯提供，此次陆军联合军演以及随后的美印空军联合演习中，印度出动了T—72坦克、BMP—2步兵装甲车、苏—30MKI战斗机、伊尔—76运输机等俄制装备，与美军对应装备同台竞技。

● “准备战争—2012”联合军演

2012年3月13日，美、印陆军举行代号“Yudh Abhyas 2012(印度当地语言：准备战争)”的联合军事演习，以交换双方在特殊地带作战的经验和技能。美军此次除了派出战斗部队，还出动了“斯特瑞克”战车与战斗机器人参演。本次演练参与国包括印度、澳大利亚、孟加拉国、文莱、菲律宾、缅甸、泰国、印度尼西亚、斯里兰卡、新加坡、马来西亚、马尔代夫、塞舌尔和毛里求斯，塞舌尔和毛里求斯是首次参与该演练，而此前参与“米兰”演习的越南则缺席。

● “准备战争—2016”联合军演

2016 年 9 月 14 日至 27 日，印度和美国陆军在印度北阿坎德邦的切巴乌塔地区举行“准备战争—2016”联合军演。这是由两国交替承办的第 12 次“准备战争”系列联合军演。225 名美国陆军成员参加了此次演习，印度陆军也派出类似规模，演习在喜马拉雅山脚下的北阿肯德邦的焦伯蒂亚举行，演练内容是在山地条件下的反恐行动。

作为印美防务合作的部分内容，“准备战争—2016”军事演习是模仿这样一幕场景：印、美两国根据联合国宪章在山区合作打击叛乱活动和恐怖主义。两国军队在一个虚构的，但是具有现实主义意义的背景下针对恐怖分子展开联合作战。演习内容制订了有步骤的计划，以便参加演习的双方人员能够逐步熟悉彼此的组织架构、武器、设备和战术演练。之后，演习进入联合战术演习阶段，在这一过程中两国陆军的作战战术得到协调展现。两国陆军都在主动打击叛乱和恐怖主义作战中拥有丰富的经验，分享彼此在多样性环境中的战术和训练方法有巨大价值。此次演习最终以一场检验性的作战演习结束。

由于此次军演地理位置靠近中、印边境，引发外界的诸多猜测。这一地区距离中印边界仅有 100 多千米，印度官方消息人士称此次军演并不针对中国。印度官方消息人士由此强调，“此次联合军演并非针对中国，只是恰好该区域适合军事演习。中国是印度和美国的重要贸易伙伴，我们希望与中国进行友好的合作。”美国军方负责人在接受该报采访时表示：“互通、互助、互动是全球新规则，军事上的纵横捭阖也是必然结果。”军演内容首先是两国军队熟悉对方的组织结构、武器装备和战略战术，在接下来的实际操练中进行联合战术配合，最终报告演习以模拟实战、共同打击恐怖分子的形式进行。

2016 年以来，美国与印度在军事合作方面进展迅速。8 月 29 日，两国签署了基于共享彼此军事基地的《后勤交换协议备忘录》，协议包括了开放本国军事基地为对方提供油料、维修零部件和其他军事补给等内容。根据这一协定，美、印两军今后将可以使用对方国家的陆军、海军和空军基地，用于军事人员和装备的补给、维修和休整。两国在互惠的基础上可通过“记账”方式获取对方除进攻性武器以外的军事支持。美国战机和军舰在必要时可使用印度机场或港口，大大方便美国进出印度洋，协定签署后将会使双方共同行动中的后勤保障变得更加简单、高效。美印这一协议旨在对抗日益增长的中国海军力量，对两国的防务关系具有里程碑的意义。然而，印度国防部官员在接受媒体采访时称，印度与美国在军事上的加强合作，不该被解读为与美联合共同对抗“中国威胁”的加剧。

不过，虽然美国和印度定期举行会议和联合军事训练，但两国并非正式意义上的盟友。冷战时期，印度政府执行不结盟政策，但与苏联保持密切关系，而美国则支持印度的主要对手巴基斯坦。然而，如今南亚的地缘安全环境正在呈现缓慢的历史性调整。一方面，美国和印度都对中国和平崛起表示担忧，而美国和巴基斯坦的关系在长达 15 年的阿富汗战争中逐步恶化。与此同时，巴基斯坦现已成为中国最大的武器出口国，而美国也已经取代俄罗斯成为印度最大军火来源国。

（二）印俄“因陀罗”系列联合军事演习

印度历来强调与俄罗斯政治和军事合作。印度与俄罗斯自冷战时期就开展军事合作，印度军队陆、海、空主要装备均来自俄罗斯。进入 21 世纪以来，印俄关系特别是军事关系得到进一步发展，双边的军事合作特别是联合演习日益频繁。

“因陀罗”（Indra）系列军演是俄印双边常态化军事演习，从2003年开始每年举行两次，由俄、印轮流在各自境内主办，联合军演包括分开举行的陆军和海军两部分。演习的代号“因陀罗”有着耐人寻味的双关意义，它既是古印度神话中专司职雷雨的印度教主神的名字，同时也是印度和俄罗斯这两个国家名称的缩写。“因陀罗”系列联合演习现已成为俄、印传统联合军事演练形式，最初只包含人道主义救援和反恐性质的内容，近年来不断补充了一些传统战斗任务科目。举行类似联合演习表明俄、印两国在印度洋乃至整个亚洲地区有着共同利益，特别是在现代条件下，在地区紧张局势日益增加的情况下，俄印联合演习表明莫斯科和新德里作为重要的稳定因素，有能力、有意愿维护自己的地区利益，防止外部军事力量破坏地区稳定。

● “因陀罗—2003”俄印海军演兵印度洋

2003年5月下旬至6月初，俄、印两国海军在印度洋举行代号为“因陀罗—2003”的联合演习。此次演习不仅是苏联解体后俄军在海外举行的最大规模军事演习，而且也是印度海军成立50多年来与别国海军举行的最大规模海军联合演习。两国海军高级将领指出，此次演习在俄印军事合作史上具有“里程碑的意义”。

5月20日，俄罗斯海军黑海舰队旗舰——“光荣”级“莫斯科”号导弹巡洋舰率领俄远洋特遣编队浩浩荡荡地驶进了印度西部舰队基地孟买港，正式拉开了为期半个月的代号为“因陀罗—2003”俄印两国海军联合演习序幕。由于美国发动的伊拉克战争刚刚平息，因此俄、印两国海军在印度洋上举行的大规模联合军事演习备受关注。

此次俄印联合军事演习共分两阶段：第一阶段从5月20日开始，5月23日结束；第二阶段在6月1至2日举行。在第一阶段演习中，俄海军远航舰艇与印度西部海军舰队在阿拉伯海进行演习。主要演练了舰艇联合海军机动、防空支援、海上火炮射击（对海、空目标）。对岸目标攻击、反潜作战、海上救援等科目，舰载直升机则专门负责潜艇的探测和海上搜救任务。演习的指挥权由两国指挥官轮流执掌，第一天的演习由俄“莫斯科”号巡洋舰舰长负责指挥，第二天演习指挥权交由印度西海舰队司令接管。第二阶段演习在孟加拉国湾的本格尔湾海域进行，俄海军舰艇编队与印度东部海军舰队派出的舰只参演。第二阶段的演习科目与第一阶段相似，主要演练导弹试射、舰炮射击、防空、海上救援等科目。俄海、空军还专门进行了联合打击敌方航空母舰战斗群的演习。

俄印海军联合演习创造了两国海军历史上的多项纪录。首先，此次演习不仅是自苏联解体至今，俄军在海外举行的最大规模军事演习，而且是印度海军成立50多年来，与别国海军举行的最大规模的海军联合演习，同时也是近年来在北印度洋海域进行的最大规模的联合演习。其次，从参演兵力上看，俄方参演舰艇来自黑海、太平洋两大舰队；印方参演舰艇来自东部、西部两大海军舰队。印度的东部海军舰队和西部海军舰队几乎是印度海军的全部力量，所以印度海军在此次演习中真可谓倾巢出动。此次双方参演的舰艇达到20余艘，其中俄方是以“莫斯科”号导弹巡洋舰为核心，包括2艘“无畏”级大型反潜驱逐舰以及7艘“卡辛”级驱逐舰、“克里瓦克”—II级护卫舰。印度海军则出动了包括其唯一的轻型航空母舰“维拉特”号、“德里”级和“拉吉普特”级驱逐舰在内的几乎所有型号的主力作战舰艇，部分从俄罗斯购买的“基洛”级潜艇也参加了演习。此外，从演习区域上看，横贯东、西印度洋海域，俄海军舰艇在此前的单独演习中，范围更扩大到临近波斯湾也门外海；从演习的科目上看，几乎涵盖了现代海军的所有内容。

“因陀罗—2003”演习意图十分明显。俄、印两国官方对此次联合军事演习的意图总是遮遮掩掩，但只要对演习选择的时机、演习内容及双方官员透露的信息稍加分析就可以看出，其意图是十分明显的，主要有以下几点：一是巩固俄、印两国传统的军事合作关系。不论是冷战时期，还是在冷战结束之后，俄、印之间的关系特别是军事合作关系一向牢固稳定。

然而“9·11”事件后美印关系却急骤升温，双边军事关系更日益密切，两国联合军演不断增加，并向印度出售先进的武器装备。美印军事关系的发展迫使俄罗斯不得不采取一系列措施来巩固俄印传统军事关系。2003年1月，印度国防部长费尔南德斯访俄期间，两国达成俄向印度出售“戈尔什科夫”号航母、出租4架“图—22M3”型战略核轰炸机和2艘核潜艇的协议。此次联合军事演习旨在进一步增强双方军事合作关系。二是展示两国强大的海上作战实力。两国海军都试图利用此次大规模演习的机会向全世界展示各自的海上作战能力。拥有300多年历史的俄罗斯海军有着辉煌的过去，但苏联解体后的俄罗斯海军沦为一支只能执行近海防御任务的地区性海军，一时间俄海军舰艇从大洋上消失了。普京上台执政后，提出重振俄海军雄风，虽然“库尔斯克”号沉没了，但它却使俄海军重新得宠，并从此拉开了海军大规模改革的序幕。此次远赴印度洋标志着俄海军已开始走出低谷，证明俄海军仍然拥有强大的远洋作战能力。三是俄罗斯暗中与美国较劲，为争取国家利益增加筹码。虽然俄大力发展与西方国家的“伙伴关系”，支持美“反恐”战争，但美军却毫不领情。美以“反恐”战争之名实现在中亚地区的军事存在，借助北约东扩挤压俄罗斯战略空间。而伊拉克战争更是触痛了俄军方敏感的神经。此番俄以军演为名，派遣战略轰炸机以及主力舰只前往印度洋，就是想借此展示俄军雄风犹存，从侧面提醒美军不要忽视俄罗斯，不要忽略俄罗斯的利益。四是印度欲借军演牵制中国。虽然近期中、印关系发展良好，印国防部部长费尔南德斯刚刚访问中国，但率领舰艇参加俄印联合军事演习的印度海军少将尚卡尔则直言不讳地表示，印俄联合军事演习是在面对中国在本地区的影响力与日俱增的情况下，向中国发出的某种信号。

● “因陀罗—2005”印俄联合反恐演习

2005年10月，印、俄两国在印度境内举行了“因陀罗—2005”联合反恐演习。这次演习拉开了两国反恐合作的序幕，极大地推动了两国军事合作的进程。正如时任俄罗斯副总理兼国防部部长伊万诺夫所说：“举行反恐军演不仅有利于进一步推动多边军事合作，而且有助于建立反恐统一战线。”“恐怖主义是人类的共同敌人，本次的俄印军事演习不仅是军事演练，同时也是对恐怖分子的震慑。”

10月16日，俄印“因陀罗—2005”联合反恐演习实战阶段演练在印度拉贾斯坦邦马哈占靶场的塔尔沙漠地区正式拉开帷幕。俄、印两国空降兵部队在一假想恐怖基地展开营救人质行动。鉴于只是场反恐演练，所以两方都不动用重型武器。俄方有1600人参演，其中包括普斯科夫第76王牌空降师(该师曾参加8月举行的中俄联合军演)的一个空降兵连，印军参演部队包括第50空降兵连。演习科目包括从俄罗斯伊尔—76运输机空降BMD战车，以及从印度安—32飞机空降机动反坦克系统。时任俄国防部部长伊万诺夫和印国防部部长穆克杰在指挥部观摩了演习情况。

演习期间，俄、印两国的军事运输航空兵联合实施了空降兵和技术装备的空投演练。俄空军派遣3架伊尔—76型运输机参加在印度举行的“因陀罗—2005”国际反恐演习。时任俄罗斯空军总司令弗拉基米尔·米哈伊洛夫大将介绍说：“参加演习的俄方飞行员均抽调自驻扎在普斯科夫的第 334 军事运输航空兵团。随机前往印度的还有大约 100 名空降兵、3 辆步兵战车和超过 20 吨的技术物资。”除了俄空军的 3 架伊尔—76 外，印度方面也派出 6 架安—32 型运输机。时任俄空降兵总司令亚历山大·科尔马科夫则表示，为准备此次在沙漠繁杂气候条件下的演练任务，参演俄空降部队已经训练了整整一个夏天，每天都要进行 10 千米全副武装越野。“1979 年，我们将最精锐的空降兵部队从白俄罗斯调遣至阿富汗，但是他们却无法适应那里的沙漠作战环境。鉴于那一次的惨痛教训，我们非常重视在繁杂气候条件的作战演练。”科尔马科夫还透露，除联合空降演练外，俄、印两军还进行一系列的文化交流活动，包括进行友谊足球赛、举办座谈会交流经验等。

在俄印“因陀罗—2005”实兵阶段军演中发生了两起事故，其中一起差点要了两国国防部部长的性命。印军在从安—32 飞机上进行作战装备空降演练时，其中一个载有 120 毫米迫击炮的空降台降落到距离演习看台仅数米远的地方，差点击中正在观摩演习的俄罗斯国防部部长伊万诺夫和印度国防部部长穆克杰。不过尽管当时情况非常惊险，两国防长仍然处变不惊，甚至没有从椅子上站起身来。另一起事故发生在俄军伊尔—76 进行空投作业期间。两位空降兵的降落伞伞衣在着陆时相互纠缠在一起，所幸的是这两位空降兵反应迅速，技术娴熟，最终成功化解危机，安全着陆。事后俄罗斯国防部部长在新闻发布会上表示：“今天没有发生什么可怕的事。我们当时有足够的时间做出反应。谢天谢地，我们并不是瞎子。”他认为，两国的航空兵和空降兵们在演习中表现出色，“任何一名专业人士都知道，空投装备时要做到着陆点百分之百精确，这几乎是不可能的。”

就在“因陀罗—2005”前，俄罗斯同中国也举行了一场大规模的反恐演习。俄罗斯军事分析人士认为，俄罗斯之所以在东南亚和南亚地区频繁举行大规模联合军演，一方面是要在这些具有地缘政治意义的地区展示自己的实力，另一方面也是基于打击恐怖势力的考虑，因为从东南亚的菲律宾开始，贯穿整个欧亚大陆(包括俄罗斯和其他苏联国家)，正好是“不稳定的弧形地带”所在地。此次演习的代号“因陀罗”也有着耐人寻味的双关意义，它既是古印度一位受人景仰的神灵的名字，同时也是印度和俄罗斯两个国家名称的缩写。

● “因陀罗—2010”联合军演在中印边界附近展开

2010年10月15日，代号为“因陀罗—2010”的俄印联合军演在印度东北部印第99高山步兵旅驻地隆重开幕。俄方演习总指挥、南部军区作战训练局局长弗拉基米尔·格利宁在开幕式上指出:“俄、印两军的合作经受住了时间检验，并将继续卓有成效地发展下去，达到新的高度。”演习第一阶段是为协调反恐行动建立联合战术指挥部，并组建一个混合高山步兵营，各方出3个连的兵力，总人数为600人。10月15日至21日混合营就搜索、包围及消灭非法武装人员展开实际专业演练。10月24日演习结束。

俄印联合反恐演习在印度东北部拉开帷幕，演习地点位于印度东北部，距离首都新德里350千米，距离与中国交界的北方邦城市巴雷利200千米。来自俄第34山地旅280名军人在海拔2000米的山地与印度第99步兵旅的山地步兵营进行10天的反恐演习，双方在印度北部复杂的山地环境中进行侦察、跟踪和展开模拟打击行动，印度空军提供空中支持。俄军参演官兵携带轻武器、弹药和各种装备前往印度。双方互相了解对方的武器装备并实践应用，在其中一天的演习中，俄、印军人互换轻武器进行实弹射击。俄军编制轻武器主要是AK—74M自动步枪、RPG—7火箭筒、德拉古诺夫狙击步枪、瓦尔特种步枪、卡拉什尼科夫机枪等。近年来，俄、印军事领域的合作日益增多，除了俄罗斯向印度提供各种先进军事装备外，两国还多次举行联合演习。俄方演习总指挥弗拉基米尔·格利宁在开幕式上宣称："俄、印两军的合作经受住了时间检验，并将继续发展下去，以达到一个新高度。"在演习中，俄印双方在模拟环境中演练了反恐科目，包括在复杂的山地环境中进行侦察、跟踪和展开打击行动。《印度时报》称，这次演习重点是在多山的地理环境下，设计出暴动和恐怖袭击的场景。由于这里紧靠中国边界和克什米尔地区，因此这次演习的特殊之处在于许多作战行动在实际边界问题和冲突的背景下进行，而这些问题和冲突都存在于印度与它的邻国——中国和巴基斯坦之间。

●"因陀罗—2016"演习首次在远东进行

2016年9月22日至10月2日，俄罗斯和印度"因陀罗—2016"反恐演习在俄罗斯滨海边疆区东部军区谢尔盖耶夫斯基靶场开始。双方参加演习的总共有500多名军人，多达50辆的步兵战车、装甲车、T—72坦克、多管火箭炮BM—21"冰雹"，通行能力强的汽车、无人机队，东部军区攻击和陆军航空队。这是"因陀罗—2016"演习陆地部分，海上部分演习是在年底举行的。

与往年不同，2016年的俄印"因陀罗"军演特别增加了防空和有战机参加的空军演习，演习是在俄军东部军区辖区内举行。在演习中，俄方派出了摩托化步兵、坦克部队、多管火箭炮连、自行火炮部队、喷火坦克部队和医疗队参加演习。印方派出了指挥部队和两个连战术小组。此外，还动用卡—52、米—8AMTSH武装直升机和苏—25SM强击机。与以往大量报道俄中军演和俄军各种军演不同，俄罗斯官方和媒体都没有提前公布这次军演的详细消息，仅官方的塔斯社介绍了俄印联合军演日程表。与俄罗斯与中国举行的联合军演通常会称不针对第三国不同，俄罗斯与印度的联合军演没有类似提法。

4月下旬，俄罗斯国防部代表曾向媒体透露，俄东部军区部队2016年与印度军队有三场大型军演，分别是太平洋舰队将参与的“因陀罗海军—2016”、东部军区航空兵和防空兵参与“空中因陀罗—2016”，以及第5集团军部队参加的“因陀罗—2016”。其中，俄印“因陀罗海军”联合演习于12月举行，俄罗斯太平洋舰队以及印度军队的代表于7月就双方参演舰艇的数量和种类达成共识。俄方参加演习的为1155型大型反潜舰、956型驱逐舰、卡—27反舰直升机、油轮和拖船。印度方面参加演习的为卡申级驱逐舰、护卫舰、油轮以及舰载直升机。后因中俄“海上联合— 2016”军事演习于9月12至19日在中国南部海域的领空、海岸和水上区域举行包括联合防空、联合反潜、联合反舰、联合防御、联合登陆等的军演，俄印“因陀罗—2016”联合反恐军事演习推迟举行。

中俄南海军演闭幕，此前因故推迟的俄印“因陀罗—2016”联合反恐军事演习在9月22日拉开帷幕。而且此次“因陀罗—2016”在俄远东滨海边疆区谢尔盖耶夫斯基靶场举行，军事演习的地点距离中国边界仅30多千米，两国出动了战斗机、直升机和导弹等一系列高空武器，演习还包括了对地面目标射击和飞越旁遮普州的喜马拉雅山。对于军演选择在靠近中国的敏感地区进行，印度和俄罗斯都显得很低调，并未做过多报道和解释。与此前俄军各种军演不同，俄罗斯的官方和媒体都没有宣布和报道“因陀罗—2016”军演。

近年来，俄罗斯和印度军事领域合作密切。2011年，印度和俄罗斯签署了价值250亿美元的协议，联合打造FGFA项目，为印度“量身定做”第五代战机，印方订购超过100架战机。俄罗斯还向印度出售了大量先进武器：90MS主战坦克、BMP—3步兵战车、“卡拉什尼科夫”突击步枪、S—400、“铠甲”—S1以及“道尔”—M2KM等防空系统、“阿穆尔”—1650潜艇、11356型护卫舰、11711E型大型登陆舰、12701型“紫翠玉”—E反水雷舰艇等。印度陆海空军70%以上武器装备为俄制或苏制。除了军事上的合作，印度和俄罗斯双方之间高科技的合作，还包括航天合作以及双方在能源开采方面的合作等。此前，印、俄双方就签署了大笔关于石油和天然气输送的合同，俄罗斯还承建了印度南部泰米尔纳德邦的库丹库拉姆核电站。

（三）印度与其他国家的双边联合军演

近年来，印度军方十分热衷同外军搞联合军事演习。演习伙伴既有美、俄、英、法等军事强国，也有阿曼、新加坡、印度尼西亚、缅甸以及日本等国家，足迹从白雪皑皑的喜马拉雅山、阿拉斯加，到波涛浩瀚的阿拉伯海、孟加拉国湾、马六甲海峡以及日本海，参演部队包括海陆空三军、特种部队和海岸警卫队，演习内容几乎覆盖了现代军事作战、反恐以及反海盗等所有项目。同样，印度也希望与中国军队进行联合演习，了解中国军队。

1. 印度走访亚太五国联合军演

2004年10月14日，印度海军东部舰队的5艘大型战舰对亚太五国——日本、印度尼西亚、韩国、菲律宾和越南展开了为期45天的港口访问及联合演习。印度海军司令部称，这支规模庞大的远征舰队由2艘“拉吉普特”级导弹驱逐舰“兰吉特”号和“拉维吉”号、“戈达瓦利”号护卫舰、“苏卡亚”号海岸巡逻舰和“卡奇”号导弹驱逐舰组成，印度远东舰队的大型燃油补给舰“尤蒂”号随行。舰队司令是东部舰队司令苏尼尔·戴米勒少将。

远征舰队分成两支分舰队，第一分舰队访问韩国釜山、日本东京、菲律宾马尼拉、越南河内和印度尼西亚雅加达，第二分舰队访问雅加达、马尼拉和胡志明市。这是印度海军有史以来最大规模的海上远征，动作之大、意义之深令人瞩目。印度舰队每当离开东道国港口时，都跟东道国海军举行最基本的过往演习；在远航期间还“相机”举行了例行演习；印度海军高级将领说：“远征舰队通过探讨各国海军之间的合作性，检验了印度海军远离母港孟买后的作战能力。”除此之外，远征舰队还伺机举行了反潜战、电子战和导弹战科目的演练。

印度海军远征舰队走访东亚、东北亚、东南亚五国的象征意义大于军事意义，此行凸显印度海军的四大战略企图：一是印度海军远征东亚恰值中国海军与澳大利亚海军在南中国海举行联合军演。印度海军对这一“巧合”的解释是：考虑到南中国海对世界能源的运输有着极其重要的意义，所以中、印、澳海军同时在南中国海上出现也很正常。二是彰显印度发展远洋攻击力量的决心，控制印度洋走向全世界是印度长期追求的海上战略目标。20世纪80年代以来，为实现“印度洋控制战略”，印度开始有重点地发展远洋进攻力量。冷战结束后，特别是近年来，印度已不甘心只在印度洋上显示实力，而是加紧实施东扩战略，将其活动范围扩大并前伸到了南中国海及太平洋。印度不仅提出了“远海歼敌”的海上战略，还提出了要控制苏伊士运河、保克海峡、霍尔木兹海峡、马六甲海峡等几大战略水道。三是检验印度海军的远洋作战能力。印度海军的远洋作战能力以前没有得到充分的检验。四是加强与日本等国海军的全面合作。此次远征出访除了友谊、和平与良好意愿外，最重要的是加强与日本、印度尼西亚、韩国、菲律宾和越南海军的通力合作。最近几年来，印度海军不断加强与东亚各国海军之间的紧密关系。

2. 印法“宇宙神”系列联合军演

印法军事演习由来已久。早在20世纪40年代，印度独立伊始，印度三军的武器装备几乎全部来自英、法等西方国家。冷战期间，苏联成为印军武器装备的主要供应国，印、法军事合作一度中断。到了1982年，印度与法国“再续前缘”，在武器装备销售、生产许可证的发放和军事技术转让等方面签署了一系列谅解备忘录。20世纪80年代中期，印度即从法国购买了49架“幻影”—2000战斗机，至今这些战机仍然在印军各类演习中频频亮相。1998年印度主动挑起南亚核试验后，两国军事合作一度陷入低谷，但由于印度政府非常重视加强与法国的政治军事交流，并于1998年成立了印法军事合作委员会，为进一步深化两国军事合作奠定了基础，两国关系尤其是军事合作开始步入稳步发展的轨道。印法“宇宙神”系列联合军演始于2001年，旨在加强印度和法国海军的双边交流。

2003年8月25日至29日，印度海军和法国海军在印度西海岸果阿和孟买附近海域举行代号为“宇宙神—2003”的联合演习。该演习为“宇宙神”系列演习的第3次。演习旨在提高印海军的作战能力，加强其在印度洋地区的影响。此次演习的参演兵力有：印海军1艘潜艇和2艘护卫舰；法海军“杜普莱克斯”号驱逐舰、“马恩河”号指挥控制舰、1艘补给舰和1架“大西洋”反潜侦察机。“马恩河”号指挥控制舰是法国海军常驻印度洋的军舰之一，排水量1.97万吨，1987年服役，曾于2002年11月对孟买进行过访问。演习期间，双方兵力主要进行了海空联合反潜、舰载直升机交换着舰平台和联合防空等科目的演练。法国海军印度洋海域国际事务部长理查德·卢梭少将坐镇“马恩河”号与印度海军西部舰队司令部有关部门共同指挥，演习结束后，“马恩河”号于9月8日至13日对印度西海岸城市马穗拉进行了访问。

印度之所以不断加强与法国的军事关系主要是基于以下几点考虑。首先，双方在参与和建立国际政治新秩序方面有着共同的看法和利益重合点。按照法国总统的说法，法国和印度同是“地球上任何一个重大问题都与己有关的国家”，双方都认为建立“多极化”世界是双方追求的目标。尤其是印度，一直认为自己在地区和国际事务中应当发挥更为重要的作用，对于在国际舞台上仅仅扮演南亚地区大国的角色感到很不满足。印海军高级军官曾对媒体表示，“从阿拉伯海湾到马六甲海峡，都应是印度的责任范围”。仅从印度“宇宙神”演习的命名，就不难窥视两国对提升自身国际地位的愿望。2000 年，天文学家在太阳系外围的冥王星之外又发现了一个巨型天体，并将其命名为“宇宙神”。有人认为它便是长期以来人们猜测可能存在的太阳系第 10 颗行星。天文学家们发现，这个巨型天体对冥王星的运行造成了一定影响。天文学界普遍认为，“宇宙神”的存在已经威胁到太阳系只有 9 大行星的传统说法；此外，在印度的古老传说中宇宙神“梵留那”同时也是海洋之神，印度海军的军种格言就是“愿宇宙神梵留那保佑我们”。印、法海军选择用它来为这一联合演习命名，可谓颇费了一番苦心。

其次，双方在商业利益和寻求地缘政治影响力上互有所求。众所周知，印度军事战略的重点方向是在印度洋，同时将巴基斯坦视为其当前和今后主要的利益威胁。因此，发展大洋作战能力便成为印海军的当务之急。印度国防部部长在 2003 年 8 月首次公开表明其海军战略将“由近岸防御型向大洋作战型迈进”，虽然印海军高级将领屡屡对媒体表示，印、法的这次“宇宙神—2003”演习再次显示印度海军已经是一支蓝水海军了。但缺乏足够的远洋作战舰船使得印度海军的“蓝水”能力显得有些捉襟见肘。而印、法两国不断升温的军事合作无疑将为印度海军的“蓝水”之梦鼓气。此外，1998 年印、巴之间爆发“南亚核危机”后，印度急于摆脱被国际社会孤立和制裁的局面，很注重与西方国家改善关系。作为南亚大国，印度积极发展和法国的合作，从而与法国交好。同时，努力拉近与法国的关系，在印度看来，对于孤立自己的邻国巴基斯坦也是颇有裨益的。

再次，商业利益也是驱动两国加强合作的重要因素。近年来，由于各种原因，法国在南亚的影响力开始走下坡路，在经贸领域，法国在南亚各国进出口中所占的份额已经被其他国家抛在了后面。为了替自己的产品、资金和技术在这一地区找到出路，法国必须加强与印度的合作联系，而巨额出售则可为法国带来滚滚财源；尤其值得一提的是，印度是世界第二人口大国，显然这是一个蕴藏着巨大潜力的市场。法国绝不会坐视这个巨大的市场沦入他人之手。

此外，西方文明对印度有着长期的影响，印度的官方语言就是英语。基于这一点，印度也认为自己与西方国家在社会文化上有着许多类似之处，这也成为双方拉近关系的原因之一。

3. 印度和新加坡“惯例”海军军演

为加强双边军事交流与合作，印度和新加坡海军从 1994 年即开始进行此类以反潜科目为主的联合军事演习，每年进行 1 次，逐渐形成“惯例”。两国旨在提高海军防御潜艇能力的演习，多选择在每年的 3 月初至中旬，演习区域主要集中在印度西南部至南部海域。

自 1994 年两国开始举行此类演习以来，双方每年均投入大批兵力参加演习，规模大、层次高，演习的综合性也在不断提高。其中，2000 年，印度海军派出 2 艘护卫舰、1 艘潜艇参加演习，而新加坡派出了 4 艘护卫舰参演；2001 年，印度海军派出 1 艘潜艇和 1 架侦察机参演，当时演习由印度南部海军司令部参谋长及新加坡海军司令共同指挥；2002 年，新加坡海军 1 艘护卫舰、2 艘反潜巡逻艇，印度海军 1 艘潜艇、1 艘护卫舰、1 艘近海巡逻艇参加了演习；2003 年，新加坡海军派出2艘轻型护卫舰及1艘反潜巡逻艇参加演习，印度海军则派出了2艘潜艇、1艘护卫舰及2艘近海巡逻艇及海上侦察机参演。从以上情况看出，印、新两国对于此类反潜演习均较为重视，参演舰艇呈现逐年增多的趋势并多次出动了海上侦察机，从参加演习的两国指挥官层次来看，海军高层对两国的此类演习十分重视，一般都有两国海军的重要领导参加。从海上演练科目的设置来看，主要以水下目标搜索和跟踪、目标导引、舰机联合搜潜、攻潜等科目为主。

2003年3月3日至13日，印度海军和新加坡海军在阿拉伯海印度南部科钦附近海域举行联合反潜演习。这是自1994年以来印度和新加坡海军进行的第10次联合军事演习。这次演习持续11天，演习旨在检验两国海军的协同反潜作战能力。印海军出动“沙尔基”号和“维拉”号潜艇、“戈马蒂”号导弹护卫舰、“苏坎亚”号和“苏贾塔”号近海巡逻舰、侦察机若干架，新海军出动“活力”号和“勇士”号轻型护卫舰、“勇敢”号巡逻艇参加演习。演习的重点科目是新海军“勇士”号护卫舰和印海军“维拉”号潜艇间的反潜演练。在反潜演习中，双方重点演练了由新加坡海军护卫舰“勇士”号对印度海军潜艇“维拉”号进行搜索和攻击的科目。当时，新加坡海军3艘参演舰艇使用了一种垂直探测深度可达300米的可变深度声呐搜寻印度海军的潜艇“维拉”号，发现目标后，由“勇士”号护卫舰向“维拉”号潜艇发射一枚演习用鱼雷，由电池驱动的该枚鱼雷经过7分钟的搜索、跟踪后成功“摧毁”了目标。新加坡海军官员对此曾表示，此次试射是首次针对移动潜艇目标进行攻击，而以前的目标都是静止的潜艇，标志着新加坡海军的反潜能力得到了进一步提高。

2004年3月7日至19日，印度和新加坡两国海军在印度西南部的科钦港外海，举行第11次年度联合反潜作战演习。在演习中，印度海军派出潜艇“沙尔其”号、导弹护卫舰“恒河”号、“文迪亚吉里”号，而新加坡海军则派出护卫舰“警惕”号、“胜利”号，近海巡逻艇“勇敢”号和“竭力”号参加了演习。此次演习分港口演习和海上演习两阶段实施，其中在港口演习阶段双方还在印度反潜作战学院和导航与指挥学院进行了反潜作战学术交流，海上演习阶段包括了水面舰艇和潜艇参加的以反潜科目为主的演练，印度海军“道尼尔”海上巡逻机以及“海王”“猎豹”型直升机也参加了此次演习。

令人感兴趣的是，在与新加坡举行的11次演习从来就没有离开过印度西南部至南部海域，这绝对不是偶然为之。把固定海域作为一个共同的舞台展开军事演习，并持续11年时间，其中有些谜恐怕不足为外人道也。另外，从演习时间上来看，两国的演习一般都在10至15天。相对于印度与美、俄等大国海军举行的联合军事演习，印、新两国海军举行此类演习的时间可以说是比较长的。如美、印海军从1992年开始在印度洋举行的“马拉巴尔”联合军事演习通常仅为4～5天。在2004年演习中，新加坡的1艘反潜巡逻艇再次使用1枚演习鱼雷对印度海军潜艇进行了攻击，并成功击中了目标。在2004年举行演习期间，两国海军人员除了进行海上科目的演练外，还在印度海军反潜作战学院和导航与指挥学院进行反潜战学术交流，新加坡海军人员还参观了在印度海军科钦港的“海军自然和地理实验室”，观看最新研发的水下声学和声呐设备。

印度和新加坡两国军队军事交流总体来说并不是很频繁，但两国自1994年举行此类反潜演习后，一直没有间断过，此类演习已成为两国加强军事交流与合作，增进相互了解，密切相互间友好关系的重要平台。除了以上原因外，两国海军每年均投入大量兵力举行此类演习，是不是还有其他目的呢？分析起来可能还有以下原因：一方面，新加坡海军可以借此提升其海军地位，推动其海军跨入世界两大洋的战略目的。与印度海军在印度洋举行演习，一则可以加强与南亚大国的军事合作，学习印度海军建军和作战经验，特别是反潜作战经验，提升其自身的反潜能力；二则可以使其海军顺利通过马六甲海峡进入印度洋，实现其海军进入世界两大洋的战略目的，扩大了海军的活动范围和空间。另一方面，印度海军可以通过加强与新加坡的军事合作关系，推动并实现其“东进”战略。近年来，为扩大海上利益，印度积极推行具有战略意图的“东进”政策，以打击海盗和保护海上贸易线为名谋求将势力介入南海地区。为此，印度通过多种手段积极加强与东盟国家的友好关系，以求把东盟国家作为其渐进南海地区的平台。

（四）“打破独霸”巴基斯坦与他国的联合军演

面对印度在南亚地区的独霸地位，巴基斯坦特别注重加强本国的军力建设，并积极通过与其他国家举行联合军事演习，加强同其他国家的军事交往，用以抗衡印度的威胁。

1. 巴基斯坦与美国的联合军演

1998 年，印度和巴基斯坦相继进行核试验，美国随即对巴基斯坦实施制裁，双方在军事领域的合作也由此中断。美国发生“9·11”恐怖袭击事件后，巴基斯坦坚决和美国站在一起进行反恐斗争。美国恢复对巴基斯坦的军事援助，增强其军事能力，一方面是为了回报巴基斯坦在反恐问题上和美国的积极配合，另一方面也是为了确保美国在南亚地区的利益，通过和巴基斯坦加强军事合作，避免因印、巴军事力量对比失衡而引发危机。

从平衡印、巴的角度考虑，美、巴提升防务合作关系的空间较大。在美国对阿富汗实施军事打击期间，巴基斯坦至少向美国提供了其境内的4个军用基地，并开放其领空，和美国互换情报。巴基斯坦的合作态度和在反恐斗争中的重要作用，使美国同意解除对巴基斯坦的部分经济制裁，双方遂于2001年9月27日恢复军事磋商。经过磋商，双方确定进行联合军事演习，美国国防部官员还表示将向巴基斯坦提供更多的武器装备，包括计划向巴出售6架C—130大力神军用运输机等。2002年年初，考虑到巴基斯坦在反恐战争中发挥的巨大作用，美国取消了对巴基斯坦的制裁。9月，巴基斯坦空军司令在访问美国时正式提出，准备向美国购买70架F—16战斗机以及火炮、无人驾驶侦察机、电子设备等清单。为了拉拢巴基斯坦继续支持美国的反恐行动，美最近先后承诺向巴提供大笔军费，并且补偿巴基斯坦参与“持久自由行动”所花费的7亿美元。

2002年10月14日，大约115名美军士兵抵达巴基斯坦伊斯兰堡附近的查克拉拉军事基地，准备与巴方举行联合军事演习，美军高官也将访巴视察此次演习。这是自克林顿政府时期美对巴实施制裁以来，两国首次进行军事演习。这次演习的重点是小型武器使用训练和小规模部队的战术训练，预计演习持续3个星期。美国军方表示，“军事演习只是美、巴重启防务合作的开端”，双方的合作完全有可能突破两国在冷战时期的水平。

2005年9月20日，美国中央司令部司令弗兰克斯将军率团抵达巴基斯坦观看了正在巴境内进行的巴美反恐联合军事演习。分析人士认为美国恢复对巴基斯坦的军事援助，增强其军事能力，是为了确保美国在南亚地区的利益，通过和巴基斯坦加强军事合作，避免因印巴军事力量对比失衡而引发危机。巴基斯坦认为，这表明美国对这次联合军事演习非常重视，同时也说明巴、美两国间的军事合作正在恢复正常。巴基斯坦和美国士兵20日在旁遮普省靠近印度的边境地区进行了通过水上障碍物实施攻击的演习。弗兰克斯将军在观看演习后赞扬了两国士兵在演习中所表现出的军事水平。

这次演习中，巴美各派出了115名士兵。演习从14日开始，持续进行16天。这次联合演习的主要目的是提高双方小规模作战及多方面协同作战的能力。尽管巴、美双方都没有明确表态，进行这样的战术演练是否旨在追剿“基地”恐怖分子，但当地舆论普遍都作了这样的猜测。在巴基斯坦期间，弗兰克斯将军除了实地观看演习之外，还和穆色拉夫总统举行了会谈，双方就当前反恐战争形势以及改善两国间的军事关系交换了意见。穆色拉夫表示在巴基斯坦新政府组建后，巴基斯坦仍将继续和美国共同打击恐怖主义。

2006年，巴美举行海上联合军事演习。巴基斯坦和美国海军于9月4—6日在北阿拉伯海举行为期3天的军事演习。举行此次代号为“灵感联合行动06”军演的目的是提升海上阻击、反恐及其他方面的军事行动能力。整个军演分三阶段进行。巴基斯坦海军派遣了2艘驱逐舰、1艘补给舰及1艘潜艇。美国海军派遣了“企业”号航空母舰、1艘护卫舰、1艘驱逐舰和1艘潜艇。此外，两国特种部队也参加了此次军演。

2. 俄罗斯与巴基斯坦首次“友谊”军演

2016年9月24日至10月7日，俄罗斯与巴基斯坦“友谊—2016”战术演习在巴基斯坦北部靠近克什米尔的东旁遮普省的特种行动力量训练中心基地举行，双方总参演人数约200人。联合演习的目的是巩固和发展俄、巴两国军队的军事合作，演习科目包括清除非法武装组织等任务在内的指定山地作战内容，70多名来自俄南部军区山地步兵单位的官兵参演。

两国官兵在演习期间交换了经验，并操练在山地条件下执行战斗任务时的互动技能，此外还有消灭假想非法武装团体的技能。从这次军演的意义可以看出，其实俄罗斯是想交流在山地或者在高原等复杂地形下的反恐战争。因为巴基斯坦以前一直和美国合作打击塔利班等恐怖势力，有丰富的作战经验，同时也有美国的战术思想，经过交流更有利于俄罗斯将这些经验用于叙利亚反恐。俄巴联合演习的地点位于巴基斯坦东旁遮普省的山区中，在这片地区，俄、巴两国都有着丰富复杂地形的反游击作战经验，双方希望能互相分享这些经验。

2016 年 9 月上旬，巴基斯坦国家无线电通信公司项目管理总监穆罕默德 · 马苏德表示，有意与俄进行无线电技术领域的军事技术合作，希望获得俄电子对抗技术。在刚刚结束的俄罗斯“军队—2016”论坛上，巴基斯坦国防采购局局长纳威德 · 艾哈迈德也表示，巴基斯坦当局希望采购各种类型的俄罗斯武器，包括防空系统和反坦克武器。此前，俄罗斯媒体还披露，巴基斯坦空军参谋长索哈尔·阿曼曾在莫斯科就购买俄罗斯苏—35 歼击机问题与俄方进行了富有成果的会谈。从俄罗斯和西方闹僵了后，俄罗斯的日子一直不好过，而印度政府一件武器也没从俄罗斯买，反而和美国、法国打得火热，军事订单一个接一个。在这里不无透露出俄罗斯对印度这个盟友在自己最紧要关头投向美国、欧洲等西方国家的不满。

对于印度来说，俄罗斯与巴基斯坦举行联合军演简直就像是挨了一记耳光。早前，印度媒体报道称，印度曾告知俄方，新德里对向巴基斯坦供应直升机和安排演习感到担忧，并希望莫斯科不要采取可能损害印度安全利益的举措。莫斯科方面称，印度对此次演习无须多虑，俄、巴合作将不会影响俄、印之间的关系。按照俄方的说法，这次演习早就已经决定，但其举行的时间却非常凑巧，正好赶在印、巴克什米尔局势紧张的时刻，想要让人不产生联想都难。这一轮印、巴冲突起因是 9 月 18 日，印度克什米尔一个边境哨所遭到袭击，18 人在营房里遭扫射身亡，印度官员称袭击者来自巴基斯坦这个“恐怖主义国家”。短短2天后，20日，印度宣布击退巴基斯坦越境者，击毙10人。9月28日，印军对于巴基斯坦境内的“恐怖分子营地”实施“外科手术式”打击，造成两名巴方士兵死亡。巴基斯坦称，所谓“对恐怖分子实施外科手术式打击”的说法是印方的“幻想”。

三、“东进、西出、南下”的单边军事演习

印度地处南亚次大陆，三面环海，在“东进、西出、南下”的战略思想指导下，印度谋求海上军事大国的欲望日益强烈。进入21世纪以来，印度通过加强军事演习展现自己的军事力量，进一步树立地区强国地位。

（一）印军核背景下的陆空联合演习

大国雄心世人关注，有专家在分析印度近年来的军事行动时一针见血地指出，印度一直是一个有强国雄心而又没有成为实际的强国的“泱泱大国”。因此，通过发展军事力量，举行频繁军事演习来展现其强国雄心。

1. 印军“全胜”陆空联合演习

2001年5月，印度在与巴基斯坦接壤的拉贾斯坦州沙漠举行了一次代号为“全胜”的大规模军事演习。这是冷战结束以来印度举行的最大规模的军事演习，也是印度拥有核武器以来第一次举行以核战争为背景的军事演习，引起了广泛的关注。舆论认为，此次演习已经超出了一般性的军事意义。

● “全胜”联合演习总体情况

“全胜”演习在印巴边境的拉贾斯坦邦塔尔沙漠地区举行，演习自2001年5月2日开始，至5月15日结束，历时两个星期。这次演习是印度首次在具备核能力条件下举行的大规模军事演习，旨

在帮助印军提高在核条件下的战场生存能力和攻防能力、陆空联合作战和指挥协调能力。参加这次演习的印军部队多达6万之众，而且演习的“仿真程度很高”，印军的人员和装备所进行的战术动作与“实战完全相同”。演习中，印度的1架“米格”战斗机因“战斗气氛紧张”和“进行实战性的高难动作”而机毁人亡。

演习共分三阶段，第一阶段为部队集结阶段，于5月2日开始；第二阶段为常规和核条件下的实战防御作战演习阶段，于5月5日开始；第三阶段为反攻作战演习及总结阶段，于5月10日发起反攻，14日结束。其中，最引人注目的是演练如何应对核战争。据印度西部空军最高指挥官克利西纳斯瓦米元帅透露，这次演习旨在帮助部队提高核战争条件下的战场生存能力和防御进攻能力，主要是演练印军应对未来战争中包括核武器以及生物武器在内的军事打击的能力。由此可以看出，在未来战争中印度不仅要打赢一场常规战争，还要打赢一场核战争。

●演习的主要特点

代号为“全胜”的军事演习是继印军1987年“铜钉”演习以来规模最大的一次陆、空联合实兵演习，创造了印军有史以来多项历史之最，并表现出许多新特点。

一是演习时间最长、地域最广。演习自2001年5月2日开始，至5月15日结束，历时两个星期。演习共分三阶段：部队集结阶段、常规和核条件下实战防御作战演习阶段和反攻作战演习及总结阶段。其中，高强度的演习不分昼夜持续8天时间，再加上演习准备时间，前后加起来达一年多。这次演习地域是在靠近印度—巴基斯坦边界的塔尔沙漠深处举行的，北至阿姆利则以北，南至博克兰，纵贯查谟克什米尔、哈里亚拉邦、拉贾斯坦邦、北方邦和中央邦等4个邦和1个直辖区，覆盖整个塔尔大沙漠，演习区域总面积达40

余万平方千米，为印军进行大规模、多军种、多科目作战演习提供了广阔的空间和近实战场地。纳尔空军基地、苏勒德格尔空军基地、锡尔萨空军基地、阿格拉空军基地和德丁格尔空军基地这5个印空军西方司令部最重要的基地全部进入实战状态，印陆军中部军区则为演习的主打部队。此外，印陆、空军其他地区司令部也不同程度地参与了这次演习。

二是参演兵力最多、兵器最齐全。演习由印度国防部组织策划，国防部参谋长统一协调，陆、空司令部共同负责实施，参演部队涉及陆军4个军区和5个地区司令部，大部分的陆军和空军的精锐部队参加了演习，包括1个突击军、1个炮兵和特种战部队混编的机械化作战兵团以及1支重型坦克部队，总兵力达6万多人。在演习中扮演地面作战部队主角的是印度陆军战斗力最强的两支部队，即陆军第1军和陆军第16师。由坦克部队、炮兵部队、机械化步兵和防空部队组成的第1军约3万人，在此次演习中扮演双重角色：整个军被分成“红线”和“蓝线”两个部分，前者扮演“敌军”，后者扮演印军。演习中扮演空中作战部队主角的是70架战斗机、30架军用运输机和20架武装直升机，有195名飞行员和600名侦察与防空军官参演。出动了俄制T—72坦克、“博福斯”高炮，空军动用先进作战飞机120多架。参加演习的70架战斗机从最老式的米格—21开始，到米格—23、米格—27，直到最新式的米格—29，几乎包括了印空军所拥有的各型战斗机。20架武装直升机则包括最新列装的米—17IV型在内。印空军在演习中还出动了2架伊尔—76和18架安—32军用运输机，进行了印军历史上最大规模的空降演习。刚刚装备印度空军和陆军的“拉克亚什”无人驾驶侦察机首次登台亮相，不论是进攻还是防御行动都频频出动，密切监视“敌军”装甲机械化部队的快速集结和突击情况。另外，刚刚研制成功，尚属绝密的“英迪拉Ⅱ”雷达也首次投入使用，并启用了新建立的陆军广域网、空军信息交换系统和跨军种网络系统。

三是演练科目最齐、演练难度大。5月2—6日，印军参演部队主要演练空军与陆军各部如何进行联合整编科目，中间穿插进行电子战—反电子战科目和防空导弹科目演练。5月6—9日，在迅速突击和反突击科目演练中，印空军战斗机和武装直升机部队进行拦截敌方空对地导弹，摧毁敌方空防系统的训练，装甲部队在一天内要机动数百千米，空降部队则于8日深夜举行最大规模的空降科目演练，20架各型战机和直升机躲过敌方的雷达侦测，顺利地将精锐的特种战部队、重型步兵装备、坦克和火炮空投到“敌后”。5月10日起演习进入最高潮，举行最大规模的对地攻击和地地导弹攻击科目演练，参演的战斗机和武装直升机全部出动，向“敌军”地面部队发起攻击，陆军则配合空军向“敌军”发射地地导弹进行轰击。此时的气温表指向演习开始以来最高的48.2℃，在狭小密闭的座舱内，各种内部降温设施都在全力运转，然而飞行员触摸任何金属部件时仍有被烫伤的感觉，更糟糕的是，热浪卷起的狂沙使白天的能见度降到了只有200米，但为了躲避雷达的检测，米格机仍然列队保持离地900米的高度飞向远方。专业人士都知道，在如此困难的天气条件下作贴地飞行，稍有闪失就会机毁人亡。尽管如此，这些印度的“天之骄子”表现出了极强的“战高温”和“战风沙”的本领，每天执行的飞行任务在100架次以上。此外，由于演习是在气温最高达48.2℃的大漠深处进行的，对印军医疗部队保障印军士兵在极高温环境下仍能积极作战的能力，也是一次极具价值的演练。这次演习科目涉及陆空各军兵种的协同，为加强协同作战，印军专门成立了参演军种联合司令部，在纵贯印、巴全境的沙漠地区，参演人员冒着高温在恶劣的沙尘环境中接受了检验和锻炼。

四是演习强度最大、针对性强。这次演习是印军有史以来强度最大的军事演习。据来自印度军方的消息称，印空军参演的120架战机在整个演习中出动1000余架次，强度之大史无前例。除了任务繁重之外，据印度媒体报道，最高达49℃的气温热得参演人员难以忍受，坦克座舱内温度高达60℃，枪炮烫得让人简直不敢摸，喷气式飞机性能也大打折扣。即便是随风扬起的沙子飘落到人身上，隔着衣服也能感到烫得疼。而且，由于坦克、装甲车和直升机往返穿梭在地面扬起的“沙雾”的影响，演习区域能见度极差，有时甚至不到200米。为寻找目标，战斗机被迫降低高度飞行，使他们很容易成为防空兵器的活靶子。5月6日，印军1架米格—21战斗机就在演习中坠毁。对这种演习环境，印军将领表示：“军队必须学会在这样的环境下作战。”在演习中，印军首次以遭敌核打击作为演习背景，新设置了战场侦察、空中拦截、空降突击、要地防空、三防、夺取制信息权，以及诸兵种协同支持等科目，以期提高印军在核条件下的作战能力。虽然印军没有宣布假想敌，但持续近半个世纪的印、巴冲突和印、巴边境大量陈兵的事实，使演习针对巴基斯坦的意图很明显，但也不排除向中国发出示威信号的可能性。

五是高技术含量高、注重提高部队电子战、信息战能力。印军在此次演习中增加了电子对抗的内容，“敌人”在空袭中施放电子干扰，印空军部队演练提高抗电子干扰能力；同时设想印针对“敌人”来袭导弹释放电子干扰，引导其攻击错误目标。印军还充分利用各种侦察手段获取情报信息，通过特种部队和伞兵部队抵近侦察、雷达部队对空侦察、技侦部队无线电技术侦察等多种手段对敌实施监控。装备印空军和陆军不久的“拉克亚什”无人驾驶侦察机也首次登台亮相，在攻防行动中密切监视“敌军”装甲机械化部队的快速集结和突击情况。另外，刚刚研制成功、尚属绝密的“英迪拉Ⅱ”

雷达也在此次演习中首次投入使用。演习中首次使用了新装备的“拉克亚什”无人侦察机、包括三维雷达在内的最新机载电子设备，以完善对核袭击的侦察防御能力，摧毁敌方指挥通信、控制和雷达系统。演习中一直贯穿电子对抗科目，为有效应对未来信息化战争，印军启用了新建立的陆军广域网、空军信息交换系统和跨军种网络系统。

● 演习的战略意图

千里戈壁，金戈铁马，印度陆、空两军连续两周在拉贾斯坦邦的浩浩大漠上展开代号为“全胜”的军事演习，截至2001年来南亚最大规模军事集结，通过印度军演凸显其一些战略意图。

一是检验国防指挥体制改革后的指挥效能。印度自1998年成功进行核试验以来，为避免印巴“卡吉尔冲突”中暴露的指挥机制不协调等问题再度发生，一直在不断调整其国防指挥体制，以适应未来战争需要。2001年4月，印增设国防部参谋长一职，负责核武器的控制与管理，并可在政府授权下使用核武器。在三军都部署核武器的情况下，由国防部参谋长来处理紧急情况，并协调三军行动。此次演习，是印国防体制完善后举行的首次大规模军事演习，重点检验国防部参谋长战时如何协调国防部与三军的情报工作，控制并指挥印度的核战略部队，以及各军种间的指挥协调及应战能力。

二是进一步向巴基斯坦施加压力。自1947年摆脱英国殖民统治后，印度和巴基斯坦共打过3场战争，且围绕领土争端，军事、外交斗争和边境冲突连续不断，军备竞赛有增无减。截至2000年年底，印陆军实力已非常雄厚，海军和空军都跻身世界前列，总体军力已远远超出巴基斯坦。2001年度，印度国防预算增加了28.2%，是其国防预算史上增幅最大的一年。2月14日，印度又从俄购买了310辆T—90坦克，使其坦克总数达到4000辆。印主要将这些坦克部署在印、巴边境印度一侧，对巴构成了威胁。在这种兵力对比情况下，印度最担心的只有巴基斯坦的核潜力了。举行此次“全胜”演习，最引人关注的是演练如何应对核战争。根据演习方案，携有核武器的“敌军”战机向印度扑来，印军战斗机紧急起飞实施拦截，并将其大部分击落。但仍有少数“敌机”成功突破印空军防线，发射核武器击中了印军的一些目标，并形成大面积的辐射污染区。此时，印军作战飞机必须穿越辐射污染区遂行反击作战，而陆军则及时出动进行洗消作业，清除辐射污染。5 月 14 日实战演习结束前，印军还在 1998 年 5 月进行核试验的地区进行了核武器模拟攻击展示。此次演习向巴基斯坦成功地发出了这样一个信号：在未来战争中，印度不仅可以打赢一场常规战争，还有足够能力打赢一场核战争。

三是在国际上谋求大国地位。近年来，印度按照“北防中国、西攻巴基斯坦、南占印度洋、东扩势力范围”的战略部署，加强其核威慑力量建设，努力扩大国际影响。印度前国防部部长费尔南德斯曾扬言：“从阿拉伯海的北面到南中国海，都是印度的利益范围。”印度企图在 21 世纪不仅继续巩固在南亚、印度洋的支配地位，还试图将势力范围扩展到南海，雄踞印度洋和太平洋。美、日两国高层人士和战略分析家也普遍认为，在印度洋地区，无论从国土面积、人口资源、科技能力、军事和经济实力来看，印度都是数一数二的头号强国。印度国内部分人士也认为，只有强大的经济实力和核武器才能使印度成为安理会常任理事国。出于这种考虑，在此次“全胜”演习进行到高潮时，印军方邀请了包括中、俄、德、法、英、美以及波兰、捷克、孟加拉国、乌克兰等 30 多个国家的驻印武官参观，向国际社会进一步展示了其坚实可靠的核实力。

2. 印军的“沙漠打击”空地演习

如今印军认识到，随着信息技术的发展，未来战争将越来越呈现出联合化，任何单一兵种都难以赢得战争的胜利。为此，印度军队十分重视陆、海、空军种间的联合作战能力。2005 年 11 月 10 日至 24 日，印度陆军和空军在塔尔沙漠举行了一场以展示军队实力为目的的代号为“沙漠打击”的军事演习。

这是 1987 年“铜钉”演习以来到 2005 年印军举行的最大规模演习。这次为期 10 天的演习于 11 月 10 日开始，参演兵力 2.5 万人，40 个国家的武官观摩了演习，包括美国、俄罗斯、英国、中国、孟加拉国。演习首次将无人机、飞机和地面部队收集的情报信息进行了融合。印度陆军参谋长 J. 辛格上将在演习期间称，到 2008 年，随着印度大多数步兵、装甲部队、炮兵、机械化部队的武器实现联网，印度陆军将成为一支完全攻击性的力量。

在演习期间，印度陆军和空军使用了各种联网传感器、光电设备、热成像仪和高级战场监视系统，两个军种还展示了一些现代化的武器，包括俄制 T—90S 型坦克、以色列生产的“搜索者”Mark—Ⅱ型无人机和防空系统。印度空军从“幻影”—2000、米格—27、“美洲虎”、米格—21 型战斗机和米—35 型直升机上发射了精确制导弹药、集束炸弹和反坦克导弹。在过去的两年中，印度陆军为其陆地平台装备了现代化的传感器和武器，旨在创建一支高效的网络中心作战力量。在陆军联合“沙漠打击”演习中，印度陆军对其两年来的努力进行了测试，验证了陆军武器系统间及同空军武器系统间的协同问题。

一位陆军高级官员称，演习计划通过使传感器、决策者和射手联网提高现有装备的作战能力，以加快指挥速度和作战节奏。时任印度总理辛格还称，除了建立攻势网络中心战能力，印度陆军还在实施对核和化学战威胁的防护措施。辛格的现代化计划将在未来三年内采购大量的新式武器，陆军计划投资数百万美元引进战术通信网络、陆基电子战系统、无人机电子战系统、空中合成孔径雷达系统和其他装备。陆军目前使用“搜索者”无人机作为情报收集的主要手段。印度陆军官员称，印度并不具备建造传感器栅格以及指挥和控制系统的能力，这些是有效的网络中心战所必需的。印度唯一的国产系统是火炮指挥和控制系统，由班加罗尔巴拉特电子公司研制，目前已有数套投入服役。

印度“沙漠打击”空地演习首次向中国军人开放。11 月 20 日，印度军队在塔尔沙漠举行了近年来规模最大的空地联合军事演习，首度演练数字化战场环境下的高强度作战，并首度向外军开放了军一级的联合军演，其中最令人注目的是，中国人民解放军的一个高级军官代表团全程观摩了这一演习，并受到了印军的特别礼遇。印度军级军事演习向中国人民解放军开放的消息经印度媒体披露后，引起了国际军事观察家的极大兴趣。

（二）印度海军演习

目前，印度海军作为亚洲为数不多的拥有现代化航空母舰的国家，实力雄厚，就舰艇数量和舰艇质量上来说，亚洲很少有国家能与之相比。

1. 海军单军种演习

随着装备的更新、实力的增强，印度海军正逐渐由一支沿海防御性力量向远洋进攻性海军的方向发展。印度海军参谋长普拉卡什曾经直言不讳地说：“印度洋现在是一条重要通道，全球超过 1/4 的贸易和能源必需品都从这里经过，而海军在这方面扮演的重要角色使得印度海军成为国家 (推行) 对外政策的重要组成部分。”2002 年，印度海军在阿拉伯海举行演习。1 月 24 日，印度海军在阿拉伯海举行大规模的军事演习，以检测其“海上战备水平”。这次海军演习是在印度西部港口城市孟买附近的海面举行的，覆盖海域方圆约200海里。印度海军至少有8艘军舰和一些直升机、战斗机及海军陆战突击队参加演习，演练重点是协同作战以及对敌实施“快速、隐蔽的纵深突击”。

如今，印度海军主要有“加拉哈德”等海军大型战术演习。这种年度例行性演习每年举行一次，演习地区在阿拉伯北部海域，由印度海军西部地区海军司令部组织，西部地区海军司令部所属海军部队参演，一般有舰艇30余艘、各类飞机30余架。演习旨在检验印度面临紧急情况时，海军在没有航母参与的情况下保障海上交通线安全的能力。主要进行舰船集结、联合反潜、海面对抗、编队航行、海上目标搜索与监视、海上通信以及重要海区封锁等科目的演练。2003年2月，印度海军在阿拉伯海果阿附近海域举行大规模军事演习。除“维拉特”号航母外，印海军基本所有装备有舰载导弹系统的水面舰艇和潜艇等作战舰艇和包括油船在内的后勤辅助舰船，以及海军航空兵中队均参加了此次演习。印度副总统阿德瓦尼、国防部部长费尔南德斯亲临现场观摩了演习。

2. 与其他军种联合演习

印度海军与其他军种联合演习主要有海空军联合演习、“夏季”海空军战区级联合演习、“三星”海陆空联合实兵演习。三种演习均为年度例行性演习，每年举行一次。海空军联合演习，每年2—3月举行，每次两个月，演习地区在阿拉伯海域，由印度海空军参谋部联合组织，海军西部舰队、东部舰队、海岸警卫队、空军部分部队参演，旨在检验和探讨印度海空军的海上联合作战原则及战术理论，检验新型武器系统。演习科目有舰船集结和展开、海空协同、海上对抗、海上运输、编队航行、空降、空投、空中格斗、近距离空中支持、空中遮断、空袭、空中侦察巡逻等。

“夏季”海空军战区级演习，通常在孟加拉湾举行，由海军参谋部协调海军安达曼—尼科巴要塞司令部、东部海军司令部、西部海军司令部、空军部分轰炸机中队、侦察机中队等单位参加，旨在提高海空军联合作战能力。演习科目有轰炸、空中攻击、舰队防空、近距离空中支持、空中运输和海空协同等。2003年7月7日至25日，印海、空军在孟加拉湾海域举行了代号为“夏季—2003”的联合演习。该演习设想印度与某大国为争夺印度洋利益而发生军事冲突。印海军舰队在孟加拉湾公海海域遭到敌军舰艇编队突袭后，印空军迅速出动战机夺取制空权，随后海军组织舰艇编队在空中力量配合下对敌实施反击，将敌军击溃，最终确保了印在印度洋的海上利益。演习经过参演部队集结和最后阶段准备后，从7日起分三阶段实施：第一阶段为“联合行动—1”（7月7日至11日），第二阶段为“联合行动—2”（7月13日至18日），第三阶段为“战术演练”（7月19日至26日）。该演习由印海、空军司令部联合策划，东部海军司令部具体组织实施。印海军各种舰艇30艘，空军共出动米格—21、米格—23、“美洲虎”式、“海鹞”式以及图—142型远程反潜机等各型作战飞机约50架。其间，参演兵力主要进行了海空联合作战、航母攻防、电子战、超视距攻击、夜战等科目的演练。演习规模大，是近10年来印军在孟加拉湾海域举行的最大规模海空联合演习。

“三星”海陆空联合演习，每次两星期左右，演习地区为安达曼·尼科巴群岛附近，由东部海军司令部和南部空军司令部指挥所统一组织实施。印海军东部舰队、远东司令部和海上特种部队、空军飞行联队和导弹联队及驻安达曼—尼科巴群岛的陆军步兵营和防空部队参演，旨在增强海陆空联合作战能力。演习科目有登陆与抗登陆、对海上目标攻击、海空协同、海上封锁、舰对岸和空对岸攻击等。2003 年 4 月，印度陆、海、空三军在安达曼·尼科巴群岛举行代号为“两栖—2003”的例行性三军联合登陆演习。此次演习旨在检验和提高印军快速反应能力及陆、海、空三军协同进行两栖作战的能力。演习由印度达曼·尼科巴三军联合司令部策划并组织实施。参演兵力为：印海军坦克登陆舰 1 艘、机械化登陆舰 4 艘、通用登陆舰 3 艘、巡逻艇 2 艘和飞机若干架，陆军 1 个山步旅，空军 1 个飞行联队、1 个雷达中队等。演习设想安达曼·尼科巴群岛部分岛屿被敌军占领，印军迅速集结部队，出动海军两栖特混部队，在空军、陆军配合下，从该岛南、北两个方向实施登陆作战，消灭敌军收复了失地。其间，参演兵力主要进行了空中侦察、近距离空中支持、登陆与抗登陆、海上搜索与救援、海上火力支持、扫雷等科目的演练。

此外，印度还根据需要，不定期地举行其他科目的联合演习，如 1998 年 10—12 月在印、巴边境克什米尔邦附近及阿拉伯海域，举行了“湿婆神力量”陆海空联合演习，以检验印军在核条件下使用高技术武器装备实施全方位打击的能力。

（三）印度“空中力量”演习

2004 年，印度军事演习接连不断。3 月 14 日，印度空军在西部拉贾斯坦邦博克兰沙漠地区单独举行代号为“空中力量—2004”的军事演习。此次演习是印空军近 5 年来规模最大的一次，“空中力量—2004”演习一石三鸟，向外界展示了印度空军近年来的建设成就。

此次演习充分展示了印空军多年建设的成果。演习中，印度空军几乎出动了全部主力战机，主要包括米格—29、米格—27、米格—23、米格—21、“美洲虎”、“幻影”—2000H 等战斗机，最先进的苏—30MKI 多用途战斗机及伊尔—78 空中加油机等，共

50 多架，进行了空中格斗、对地攻击、空中加油及战场阻隔等科目的演练。此外，印度空军还动用了无人侦察机，实施战场地形和目标侦察，为战斗机使用精确制导炸弹实施对地攻击指示目标。

演习中，印度空军的作战飞机和保障飞机，先进战机与落后战机进行了密切的协同动作，担负主要突击任务的苏—30MKI 和“幻影”—2000H 等先进战机在米格—21、米格—23 等落后战机掩护下，对假想敌机进行空中拦截；同时在无人侦察机与电子战飞机等保障飞机的配合下，对地面预定目标发射精确制导导弹实施点穴突击，导弹准确命中目标，顺利完成了演习任务，没有发生飞机相撞、坠毁、脱靶等事故，充分表明印空军整体训练水平和实战能力均有较大提高。

此次演习具有很强的高技术性质，印度空军动用了包括最先进的苏—30MKI 在内的先进战机，并重点演练了使用精确制导武器对预定目标实施点穴打击的作战样式。演习内容明显借鉴了美军在伊拉克空袭作战行动样式。伊拉克战争后，印度加快空军装备的现代化建设，一方面大力发展远程打击能力，另一方面加强信息化改造，准备将战术空军逐步转为战略空军，打造一支能够实施精确作战的空中力量。面对未来空中战争．印空军还加快完善空中作战理论，在借鉴美军伊拉克战争经验教训基础上提出空军未来作战的任务：首先实施大规模空袭作战，摧毁和消灭敌防空系统和指挥系统及敌战争潜力，大量杀伤敌有生力量，并使用高精度制导武器实施外科手术式打击，迅速达到战争目的。

（四）巴基斯坦的“邻国威胁”军事演习

为了维护国家安全，巴基斯坦除了不断加强国防和军力建设外，还经常举行各种形式的军事演习，用以显示自己的军事力量。进入 21 世纪以来，针对南亚地区的安全局势，特别是与印度的紧张关系，巴基斯坦军队举行的军事演习一般都是针对可能来自宿敌——邻国印度的威胁，在本土举行各种形式的军事演习。

1.“高分—2005”军演

2005年9月4日，代号为“高分—2005”的巴空军战略演习在全国范围内正式拉开序幕。此次演习持续1个月，共分三阶段进行，演习地域覆盖巴全境，巴空军动员所有空军基地、飞机和地面设施参加，一些巴陆军和海军的航空设施也进入战时红色警戒状态，参演兵力近7万人。演习堪称巴基斯坦乃至南亚历史上规模、强度最大和复杂程度最高的一次超大规模空军演习，展示了巴空军强大的“先发制人”的打击能力。

此次演习将模拟反恐、大规模常规战争甚至核战条件下的空军行动，具有极强的现实意义。演习中，巴空军几乎全部出动，动用了包括F—16在内的350架战机，持续1个月，动用7万人。在第一阶段演习，其主要科目是实施空中火力突击，阻止敌方大集群地面部队推进。参演部队分为“蓝陆”和“狐陆”两军。演习开始后，防守方F—16机队率先高速进入演习区域，幻影Ⅲ、F—7与强—5组成的混合编队紧随其后。惊心动魄的火力攻击随即开始，F—16战机俯冲向目标，将翼下12枚MK82炸弹全部投放，目标坦克群顿时陷入一片火海。紧接着，由中国制造的强—5强击机以近乎完美的贴地飞行，冲破“敌军”高炮和导弹组成的拦截火网，将“敌军”炸得七零八落。突然，数架“敌机”出现，担任掩护任务的F—16和F—7战机立即发射导弹，准确命中“敌机”。震耳欲聋的爆炸声和弥漫在目标区上空的阵阵烟尘，让远方的观摩人员充分感受到了“战斗”的激烈程度，也展现了巴空军的强大战斗力。

“高分—2005”演习充分体现了巴空军未来作战的三大特点。首先，重视“先发制人”的打击，尤其是打击敌空军基地。作为巴空军的“老冤家”，印度空军现有兵力是巴空军的2.5倍，优势十分明显。如果巴空军不采取“攻势防御”的态势，一旦与对手拼消耗，巴基斯坦脆弱的战争潜力将无力支撑。因此，巴空军在演习中始终强调“先发制人”，尽快消灭敌有生力量，避免与敌打消耗战。巴空军参谋长萨达特上将强调：“摧毁地面的巢穴和鸟蛋，要比捕捉空中飞行的鸟容易得多，这是摧毁敌空中力量最简单、最有效的手段。”其次，重视地空配合，协助陆军粉碎敌人的闪击战。由于印、巴接壤地区大多地形平坦，一旦发生战事，巴陆军几乎无险可守，空军就成为战时稳定局势、为后续部队争取时间的唯一王牌。演习中，巴空军重点演练了战机近地支援科目，让飞行员在短时间内高密度出击，不间断地对敌实施空中打击，甚至连装甲防护很薄弱的战斗机也承担了对地攻击任务。可见，巴空军已将自己视为地面战场的“第二主角”。此外，重视提升生存能力。近年来，巴空军不断通过增加飞机跑道和加强防空系统来改善生存能力。演习中巴地勤人员还展示了紧急修复受损跑道的能力。以巴军最重要的萨果达基地为例，巴军在演习中公开展示了该基地的各种增强型钢筋混凝土飞机掩体，这些掩体几乎可防御任何袭击，除非被大型炸弹直接命中，大大提升了基地的生存能力。

2. 巴基斯坦“新决心—3”军事演习

2010年4月10日至13日，为应对可能发生的传统战争，巴基斯坦在与印度接壤的东南部地区举行代号为“新决心—3”（Azm-e-Nau—Ⅲ）军事演习，参加演习的部队约5万人。这是巴基斯坦在近20年来举行的规模最大的一次演习，旨在训练巴基斯坦官兵与印度打常规战争的能力。此次巴方演习地点选在印、巴边境附近的旁遮普省与信德省，靠近位于拉贾斯坦邦的塔尔沙漠。

巴基斯坦的军事演习规模庞大。巴基斯坦这次有史以来最大的军事演习，可以说是精锐尽出了，包括现役坦克、飞机、大炮、电子侦察和信号系统等，都在演习中逐一亮相。“新决心—3”演习开始之初有 2 万人参与，到结束的时候，这一数字又上升至 5 万人，演习持续进行了 4 天。这次巴基斯坦将中国大量的武器装备亮相，尤其是中、巴共同生产的武器，还有中国将生产的权利交给巴基斯坦的武器生产线生产的武器，恐怕是对印度一种最好的威慑。

2008 年印度孟买发生恐怖事件后，印度指控巴基斯坦情报机构参与了这一事件，两国关系更加紧张，再加上两国在克什米尔问题上分歧严重，双边的敌对情绪始终高涨，猜疑和不信任笼罩着两国。印度一直以来都将自己作为南亚次大陆的霸主，不论是从人口还是国家实力上来讲，都不把巴基斯坦放在眼里。现在由于美国和俄罗斯的支持，更加重了印度求战的信心。因此，巴基斯坦军队举行军事演习一般都是针对可能来自宿敌——邻国印度的威胁。尽管巴基斯坦目前正在国内进行反恐战争，但巴军的军事演习并不是为打击恐怖主义积累经验，而是为应对印度可能通过传统战争对巴基斯坦构成严重威胁。

此次军事演习就是在位于巴基斯坦靠近印度的东南部地区——信德省和旁遮普省。巴基斯坦军队发言人阿巴斯也说：“此次大规模军事演习，主要集中在旁遮普省和信德省，两省都靠近印度，我们已将这次军事演习向印度方面进行了通报。”这次军事演习，或多或少也存在这样的潜台词，就是巴基斯坦有能力自己控制自己的核武器，不用西方甚至是美国操心。因为此前美国一直以来都想将巴基斯坦的核武器置于美国的控制之下，解除或者部分解除巴基斯坦使用核武器的权利。

虽然巴军方称此次军演并无特别目的，但此次行动依然引起外界的广泛关注。此次军演的看点之一就是规模大、时间长。据悉，它不仅是巴基斯坦近 20 年来最大规模的军事演习，甚至是巴军历史上最大规模的军演。在2010年4月10日至5月13日的演习期间，参演部队人数将陆续从开始的2万人增至5万人。军演的第二个看点就是巴空军首次参加地面军演，这也是首次把空军的演习科目融入地面演习科目。军演之前的2个月里，巴陆军和空军先后单独举行了军演。特别是在空军演习中，巴空军战斗机还首次演练了在高速公路上起降的科目。虽然巴军方较为低调，但这次代号为“新决心—3”的军演持续1个多月，其目的应该是为了应对当前面临的复杂安全环境。

3.“海上彩虹”海空联合演习

2015年11月9日，巴基斯坦空军和海军在印度洋举行了代号“海上彩虹”的海空联合演习，中国生产的KE—03（又称ZDK—03）预警机的战勤机舱内部结构首次曝光。如今，巴基斯坦空军已经装备了KE—03预警机和JF—17“雷电”(中方称FC—1“枭龙”)战机。

巴基斯坦海空军出动了最新的战机和战舰参演，旨在检验近年中国援助巴基斯坦的海空主战武器的联合作战能力。巴基斯坦海军参谋长穆罕默德·扎考拉海军上将和空军元帅苏海尔·阿曼亲自登上战机和战舰参加演习。演习的一个重头戏是KE—03预警机与新型护卫舰的海空协同作战，这标志着巴基斯坦从中国进口的KE—03预警机已经完全形成战斗力。

4.2016年巴印边界巴基斯坦秀肌肉

2016年11月16日，巴基斯坦在一个靠近印度边界的地区举行了军事演习。该演习地点离巴、印边界不远，并靠近巴基斯坦旁遮普省巴哈瓦尔布尔地区。巴基斯坦总理纳瓦兹·谢里夫及军方负责人观摩了此次演习。

11月以来，日趋频繁的跨境炮击导致了克什米尔地区巴、印实控区交界线附近的居民和军人伤亡，更使这两个拥核国家之间的关系趋紧。11 月 13 日，在巴、印双方共同控制的克什米尔地区，印度炮击导致了 7 名巴基斯坦士兵遇难。巴安全部官员表示，在近期巴、印关系趋紧的情况下，该演习有利于检验巴陆军、空军在处理各种事件时是否做好了准备。

巴基斯坦在印、巴边境地区举行的演习中，首次出现中国制造的武直—10 武装直升机。这种中国研制的最新型武装直升机，号称性能可与美国“阿帕奇”直升机媲美。巴方公布的演习照片显示，至少两架武直—10 与巴军的 AH—1 系列“眼镜蛇”武装直升机编队飞行。2016 年，中国曾向巴基斯坦提供了 3 架武直—10 接受巴军测试，但一直没有该直升机是否满足巴军需求的消息。鉴于当前印、巴的紧张关系，印度和巴基斯坦近年都在加快引进武装直升机的速度。印度内阁于 2015 年 9 月 22 日批准了向波音公司购买价值约 25 亿美元的“AH-64 阿帕奇”和“CH-47 奇努克”直升机的交易。该协议加强了美国作为印度最大军火供应国之一的地位，同时也结束了俄罗斯长期以来作为印度武器主要来源国的时代。

四、南亚地区军事演习评析

1947 年 8 月 14 日和 15 日，巴基斯坦和印度分别宣布独立，从而结束了英帝国对南亚次大陆近两百年的殖民统治。然而，按《蒙巴顿方案》对南亚次大陆所进行的分治，却给印、巴两国关系发展带来了影响深远的后遗症，而克什米尔地区一直是印、巴两个拥核国家冲突的“闪爆点”。两国部队部署在全球最危险、军事化最严重的一条边境线上，交火事件时有发生。自 1947 年从英国独立为两个国家后，印、巴之间曾发生过 3 次全面战争，其中两次因克什米尔而起。因此，印、巴除了加强军力建设外，就是举行各种联合军事演习显示军事实力，用以威慑对方。因此，南亚军事演习表现出与其他地区所不同的特点。

（一）联合军演具有很强的针对性

印度的目标就是当南亚次大陆不容争辩的霸主，而巴基斯坦一直都是印度实现这一目标的最大障碍。所以，搞垮巴基斯坦是印度矢志不渝的追求，这个目的，通过第三次印巴战争印度已经部分实现，孟加拉国被分割了出去。但是，巴基斯坦的主体部分仍然屹立在印度的西边，使印度如鲠在喉，非常不爽。然而，巴基斯坦也不自甘居下，通过不断增强国力特别是军事力量，来提高自己在南亚地区的地位，通过举行各种形式的军事演习来显示自己的军力。因此，这一地区的军事演习都体现出极强的战略指向性。

一是美、印、日三国联合军演具有明确的针对性。近年来，美军在中国周边主导的演习渐趋频繁，美军与日、澳、印、新等国的传统双边演习逐渐发展为规模更大的多国多边演习，且演习的范围及时间确定显得更为灵活，在规模上也日益增大。起初，"马拉巴尔"演习的目的是为了实现美、印两国的海洋利益。美国希望在印度洋地区寻找一个战略伙伴，确保海上运输线的畅通和美国的区域利益。对印度而言，其争霸海洋的雄心正在从印度洋延伸到波斯湾和西太平洋地区，需要美国的配合。随着日本的加入，"马拉巴尔"演习日渐常态化，该演习正逐渐从印度洋向西太平洋海域延伸，其联合防范性也十分明显。

从当前情况看，美国正在逐步调整亚太军事部署，使之更加灵活、机动、安全、高效，能更好地应对任何突发事件。其在保持亚太前沿 10 万驻军的同时，大幅度地增加了驻亚太的海空军力量。根据美国海军的战略调整计划，在未来几年内，60% 的核动力攻击型潜艇和航母都将部署到太平洋舰队。在这种情况下，通过频繁军演以显示军事存在和地区主导权，恐怕是美军想达到的最直接目的。

透过美日印“马拉巴尔—2016”联合军演可以看到，这3个国家均有自己的战略谋划。美国一方面将继续推进“亚太再平衡”战略，另一方面期待以较低的成本调整战略布局，因而期望盟国在这一过程中担负起更大责任。为此，美国欢迎日本发展与东盟、印度及澳大利亚的关系，这让美国有了“更宽裕的策略空间”。日本也有其战略盘算。一方面，利用中、美之间战略竞争造成的紧张情绪，加强日、美协调。另一方面，期待与其他亚洲国家，特别是印度洋区域国家构建协作关系，“积极应对来自中国的挑战”。而对印度而言，为重塑印度经济和安全架构，牵制中国龙出游大海，印度内心颇愿美、日在“印太”战略场扮演积极角色，故而对美、日有假戏真做、欲拒还迎的成分。

二是印度主导的联合演习具有很强的针对性。由于当前印军认为未来的主要作战对手是巴基斯坦和中国，因此，印军的许多演习（特别是在印巴、中印边境地区举行的演习）将巴基斯坦和中国作为主要假想敌。印军在印巴、中印边境地区举行的“全胜”“胜利勋章”“春季—2000”“两栖—2000”“东线太空—6”等演习，都是以巴基斯坦、中国为作战对象，演练与巴、中在边境地区发生大规模武装冲突时的作战行动。在印、巴边境地区，着重进行平原、河网和沙漠等地域的作战演练，强调装甲部队的突击作用和空降、机降部队的运用。在中、印边境地区，着重进行高原、丛林作战和反迂回穿插、进攻作战演练，强调“攻势防御”思想。如2001年5月，印军在印、巴边境拉贾斯坦邦的塔尔沙漠地区举行了代号为“全胜”的大规模陆空联合军事演习。尽管印度军方在这次演习中没有明确宣布假想敌，但演习地点选择在印、巴边境这一极为敏感地区，而且演习又具有核战争背景，因此，国外军事分析家认为，此次演习的重点是检验和提高印军在常规及核条件下的作战能力；针对巴基斯坦的目的十分明显，但也不排除向中国示威的意向；在未来战争中，印军不仅可以打赢一场常规战争，而且有能力打赢一场核战争。印、美两军于2001年年底在美国阿拉斯加州举行联合军事演习。这次演习地点选择在美国的阿拉斯加州，主要原因是那里的气候和克什米尔北部地区类似，演习可以有效地提高印军在高寒地区作战的能力，矛头明显指向与印度在克什米尔地区有领土争端的宿敌巴基斯坦。

此外，值得注意的是，针对当前恐怖主义日益猖獗的实际，印军还加强了反恐怖针对性演习。如印、美两国军队在印度阿格拉联合举行的"易洛魁平衡操练"演习，实质上就是具有反恐怖性质的联合军事演习。参加演习的部队包括印军的空降部队、准军事突击队和美军的特种部队，重点演练了伞降、袭击、突击、营救和轻武器射击等特种作战行动。

三是体现其控制印度洋的战略意图。"谁控制了印度洋谁就统治了亚洲。印度洋在21世纪是通向七大海的钥匙，世界的命运将在这些水域见分晓。"作为"海权之父"的马汉，在一个世纪前的警言，一直被印度历届决策者奉为座右铭。印度开国总理尼赫鲁说："为了魁上安全，必须要有强大的海防。"印度洋是太平洋通往波斯湾、地中海和大西洋的必经之路，且距世界传统海洋大国较远，地位十分重要。

印度位于北印度洋的中心，国土深入印度洋1600多千米，西临阿拉伯海，东濒孟加拉湾，是印度洋周边40多个国家中最具地缘优势的国家。印度海军也是印度洋周边国家中最具实力的海上作战力量。"称霸南亚、控制印度洋、争当世界政治大国和一流军事强国"一直是印度国家的战略目标。印度认为其在阿拉伯海和印度洋有天然的利益，在波斯湾和安达曼海也有重要的利益。20世纪

70 年代，印度在取得南亚次大陆的支配性优势地位后，开始谋求印度洋北岸的海上优势，海军建设得到政府的大力支持，重点发展远洋进攻力量，海上实力不断增强，活动范围也进一步扩大，向东延伸到南中国海及太平洋边缘；向西穿过红海和苏伊士运河，波及地中海；向南前伸到印度洋最南端。印国防部部长费尔南德斯称：“印度从阿拉伯海的北部到南中国海，都是印度利益范围。”因此，印度通过海上军事演习，显示海上存在，从而在阿拉伯海上保持绝对军事优势，遏制巴基斯坦及其周边国家海军向印度洋扩展；在东南方向，威慑对安达曼—尼科巴群岛有领土要求的印度尼西亚、马来西亚等国。与此同时，海上演习是印度对区域外军事力量在印度洋的存在实施战略威慑，争取达成海上力量优势，以抗衡世界海军大国在印度洋上的影响。

（二）重视诸军种联合演练和对外军事交流与合作

自印、巴分治半个多世纪以来，南亚地区传统的地缘安全环境是以印、巴矛盾为基调。为了维护自身的安全，印、巴双方在举行军事演习过程中，都非常重视诸军兵种联合演练，并加强对外的军事交流与合作，用以提高自身的军事实力。

一是充分发挥海军在三军联合作战中的作用。印军无论是在实兵演习中，还是在指挥所演习中，都十分重视诸军兵种的联合作战演练，积极提高各军兵种指挥人员和部队的协同作战能力。近年来，印陆军、海军和空军都明确要求，本军种部队每年必须要与其他军种共同组织 1 至 2 次联合军事演习。2004 年 6 月，印度海军参谋长辛格上将在海军高级指挥官会议上正式宣布了海军新作战理论。该理论不仅确立了将战场推向敌方领土的进攻性作战思想，认为海军的作战任务已经从“控制海上交通线和进行海战”扩展为控制敌方近海区域；还强调海军必须直接服务于国家经济建设，应成为推行国家对外政策的强有力工具，应在确保地区稳定与国家安全方面起到关键作用。由于印度军队实行的是三军分立体制，未设总参谋部或三军联合司令部，印度军方希望通过增加海陆空联合演习和多军种参加的联合演习次数，扩大演习规模，来实现各军种的高度协调，增强三军特别是海军在联合作战中的能力。2001年8月15日，印军在安达曼—尼科巴群岛正式组建了第一个军区级三军联合司令部，即海军远东司令部。当年11月2日至10日就在该岛海域举行了“三军联合两栖作战演习”。该演习定为年度例行性演习，由海军远东司令部组织实施，印陆、海、空三军参演，演习科目有海上作战、岛屿作战、登陆与抗登陆，以及特种部队的两栖作战等，旨在提高三军联合作战能力。

二是加强对外军事交流与合作。印度通过频繁的海上演习、军舰互访等方式，全面加强与世界大国和主要国家间军事交流与合作，改善与这些国家的关系，从而在政治上进一步寻求从区域大国向世界大国发展的有利空间，在军事上扩大高新技术武器装备的引进与开发，不断增强军事实力。“9·11”后，南亚局势动荡，印度抓住美国因反恐希望与印度建立“新型”战略伙伴关系的契机，加快改善与美国的关系。印度认为，加强两国军事交往，特别是海上演习，既可以增进了解，又能熟悉美国海上作战程序，学习其先进的技战术经验，提高海上快速反应能力。因此，演习内容突出反恐，演习科目向紧急出动、海上通信、舰机协同、电子战等倾斜。俄罗斯在国家战略利益上与印度较为一致，是印度传统的战略伙伴。而印度也十分重视发展与俄关系，把密切与俄关系视为保持和扩大其在国际事务中影响力的重要举措。同时，由于历史原因，印度在冷战时期80%的武器来自苏联，冷战结束后，印度虽与美、法、以色列等多个国家开始军事技术合作，但是，与俄罗斯传统的军事技术合作并没有放弃，在某些高技术领域反而有所加强。因此，印度迫切希望与俄罗斯举行联合军事演习，以全面检验武器装备性能，使之尽快形成战斗力。此外，印度与东南亚国家开展海上联合演习，追求政治利益较军事利益更为明显。近年来，东南亚国家经过多年的发展，已在地区乃至世界范围内的政治、经济、军事等方面具有越来越大的影响。印度通过举行联合军演，改善与东盟的关系，既可以进一步巩固印度在孟加拉湾的战略利益，又能起到牵制中国的目的。因此，该类演习多为非传统领域或军事对抗性较低的海上联合演习，是印度大力进行海军的非战争运用，为海军走出印度洋、走向远洋打基础。

三是通过联合军演加强美、印关系。冷战时期，印度由于“积极靠拢”苏联，一直是美国的“敌人”。苏联解体后，美、印关系得到很大改善，但后者于 1998 年 5 月成功进行了核试验，美国终止了同这个南亚国家的军事关系。不过“9·11”事件后，特别是印度表示，支持美国对阿富汗塔利班政权实施军事打击以来，两国军事关系得到恢复并发展迅速。另据印度媒体报道，印、美两国定于 2002 年 10 月前后在阿拉伯海举行联合海军演习，美军出动了巡洋舰编队和海上侦察机参加。自从布什上台以来，一直非常重视同印度进行军事领域的合作，两国军方高级官员频繁互访，美国随后同意恢复向印度出售各种先进的武器装备，让后者如愿以偿地从美国得到了 8 部远程武器定位雷达。这是进入 21 世纪后双方进行的最大规模的武器交易。印度一向从俄罗斯购买大量的军事装备，不过最近也开始从美国和以色列选购先进武器。印度想充当“南亚警察”的态势越发明显。在阿格拉举行演习的同时，两国部队还计划年内在美国阿拉斯加州举行山地军事演习。这是印军首次在美国本土参与军事演习。由于害怕爆发第四次印巴战争，目前印、巴两国在边界线上陈兵百万，这次演习距离印、巴边界 650 千米。本次演习和以后举行的各次美印联合行动表明，这两个国家在国防与安全领域的合作发展迅速，也表明美国“伸手南亚”的策略在其“反恐战争”开始后取得明显进展。

（三）注重高技术武器的运用与演练

近年，印度除了依靠自己的科研技术力量研制和开发高技术武器装备外，还不惜花费巨额军费从俄罗斯、法国、英国、以色列、瑞典和美国等国家引进大量高技术武器系统。为了使之在未来战争中更有效地发挥作用，印军非常注重在演习中使用这些高技术武器装备，努力探索相关的新战法。

在“全胜”陆空联合演习中，印军不仅使用了苏—30、米格—29、“幻影”—2000战斗机，T—72、T—90主战坦克等先进主战装备，还广泛使用了新型野战指挥自动化系统、移动数字通信系统、战场监视雷达等一批先进的装备系统。尤其需要指出的是，印军新列装的米—17lV武装直升机、“拉克亚什”无人驾驶侦察机，从俄罗斯引进当时还不足3个月的T—90坦克，新研制成功、尚属绝密的“英迪拉Ⅱ”雷达等一大批高新武器装备，都首次在这次演习中亮相，使这些武器系统的战术、技术性能得到了全面实战检验。此外，为了尽快适应未来信息化战争的需要，印军在“全胜”演习中还启用了新建成不久的陆军广域网、空军信息交换网络系统和跨军种网络系统等计算机网络系统，提高了指挥自动化程度和信息战能力。在“东线太空—6”演习中，印军将第一支由“道尼尔”飞机组成的信息战中队投入了实战演练，并且还在所有参演的苏—30、米格—29、幻影—2000、“美洲虎”等先进作战飞机上启用了全球卫星定位系统，以确保在各种复杂气象条件下顺利遂行作战任务。在“阿多卡”防空演习中，印军则是在部分老式武器装备的配合下，重点演练了米格—29、“幻影”—2000等第三代作战飞机，以及S—300

防空导弹系统、“博福斯”高炮系统等高技术防空系统在空中巡逻、拦截、打击“敌机”等作战行动中的运用。

突出电子战内容的演练。印军认为，现代战争已经不仅仅是传统陆战、海战、空战的概念，电磁领域的对抗已经成为现代战争的重要组成部分和战争胜负的关键。拥有了电磁领域的主动权和控制权，也就拥有了“战争力量倍增器”，就能克敌制胜。正是在这种思想的指导下，近年来印军在加快发展电子战装备、加紧扩建电子对抗部队的同时，十分强调在各类演习中突出电子战内容的演练，提高部队在电子对抗条件下的作战能力。例如，2000 年 5 月，印空军在代号为“阿多卡”的综合性防空实兵演习中，全面演练了电子对抗科目。演习中，“敌人”在空袭中对印军广泛实施电子干扰，即空军和防空部队则利用各种手段抗击电子干扰；同时，印电子对抗部队释放大量电子干扰箔条，误导敌机和导弹攻击错误目标。又如，2000 年 2 月，印军举行“东线太空—6”陆空联合实兵演习，重点演练了空中攻击机群在电子干扰飞机的掩护下实施纵深突防和攻击的内容。演习中，印军以 2 ～ 4 架配备了先进电子干扰系统的电子战飞机，伴随着“幻影”—2000 和“美洲虎”攻击机群同行，在飞临攻击目标空域前 80 ～ 100 千米处，电子战飞机和“幻影”—2000、“美洲虎”飞机自身携带的电子战系统开始对敌方的雷达、导弹、指挥系统实施高强度、长时间的电子干扰，使敌方的侦察预警系统、防空导弹系统、指挥控制系统等丧失效能，随即对敌预定目标实施猛烈攻击。

（四）演习透视出未来作战走向

近年来印度一系列演习，特别是 2001 年举行的“全胜”军演，我们可以发现印军在 21 世纪军队作战的基本走向：

一是在作战指导上，确立“打赢核条件下的局部战争”思想。

自1998年5月印度核试验后，印度不仅加紧发展核力量，积极推进核武化进程，而且制定了新的核战略，明确提出了要组建一支战略核部队，并积极进行人员培训和技战训练，加速构筑“三位一体”核力量体系。最近，印度国防部参谋长公开表示，印、巴、中三邻国都拥有核武器，在未来可能出现的冲突中，印度将立足于打核条件下的局部战争。在“全胜”军事演习中，印军首次以核打击为立案背景，进行包括核打击和核保护等科目的训练，表明印军的军事斗争准备基点已从打一般条件下的局部战争逐步调整为打核威胁条件下的局部战争。

二是在作战指挥机制上，突出联合高效指挥。“全胜”演习负有检验印度新的国防指挥体制的任务。印军原来实行的是三军分立的国防体制，陆、海、空三军各自为政，相互不协调，难以适应现代战争的要求。在1999年克什米尔的卡吉尔冲突中印军就暴露出由于指挥机制不协调，以致影响到战斗力发挥的弊端。为克服这一弊端，印度一直在探寻建立新的指挥体制，在2001年4月中旬，印增设了国防部参谋长一职，负责核武器的控制与管理，并可在政府授权下使用核武器。在三军部署核武器的情况下，将由国防部参谋长来处理紧急情况，并负责全面协调三军的作战、训练和情报工作。此演习重点检验了国防部参谋长战时如何协调国防部与三军的情报工作、控制并指挥印度的核战略部队。

三是在作战手段上，注重大量使用先进武器装备。印度为实现军事大国梦，不断增加国防投入，大力发展海空军、加强武器装备现代化建设，此次演习就是印度加强军备的举措之一。在演习中，印军使用了大量步战车、通信系统、导弹发射系统、最新列装的米—17IV攻击直升机以及先进的米格—29、幻影—2000战斗机，刚刚装备印度空军和陆军的“拉克亚什”无人驾驶机也首次登台亮相，该机能对攻防行动中的敌装甲部队进行密切监视。另外，刚研制成功、尚属绝密的“英迪拉”雷达也首次投入使用。从演习中可以看出，印军更加趋向于以高技术武器装备为支撑，夺取技术上的优势。

四是在作战样式上，信息战、空中突击战、全纵深立体打击成为新的重要作战样式。尽管在这次演习中，仍沿用一些传统作战样式，但是有一些新的作战样式如信息作战、空中突击等已初露端倪。印军启用了新建立的陆军广域网、空军信息交换系统和跨军种网络系统，形成纵横一体的指挥体系，同时启用先进的雷达和无人侦察机、预警机组成的侦察系统，利用地面、机载高频电子设备组成空地一体的电子战系统，实施高强度电子干扰、压制和攻击，夺取制信息权。目前，印军已完成了各级指挥自动化 C4I 系统的建设，并从国外引进了大量先进电子战装备，成为亚洲地区装备电子作战飞机最多的国家。“全胜”演习中，印度参演的飞机有米格系列、幻影—2000、“美洲虎”等印空军几乎所有的各型战斗机；武装直升机中有最新列装的米—17IV，共计 120 余架各型飞机，主要演练了夺取制空权、空中拦截、战场遮断，袭击敌方指挥、通信、交通枢纽、部队集结地等科目，出动飞机 1000 多架次，演习范围达到 40 多万平方千米。这次印军参演的单位之多、机种之全、科目之齐、范围之广、强度之大都为印军历史罕见，突出了对空军的运用。尤其要利用空中机动速度快、能够跨纵深奔袭作战的特点，运用空降方式，割裂对方战役布势，抢占纵深要点，断敌退路，达到战役目的。印军在“全胜”演习中，进行了印军历史上最大规模空降演练，出动 2 架伊尔—76 和 18 架安—32 军用运输机，在各型战斗机、直升机和电子战机的配合下，投送精锐特种部队到敌后，对敌纵深指挥、通信、交通枢纽以及后勤补给系统等实施了超越纵深攻击，明显地体现了印军全纵深立体作战的思想。

此外，印军还注重综合运用地面、空中、电子战等各种作战力量，发挥联合作战的威力，提高作战效能。总之，随着印度核军力的发展，印度的军事战略发生了重大变化，从而导致其作战方式的相应转变。“全胜”演习不仅展示了印军的许多新型武器装备，而且反映了印军在战备方面的一些新变化，这也决定了印军作战的基本走向。

（五）联合军演钱味浓过火药味

印度和美国的联合军演有意思的是，美军参演的一些尖端武器正是美国急切想出售给印度的装备，因此美印联合演习除了火药味，还笼罩着浓浓的商业味。日本在与印度举行联合军演过程中，也有意向印度推销其先进武器装备。而俄罗斯与巴基斯坦的联合军演也有意向巴方销售军火。

印度海军于 2007 年 1 月 17 日正式从美国海军手中接过排水量为 1.7 万吨的“特林顿”号两栖船坞运输舰。该舰立即成为印度海军的第二大战舰，使印度海军的两栖作战能力发生质变，作战范围轻松延至太平洋和波斯湾。此次采购是印度于 2005 年和美国建立战略伙伴关系以来，第一次从美国购买军品。2009 年 7 月，美国国务卿希拉里 · 克林顿访问印度期间，两国签署了三个有关国防、太空和核技术合作的协议。特别是在《终端用户监督协议》中，美国同意向印方提供先进武器，包括战机、导弹和战舰等；而在《新技术保护协议》中，则着重强调了美印将加强太空领域的合作。至此，可以说美国已经向印度敞开了尖端武器销售的大门。印度还准备在未来几年中从美国购买诸如 E—2C 空中预警机、F—18E/F 超级大黄蜂战斗机，还有 AIM—120 超视距空战导弹、“爱国者”陆基拦截导弹以及舰载“宙斯盾”防空导弹。21 世纪后，日本与印度不仅加强了政治关系，而且正加深军事关系，2007 年日本参加马拉巴尔军演后，2008 年日印签署了《日印安全保障联合宣言》。在日本放宽武器出口限制的新政策下，日本正在向印度推销US—2水上飞机，并可能同意对印度技术转移。日本出动US—2参加这次马拉巴尔军演，可能正是作为向印度展示性能的契机。

印度由此成为继阿联酋之后第二个获得美国政府同意售予E—2D预警机的国家，同时这也是美国第二次将其最精密装备出售给印度。在此之前，印度为加强海军监视能力，向美国订购了8架波音公司制造的P8—I海洋多功能侦察机，以替换逐渐老旧的俄罗斯制图—142M海洋侦察机。F/A—18E/F“超级大黄蜂”战斗机航程达1200千米，载弹量达8吨，是目前世界上最先进的海用战斗机。AIM—120导弹是世界上唯一经过实战的最先进超视距空战导弹，可攻击40千米范围内的作战飞机。印度空军还计划购买10架美制C—17大型运输机，以加强空中远程机动作战能力。C—17运输机是美国空军现役主力运输机，一旦部署印度空军，将极大提高印度空军远程机动作战能力。这种运输机能够向4000千米远的地区运送72吨武器装备，或者空降102名全副武装的伞兵，还能够在简易机场起降。一旦合同签订，印度空军有望在3年左右接收订购的运输机。印度空军现有大约100架俄制安—32老式运输机和十多架俄制伊尔—76大型运输机。目前，印度军队中70%以上的武器硬件都是由俄罗斯提供的。在过去的5年中，俄罗斯向印度出售了价值100亿美元的武器装备，如“苏—30”战斗机、T—90坦克等。印度在2014年以前投入300亿美元购买武器。

俄罗斯和巴基斯坦最近军事合作密切。2016年9月上旬，巴基斯坦国家无线电通信公司项目管理总监穆罕默德·马苏德表示，有意与俄进行无线电技术领域的军事技术合作，希望获得俄电子对抗技术。在俄罗斯“军队—2016”论坛上，巴基斯坦国防采购局局长纳威德·艾哈迈德也表示，巴基斯坦当局希望采购各种类型的俄罗斯武器，包括防空系统和反坦克武器。此前，俄罗斯媒体还披露，巴基斯坦空军参谋长索哈尔·阿曼曾在莫斯科就购买俄罗斯苏—35歼击机问题，与俄方进行了富有成果的会谈。从俄罗斯与巴基斯坦首次联合军演中可以看出，俄罗斯在军演的前提下，对本国的军火也是不遗余力地推荐。在国际大环境下，俄罗斯的石油等能源出口贬值，而军事工业是俄罗斯唯一能拿得出的产品，在与各国交流时往往军事交流为主，军火交易为辅。

第四章

北部方向军事演习

苏联解体后，也许是出于弘扬民族传统、淡化意识形态的目的，俄罗斯联邦共和国再次启用双头鹰图案。拥有“双头鹰”之称的俄罗斯，以国家利益为出发点，东西兼顾，不仅关注俄在欧洲的利益，也关注俄在亚洲特别是在远东地区的利益。因此，近年来，俄罗斯在远东地区的军演大有越来越多的趋势。同时，蒙古国积极的军事外交和与美国的联合军演，是其奉行“多支点、全方位”外交政策的重要体现。

一、“左右兼顾”的多边联合军事演习

北部地区多边联合军事演习，主要是独联体国家的联合军演、以美国和蒙古为主的“可汗·探索”多国联合军演和“草原之鹰”多国联合军演。

（一）独联体国家联合军演

独联体是从苏联分离出来的独立国家联合体（Commonwealth of Independent States，CIS）的简称。独联体向来被俄罗斯视为特殊利益地区，不容许其他国家或国家联盟向这一地区扩张，而西方则在该地区努力抵消俄罗斯影响。因此，俄罗斯通过一系列的军事演习或与独联体其他国家举行联合军演，维持本国在独联体地区的影响力，检验本国军事改革的成就。

1. 独联体国家联合军演综述

为加强对该地区的影响力，俄罗斯和西方正在进行一场新的斗争。俄罗斯将独联体作为维护其战略空间的重要部分，非常重视同独联体国家举行各种形式和规模的联合军事演习。作为独联体的重要机构之一，独联体国家国防部长理事会负责制订和实施成员国之间的军事和军事技术合作计划。

热闹的军事演习反映出独联体地区复杂的军事政治形势。2000年9月7日，独联体中的7个国家——俄罗斯、亚美尼亚、白俄罗斯、哈萨克斯坦、吉尔吉斯斯坦、塔吉克斯坦和乌兹别克斯坦联合举行了独联体防空体系指挥——司令部演习。投入演习的有50架飞机、30个地对空导弹装置和300个地面雷达站。俄罗斯波罗的海舰队的防空力量和图—95MC、图—22M3型战略轰炸机也参加了演习。

9月9日，在俄罗斯阿斯特拉罕州的阿舒卢克靶场举行综合使用俄各种地空导弹的“防御—2000”大规模军事演习，演习共动用了60架飞机。演习要检验地空导弹在进行射击时的兼容性，并实际解决几种类型的地空导弹系统在防空防御设施遭到攻击时的相互掩护和配合问题。

9月11日，在哈萨克斯坦原首都阿拉木图举行了在“北约和平伙伴关系”框架内的“中亚维和营—2000”联合军事演习，参加国有美国、土耳其、英国等北约国家以及阿塞拜疆、哈萨克斯坦、吉尔吉斯斯坦、乌兹别克斯坦和俄罗斯等独联体国家。有2000名军人参加，主要是演练反恐怖主义的各项科目。

从上述各种军事演习可以得出一个结论：在独联体范围内，西方同俄罗斯在渗透与反渗透方面的斗争还远未结束。一方面，北约除了向东欧方向扩展外，还加强了对俄传统“后院”中亚等地的渗透；另一方面，俄罗斯为了在国际上恢复因苏联解体而衰落的大国地位，正努力加强对独联体其他国家的影响。尤其是在普京上台后，俄在恢复传统地缘优势和独联体的凝聚力方面的工作环环紧扣，而且取得了一定的成果。

2. 独联体几次重大联合军演

俄罗斯近年来总体上处于战略收缩阶段，但为了对抗北约东扩和维护自身的国家利益，特别是打击国内及周边的民族分裂与恐怖势力，也在积极与独联体和周边一些国家进行联合军事演习。

●2008年独联体地区的联合军事演习

2008年独联体地区重大联合军事演习共有12场，其中多边演习主要是俄罗斯主导的独联体内部演习、独联体国家与北约举行的军事演习和上海合作组织主导的军事演习。双边军事演习主要是俄哈、俄塔、俄白和格美军事演习。

独联体内部举行的多边军事演习有：4月22日，俄、白俄、哈、亚美尼亚等独联体8国举行联合防空演习；10月23日，俄、塔、白俄和亚美尼亚举行联合防空演习；7月22日至8月22日，俄、白俄、亚美尼亚等独联体集体安全条约组织成员国举行“边界—2008”联合军演。

美国主导的“快速反应—2008”多边联合军演于7月中旬在格鲁吉亚首都第比利斯郊外的瓦贾尼军事基地举行，来自亚美尼亚、阿塞拜疆和乌克兰的军官参加了演习，参演人数为1650人。

独联体国家与北约举行的重要军事演习有：9月15日至27日，哈萨克斯坦与北约在阿拉木图州举行的“草原之鹰—2008”联合维和军事演习；7月14日至26日，乌克兰与北约在奥德萨等地举行的“海风—2008”联合军演，这是2008年在乌克兰境内举行的最大规模的军演活动。

●“协作—2009”独联体集体安全条约组织联合演习

独联体集体安全条约组织成员国包括俄罗斯、白俄罗斯、哈萨克斯坦、亚美尼亚、吉尔吉斯斯坦、塔吉克斯坦和乌兹别克斯坦。

2009年8月26日，独联体集体安全条约组织成员国“协作—2009”联合演习在莫斯科开始举行，演习的重点是如何有针对性地维护该组织成员国安全利益，检验集体安全条约快速反应部队的应变与综合作战能力。

此次演习由集体安全组织演习指挥部副总指挥奥列格·拉特波夫上将总负责，集体安全组织副秘书长瓦列利·谢梅里科夫具体指挥。联合演习分三阶段进行，第一阶段从 8 月 26 日开始；第二阶段从 9 月中旬转移到白俄罗斯境内举行；第三阶段于 10 月在哈萨克斯坦举行。在 26 日开始的第一阶段演习期间，各方对集体安全条约组织成员国覆盖区域内的政治、军事以及战略形势作出评估，并就各成员国提出在中亚地区部署快速反应部队，参与东欧地区集体安全行动，以及在必要时向本组织成员国实施军事技术援助等问题做出相应决定。乌兹别克斯坦没有参加第一阶段演习，乌方认为快速反应部队不应参与解决各成员国之间的矛盾和冲突。

10 月 16 日，独联体集体安全条约组织快速反应部队第三阶段军事演习在哈萨克斯坦举行，前来观摩演习的时任俄罗斯总统梅德韦杰夫对此次演习给予高度评价，认为本次军事演习是独联体集体安全条约组织发展过程中的一个里程碑。他认为，演习成功的关键在于参演将士们过去两个月中所培养出来的战地协作精神。他们在这段时间内加深了相互了解，也熟悉了彼此的行动原则和战斗策略。梅德韦杰夫指出，本次军事演习是独联体集体安全条约组织各成员国在共同应对地区威胁领域作出的新尝试，同时也将激发该组织内多边合作的潜力。

● 2010 年独联体组织联合军演

2010 年 4 月 20 日，独联体集体安全条约组织快速反应部队在塔吉克斯坦举行代号为“防线—2010”联合反恐军事演习。来自俄罗斯、哈萨克斯坦、吉尔吉斯斯坦和塔吉克斯坦的约 600 名军人参加了此次联合反恐军演。俄罗斯驻塔吉克斯坦 201 军事基地的一个摩托化加强步兵连参加了上述联合反恐军演，此外，塔吉克斯坦、吉尔吉斯斯坦、哈萨克斯坦也派出兵力。演习一直持续到 4 月 26 日，分四阶段进行。

4月22日，联合反恐军事演习在塔吉克斯坦首都杜尚别以北300多千米的一处军事训练场进入实施阶段演练。演习的主题分别为边境特殊防卫；搜索入境非法武装并疏散、安置边民；摧毁恐怖集团在边境偏远山区的窝点；彻底消灭残余恐怖团伙。演习的主要目的是提高独联体国家的联合反恐作战能力、演练快速反应部队的应变能力、提高指挥多兵种联合作战的能力。塔吉克斯坦国防部新闻发言人法里德敦·穆罕默达利耶夫称，军演的主题是在塔吉克斯坦境内进行联合反恐演习。他说："4月20日至23日为第一阶段，参演人员将规划封锁和消灭武装团伙与非法武装组织行动的联合反恐演习；24日为第二阶段，将进行实弹演习。"在最后一天，航空军派出了6架米—8直升机，向陆军部队提供空中支持。独联体快速反应部队的空中力量配合参与综合性演习。作为独联体集体安全条约组织成员的白俄罗斯和亚美尼亚没有参加此次军演，乌兹别克斯坦只派出了观察员。

2010年6月7日至11日，独联体集体安全条约组织在俄罗斯北高加索地区举行代号为"钴—2010"的成员国特种部队首次联合反恐演习。演习的主要目的是：实际演练成员国特种部队在联合打击成员国内的恐怖主义组织和恐怖分子，捣毁非法贩运武器、爆炸物品及毒品的犯罪渠道等方面协同作战的能力。参加此次联合演习的有来自亚美尼亚、白俄罗斯、哈萨克斯坦、吉尔吉斯斯坦、塔吉克斯坦和俄罗斯的特种部队和快速反应部队。

2010年10月25日至28日，独联体集体安全条约组织快速反应部队"协作—2010"联合军事演习在俄罗斯车里雅宾斯克州切巴尔库尔训练场开始举行。俄罗斯、哈萨克斯坦、塔吉克斯坦、吉尔吉斯斯坦和亚美尼亚共派出1700名军人参加此次代号为"协作—

2010”的演习，来自白俄罗斯的观察员也参加了演习。演习共动用270套大型武器及特种装备。俄方派出伊尔—76运输机、苏—24轰炸机、苏—27战斗机、米—8直升机和米—24直升机等参加演习。哈萨克斯坦也有5架战机参演。演习的目的在于制止发生在集体安全区域的军事冲突。这是独联体集体安全条约组织快速反应部队首次在俄罗斯境内举行军演。

2003年4月，独联体集体安全条约组织首脑会议在塔吉克斯坦首都杜尚别举行。与会各国一致决定成立集体安全条约组织联合司令部和快速反应部队，以应对在中亚日益增长的安全威胁。联合司令部于2004年1月开始运作。独联体集体安全条约组织集体快速反应部队的任务是抵御军事侵略、实施特别行动打击国际恐怖主义和极端主义势力、打击有组织的跨国犯罪和贩毒活动，以及应对自然灾害和其他各种灾难造成的紧急局面等。独联体集体安全条约组织集体快速反应部队部署在俄罗斯境内，其“骨干”力量是俄罗斯第98空降师和第31空降突击旅。另外，独联体集体安全条约组织其他成员国也将向集体快速反应部队派出一个营或两个营规模的部队。

2010年莫斯科特别峰会则是在上述基础上确定了集体快速反应部队的部署和统一指挥的问题。独联体集体安全条约组织快速反应部队的宗旨是反击侵略，执行打击国际恐怖主义、极端主义、有组织犯罪活动和贩毒活动的特种行动，消除紧急情况造成的后果。集体安全条约组织快速反应部队将用来应对外来军事进攻，在打击国际恐怖主义和极端主义势力、跨国犯罪组织、走私贩毒，以及消除紧急情况后果等方面展开特别行动。

（二）“平衡外交”下的“可汗·探索”多国联合军演

自20世纪90年代以来，蒙古积极推行“平衡外交”，并将美国列为重要的“第三邻国”，双方的军事交流迅速升温。原本专注于本土防御的蒙军在美方支持下逐步走出国门，不仅积极参与伊拉克战争，而且在国际维和等军事行动中也有所收获。作为回应，美国近年向蒙古提供的军援亦逐步增加，目前为止已投入数千万美元资金，令蒙军的装备及训练水平有了较大改观。蒙古和美国的联合军演最早可追溯到1994年的“贝克·猿狐”联合演习，到“可汗·探索”军事演习前，蒙、美之间共进行过十多次的联合军事演习。但与“可汗·探索”军演相比，这些联合军演规模小，范围也仅限于救援，参演兵力多是民防部队。自“可汗·探索”军事演习开始，演习规模一年比一年大，内容也转变为正规军队的协同作战。2006年，蒙美主导的“可汗·探索”军演从双边扩展为多边联合军演，至今已经举办10年。目前，该军演已经成为亚太地区各国提高维和能力与军事合作的主要措施之一。此后每年举行一次蒙美双边军演。

1.“可汗·探索—2003”联合军演

2001年8月18日，“可汗·探索—2003”蒙美联合军演正式拉开帷幕，演习共分两阶段。第一阶段从8月18日正式开始。演习内容主要是由美海军陆战队员对蒙古士官进行素质训练，使他们可以更好地向军官转变。具体内容主要包括身体素质训练、教授部队的指挥与领导艺术、国际交战规则、各种武器装备的操作与使用、部队的安全控制等多个方面。第二阶段演习主要包括课堂教育和野外训练，旨在提高蒙古军队的作战、维和等整体能力。演练的内容也主要是教授他们了解执行维和行动的战术、技巧和程序，告诉他们如何执行检查站、巡逻等任务以及如何控制骚乱等技巧。其中，美海军陆战队的一支部队深入蒙古草原，与蒙古人民军举行代号为“可汗·探索—2003”的联合军事演习。这是美国海军陆战队士兵第一次进入到这个东北亚内陆国家并进行军事演习。

美国和蒙古的军事交流最早起步于2000年。当时蒙古军队第一次派外交、政府及军事人员参加了美国主导的代号为“集中—2000”有关维和方面的联合军事演习。美国出于推行其新的亚洲军事战略考虑，一直希望加强美、蒙之间的军事交流。2001 年 5 月，美主动邀请蒙古军队派员观摩其与泰国、新加坡等国共同举行的“金色眼镜蛇—2001”联合军事演习。此后，双方的军事互访也逐步增多。美国先后发动阿富汗战争和伊拉克战争后，一直疲于应付。特别是在战后重建和维和方面，有大量工作要求助于国际社会特别是“盟友”的帮助。在这种情况下，美国加大了和蒙古进行军事交流的力度，也希望由此得到蒙古的支持。

2.“可汗・探索—2005”联合军演

2005 年 4 月 17 日，蒙古和美国的军事人员在蒙古首都乌兰巴托以西 65 千米处的蒙古武装力量训练中心开始了代号为“可汗探索—2005”的联合军事演习。这是蒙美第 3 次在蒙古举行联合军演。这次演习为期 12 天，参加人员包括美国的 70 名海军陆战队员和蒙军的 130 名官兵，演练内容将围绕执行国际维和任务展开，主要包括巡逻、设卡检查等。

从军事地理的角度看，蒙古位于“北极熊”和“东方龙”之间巨大的接合部，蒙古东西南三面与中国接壤，边境线长达 4600 多千米，北面与俄罗斯接壤，边境线长 3000 余千米，是欧亚大陆腹地具有重要地缘战略价值的国家。美军之所以愿意三番五次地长途跋涉赶赴蒙古参演，一方面希望借“可汗・探索”熟悉亚洲内陆地区的作战环境和战术战法，另一方面则希望加强对该地区的军事渗透，在大国博弈的棋局中投子。一旦美国在该地区实现军事存在，将占尽地利，上击熊腹、下压龙背，取得战略上的先机。随着“可汗・探索”在演习规模、周期和人数方面的大幅提高，人们对发生在蒙古高原的这场演习的关注度也在逐步增强。

3.“可汗·探索—2006”联合军演

2006年8月11日至24日，蒙古、美国、泰国、印度、孟加拉国、汤加、斐济7个国家的1000多名军人在蒙古武装力量训练中心塔翁陶勒盖举行代号为“可汗·探索—2006”的多国联合军事演习。蒙古总统、国防部部长、美国太平洋司令部司令都来观摩演习。

“可汗·探索—2006”联合军事演习在乌兰巴托以西65千米的武装力量培训中心开始，演习分为理论学习和实战演练两部分，主要目的是教授士兵如何执行维和任务，并提高士兵合作能力。来自美国的220名士兵和蒙古国的630名士兵参加这次联合军演。印度、泰国、斐济、汤加、孟加拉国5国的242名士兵也应邀参加军演。英国、法国、加拿大、意大利、日本等国派出了观察员。

此次演习由时任蒙古武装力量总参谋部维和局局长尤鲁勒苏伦上校和美国太平洋陆军司令汤姆少将负责指挥，内容包括图上作业和野外实战演习两部分。这次联合军演的目的是用5年时间在亚太地区培养1.5万名符合联合国要求的维和士兵。为迎接多国联合军演，蒙美投入巨大的人力和物力，使原本条件简陋的训练中心大为改观。演习现场的指挥部、野战医院、军人宿舍、厨房、停车场、商业中心、卫生间等服务设施一应俱全。另外，演习区域还建有一个5000平方米的操场和几个篮球场。演习期间还建有国际标准的二级野战医院，具备在野外做中、小型手术的条件。演习现场还配备了互联网宽带和国际长途电话，并建有食品店、酒吧和礼品店等。该训练场上建有用于训练的障碍物、铁丝网和简易楼房等设施，还有军用帐篷、军用车辆和武器装备等。蒙武装力量建设发展规划中还指出，塔翁陶勒盖训练中心的目标是建成国际维和训练中心。

虽然2006年美蒙参加“可汗·探索—2006”的总人数均是以往的数倍，但是其兵力主体仍由从日本冲绳远道赶来的美国海军陆战队第3远征军所属以及蒙军第150维和营构成。前者曾经在美国海军陆战队参与的阿富汗战争中大显身手，后者则参加了在伊拉克的“维和任务”，并且多次受到驻伊美军的好评。对于过去几年里双方多次共同参与演习的经历，第150营营长拉特尔上校表示，“我们从美国同行的身上学到了很多东西，这将帮助我们走向现代化。”蒙军第150维和营希望能够将自己打造成一支能与美特种部队相适应、可在全球范围完成作战任务的精锐部队。

在向蒙军传授高级单兵与班排战术，并使其加强执行维和行动和反恐任务的战术、技巧和程序掌握的同时，蒙军的骑兵巡逻作战以及近身摔跤技能也令俨然已经步入信息化时代的美国大兵着迷。“我们在3年前接触到了骑术”，一位参加演习的美国士兵在接受蒙古媒体采访时表示，“这使我们在很多时候大受其利，今年我们还将进行进一步的学习。”在美蒙联合军演中加入骑术的内容始于“可汗·探索—2003”，此后的阿富汗反恐行动中，美军发现以马或者驴为代步工具与“基地”分子在山区周旋，其灵活性要远远高于四轮驱动的“悍马”战车，而骑术的学习也随之成为美军在历次“可汗·探索”中的重点学习科目。

早在“可汗·探索—2006”开始之前，五角大楼和蒙军总参谋部就向外界表示，虽然本年度的演习规模扩大、参加国家骤增，但演习的组织方式不变。这就意味着此次“可汗·探索—2006”仍将按照以往“三三制”的演习安排进行。“三三制”是目前被国际上广泛采用的多国联合军演模式，主要指演习分为前期准备和人员培训、首长司令部演习和兵棋推演以及实兵野战演练三阶段，而实兵野战演练又分为基本科目适应、各方融合互适、实弹射击演习三部分。

8月5日至10日，各参演部队已经完成了相应的培训准备，并开赴蒙古武装力量训练中心。在8月12日至17日的第二阶段中，美、蒙等国的参谋人员将在指挥所内进行图上作业推演，通过“纸上谈兵”的模拟演训，使各参演方的参谋部人员彼此了解对方的指挥程序，为第三阶段的野外实兵演习作先期铺垫。在“动真格”的实兵野战演练中，美、蒙等国将以蒙古武装力量训练中心为平台，首先进行部队自我保护和基本科目的适应训练，具体内容主要包括战地通信、工兵技能和营地警戒等基础防御性科目。接下来的各方“融合互适”是联合军演至关重要的一部分，各国参演官兵将结合本国的军事训练，对各自所长进行交流演习，熟悉掌握相应的技能，并对各国不同的军事文化加深理解，使参演部队融为一个整体。最后的实弹操演是对整个野战演练的测评和总结，也是体现联合演习成果的重要环节。

与以往历次演习相比，此次“可汗·探索—2006”最引人注目的就是参演部队的“联合国军”阵容。除中国、俄罗斯、日本、英国等国家的驻蒙武官参加演习开幕式外，此次共有包括蒙古、美国、孟加拉国、印度、泰国、汤加和斐济7个国家在内的千余名军人参演。而韩国军方也宣布参加此次演习，被蒙古媒体评论为“一场国际化的军事聚会”。虽然打着“国际”字号的大旗，然而仔细分析具体的参演人数，“联合国军”中有220名美国士兵、630名蒙古国士兵，来自印度、泰国、孟加拉国、斐济、汤加5国的军人总数加起来也只有242名士兵，美、蒙主导演习的色彩相当浓厚。曾经对“可汗·探索—2006”抱有浓厚兴趣的印度最终只派出寥寥数十人，而明白个中缘由的韩军联合参谋本部更是以预算方面为由，只派出5名军人参加演习。虽然身为东道主的蒙军人数远远超过美国人，并且博得了与美国共同主导演习的名头，但是演习中仍然出现“反客为主”的局面。

“可汗·探索—2006”实际上是一出7国联演的“众星捧月”

的游戏。在演习开幕式上，美军仅派一名少将登场亮相，而蒙古国家最高军事元首却亲自出席，不符合“对等”这一国际军事交往原则。在制定演习方案时，美国军方提出演习应以维和与反恐为宗旨，蒙古军方虽然对此提出异议，并多次与美方“商议协调”，但最终仍然作出让步，围绕山姆大叔的意图制定了演习方案。美军看重的是蒙古地形和位置。地处内陆的蒙古，总兵力不过万余，作战水平与美军也不可同日而语，美军之所以愿意三番五次地长途跋涉赶赴蒙古参演，其主要原因在于蒙古典型的亚洲内陆地形地貌，以及其在军事地理方面的重要位置。美军一方面希望借“可汗·探索”熟悉亚洲内陆地区的作战环境和战术战法，另一方面则希望加强对该地区的军事渗透，在大国博弈的棋局中投子布势。

蒙古全境可分为西部山地、中东部高原和南部戈壁三个地形区，其地貌特征在亚洲内陆国家中颇具代表性。作为“可汗·探索”的主要演习区域，蒙古武装力量训练中心位于乌兰巴托以西65千米处的塔旺陶勒盖，塔旺陶勒盖的中文译名为“五山”，这里汇合了蒙古的主要地形特点，堪称演武用兵的绝佳场所。

4.“可汗·探索—2010”多国联合军演

2010年8月11日至25日，蒙古、美国、印度、韩国、泰国、孟加拉国、斐济和汤加派出官兵在乌兰巴托举行代号为“可汗·探索—2010”的多国联合军演，其目的是为了加强相关国家的“维和行动能力”。蒙古国武装力量总参谋部认为，“可汗·探索—2010”多国联合军演对于向外国宣传蒙古国、增加地区间军事互信以及提高本国军人的维和水平等方面具有积极意义。

2010年的“可汗·探索”演习仍由蒙军总参谋部和美军太平洋总部联合组织实施，分成野战实兵演习和首长司令部图上推演两部分三阶段：第一阶段是非致命性武器和基本科目适应训练。参演的是各方的士官，具体包括部队自我保护、防御性作战、工兵技能和战地通信。第二阶段，各国的参演官兵由蒙军带往五山训练场接受实战训练和互适各国不同的文化，让参演部队融为一个整体。这一阶段包括各国军队从美军那里学到高级单兵与班排作战战术，而美军仍跟以往一样从蒙军那里学习骑马巡逻的技能。事实上，这一技能并不过时，因为在阿富汗的美军已经发现，骑驴或者骑马与拉登的“基地”武装分子在山中周旋，远比直升机和“悍马”战车管用得多。2003年美国第三陆战远征部队所学的骑术，就在阿富汗反恐行动中发挥了极大作用，因此在接下来的“可汗·探索”演习中，参演美军年年苦学骑术。第3阶段，各国参演官兵将前一阶段学到的技能运用于实际战斗中，该阶段要进行实弹射击演习。

在参演国家中，除了美国在蒙古行动备受关注外，隐现出的印度更加令人侧目。其实早在2005年12月，蒙古国防部长对印度进行一周正式访问时，就与印度国防部众多高官进行了多轮会谈。当时印蒙双方同意成立联合工作组，以便就部队人员训练、举行常规军事演习等细节性问题进行磋商，为两国全面提升军事合作关系打下基础。与此同时，来自印蒙两军各25名士兵还在印度陆军反叛乱及丛林战学院举行了联合军事演习。《印度时报》援引印度军方的评论称，“蒙古国领土分别与俄罗斯和中国接壤，但恐怖主义已没有了边界的限制，印度丰富的反恐作战经验将对蒙古提供更多的帮助，这也是蒙古寻求强化与印度军事合作关系的主要原因。”印、蒙两国如此迅速地提升军事合作关系，一方面源自蒙古希望能够实现外交多元化，另一方面，印度寻求加快针对亚洲地缘政治的海外军事布局也是非常重要的原因。随着综合国力的增加，印度已不单单拘泥于成为南亚次大陆的地区大国，而是想进一步将军事及战略影响扩展到整个亚洲乃至全世界。如果说在蒙古设立海外军事基地还只是初具构想，那么印度在塔吉克斯坦的艾尼空军基地已经在建设当中。另外，印度军方还在2010年年底前派遣12架米格—29战斗机进驻，使得印度首个海外军事基地正式投入使用。而该基地建成后，印度自身战略影响力将进一步向外延伸。

与此同时，印度与其他国家的联合军演次数也在逐年大幅递增。在过去几年时间里，印度每年都要举行10次涵盖海、陆、空三军的联合军演，演习地点除了涉及印度洋、马六甲海峡等被印度一向视为“传统势力范围”的地区外，还会向东一直延伸到太平洋，向西抵达波斯湾海域。在“北进步伐”上，目前印度与中亚国家的军事合作也正日益密切，印度与塔吉克斯坦还举行了首次联合军事演习，战略影响力已经开始渗入到中亚地区，谋求蒙古设军事基地无疑是向亚洲内陆渗透影响力的重要一步。法国媒体认为，如果印度在蒙古设立海外军事基地能“梦想成真”的话，可以预见，届时印度在“南下印度洋”的同时，“北进亚洲内陆”也会使得整个亚洲地缘政治格局发生深刻变化。

5. “可汗·探索—2012”联合军演

2012年8月12日，“可汗·探索—2012”多国维和军事演习在蒙古国首都乌兰巴托以西65千米处的蒙古国武装力量培训中心拉开帷幕。来自蒙古国、美国、英国、印度、韩国、日本、加拿大、澳大利亚、德国、法国、新加坡和新西兰等国的1000多名军人参演，中国和俄罗斯派观察员参加。此次军演主要内容包括营级指挥部训练、野外排级战术训练、野外医疗救助，以及建筑工事经验交流等。演习持续12天，于8月23日结束。

在所有的参演军队中，来自新加坡的军人引人注目。新加坡一直热衷于参加各种联合军演，其中有美国或是北约主导的多国联合军演，也有澳大利亚等国家开展的双边军演。这确实是因为新加坡这个国家的特殊国情决定的。新加坡国土面积狭小，缺乏战略纵深，但是其地理位置却扼守马六甲战略要道，所以其国防忧患意识很强。新加坡无论是装备水平还是国防动员能力在东盟各国都是数一数二的。有了士兵、有了武器还要有日常的训练，军队才能保持战斗力，而受地域限制，新加坡的军营大都紧挨着居民区，日常的训练都会扰民，这一点空军训练尤为明显。而且新加坡作为国际航空港，各国航班进出频繁，也限制了空军训练。所以新加坡一直把参与国外的联合军演作为锻炼军队的一个主要方式。新加坡在文莱、印尼、澳大利亚、新西兰、美国等国家和地区都有训练基地，甚至很多军事装备都直接保存在这些国家和地区的基地中。比如，新加坡空军就有差不多一半的飞机都驻扎在美国和法国的基地。新加坡的驻训部队也经常和所在国家的军队进行联合训练。

6. “可汗 · 探索—2015” 军演中日军队同时现身

2015 年 6 月 20 日，“可汗 · 探索—2015” 多国维和军事演习在蒙古国武装力量培训中心拉开帷幕。此次军演旨在加强参与国在国际维和行动中的合作，提升国际维和行动能力。主要内容包括室内推演、实兵演练、工程支持和医疗救护 4 个科目，演习于 7 月 1 日结束。中国派出 25 人实兵分队参加，这是中国首次派实兵参加“可汗 · 探索”年度军演。

“可汗 · 探索—2015” 多国维和军事演习军演旨在加强参与国在国际维和行动中的合作，提升国际维和行动能力。军演“包括指挥所演习和野战训练演习，地点在五丘训练中心，二者均以维和与稳定行动为重点。在这部分演习中，蒙、美等各国部队将努力提高地区协作性和完成任务的效率，同时制定共同行动策略、方式和步骤”。共有来自中国、美国、法国、印度、韩国、日本、加拿大等 23 个国家的 1200 多名军人参加演习，其中包括约 300 名美国陆军和海军陆战队员和600名蒙古武装部队官兵。美国海军陆战队克里斯托弗·J·马奥尼准将指出，此次军事演习将帮助各国与军队“建立专业的军事关系”和“建立人际关系及保持长久的联系”。

7.“可汗·探索—2016”多国联合军演

2016年5月22日，由蒙美联合组织的“可汗·探索—2016”多国维和军事演习在蒙古国武装力量培训中心拉开帷幕。蒙古国总统额勒贝格道尔吉、蒙古国武装力量总参谋长达瓦、美军太平洋总部司令哈里斯以及各国驻蒙使节等出席开幕式。来自蒙古、美国、韩国、日本、菲律宾、印度尼西亚、孟加拉国、捷克等48个国家的2000多名官兵参演。6月4日，军演在蒙古国首都乌兰巴托的蒙军综合训练中心落幕。

本次演习在蒙古国首都乌兰巴托以西65千米处的蒙军综合训练中心举行，以某国爆发武装冲突，联合国决定实施维和行动为背景，内容包括室内推演、实兵演练、工程支持和医疗救助四部分，旨在提高各国军队在维和行动中的快速反应能力，促进各方军事互信和军事关系发展。与以往的演习相比，参加本次“可汗·探索—2016”军演的国家及参演兵力翻了近一倍。美军太平洋司令部司令哈里·哈里斯作为参演国家代表出席开幕式并致辞，这也是近年来参加军演的美军最高指挥官之一。蒙古国总统兼武装力量总司令额勒贝格道尔吉在演习开幕式上说，在蒙古国武装力量与美国亚太司令部共同实施的“为了世界和平倡议”框架内，持续多年举行的多国联合军演，是为了提高参演国军人的维和技能，增强地区军事互信与安全。演习的目的是提高参演国家军人的维和能力，扩大军事合作。支持蒙古国防军事改革，为蒙军培训维和队伍和人才。5月26日，在蒙古国首都乌兰巴托以西65千米处的蒙军综合训练中心，各国参演官兵在“可汗·探索—2016”多国维和军演中进行相关科目演练，并对媒体开放。

十多年来，“可汗·探索”联合军演已成为亚太地区国家加强维和能力与军事合作的主要平台之一。与以往的演习相比，参加2016年“可汗·探索—2016”军演的国家及兵力翻了近一倍，共有来自包括中国在内的47个国家共计两千多人。“可汗·探索”多国军演之所以能够成为地区有影响力的维和训练行动，不仅在于参演国家多、组织规模大，更在于其强调作战的基本技能要贴近实战。军演内容包括室内推演、实兵演练、工程支持和医疗救助四部分。演习内容平行展开，互不关联。演习科目不设脚本、没有预案，实兵演练突出实战、强化对抗。演习与训练在两个不同的场地实施，双方自主对抗，自主发挥，完全是在陌生的场地和未知的情况下进行背对背式的演练，无形中增加了很大的难度。军演总体设计和安排紧密结合国际局势和当前热点，一切从实战出发。从进驻训练场开始，所有演习科目均按照战时状态进行。另外，据蒙军方介绍，训练中心食堂可同时供480名军人就餐，时间为一小时，半小时吃饭，半小时休息，之后直接进入训练场地。

应蒙古国军队邀请，中国军队多年派观察员观摩演习，2015年首次派遣实兵参演。此次系中国是第二次参加该联合军演，由陆军第54集团军某部派出的39人的步兵排参演，在演习中先后独立完成了警戒与搜索、暴乱控制、联合国营区防卫、简易爆炸物处理、战场救护、保护平民7个科目，既展示我军良好形象，也增进了同各国军人相互了解和互信，进一步提升未来参加维和行动的能力，共同为维护世界和平与促进地区安全稳定贡献力量。

连续开展十多年的“可汗·探索”联合军演，规模和影响逐年扩大，不仅促进了蒙古国的国防军事改革，为蒙军培训了大量的维和队伍和人才，而且成为蒙古国在地区军事合作领域的一张名片，提升了蒙古国在国际舞台上的地位和影响力。同时，该军演也提高了参演国的维和技能，提升了参演国协同遂行维和任务的能力，并增强了地区军事互信与安全。

（三）拉拢“草原之鹰”多国联合军演

“草原之鹰”多国维和军事演习开始于2003年，它是北约与哈萨克斯坦在北约和平伙伴关系计划框架下实施的军事合作项目。“草原之鹰”军演每年举行一次，军演的主要内容是以维和、反恐为主的。演习代号之所以命名为“草原之鹰”，是因为“鹰”在哈萨克语中是“英勇和骄傲”的代名词。“9·11”事件之后，美国打着反恐战争的旗号大举向中亚地区渗透，同时还积极动员北约和中亚国家发展合作伙伴关系。在中亚各国当中哈萨克斯坦是人口最多、面积最大而且经济最发达的国家，当然就是美国拉拢的重点对象。

1.“草原之鹰—2008”联合军演

2008年9月15日，哈萨克斯坦与北约举行的“草原之鹰—2008”联合军事演习在哈东南部阿拉木图州境内的一个训练场拉开序幕，来自哈萨克斯坦、美国和英国的军人参加演习，演习目的是检查哈萨克斯坦及北约军队联合执行维和任务的水平，提高指挥人员在维和行动中的组织协同能力。演习一直持续至9月27日。

2.“草原之鹰—2011”军演哈萨克斯坦跟三大国玩太极

2011年8月8日，哈萨克斯坦、美国、英国等6国“草原之鹰—2011”联合军演在哈萨克斯坦东南部的伊犁训练场拉开帷幕。参加演习的军人数量达到1400多名，并且动用各种军事设备近百台。另外，哈萨克斯坦空军、浮桥架设营、军事警察和哈萨克斯坦国防部所辖军事学院的学员也将参与此次军演。演习持续3周时间。

此次演习目的在于提高哈萨克斯坦与多国军队联合执行维和任务的水平，增强各国士兵和指挥官在维和行动中的实战能力和组织协同能力。所以，本次演习的高潮将是各国军队将进行一场有国际水准的维和行动。演习的结果，将由观摩演习的观察员国代表、北约的军事专家以及多国驻哈萨克斯坦使团的武官作出评判。

2011年的哈萨克斯坦“草原之鹰”联合军演可谓规模空前。参加的国家除了哈萨克斯坦、英、美之外，还有吉尔吉斯斯坦、塔吉克斯坦和拉脱维亚3国。吉尔吉斯斯坦、塔吉克斯坦和拉脱维亚3国的首次参演，使“草原之鹰”联合军演的国家增加到了6个。另外，此次军演的训练场也比以前增加了3个。这个演习不论参加的国家有多少，在其中起主导作用的肯定是美国。可以说，“草原之鹰”系列联合军事演习是美国在中亚地区10年苦心经营的一个缩影。

3.“草原之鹰—2016”多国维和军演

2016年4月11日，代号为“草原之鹰—2016”的多国维和军事演习第一阶段在哈萨克斯坦阿拉木图州一军事训练基地拉开帷幕。来自哈萨克斯坦、美国和英国的军人参加军演。其中，来自美国、英国的60多名军人参加了军演。

在第一阶段的军事演习中，来自哈萨克斯坦特种部队的士兵和来自美国、英国的维和士兵就维和部队士兵管理、维和行动中使用武力的相关规则、维和行动中的通信联络、如何开展医疗救护、如何疏散人员等科目进行演练。“草原之鹰—2016”多国维和军事演习第二阶段在英国举行，哈萨克斯坦派出250名特种部队士兵参加军演。

二、“联合铸和平”的双边联合军事演习

双边联合军事演习主要是独联体内部国家的双边联合军演、俄罗斯与蒙古的双边联合军演、上合组织内容的双边联合军演和蒙古与其他国家举行的双边联合军演。

（一）独联体内部联合军事演习

1. “稳定—2008”俄白联合军演

2008 年 9 月 22 日至 10 月 21 日，俄军携手白俄罗斯，在从布雷斯特到堪察加的广大地域内展开了名为“稳定—2008”的战略军事演习。军演分为若干阶段，其中包括战区级演习、战术演习和指挥所演习。参演部队几乎涵盖了俄军大部分武装力量单位，包括莫斯科和远东军区、波罗的海舰队、北方舰队、太平洋舰队、空军和防空部队第 11 军、第 16 和第 37 飞行大队，以及战略火箭兵和由内务部、紧急情况部等相关部门组成的特别武装力量。

10 月 12 日，战略火箭兵从普列谢茨克航天发射场发射一枚“白杨”洲际弹道导弹，准确击中堪察加半岛库拉靶场内的预定目标。俄海军“叶卡捷琳堡”和“莱诺格拉德”号战略核潜艇分别成功发射“轻舟”（SS—N—23）和“撒旦”（SS—N—18）潜射弹道导弹。演习的目的是演练包括海、陆、空“三位一体”战略核力量在内的武装部队的战略展开，以应对潜在军事威胁。

2. 俄白“西方—2009”联合军演

2009 年 9 月 8 日至 29 日，俄罗斯和白俄罗斯举行了代号为“西方—2009”的战役战术联合军事演习。演习由俄罗斯和白俄罗斯两国总参谋长共同指挥。参加演习人数约 1.25 万，战机 60 架，直升机 40 架，坦克 220 多辆，装甲车 470 辆，大炮 230 门，战舰数艘。演习计划由两国总参谋部共同制订，演习目的是确保东欧地区的战略稳定。俄方参加演习部队包括来自莫斯科军区、空军、空降兵、黑海舰队、北方舰队和波罗的海舰队的部队，共约 7000 人。两国军队主要就共同消除武装冲突和自然灾害、进行战略遏制、确保联盟国家安全等项目展开大规模演练。

演习期间，进行了俄军队指挥机构和兵力调往白俄罗斯境内的演练和导弹发射演习。卢卡申科在演习结束后发表谈话说，这次演习涉及区域包括从莫斯科到白俄罗斯境内的广大范围，以及俄罗斯西部的加里宁格勒州等地区，是一次规模庞大的演习。演习不仅极大地提高了俄、白两国军队的战斗力水平，同时使两国在军事方面的合作首次达到如此高的水平。梅德韦杰夫发表讲话说，这是近年来俄、白两国首次举行这样大规模的演习。演习展示了俄白联盟国家的合作精神，表明俄白联盟国家关系得到了巩固。他同时强调，这次演习是纯防御性质的演习，目的是发展两国的军事力量和保卫两国的国家利益。俄、白两国领导人当天还表示，两国今后将每两年举行一次类似规模的军事演习。俄罗斯和白俄罗斯是独联体国家中在政治、经济和文化等方面关系最为密切的两个国家。两国于1999年年底签署国家联盟条约，致力于在各自保留国家主权的同时组成联邦国家，该条约于2001年1月正式生效。

3. 俄塔“盾牌—2016”联合军事演习

2016年11月29日，俄罗斯与塔吉克斯坦官兵在塔境内进行了“盾牌—2016”跨军种联合军事演习。俄部署在塔吉克斯坦境内的201军事基地的精锐部队、塔吉克斯坦内务部部队以及塔边防军等1万多名官兵参加了此次演习。演习期间，双方出动了坦克、装甲车、直升机等1500多部重型装备。

本次演习以进入塔吉克斯坦境内的假想敌为目标，俄、塔双方共同就防御、进攻、机动、搜索和摧毁等战术项目进行了训练。此外，双方还演练了撤出战斗及重整军力等战术项目。演习最后一阶段在塔首都杜尚别南部靶场举行。此次并非2016年俄、塔首次举行军事演习。此前的7月，双方已经就隐蔽作战、障碍机动等项目举行过演习。201军事基地是俄罗斯在中亚的重要基地，驻扎约有7000名俄罗斯官兵。该基地部队训练有素，且配备有俄一流装备，拥有较强的作战能力。

（二）蒙俄“达尔汗／色楞格”联合军事演习

俄、蒙两国自2008年起每年举行一次的“达尔汗”（蒙语意为“建设者”）联合军演，旨在提高两国武装力量的联合行动能力。刚开始“达尔汗”还是小规模的战术演习，2011年后演习被更名为“色楞格”（以发源于蒙古，经流俄布里亚特共和国，注入俄贝加尔湖的“色楞格”河命名，其寓意不言自明），“色楞格—2011”军演分两阶段，分别在俄、蒙两国进行，主题为反恐演练。从此演习也开始具备反恐性质，规模呈扩大趋势。

● 2008年“达尔汗—1”联合军演

2008年11月1日，蒙俄开始举行代号为“达尔汗—1”的联合军演，为期30天。这是自1979年蒙、苏军队在蒙古戈壁举行联合军演以来，两国30年后首次举行的联合军演。此次联合军事演习的目的是为改善军事装备，提高部队维和能力。蒙古派出250名军人，俄罗斯派出450名军人参演。俄方承担约30亿图格里克（1美元约合1150图格里克）全部演习费用。参演的俄罗斯军人和武器装备通过2列军用列车从俄罗斯的博尔贾出发，经赤塔、纳乌什基，进入蒙古国的额尔登特和乌兰巴托。俄方约有200件武器装备运入蒙古国，其中包括汽车、装甲车、坦克、导弹、高炮、通信等装备。演习分乌兰巴托市周边、中央省宗莫德县和鄂尔浑省（省会为额尔登特市）两个区域。

● “色楞格—2014”联合军演

2014年8月15日，蒙俄“色楞格—2014”联合军演于哈拉哈河战役胜利75周年之际在蒙古国开始。俄军派出约500人、100件武器军事装备参演。8月27日，俄罗斯和蒙古国“色楞格—2014”军事演习在蒙古国境内的靶场结束。

在“色楞格—2014”军事演习中，俄罗斯向蒙古国派遣了约500名摩托化步兵部队军人，动用了履带式机械、飞机和大炮。演习期间，俄蒙战士进行了反恐行动，并为平民开辟了安全走廊。大约1000名俄蒙官兵、150件作战设备和特种装备参加了8月15日启动的“色楞格”演习最后阶段。近年来，代表俄罗斯参加这一演习的官兵数量有所增加，各有300名官兵代表俄方参加了“色楞格—2012”和“色楞格—2013”演习。2014年的演习是向苏联—蒙古联军于1939年在哈拉哈河击败日军75周年献礼。与以往演习相比，此次演习的特点，一是双方参加演习的人数有所增加，二是首次举行野外条件下联合演习，三是蒙俄双方的飞行部队参与演习。在演习结束时，参演的部队将参加哈拉哈河战役胜利75周年庆祝活动和阅兵仪式。

● “色楞格—2016”联合军演

2016年8月29日，俄蒙“色楞格—2016”联合军演在俄罗斯布里亚特共和国的东部军区布尔杜特的训练场启动，演习持续至9月7日结束。演习开幕仪式隆重而热烈，举行升挂两国国旗及奏两国国歌仪式，双方参演军人还统一列队举行了分列式。

布里亚特蒙古人是该共和国第二大民族，2010年统计数字是28.7万人，占到该共和国总人口的29.5%（俄罗斯族人口为63万），是俄境内名副其实的“小蒙古国”。历史上，布里亚特共和国曾归属北蒙古，17世纪末被沙皇俄国吞并。“色楞格—2016”联合军演的最后阶段在布里亚特共和国境内靶场结束，最后进行了大规模的实弹射击。

实弹射击阶段，俄、蒙坦克和摩托化步兵部队在米—24直升机、苏—25“白嘴鸦”攻击机、自行火炮、“冰雹”和“飓风”多管火箭炮和迫击炮的掩护下占领了位于指定区域的据点，并消灭了假想的非法武装组织。驻扎在布里亚特的东部军区诸兵种合成集团军在演习中出动了1个坦克营、1个摩托化步兵连、迫击炮、自行榴弹炮和火箭炮连、防空部队和核生化侦察部队。蒙古武装力量派出乘坐步兵战车和装甲运输车的摩托化步兵连、坦克排、迫击炮和火箭炮连参加演习。双方参加演习的共有多达1000名军人和200件武器装备，其中包括东部军区的攻击机、轰炸航空兵和陆军航空兵。

（三）蒙古国与其他国家的联合军事演习

1. 蒙印“游牧之象”联合军演

2007年，蒙、印两国举行第三次代号“游牧之象”的双边联合军事演习。“游牧之象”蒙印联合军演在乌兰巴托以西大约65千米的五丘训练中心举行。

印度正在悄无声息地扩大与蒙古之间的国防和安全联系。印度加强与蒙古军事合作，旨在增强对周边邻国领空以及该地区军事活动的监控力度。印度和蒙古两国曾于2004年10月在蒙古境内举行联合维和任务演习，这也是两国首次举行双边联合军演。一年之后，两国又在印、缅交界的米佐拉姆邦Vairangte地区的反叛乱和丛林战学校（CIJWS）举行第二轮双边联合演习。印度自从20世纪90年代末开始推行所谓“向东看”政策和策略，寻求与中国的邻国建立战略关系。印度加强与蒙古的军事合作关系正是其“向东看”战略的具体步骤之一。

2. 蒙古国与卡塔尔举行联合军事演习

2009年10月12日，为期10天的代号为“果断决定”的蒙古国与卡塔尔联合军事演习在距乌兰巴托市65千米处的蒙古国武装力量培训中心开始举行。这是蒙古国与卡塔尔两国举行的第二次联合军演。卡塔尔共派出180名官兵参加军事演习，蒙古国则派出100名官兵参演。

演习开始时，卡塔尔军人首先在教官指导下了解并熟悉地形地貌。之后，蒙古国与卡塔尔两国军人进行联合实弹射击等演习活动。蒙古国与卡塔尔两国于2007年签署军事领域合作协议后，两国军事交流明显加强。卡塔尔为蒙古国武装力量培训中心的设备维修和更新等提供资金支持。

三、“冲破遏俄”的单边军事演习

北部方向国家包括俄罗斯、蒙古和中亚五国。这些国家每年都要举行单边军事演习，但由于国家人力、物力和财力的差异，除了俄罗斯外，其他国家的单边军事演习的规模较小、数量有限。因此，本节中主要介绍俄罗斯举行的规模较大的单边军事演习。

（一）俄罗斯核力量军事演习

苏联解体后，俄罗斯走了一段“亲西方”路线，经历了十余年激进改革的阵痛，至2000年普京执政时，俄罗斯的政治、外交以及经济、军事实力大幅减弱。而美国及其西方盟友一直奉行弱俄、遏俄的战略方针，国际战略局势错综复杂，俄罗斯的安全环境每况愈下，其战略空间不断被西方挤压。特别是阿富汗战争与伊拉克战争后，俄军方越来越觉得，常规力量难以维护俄罗斯国家安全，因此，俄制定了以核遏制为依托的机动战略，通过举行各种军事演习检验其常规力量的跨区远程机动能力能否应对局部战争。

1. 俄罗斯重大核军演概况

自2000年普京执政以来，俄罗斯共组织战略性军事演习就有数十次之多，且这些演习均有战略核力量参演。下面只是一些较重大的拥有核力量的大规模联合军演。

● 恢复战略核潜艇全球巡逻演习

2003年9月，俄海军4大舰队——波罗的海、黑海、北方和太平洋舰队举行了十多年来最为频繁的军事演习，主要目的是将恢复战略核潜艇全球巡逻。

9月2日，“波多利斯克”号核潜艇在鄂霍次克海域发射了“虹鱼”（SS—N—18）潜射洲际弹道导弹。导弹飞行6000多千米后，准确击中了俄北部阿尔汉格尔斯克州卡宁诺斯角演习场上的目标。俄航天部队的无线电技术设备及时发现了导弹飞行弹道，并通过计算机系统对弹道数据进行了处理。“波多利斯克”号因此获得了俄罗斯总统普京的电报嘉奖，称其出色的表现为“重塑俄海军雄威”。

● **“安全—2004”25年来俄最大规模的战略演习**

2004年2月10日至19日，俄军在其国土全境举行了一次代号为“安全—2004”的战略首长司令部带部分实兵演习（俄军方公布的名称是“战略首长司令部操练”）。

这是20多年来俄军首次举行这样大规模的战略性演习，尤其是陆基、海基和空基的全部战略核力量与常规力量同时参演则更为少见。世界舆论甚至将这次演习与1982年苏军举行的、被西方称为“7小时核战争”的核突击演习相提并论。演习的设想早在2003年就已拟订并得到了批准。演习由俄国防部部长伊万诺夫任总指挥，具体事务由俄武装力量总参谋长克瓦什宁大将直接负责，普京总统2月16日晚亲赴俄海军北方舰队演习现场观摩，并乘北方舰队的“阿尔汉格尔斯克”号核潜艇出海。2月17日晚，普京总统抵达普列谢茨克航天发射场，视察卫星、火箭发射演习。演习主要有3个目的：一是检验近年提出的新战略方针——“以核遏制为依托的机动战略”；二是检验对“三位一体”战略核力量和一般任务力量的战略指挥能力和军队的战备能力；三是试验新式武器装备与技术，特别是战略导弹突防技术。可见，演习是全方位上演新“核战”。

演习所设想的情况是，恐怖分子从四面同时向俄罗斯发起进攻，俄将在包括海、陆、空、太空在内的四条战线同时作战。尽管俄并未公布演习的假想敌，但明眼人一看演习地图就明白，示意图上标的大红箭头明显地指向北约和美国。虽然俄军方声称参演兵力将保持在最低限度，但自俄罗斯立国以来，俄军还没有举行过如此大规模的战略性演习。参演总兵力 5000 至 9000 人，涉及俄“三位一体”战略核力量的所有组成部分、6 大军区、3 大军种和 3 个独立兵种。这场演习最引人注目的地方在于有军事航天部队和莫斯科反导防御力量的配合行动。

从此次大规模军演可以看出，俄军新军事战略的主要意图正在向“先发制人”“核遏制”的方向发展。2003 年 10 月，俄军队高级干部会议听取了国防部部长伊万诺夫关于《俄武装力量现代化学说》的报告，这标志着俄酝酿已久的新军事学说正式出台。这一学说更加强调“先发制人”和“核遏制”战略。此次演习正是这一战略思想的体现。同时，俄在此次演习中首次使用核武器对付恐怖分子的威胁，表明俄将进一步降低核门槛，扩大使用核武器的范围，使核武器成为“保护军事安全的最可靠工具”。为此，俄努力在技术上提供保障，努力使核武器向小型、快速、准确和机动的方向发展。俄前任原子能部部长维克托·米哈伊洛夫透露了“惊人”内幕：有多个俄实验室正在涉足一些“具有革命性”的核武器研究，有可能会使现代战争“态势”发生整体改变。

● “西方—2009”模拟对波兰发动“核打击”

此次演习代号为“西方—2009”，目的是为了“防御”作战，但许多行动似乎具有进攻性质。这次演习是在 9 月进行的，共有俄罗斯与白俄罗斯的 1.3 万多名士兵参加军演。由于波兰与俄罗斯和白俄罗斯关系都十分紧张，因此波兰成为演习中的“假想敌人”。演习中，俄罗斯空军使用了核武库中的武器。

● "高加索—2012"大规模战略核力量演习

2012年10月19日至20日，俄罗斯战略核力量举行了代号为"高加索—2012"战略核力量演习。俄陆、海、空"三位一体"战略核力量都参加了此次演习，这是俄历史上规模最大的一次战略核力量演习。10月19日，作为俄战略核力量重要组成部分的战略导弹部队从阿尔罕格尔斯克州的普列谢茨克航天发射场试射一枚"白杨"洲际弹道导弹，导弹飞越6000千米后击中位于堪察加库拉靶场的预定目标。俄太平洋舰队"格奥尔吉·波别多诺谢茨"号核潜艇从鄂霍茨克海域发射一枚"撒旦"（SS—N—18）潜射导弹，成功击中位于俄北部奇扎靶场的预定目标。此外，俄2架图—95和图—160战略轰炸机发射4枚可携带核弹头的巡航导弹，均击中俄西北部彭波伊靶场目标。俄最新研制的"铭甲—S"防空系统当天在该靶场首次成功拦截巡航导弹。

演习期间，普京在指挥部亲自检验俄战略核力量自动化指挥和通信系统运行情况，并指挥陆、海、空战略核力量的导弹发射。演习结束后，他高度评价参演部队和俄军总参谋部的表现，并称该演习证明俄战略核力量的可靠和威慑力。

● 大规模演习抗衡北约反导系统

2013年10月30日，即北约在罗马尼亚南部动工建设欧洲反导基地仅两天之后，在俄总统普京亲自指挥下，俄罗斯战略核遏制力量、空天防御部队、海军以及远程航空兵举行了一次大规模的战略演习，其目的是大规模演习抗衡北约反导系统。

演习期间，战略导弹部队从普列谢茨克航天发射场发射一枚"白杨"（SS—25）洲际弹道导弹，同时从东奥伦堡地区发射一枚"撒旦"（SS—18）洲际弹道导弹，这2枚战略导弹均准确击中堪察加半岛库拉靶场内的预定目标。俄罗斯海军"布良斯克"号和"胜利者圣乔治”号战略核潜艇分别在巴伦支海和鄂霍茨克海海域各发射一枚“轻舟”（SS—N—23）潜射弹道导弹，导弹成功击中了预定目标。同时，空军防御部队在哈萨克斯坦的演习场发射了近程反导导弹，成功击中了模拟弹道导弹目标。在卡普斯京亚尔靶场还进行了“凯甲—S”S—300和S—400防空导弹系统发射，共摧毁15个在各种距离和高度上模拟弹道导弹和巡航导弹目标。另外，俄军还发射4枚“伊斯坎德尔”和“圆点—U”战术导弹。

俄军通过这些导弹试射，全面检测了俄战略核力量的战备水平和可靠性，以及所有战略核力量指挥系统的有效性。

（二）俄罗斯远东地区的军事演习

具有“双头鹰”之称的俄罗斯，不但关注西部方向的安全，也关注远东地区的安全。俄军从2005年开始组织实施了4次“东方”系列军事演习，分别是“东方—2005”首长司令部战略演习、“东方—2010”战略战役演习和“东方—2014”首长司令部战略演习。

1.“东方”系列军演基本情况

2003年8月18日至27日，俄罗斯在远东地区举行了十多年来最大规模的军民联合战略演习。俄海军太平洋舰队、远东军区、远程空军以及内务部、紧急情况部、交通部、安全局等16个部门和远东4个边疆区、州参加了这次联合演习。演习区域包括俄远东陆地地区和自北向南的白令海、鄂霍次克海、日本海3海水域。演习主要目的是保障俄远东地区的安全，维护俄经济利益和开展反恐斗争。俄海军总司令弗拉基米尔·库罗耶多夫担任这次演习的总指挥。

2005年7月18日至23日，俄在远东地区举行“东方—2005”首长司令部战略演习。原远东军区、空军远程航空兵、战术航空兵、铁道兵部队和内务部特种部队共计5000余名官兵参加演习。演习内容有搜索和消灭非法武装团伙、进行实战和实弹射击演练，目的是检验俄军有效应对各种形式的恐怖主义威胁的能力。

2010 年 6 月 29 日至 7 月 8 日，俄在原西伯利亚和远东军区举行“东方—2010”战略战役演习。参演部队来自原西伯利亚军区、远东军区、伏尔加河沿岸—乌拉尔军区，太平洋舰队、北方舰队和黑海舰队，空军、空降兵及内务部、联邦安全总局、联邦警卫局和紧急情况部。演习共 2 万名官兵参加，动用共计 2500 余台（套）各型军事技术装备，70 架各型飞机、30 艘舰船。演习内容为远程兵力投送、实弹射击、空降突击和两栖登陆等。演习目的是检验俄军在复杂条件下执行大型军事行动的能力，并对俄军于 2008 年 10 月开始的“新面貌”军事改革成果进行检验。

2014 年 9 月 19 日至 25 日，俄在东部军区举行“东方—2014”首长司令部战略演习。参演部队来自东部、中部、西部军区，太平洋舰队、第 3 空防司令部，空军远程、运输航空兵，空降兵、空天防御兵。演习共 15.5 万名官兵参加，动用共计 8000 余台（套）各型武器技术装备，632 架各型飞机和 84 艘舰船。演习内容为国土机动防御、大型岛屿防御作战、抗击敌海上集团入侵、大型军事行动后装保障、北极地区空降作战等。此次演习检验了部队完成任务的能力和战备训练水平，以及各级指挥员和指挥机构组织指挥协调能力，也检验了装备完好程度和配套情况。

2.“东方”系列军演主要特点

远东地区是俄罗斯极其关注的战略方向，透过俄罗斯军队在这一地区连续三次的大规模联合军事演习，可以发现一些新特点。

一是规模大、层次高、联合性强。“东方”系列演习，普遍是规模较大，动用的装备较多。如在 2003 年的演习中，近 7 万名军人和文职专家参加了这次联合演习；在“东方—2005”演习参加官兵 5000 余名；“东方—2010”演习参加人数达 2 万，动用装备

2500余台（套），同时在18个靶场展开；“东方—2014”演习，参加人数超过15万，动用装备800余台（套），同时在24个靶场展开。

“东方—2005”演习由时任总参谋长巴卢耶夫斯基大将亲自指挥。“东方—2010”演习中时任总参谋长玛卡罗夫大将也是亲自指挥，时任国防部部长谢尔久科夫亲临哈巴罗夫斯克听取演习汇报。对于“东方—2014”演习前，国防部部长绍伊古大将听取了东部军区准备情况。演习开始后，他又亲临演习现场进行视察，并通过视频系统向总统普京汇报演习进展情况。

四次演习中，俄均动用了多个军兵种参加。在2003年的演习中，俄海军太平洋舰队、远东军区、远程空军以及内务部、紧急情况部、交通部、安全局等16个部门和远东4个边疆区、州的65艘水面舰艇、包括5艘核潜艇在内的7艘潜艇、72架飞机和直升机；“东方—2005”演习中原空军第11集团军派出7架战机为地面部队提供空中支持；“东方—2010”和“东方—2014”演习中俄派出除战略核力量以外的所有军兵种：陆、海、空三军全程参与，空降兵、空天防御兵、军事运输、远程航空兵积极协同，演练了空地协同、海空配合作战，具有较强的跨军兵种联合作战的性质。

二是严格实战标准，反映真实情况。演习中，俄军将演练重点放在参演部队在贴近实战的情况下完成平战转换，快速远程机动至陌生地域，在复杂环境下执行各项作战任务上。“东方—2005”演习中，加强摩步营通过急行军赶到任务地区消灭入侵之敌。2003年演习的主要目的是保障俄远东地区的安全，维护俄经济利益和开展反恐斗争。“东方—2010”演习中，原伏尔加河沿岸—乌拉尔军区、西伯利亚军区的轰炸机特意从8000千米外直飞太平洋演习地域。“东方—2014”摩步营演习开始后，西部军区驻加里宁格勒州和下诺夫哥罗德州部队500余名官兵乘飞机机动6000余千米到达远东地区靶场，实施军兵种协同行动，组织战斗射击等内容。东部军区驻哈巴罗夫斯克独立摩步旅机动2000余千米到达萨哈林岛。“东方—2005”演习坚持在自然真实的条件下演练，以掌握最准确的数据，总参谋长巴卢耶夫斯基大将也认为“演习科目非常现实”。

为了创造最大限度接近实战的条件，“东方—2010”演习中，参演的原西伯利亚、远东军区和太平洋舰队在18个靶场共设置了约2万个靶子，其中超过8000个是隐显靶，约2000个是移动靶，开辟70余块模拟场地。同样在“东方—2014”演习中，工程兵在靶场上设置了大量障碍、模拟场地，雷场、障碍地、反坦克壕，并在海上设置了各种障碍。为突出实战复杂条件，演习还专门设置了强渡水障和空降兵战术空降等科目。为使官兵获得实战体验，俄军专门划拨兵力、兵器模拟敌进攻态势，专门抽调40余架飞机、直升机组建空中模拟攻击群对东部军区地面部队实施空中进攻。

三是重视查找问题，明确工作重点。演习中，俄军总参谋部将很大一部分精力放在了查找和解决问题上，专门派出工作组深入演习一线靶场，对演习效果进行评估。“东方—2005”演习考虑到当时在英国、埃及发生的恐怖袭击事件，专门设置了联合反恐科目演练，旨在提高俄军及其他强力部门应对恐怖袭击的能力。“东方—2010”演习时，时任国防部部长谢尔久科夫指出：“演习中我们不追求面面俱到，只是想弄清楚，新的指挥体系运转如何，检验我们所做的决定是否正确，必要时作出修正。”因此，导演部专门安排数个新组建的机动综合旅参加演习，以检验俄军从军区—集团军—师—团四级指挥体制改为军区—集团军—旅三级指挥体制的运转情况，检验新成立的战略战役指挥部对参演各军种实时指挥能力。总体上看，此次演习就是对2008年10月开始的“新面貌”军事改革中期成果的总体检验，以便发现问题及时纠正。在“东方—2014”演习前俄军组织的突击战备检查中，总参谋部查找出指挥机关和部队作战值班员应用新型指挥自动化系统能力弱等问题，演习中总参谋部要求指挥员和机关参谋人员熟练操作新型指挥自动化系统和现代化的侦察设备。国防部为收集民众对俄军建设意见，首次将“东方—2014”这类大规模演习通过网络视频同播，民众可在网上发表公开评论或对军队的建设意见，最后由国防部进行收集整理。通过“东方—2014”演习，俄军基本解决了前几次突击战备检查中查出的问题，没有再让这些问题影响部队战斗力的发挥。

（三）俄罗斯名目众多的联合军事演习

除了举行大规模核力量军事演习和在远东地区举行较大规模军演外，俄罗斯还在其他地区和海域举行各种军演，用以维护俄罗斯的国家利益。

1. 俄罗斯海军里海规模空前的军事演习

自2002年8月1日起，俄罗斯以打击国际恐怖主义、跨国贩毒和非法捕捞为由，在里海地区举行了为期15天的诸军兵种联合军事演习。这是自苏联时期以来，这一地区所举行的规模最大的一次军事演习，参演部门之多、演练科目之广、持续时间之久，以及演习地点的敏感性，均引起了国际社会的广泛关注。

此次演习由普京总统于2002年春亲自确定，参演兵力以俄里海区舰队为主，还有北高加索军区第136摩步旅和第205摩步旅、第20摩步师的一部分、军区直属炮兵部队、驻北高加索的空军第4空防集团军，以及联邦边防局、联邦内务部、联邦安全局、联邦铁道兵局、联邦紧急情况部和联邦交通部的部（分）队。其中，里海区舰队出动了水面舰艇部队的主力和第77近卫独立海军陆战旅，联邦内务部出动了1个特警旅，联邦边防局出动了里海海上边防警卫队和阿斯特拉罕边防支队的全部兵力。除此之外，海关以及阿斯特拉罕州和达吉斯坦共和国的救援与生态部门也派人参加了演习。俄方共派出1万多名军人、60艘舰艇和30多架作战飞机及直升机参演。受俄方邀请，哈萨克斯坦派出4架苏—27歼击机和1个米—8直升机中队，阿塞拜疆出动1艘水文调查船和1艘基地扫雷舰参加演习。土库曼斯坦和伊朗派观察员观看了演习。演习由时任俄国防部部长伊万诺夫亲自坐镇，海军总司令库罗耶多夫大将担任总指挥，里海区舰队司令马索林中将担任副总指挥。

整个演习分为两阶段，8月1—7日为第一阶段。首先由里海区舰队司令部和陆军、空军以及其他强力部门的代表举行首长司令部演习，制定保卫舰队和海岸设施的行动方案。随后铁道兵部队和内卫军部队演练警戒和修复道路及桥梁，以及警戒港口的行动。8日至15日实兵操演为第二阶段。实地演练侦察、围剿和消灭非法武装，封锁、搜剿里海北部岛屿，拦截海上可疑船只，进行登临检查，警戒、保卫渔场和海上石油钻井平台，以及进行抢险救援、清除生态灾难后果等科目。

8月1日上午，国防部部长伊万诺夫亲自飞抵阿斯特拉罕，在里海区舰队旗舰“鞑靼斯坦”号护卫舰上宣布演习开始。接到规定信号，参演海军部队立即转入战斗准备状态，开设野战指挥所，并与友邻的陆军、空军、边防军、铁道兵和内卫军部队取得了联系，着手组织联合行动。演习开始的前一天，海军总司令曾在阿斯特拉罕举行了有里海区舰队及其他各参演部门代表参加的协调会，强调，“执行保卫俄罗斯在里海国家利益的任务，离开了各强力部门的有力配合和协调一致的行动是不可能的。”因此，演习开始后，里海区舰队的舰艇部队、海军陆战旅和海上边防警卫队的指挥人员首先在海军总司令的指挥下，在阿斯特拉罕举行了以演练海上反恐行动、警戒和保卫里海区舰队设施为主要内容的首长司令部演习。参演的北高加索军区地面部队和空军第4空防集团军的指挥机关，以及紧急情况部、内务部和铁道兵的代表，也在陆上参加了联合保卫俄罗斯里海利益理论问题的演练。

首长司令部演习结束后，内卫军部队和铁道兵部队一起演练了恢复被毁交通和警卫里海港口的行动。8月7日，守卫阿斯特拉罕伏尔加河铁路大桥的内卫军部队和特种警察与破坏大桥的“恐怖分子”交火，在激战中大桥被恐怖分子埋设的地雷炸断。接到命令后，铁道兵部队立即从库图姆车站开来一列装甲列车。面对1000多米长的复式铁路桥，铁道兵专家立即组织航空侦察组从空中勘测铁路桥的损坏程度，同时地面技术勘查人员以对进的方式从两侧对大桥进行技术侦察，检查路面、跨梁和支架的损坏程度，以及有无爆炸性危险品，并派出蛙人深入水底勘测桥墩。技术侦察结果表明，桥梁中段遭到严重破坏。铁道兵专家立即制定修复方案，全力组织抢修。装甲列车快速吊运钢轨、修复桥墩、铺设路面。不到1小时，铁路就恢复了畅通。与此同时，在港口马哈奇卡拉也展开了反恐和抢险救援行动。港口内的储油罐遭恐怖分子袭击突然爆炸起火，达吉斯坦紧急情况部的民防分队、当地的联邦安全局分队、内务部警察，以及内务部机关派出的指挥人员参加了消除灾难后果的行动。内卫军部队封锁了整个港区，在组织消防人员灭火的同时对附近地区展开仔细搜查，联邦安全局与内务部联合组成的“事故”调查组则采取进一步措施，预防恐怖分子对港区再次发动恐怖袭击。演习第一阶段以北高加索军区第205独立摩步旅实施急行军结束。第205独立摩步旅的一个快速机动连首先从驻地布琼诺夫斯克乘车实施300千米急行军，抵达里海沿岸的奥利亚港，然后登上临时动员的交通部所属“作曲家卡拉·卡拉耶夫”号大型运输船，前往里海城附近的演习场。

自 8 月 8 日起，第二阶段的实兵演习全面展开。首先出动“队列”—II 侦察系统的 5 架“蜜蜂”—1 型遥控无人机，对恐怖分子的基地和快艇实施航空侦察。这种无人机曾在车臣战争中使用过，证明非常有效。北高加索军区第 4 空防集团军也出动 4 架苏—24MP 前线侦察机配合侦察。当发现“大批匪徒”正在向里海沿岸集结后，里海区舰队司令马索林中将随即下令开始行动。驻守布伊纳克斯克的第 136 摩步旅派出第 537 独立侦察营的机动群，内务部派出特警旅，先期投送的 205 摩步旅的 1 个连与里海区舰队对恐怖分子联合实施海、陆包抄，接着与恐怖分子展开“激烈战斗”。为建立对“匪徒”的力量优势，驻守里海城的第 77 海军陆战队派 1 个营搭乘登陆舰和气垫船快速前往交战地区。第 4 空防集团军下属第 1 近卫混合航空兵师出动苏—24M 前线轰炸机，对恐怖分子的防御前沿实施空中突击。在烟幕的掩护下，里海区舰队的 6 艘作战舰艇（“鹞”号导弹护卫舰和 5 艘导弹艇）成战斗队形，向恐怖分子乘坐的快艇和据守的海岛发射炮弹和导弹，目标被接连摧毁。与此同时，海军陆战队在武装直升机和边防警卫队的直接火力掩护下顺利登陆，从海上向固守的恐怖分子发起冲击。恐怖分子曾试图使用汽车向防御前沿调集预备队，但遭到第 1 近卫混合航空兵师强击航空兵团 4 架苏—25 强击机的有力阻击。登陆后的海军陆战队与摩步兵和特警部队协同向抵抗之敌发起猛攻并将其彻底歼灭。在交战中，哈萨克斯坦的苏—27 歼击机也直接参加了“从海上封锁负隅顽抗的海匪集团”的行动。

随着大批武装匪徒被歼，演习转入下一个科目。里海区舰队出动 4000 名水兵和海军陆战队员与联邦边防局里海海上边防警卫队和阿斯特拉罕边防支队，以及内卫军部队协同，开始对里海北部难以通行的海岛进行搜索，以彻底摧毁恐怖分子的秘密基地、武器和毒品仓库。在行动中，里海区舰队从海上对岛屿实施封锁，并出动运输舰向岛上投送由海军陆战队、海上边防警卫队和内务部特警组成的混编侦察搜索队，对所有岛屿逐一进行清剿。到8月11日，清剿行动顺利结束，演习部队开始演练检查海上可疑船只、警戒海上航道、保卫渔场和海上采油场的行动。空军再次出动无人机和侦察机实施航空侦察，发现走私武器和进行毒品交易的可疑船只，引导里海区舰队和海上边防警卫队舰艇进行拦截，向船上投送检查组，并将这些可疑船只押送到就近的俄罗斯港口。随后，里海区舰队在海上边防警卫队的配合下开始了海上护航行动，掩护联邦交通部的船只从海上运送物资，预防恐怖分子、海盗以及有组织犯罪团伙的攻击，确保商船航行的安全。在里海北部，里海区舰队的部分兵力与哈萨克斯坦航空兵及阿斯特拉罕海上救援中心、里海北部航运局、阿斯特拉罕港务局、阿斯特拉罕航空公司一道，演练了保卫俄能源部及“卢克”石油公司采油场和生产设施的行动，各种兵力、兵器以组织海上巡逻的方式警戒“阿斯特拉”海上石油钻井平台，防止恐怖分子向这一海域进行秘密渗透。阿塞拜疆的水文调查船和“穆罕默德·加德日耶夫”号扫雷舰则与俄罗斯扫雷舰一起，参加了警戒渔场、打击海上“生态恐怖主义”的行动。俄、阿两国扫雷舰以拖网的方式扫除偷捕者布下的渔网，并取得不小的“战果”，共缴获了80多千米长的渔网和10余吨珍贵的鲟鱼。俄、阿双方扫雷舰还演练了舰艇出事后相互救援的行动。第二阶段最后一个演习科目是实施海上救援，消除生态灾难后果。设想运输部1艘油轮在里海遭恐怖分子袭击，里海区舰队和联邦交通部紧急派出救援船只，与俄联邦紧急情况部和达吉斯坦共和国搜索救援局人员一道搜索抢救落水人员、消除原油泄漏后果。

俄此次里海军事演习从演练内容和科目上看，的确与里海地区日益活跃的恐怖主义活动和里海资源不断遭到破坏有关，俄海军总司令也声称此次演习是为了“演练海军在其他军种和强力部门配合下打击国际恐怖主义、走私军火和毒品活动的能力，维护里海地区的安全与稳定。”一些分析家就此指出，里海、高加索、中亚、阿富汗有可能形成一个不稳定的弧线，变成世界恐怖主义的活动中心。特别是该地区距离反恐战役仍未结束的阿富汗和俄车臣共和国较近。俄边防军曾多次发现车臣分裂分子在里海地区活动，里海区舰队海军陆战队也曾多次在达吉斯坦和车臣边境成功地完成打击恐怖主义的任务。举行大规模联合反恐演习可有效震慑恐怖组织和分裂势力。

但举行演习最直接的原因还是里海的法律地位问题。1991 年前，里海是苏联和伊朗的界海，两国曾在 1921 年和 1940 年两度签署协议，“平分海底，共同利用水域资源”。苏联解体后，里海沿岸国家由 2 个变成 5 个，里海的法律地位和归属问题由此产生，并导致沿岸国家之间关系紧张。俄罗斯、阿塞拜疆和哈萨克斯坦主张按沿岸各国的海岸线长度扇形划分海底资源，水域实行共管。而伊朗和土库曼斯坦则表示反对，主张要么由 5 国共同拥有里海，要么平分海底及水域资源。为确定里海法律地位问题，5 国从 1994 年起多次进行谈判，但由于各方分歧严重未能取得进展，原定的首脑会晤也一直推到 2002 年 4 月 23 日才正式在阿什哈巴德举行，结果彼此立场相去甚远，会晤不欢而散。普京对此感到非常失望，对多边机制解决里海问题不再心存幻想。峰会结束后，普京没有直接返回莫斯科，而是在俄里海城市阿斯特拉罕作了短暂停留，视察了里海区舰队，并决定于 2002 年夏天在里海地区举行一次有海军、边防部队、空军和北高加索军区地面部队参加的大规模军事演习。

演习开始前，海军总司令库罗耶多夫在答记者问时一语道破了演习的真实意图："里海舰队举行演习不是为了炫耀武力，但它却可以表明俄罗斯在这一地区拥有解决各种问题的强大军事潜力，如果这些问题不能通过和平手段解决的话。"在军事施压的同时，俄罗斯在外交上也改变了策略，转而寻求通过双边谈判解决里海地位问题。此举立即奏效，5 月 11 日，俄、哈两国在莫斯科签署了划分里海北部海底及其资源的双边协议。6 月 9 日，普京总统在圣彼得堡与阿塞拜疆总统阿利耶夫会晤时，就划分里海海底问题达成一致。此后，与俄意见相左的土库曼斯坦也悄悄地向俄立场靠近。在这种情况下，普京总统邀请其他 4 国参加联合演习，哈萨克斯坦和阿塞拜疆欣然同意，土库曼斯坦以演习不在己方管辖区为由予以谢绝，但同意派观察员参加。受孤立的伊朗对演习反应最为积极，提出从波斯湾增派 4 艘护卫舰北上。俄不愿看到伊朗向里海增兵强化其军事存在，以舰艇北上需通过俄内河航道为由予以拒绝，建议其以里海现有兵力参演，伊朗最后只同意派观察员参加。

从地区安全层面看，俄在里海地区举行大规模军事演习，还有其对抗美国向这一地区渗透的意图。苏联解体以来，俄罗斯对中亚和高加索地区的影响力随着经济和军事实力的衰落而不断削弱。中亚和高加索国家为争取外援，以各种手段吸引大国介入，炒作里海石油便是其手中的"王牌"。里海地区蕴藏着丰富的油气资源，这是苏联时期就已探明的事实，苏联解体后里海国家并未进行新的勘探，而石油储量却在短短几年间翻了几番，达到 900 亿～ 2000 亿桶，成为仅次于波斯湾的"世界第二大油田"。掌握着苏联勘探数据的俄罗斯知道炒作背后的真实意图，就连西方的石油公司对此也反应谨慎，但美国政府却以参与里海能源开发为由积极向这一地区渗透。里海地区连接着欧洲、亚洲和中东地区，是重要的地缘战略枢纽，美出于独霸全球的考虑急欲在这里投棋布子，但苦于无法介入，中亚和里海国家提出这样的请求，美国乐得顺水推舟。

目前，中亚和里海地区的石油主要从哈萨克斯坦田吉兹，经俄里海北部和车臣，再到黑海沿岸港口诺沃罗斯斯克的输油管道输送到西方。美国介入后，积极主导修建里海石油出口的新管道，即从阿塞拜疆首都巴库经格鲁吉亚首都第比利斯，再到土耳其地中海城市杰伊汉的中线，从哈萨克斯坦里海北部港口阿克套，经土库曼斯坦、阿富汗，到巴基斯坦港口城市卡拉奇的南线，企图以此打破俄罗斯对里海石油出口的控制。对此，俄罗斯不得不改变策略，积极介入多国能源开发，以求在被动中争取主动。

“9·11”事件后，俄罗斯在中亚和高加索地区从军事上也面临着越来越被动的局面，美国以阿富汗反恐为名进入俄罗斯后院，相继在中亚国家乌兹别克斯坦、吉尔吉斯斯坦和塔吉克斯坦，以及高加索国家格鲁吉亚取得了军事存在，并以军事援助和军事合作为名，积极向哈萨克斯坦、阿塞拜疆和亚美尼亚渗透，企图挤压俄罗斯的战略空间，控制石油命脉。面对已逼近家门的强敌，俄罗斯没有退路，必须采取措施巩固对传统势力范围的影响力。所以，俄选择举行大规模军事演习，以彰显在这一地区的军事存在和解决各种问题的强大军事潜力。通过军事施压，尽快解决里海法律地位问题，抵御美国的进一步渗透，这是俄举行军事演习的主要意图之一。

从地缘战略上看，俄虽放弃了与美在全球范围内的对抗，撤出了古巴和越南金兰湾基地，但并未放弃在地缘战略领域里的争夺，特别是在建立环俄罗斯安全缓冲带方面。2012 年以来普京采取了一系列令人瞩目的举动：访问朝鲜半岛，显示俄朝传统友谊及解决朝鲜问题的影响力；借重上海合作组织，巩固中亚安全合作机制，与中亚国家频繁举行联合军事演习；通过首脑外交，改善因纳—卡冲突与阿塞拜疆长期恶化的关系；强化独联体军事合作，成立以俄武装力量总参谋部为基础的军事管理机构，组建联合快速反应部队；以集体反恐为名，缓和与格鲁吉亚的紧张关系；积极介入北约，建立新型的20国合作机制，从内部制约北约行动等。从中不难看出，普京正在努力构筑一条从东北亚到大西洋，保障俄周边地缘安全的稳定弧线。选择在里海举行大规模军事演习，正是俄巩固其独联体地缘战略依托，改善安全环境的一个重要举措。

2. 西部军事演习意在声援亲俄武装

2014年8月5日，俄罗斯空军开始在俄中部和西部地区展开为期4天的军事演习，共有100多架军机参加。此次军演是俄军组织的系列演习之一，旨在加强俄军的协调能力。参演军机的型号包括苏—27和米格—31战斗机，苏—34轰炸机以及米—8、米—24和米—28N直升机。在乌克兰东部交战陷入白热化之际，普京此举或意在声援亲俄分离分子。

乌克兰方面对此颇为忌惮，乌军方发言人称，俄罗斯在俄乌边境布置了192架飞机和137架直升机，另外有4.5万名士兵驻扎在俄、乌边境，另设有130套火箭发射系统。该军方发言人还指控称，乌克兰政府军遭受到俄罗斯迫击炮弹的袭击。因为靠近乌克兰边界，俄罗斯此次军演可能会让西方国家感到恐慌。西方国家一直指责俄罗斯在靠近乌克兰边界地区增加军事部署，并支持乌克兰东部的民间武装。对此，俄罗斯坚决予以否认。

自乌克兰局势动荡以来，俄罗斯频频展开军事演习。2014年3月，俄军在乌克兰边界附近举行炮兵军演，8500名士兵参加。之后俄方表示已经撤回驻扎在乌克兰边界附近的军队，但北约指责俄罗斯7月底又增加了在乌克兰边界附近的军事部署。

3. “中部—2015”军事演习

2015年9月14日至20日，俄罗斯军队组织开展了“中部—

2015”大规模军事演习，这是2015年度俄军最大规模的演习。

此次演习参演部队广泛、参演兵力众多。参加演习的部队包括俄中部军区、南部军区、里海区舰队、空降兵、远程和军事运输航空兵及内务部、紧急情况部、联邦安全总局、联邦警卫局、联邦反毒品监督局以及哈萨克斯坦共和国武装力量，参演兵力9.5万，动用了7000余台（套）武器装备、170架飞机、20艘舰船。其中，有1.2万名军人、470辆战斗车辆、90辆坦克、250辆步兵战车、130辆装甲运输车、20门火炮和火箭炮在俄联邦的欧洲领土参加演习。“中部—2015”演习的主要目的是检验军事指挥机关指挥军队集群联合开展军事行动、制止国际武装冲突、包围消灭非法武装团伙的能力。

“中部—2015”演习内容非常丰富，主要包括以下内容：一是诸军兵种联合作战。未来作战形态将是联合作战。俄军认为，武装斗争的进程和结局首先取决于各军兵种行动的协调一致。演练中，上级派出强击机、歼击机、武装和军事运输直升机及部分工兵分队实施联合作战。二是反恐作战行动。“9·11”事件后，俄罗斯将反恐作战列入军队训练科目，不断探讨新战法。演习中，在阿列伊斯克靶场演练阶段，米—24武装直升机从空中掩护地面部队实施作战任务。飞行组还与特战分队协同训练了搜索、消灭“恐怖分子”等内容。三是远程机动演练。演习开始后，中部军区驻萨玛拉州独立摩步旅按照警报紧急出动，迅速完成物资装备装载，而后以混合方式机动1000余千米到达阿斯特拉罕州阿舒卢克靶场，并遂行战斗任务。演习中，800名空降部队官兵分乘20架伊尔—76运输机和直升机远程机动，实施空降作战。四是空天领域攻防作战。此次演习是俄空天军正式成立后参加的首次军事演习。演习开始后，空天军的飞行员已开始在中部军区的靶场遂行防空战斗值班任务。所有飞行技术装备及人员随时准备升空，做好拦截“敌人”巡航导弹、用导弹轰炸“敌人”地面目标，迫使入侵之“敌”降落等各项准备。五是物资技术保障训练。为确保参演部队顺利遂行作战任务，俄军准备了1万余吨各种弹药、油料、物资。中部军区将20个物资技术保障部（分）队投入到近似实战的保障环境中。六是电子对抗演练。演习中，电子对抗分队在奥伦堡州托茨科耶靶场使用了大批新一代电子战设备，对“非法武装”实施电磁干扰。七是海上机动作战。此次演习的海上机动演练主要在里海地区举行。演练中，参演舰艇发射炮火消灭了模拟成水雷、小型快艇和水面舰艇的敌方目标。八是国际维和行动。演习中，俄军专门将国际维和行动列入演习内容，特意抽调担负维和任务的部队参加演习。

四、北部方向军事演习评析

军事演习具有锻炼部队、提升能力、显示存在、威慑对手、影响他国等不同层次的作用。近年来，以俄罗斯为主的独联体和蒙美等国的军事演习，除了层次高、规模大、内容多、用实弹等特征外，也反映出这些国家军事战略调整和对该地区关注的新动向。

（一）军演反映俄军事战略调整新动向

冷战结束以来，以美国为首的北约东扩咄咄逼人，同时将其触角深入俄传统势力范围外高加索、中亚和远东太平洋地区。这一切使俄罗斯深感来自东、西两个战略方向的巨大压力和潜在威胁。特别是“9·11”事件之后，美国利用反恐战争积极扩大在苏联中亚和里海地区的军事存在，并在乌兹别克斯坦、吉尔吉斯斯坦、塔吉克斯坦的军事基地站稳了脚跟，后又向哈萨克斯坦和阿塞拜疆渗透，使俄罗斯在该地区的政治经济格局受到挤压。因此，俄罗斯通过军事演习向美西方显示其军事实力和军事战略调整的新动向。

第一，在战略手段运用上，全力推行和实践先发制人核战略。

1993 年，《俄罗斯军事学说主要条例》确定了先发制人的核打击原则。2010 年，俄发表新版《俄罗斯联邦军事学说》，其中规定俄军在局部冲突时也可以使用核武器，揭示了俄罗斯现行核战略的主要特点：在安全环境判断上，认为大规模核战争可能性下降，但有限核战争风险犹存；在核武器作用上，认为常规军仍处于相对弱势下。核遏制力是维护国家安全的核心手段；在核威慑上，坚持核武器既遏制核战争又慑止常规战争，保持“延伸威慑”；在核力量使用上，不排除先发制人，突出灵活使用；在核力量发展上，保持“三位一体”的构成，陆海基并重，继续研发新型核武器。为了将先发制人的核战略逐步从理论层面引向实践层面，俄恢复战略核潜艇全球巡逻，使其核武器在世界大洋中存在；在“西方—2009”核军事演习中，采用电脑模型模拟使用核武器击退“波兰入侵者”，开创了在局部战争演习中运用核武器的先河。“西方—2009”军演是俄军对这一新学说的演练。“高加索—2012”陆海空“三位一体”核军事演习、2013 年抗衡北约反导系统演习是这一军事学说的直接体现。

第二，在战略目标上，俄罗斯军事演习透露出对亚太地区的高度重视。把演习作为展示军事实力和提升国际影响力的“舞台”。随着俄罗斯军事实力的逐渐恢复和军事力量的迅速崛起，已把举行联合军事演习尤其是大规模、高密度、多地区的联合军事演习作为展示军事实力，提高国际影响力的重要手段。2008 年，俄罗斯不仅与白俄罗斯举行了近 10 年来规模最大、持续时间最长的“稳定—2008”联合军演，恢复了中断近 30 年的俄蒙联合演习，而且“将军”舰开到美国的后院与委内瑞拉进行军事演习。金融危机爆发后，俄罗斯经济快速增长的态势有所变化。尽管如此，俄罗斯比以往更为频繁地举行大规模军事演习，“东方—2010”军事演习以宏大的规模向世界展示“双头鹰”俄罗斯并没有忽视亚洲方向。

第三，在战略能力上，推进军事改革构造战略体系。在常规力量大幅缩减的情况下，俄无力与人数上4倍于己的北约军事集团打一场大规模的常规战争。因此，核遏制的作用提高了。俄必须保持可靠的、最低限度的核遏制能力。普京曾多次表示，核武器的质量从来就是俄罗斯安全的基础。在平时，防止出现针对俄或其盟友的任何武力压迫和侵略；在战时，通过威胁使用或直接使用常规和（或）核毁伤兵器的突击，迫使敌人停止军事行动，以防止侵略升级。俄罗斯军事改革的步伐在2009年开始加快，通过调整体制编制、更新武器装备、重组战区职能等方式，大力推动战略能力的提升和战略体系的重组。“东方—2010”军事演习的目标之一就是对改革成果的实践检验。俄军事改革有三大项：机构及人员改革，现已基本结束；解决官兵的社会保障问题；武器更新。根据俄军事改革计划，俄武装力量到2020年前将全部转变为常规战备部队。武装力量将配备最现代化的武器装备，包括高技术装备，并有保障地解决核遏制问题。

第四，在能力生成上，俄军更加注重联合作战能力的提升。普京曾在上台之初批评过俄军“飞机不上天，水兵不下海”。战斗训练经费得不到落实，是俄军战斗力下降的重要原因。从2002年起，俄军开始加大训练投入，当年训练开支超过2001年1.2倍。2003年，俄军训练经费继续增长。2004年，俄军确定训练经费要占军费总额的16%。在制订2004年度的训练计划时，俄军提出了更高的要求和标准。如恢复实施大演习和带演示部队的现地首长司令部演习、大量使用高技术手段（尤其是信息技术手段）、按各军事单位在未来战争中担负的任务在实战条件下进行训练、重点演练各兵种兵力兵器的战略机动问题等。2009年开始，俄军加大了改革力度，加快了联合作战能力建设的步伐。“东方—2010”军事演习中，在战役战术层面，俄军着重演练了陆军与空军部队分队的联合行动。在战略层面，海军出动了太平洋舰队“瓦良格”号、黑海舰队“莫斯科”号和北方舰队“彼得大帝”号等主力舰艇，空军出动了许多先进战机，运用战区指挥体制，完成了远程投送、空降突击、两栖登陆等科目，着重演练了军种之间的战略协作和新战略领导体系中的战略指挥。通过此次演习，为陆、海、空三军联合作战能力的进一步提升奠定了基础。

第五，在兵力运用上，俄军积极提升作战集群的远程投送能力。俄军认为，在军事与政治形势和军事与战略形势发生突变的情况下，常备力量在核遏制的条件下通过远距离变更部署，增加危险方向上军事集团的部署，以遏制情况的升级。在战时，以现有力量抗击敌空中和太空袭击，在进行全面的战略展开之后，同时在两场局部战争中完成任务。在“安全—2004”战略演习中，西伯利亚军区、伏尔加河沿岸—乌拉尔军区的演示部队所演练的战略机动科目表明，常备兵团和部队（主要是陆军和空降兵）跨战区远距离（空中、地面）机动作战，将成为俄军在未来可能的武装冲突和局部战争中的主要行动样式。在关键的时刻和地点，投入战略集群力量能够达到战略战役的突然性，在本质上起到快速改变敌我战场态势的作用。对俄军而言，作战集群的远程投送能力还不够成熟。在以往时期，较少辐射到远东和西伯利亚地区。“东方—2010”军事演习，则表明俄罗斯作战集群的远程投送能力有了明显提升。

（二）“可汗·探索”系列军演是美全球战略一部分

作为内陆国家的蒙古，在对外军事交流方面并不闭塞。20 世纪 90 年代以后，蒙古坚持不结盟外交政策，在军事外交方面则坚持“多支点战略”，以及与中、俄两大邻国均衡发展关系的指导思想。此外，还强调与世界其他国家特别是美、日、印及欧洲诸国建立军事合作，将区外军事强国视为“第三邻国”，通过与“第三邻国”发展军事关系，达到制衡中俄两大邻国、提升自身地位的目的。

“可汗 · 探索”系列演习只是冷战后蒙古调整军事战略，拓展对外军事交往的一个缩影。蒙美“可汗 · 探索”军演的可以追溯到 2001 年蒙美代号为“平衡魔术”的人道救援联合演习。此后每年举行一次蒙美双边军演，从 2006 年开始提升为多国军事演习。作为蒙美年度例行的联合军事演习，“可汗 · 探索”系列演习突破了以往蒙美联合演习的民防与救援性质，且规模不断扩大。到 2016 年，由蒙美联合组织的“可汗 · 探索”多国维和军事演习已经达到 48 个国家，参演的官兵达到 2000 多名。美蒙之所以重视加强军事合作，有着深层次的战略目的。首先是现实原因。“9 · 11”事件以后美国需要在反恐战争中寻求支持者，而蒙古是较早支持美国的国家之一，并向伊拉克派出军事人员。无论是“可汗 · 探索”军演还是蒙派兵赴伊，对美来说都是政治意义大于军事意义。其次是战略原因。由于蒙古特殊地缘位置，蒙、美开展军事合作，尤其是“可汗 · 探索”军演，使美国实现了在中、俄之间蒙古国的军事存在，如果这种存在保持下去，将对美国在亚太地区的战略态势产生很大影响，从而发挥其遏制中、俄的作用。再次是加强与美军合作原因。蒙古企图依靠美国实施本国的军事改革计划，积极参与地区和国际事务，进一步扩大其在国际舞台上的影响。正如蒙军总参谋长陶高所说，联合军演可提高蒙古士兵训练水平，进而提高蒙古国的国际声誉。

作为一个纯内陆国家，蒙古夹在中、俄两大国之间，一直奉行“第三邻国”外交政策，主张“多支点、等距离、不结盟”的均衡外交。美国、日本、韩国、印度及欧盟国家都是其“第三邻国”政策的对象。蒙古同时还是上合组织观察员国、北约“和平伙伴关系国”、集安组织亚洲伙伴国。蒙古对“第三邻国”的需求及其独特的地缘战略地位，决定了它在美国新亚洲战略中的重要作用。近年来，美国逐渐加大了对蒙古的拉拢力度：先是将其打造成亚洲的民主典范（蒙古是美国及西方国家主导的“民主国家共同体”成员，并正在担任轮值主席国），随后又给予其北约“和平伙伴关系国”身份。与蒙古举行联合军事演习，可以看成是俄、美双方在军事领域的角力，同时在政治、经济、文化领域的明争暗斗也正时刻不停地进行。在蒙古看来，不论这两方谁占上风，蒙古都将从中受益。从这个角度看，蒙古的“第三邻国”政策无疑是成功的。

通过“第三邻国”达到制约两大邻国、提升自身地位的目的。蒙古希望自己能够拥有类似瑞士的中立国地位，其不愿看到由于与某一方的军事关系过分接近而引起其他各方的猜忌和不满，进而使自身陷入大国关系角斗场的尴尬境地。蒙古政府对这一点有着清醒的认识，蒙古总统恩赫巴亚尔曾多次强调，蒙古要避免成为大国的角逐之地，而从蒙古目前与美国开展的演习来看，也基本控制在美国所谓的“策略性军演”范畴内，即美军的介入只是对美方的战略对手产生骚扰，干扰对方战略意图，而不具备实质性的威胁意义。可以肯定的是，在一定时间内，蒙古仍将以平衡军事外交的方式构筑有利于维护国家安全的环境，这一态势不会改变。但是随着与区外大国军事关系的不断加强，蒙古是否能始终控制好外部势力对蒙古军事渗透的尺度，其情其景值得关注。

（三）中亚国家通过军演寻找与大国之间的平衡关系

中亚国家身处中、俄和所谓的“第三临国”美国之间，因此搞好与三大国之间的平衡关系是相关国家军事外交的重要内容。其中，哈萨克斯坦就是想通过与美军的“草原之鹰”联合军演在中、美、俄之间玩“制衡”。出于自身利益的考虑，每年哈萨克斯坦都要在本国举行联合军演。看一看地图就知道了，哈萨克斯坦的版图是被夹在中、俄两个大国之间，所以它把美国作为第三个邻国，拉进来形成制衡关系。这种思路就决定了哈萨克斯坦不可能一头扎进美国怀里，事实上它现在就是在寻找一个风险平衡点，就是说它对中、美、俄这三个大国要搞等距离外交。例如，2010年，哈萨克斯坦于8月与美国搞完“草原之鹰”联合军演之后，哈萨克斯坦马上于当年9月就举行了有中国参加的上海合作组织联合军演；又过了一个月，哈萨克斯坦又于10月派军队到俄罗斯境内，作为独联体集体安全条约组织的一员，参加了由俄罗斯主导的联合军演。短短3个月时间，哈萨克斯坦分别跟中、美、俄三强先后举行联合军演，它的这种“等距离军事外交”的意图可以说是煞费苦心。

中亚地区目前面临的不安定因素很多，打击恐怖主义、分裂主义和极端主义势力任重而道远，必须防患于未然，举行此类军演很有现实意义。“9·11”事件后，美国借反恐战争之机进入中亚地区，租用了吉尔吉斯斯坦的玛纳斯军事基地。美国还动员北约成员国与中亚国家发展合作伙伴关系，与哈萨克斯坦等中亚国家签订军事技术合作协议，并每年给予各种形式的军事援助。美国通过北约和平伙伴关系计划，加强与中亚国家的军事人员交流，与中亚国家举行联合军事演习的规模范围也在不断扩大。

第五章

中外联合军事演习

联合军演旨在深化双方战略协作，对中国来说更是加强安全合作，促进地区乃至和平稳定的有效途径。2002 年 10 月，中、吉两国在中吉边境伊尔克什坦口岸附近举行了双边联合反恐军演，这是新中国历史上首次与外国举行的实兵联合军演，从此拉开了中国与外军多边和双边联合军演的序幕。

一、震慑“三股势力”的多边联合军事演习

中国、俄罗斯及中亚国家既肩负保障本地区安全与稳定、维护世界和平的重要使命，也面临发展自身经济、实现民族振兴的艰巨任务。唯有进一步深化彼此间睦邻友好合作关系，才能更有效地捍卫自身利益，实现共同发展与繁荣的目标。进入 21 世纪，恐怖主义、分裂主义、极端主义势力在中亚地区的活动日益猖獗，严重威胁各国的安全与稳定，影响地区和平与发展。因此，联合反恐军事演习是上海合作组织框架内军事合作机制的重要组成部分，是对恐怖主义、分裂主义和极端主义“三股势力”的震慑。

（一）“上合组织”联合军事演习

从 2002 年开始，上海合作组织（简称上合组织）成员国之间分别进行了多次双边或多边的联合演习。“和平使命”演习在上海合作组织成员国境内每两年举行一次。上合组织框架内的历次军演旨在展示共同打击恐怖主义的坚定决心和行动能力，不针对第三方，有力推动了上合组织反恐合作的不断深化。

1.“和平使命—2003”联合反恐军事演习

2003 年 8 月 6 日至 12 日，上海合作组织成员国武装力量在哈

萨克斯坦和中国境内举行代号为“和平使命—2003”的联合反恐军事演习，这是在上海合作组织框架内首次举行的多边联合反恐军事演习。中国、哈萨克斯坦、吉尔吉斯斯坦、俄罗斯、塔吉克斯坦5国武装力量约1300人参加了演习。这是上合组织框架内的首次多边联合反恐军事演习，也是中国军队首次参加多边联合反恐演习。

2.“和平使命—2007”联合反恐军演

2007年8月9日至17日，上合组织成员国武装力量举行代号为“和平使命—2007”的联合反恐军事演习。来自中国、俄罗斯、哈萨克斯坦、吉尔吉斯斯坦、塔吉克斯坦和乌兹别克斯坦6国的4000余名官兵，参加了在中国乌鲁木齐和俄罗斯车里雅宾斯克举行的演习。这也是上合组织自2001年6月15日成立以来参与国家最多、规模最大的一次联合反恐实兵演练行动，也是解放军历史上第一次派出较大规模陆、空军部队，成建制、携重装、万里大投送，到境外参加的多国联合军事演习。

此次联合军演投入兵力为：哈方1个空降突击连，100多人；中方1个陆军战斗群、1个空军战斗群、1个武警特战队、1个综合保障群，共计约1600人；吉方1个特种作战分队，约30人；俄方1个营战术群、1个特种支队、1个伞兵连、1个炮兵连、1个轰炸（强击）中队、1个战斗直升机中队、2个运输直升机中队和1000人的内卫部队，共计约2000人；塔方1个空降突击连，约100人；乌兹别克斯坦派出军官参加导演部和联合战役指挥部的演练，不参加实兵演练。主要参演装备包括轮式步战车、轮式装甲车、突击炮、运输直升机、武装直升机、歼击轰炸机、运输机以及伞兵战斗车等。

这次演练的总体构想是：A国恐怖武装在N国北部边境地区国际恐怖武装支持下，煽动民众与政府对抗。联合战役指挥部决心对恐怖分子展开歼灭行动。演练分三阶段，全程约120分钟。第一阶段快速展开、立体接敌，第二阶段围城攻坚、机动打援，第三阶段空地遮断、追歼逃敌，目的是展示联合部队的反恐作战能力和水平。参加“和平使命—2007”实兵演练的武器装备一共有1279件。

2007年8月17日下午，“和平使命—2007”实兵演练正式展开，此次实兵演习重点演练联合侦察、夺控要点、分区清剿、机动打援、立体追歼5个作战行动。

第一个行动：联合侦察。随着俄方一架“蜜蜂—1K”型无人机从西北方向进入演习地域，演练开始第一个作战行动。参加第一个演练行动的兵力有无人驾驶飞行器、米—24直升机、苏—25、直—9武装直升机、歼轰—7、122自行榴弹炮、100突击炮及电子干扰分队等。参演部队使用陆空侦察力量，对恐怖势力实施了联合侦察，并使用航空兵、武装直升机和地面炮火，对被发现的恐怖武装进行了火力突击。

第二个行动：夺控要点。根据情况想定，恐怖武装企图依托帕什纳镇及以西要点抵御联合部队进攻。联合指挥部决心迅速夺取要点，以形成封控之势。参加第二个演练行动的兵力有轮式步战车、直—9武装直升机、心战分队、特种分队、内务部队、米—8运输直升机、米—24武装直升机以及空降突击排等。联合部队各分队以协调一致的行动迅速完成了夺控帕什纳镇外围1号、3号地区要点的战斗任务，为下一步封控和清剿行动创造了有利条件。

第三个行动：分区清剿。恐怖武装占据帕什纳镇内各建筑并扣押人质，部分恐怖分子劫持人质突围。联合战役指挥部决心清剿和阻截恐怖分子并解救人质。参加第三个演练行动的兵力为特战分队、米—17直升机、直—9武装直升机、内务部队、特警分队、摩托化步兵营、喷火连、空降突击排等。

第四个行动：立体追歼。根据情况想定，恐怖武装残部向N国北部边境地区逃窜，联合战役指挥部决心集中联合部队主力全歼逃窜之“敌”。参加最后一个演练行动的兵力为各方主力以及米—17直升机、歼轰—7飞机、直—9武装直升机、伊尔—76运输机、苏—25飞机和米—24直升机等。

当地时间15时，历时120分钟的演练行动在炮火声中全部结束。在陆、空火力支持下，联合部队对恐怖武装实施猛烈打击，并对其残余进行了聚歼。

3.“和平使命—2010”军演盛况空前

2010年9月9日，上海合作组织“和平使命—2010”联合反恐演习在哈萨克斯坦然贝尔斯基州的马特布拉克训练场开始。演习分战略磋商、联合反恐战役准备和联合反恐战役实施三阶段进行。“和平使命—2010”军演一直持续到9月25日。演习旨在表明上海合作组织成员国军队共同打击恐怖主义、分裂主义、极端主义的意志、决心和能力，体现成员国高度互信和务实合作，表达成员国维护地区和平稳定、促进共同发展与繁荣的真诚愿望。演习是在哈萨克斯坦共和国阿拉木图市和奥塔尔市的马特布拉克诸兵种合成训练场举行。作为上海合作组织框架内的第七次联合反恐军事演习，哈萨克斯坦、中国、吉尔吉斯斯坦、俄罗斯和塔吉克斯坦5国参演部队，共出动5000余兵力、1600多台坦克装甲车辆、100余门火炮和火箭发射器、50多架战机和武装直升机参加演习。演习以对恐怖主义引发的地区危机为背景，演练军事反恐作战的指挥、协同、保障和行动方法。

参演各国派出精锐力量。中国以建制部队检验部队整体作战水平。中方参加演习的部队是由1000名兵力组成的精锐部队，包括1个陆军战斗群、1个空军战斗群和1个综合保障群参加演习。参演装备包括坦克、轮式步战车、装甲输送车、车载自行榴弹炮、突击炮、防空系统炮车、轰炸机、战斗机、武装直升机等，其中，不乏像 99 式坦克、歼—10 战斗机和直—9 等当今中国军队较先进的常态化装备。参演的中国军队 8 月 31 日出发，跨越境内 3500 千米，穿越了内蒙古、宁夏、甘肃和新疆 4 个省区抵达阿拉山口，之后换乘哈萨克斯坦火车，再行进 1000 千米，抵达演习指定地区。这是继中国军队远程投送兵力前往俄罗斯参加“和平使命—2007”上海合作组织联合反恐军事演习后，又一次大跨度、远距离、多批次、长时间的兵力大投送。第一梯队官兵到达后，迅速展开作业，连夜就将可供 1000 人生活居住的野战兵营搭建完成，创造了当日到达、当日建营入驻的新纪录，而这主要得益于更方便实用、适合野战需要的新型保障装备。中方参演部队野战兵营搭设的各种帐篷保温、防寒、隔热、防潮，通风和采光性能也比较好，每顶帐篷最多可同时睡 12 名士兵。

中国参演装备均是国产装备。陆军装备主要有 100 毫米突击炮的观瞄指挥车、99 式坦克、新型车载榴弹炮、通信与工程装备、4×25 毫米弹炮结合自行防空高炮和武装直升机等主战装备；空军主要是歼—7 和轰—6H 等国产战机。这次参演的“红一师”历史上参加过第五次反“围剿”，参加了突破乌江、四渡赤水、强渡大渡河、巧夺直罗镇等战斗，在抗日战争和解放战争中也屡立奇功。这次首次跨境参加联演，部队是抱着不辱使命、再创辉煌的信念来的。进驻马特布拉克站兵营后，大家针对任务艰巨、条件艰苦的实际，及时召开战前动员大会，举行“向国旗敬礼”仪式，还进行“不负重托、牢记使命”专题教育，兵营前“加强反恐合作、维护世界和平”两排大字充分体现了广大参演官兵敢打必胜的坚定决心。

以建制兵力参加演习是常规，不是搞代表队，军队整体作战能力、整体训练水平和战备水平在建制兵力中会得到反映。这次演习和以前相比，也有相同之处，就是也有一个长距离的战略机动过程，有一个远距离的投送过程。这对部队的锻炼和检验是全方位的。参加演习的我军陆军战斗群、综合保障群从朱日和分多个梯队出发。演习的收获不仅体现在实兵演习的几小时，更体现在演习的准备过程中，在机动部署过程中和到了演习场地的预演过程、临战训练中，演习的过程当中，都会得到锻炼和检验。为了完成好这次联合军演任务，担负中方陆军战斗群和综合保障群任务的北京军区精心筹划，认真准备，参演部队也提前集中数日在基地进行了相关训练。

9月15日上午9时，中方4架轰炸机在2架歼击机护航下，分两批从国内起飞，开始跨境向哈萨克斯坦演习地域机动执行合练任务。这也是此次联演中方战机首次跨国机动，与俄罗斯和哈萨克斯坦空军联合执行合练飞行任务。临近中午，三国战机带着共同的使命和任务，共同编队，在演习地域上空演练对地攻击和模拟轰炸。执行完任务的中方战机随即返航回国，不在哈境着陆。这也是中方参加此次军演的一个特点。此外，当天陆军航空兵也参加了合练。只见低矮的山谷背面，两架直升机编队超低空飞行，突然拉起跃升，机头一点，模拟对地面实施攻击。此时，直升机离地面仅有“一树之高”。

俄罗斯通过军演检验军队改革成果。俄军派遣超过1 000名官兵参加在哈萨克斯坦举行的“和平使命—2010”上海合作组织联合反恐军事演习。俄军出动230辆坦克、自行火炮、步兵战车、运输车辆以及10架飞机参加此次军演。俄方参演兵力为部署在奥伦堡州隶属中央战略司令部的独立摩步旅1000多名军人。9月6日出发的列车运载有约280名军人和50多件装备，包括步兵战车、T—72坦克与车辆。在奔赴演习地域的途中，参演分队野战行军，抵达托茨基训练场，此间完成了班排战斗协调、连战术演习等科目，最后进行了操课考核和射击演示。该旅自7月1日起开始以重装摩步兵团的编成形式进行战备试验，俄军另外两个兵团同时分别进行轻装旅和中装旅的试验，特别专家组随同检验和研究这三个兵团在日常活动中保持战备水平的能力及其遂行各类战斗行动任务的能力。俄方参演的空中力量包括苏—24、苏—25、苏—27战机和米—8运输直升机。

上合组织“和平使命—2010”联合反恐演习俄方导演、时任俄陆军作训局代局长彼得罗夫少将在接受采访时指出，俄军在作战训练框架内派出中央战略司令部独立摩步旅1000多名官兵，补充10架飞机和直升机，参加此次演习，主要是为了在陌生地形复杂条件下练兵，实践检验新组建的常备兵团“重装旅”的战备水平。彼得罗夫少将指出，对俄军来说，参加此次联合演习的意义是多方面的，特别对俄军部队的作战训练非常重要。现在俄陆军面貌已经发生强烈变化，部队已向一年制义务兵役制转变，随着部队战斗使用前景形式和方法的推行、三级部队指挥体系的建设、军队组织编制体制的改革和其他措施深入展开，俄陆军发展已经迈入新的台阶，顺利组建了全编常备旅，战斗编成中配备了现代化的火力支持兵器、防空、情报侦察、战斗、技术和后勤保障设备。随着部队体制的变革，所有军人的战斗训练组织方法也发生了相应的变化。此时奔赴境外参加联合演习，实践检验部队改革成果，对俄陆军来说自然具有非常重要的意义。

为了此次演习，俄方在筹备过程中做了大量工作。在演习筹划阶段，俄罗斯代表团参加了4轮谈判，最后俄总统和政府下令准备和实施“和平使命—2010”联合演习，俄防长也下达了相应指示。俄方拟订了联合演习实施计划和行政、组织文件，协调导演部和沟通部门的活动，集训参演军官，准备和实施军事指挥机关首长司令部演练。在筹备过程中，结合反恐特点明确了参演部队训练计划，挑选相关人员，成立医护和保障委员会，准备武器和军事装备，追加补充食品储备。自8月16日至21日，俄陆军总司令部检查了参演部队准备情况，演练了军事指挥机关统一工作和联合反恐行动程序。在9月12日晚之前，基本活动全部结束，军事指挥机关协调有序，参演部队官兵准备就绪，野战兵营和野外军械库搭建完毕，人员和装备全部安置妥当，战车班组做好武器和军事装备的战斗使用准备。俄中央军区第21摩步旅在3天内完成了从常驻基地到演习地域的换防任务，整理临时驻地秩序，维护装备和武器。

哈、吉、塔各国均以精锐部队参演。哈萨克斯坦的马特布拉克诸兵种合成训练场搭建了军营，为各国参演军人提供食宿场所。哈萨克斯坦参演兵力约1000人，来自哈萨克斯坦南方军区和东方军区的士兵陆续进驻训练场，按计划推进各项准备工作。哈萨克斯坦现役总兵力为5.51万人，陆军约4万人。坦克和装甲车3070辆（其中坦克930辆、装甲车2140辆），各种火炮1120余门。相关军用物资和装备也陆续运抵训练场附近的奥塔尔火车站。哈萨克斯坦空军参演的战机均为苏—24、苏—25和苏—27战机。哈萨克斯坦陆军马特布拉克诸兵种合成训练场环境较复杂，如果说这里白天炎热、酷暑，甚至能把人的皮肤烤焦，根本无处躲藏的话，那么夜晚则非常凉，不穿暖和点的衣服，甚至会冷得让人发抖。不过，俄第21摩步旅训练有素的巡逻和警戒人员很快就完全适应了新的环境。而且兵营内的伙食非常好，不仅热量充足，而且营养搭配合理。随军厨师们全力保障参演官兵吃饱、吃好，随时准备完成上级下达的任务，所有必需的食物全部从俄罗斯运来。

吉尔吉斯参演兵力大约1000人，在中亚五国中，吉、塔两国的军队是力量最弱的一支。由于经费紧张，吉尔吉斯斯坦军队武器装备差、训练水平低、作战能力弱。吉军的武器装备是20世纪70年代的老装备，在经历了几十年的风雨之后，许多已经严重破损。像“乌兹别克斯坦伊斯兰运动”之类的恐怖组织经常从边境地带渗透进吉尔吉斯斯坦，但吉军队依靠自己的力量根本无法清剿，需乌兹别克斯坦派兵进入本国境内协助打击。2010年4月，吉尔吉斯斯坦发生大规模骚乱。吉新政权一宣布建立，美国驻吉尔吉斯斯坦大使在比什凯克就开始同吉“临时政府”进行接触，并通过吉国的玛纳斯国际机场内的美军“过境运输中心”向吉方提供援助物资。此外，应吉政府邀请，美国拨款550万美元，计划从2011年开始为吉建设反恐训练中心，专门用来训练吉军队人员与安全保卫人员。

塔吉克斯坦也派出1000人左右的兵力参演。塔吉克斯坦国防军由陆军、机动部队和空军防空军三个军种组成，总人数约1.5万人。此外，塔吉克斯坦还有约1.8万人的边防军。坦克和装甲车165辆（其中坦克40辆，装甲车125辆），火炮24门，防空导弹发射装置20部，直升机15架。9月22日，哈萨克斯坦空军的两架米格—29战斗机，在低空进行飞行训练。与普通的特技飞行不同，练习这些惊险动作，目的并不是对“敌”攻击，而是自我防御和掩护。

9月24日上午，“和平使命—2010”上海合作组织联合反恐军事演习在哈萨克斯坦南部马特布拉克诸兵种合成训练场举行，这也是上合组织框架内举行的第7次联合反恐军演。哈萨克斯坦南部马特布拉克诸兵种合成训练场，占地1600多平方千米，主要用于大规模战术演习、实兵演习和各型装备实弹射击，同时可容纳3个师的兵力进行训练。与前6次联合反恐军演不同，这次更加注重参演联合部队集群的作战协同训练。

为期16天的演习分为战略磋商、战役准备和战役实施三阶段，这一天进行的是战役实施阶段。在演习现场，哈萨克斯坦陆军总司令迈克耶夫少将说出了参演官兵的希望。此次演习假定：恐怖武装组织企图占领边境地区独立居民点，加强对占领地区控制，建立独立的“民族自治体”。上合组织联合部队集群由纵深出击，发现并削弱恐怖组织，实施对其破坏、伏击活动的战斗行动，在空军打击和炮兵昼夜火力的支持下，追击并消灭撤退之敌。白天的演习过程预计持续一个多小时，包括火力准备与突破、围剿居民地之敌、预备队投入交战 3 个实兵行动。

硝烟渐渐散去，一望无垠的广袤草原铭记着反恐勇士们的无私付出，见证了上合组织对于和平的不懈追求。从火力准备与突破，到围剿居民地之敌；从预备队投入交战，到夜间清剿基地之敌，秋色正浓的马特布拉克诸兵种合成训练中心上演了一出现代条件下多军兵种联合反恐作战的经典战例。五国参演官兵协同行动、联合作战，充分显示上合组织成员国武装力量之间的反恐合作已经从战略、战役层次向战术层次拓展。

4.“和平使命—2016”军演

2016 年 9 月 15 日至 21 日，由哈、中、吉、俄、塔 5 国军队官兵参加的“和平使命—2016”联演，在吉尔吉斯斯坦巴雷克奇市伊塞克湖州的“雪绒花”训练中心的基地举行。这次联演是上合组织成员国以“和平使命”命名的第 8 次联合演习。

“和平使命—2016”是首次在吉尔吉斯斯坦境内举行的上海合作组织多边联合反恐军演，哈萨克斯坦、中国、吉尔吉斯斯坦、俄罗斯、塔吉克斯坦 5 国共派出 1100 多名官兵参加。演习分两阶段实施：第一为指挥演练阶段，上合组织成员国武装力量联合部队集群联合反恐行动准备；第二为实兵演习阶段，成员国武装力量联合部队集群联合反恐行动实施，主要演练联合部队集群打击非法武装入侵先头部队，掩护居民撤离交战地区；封锁、打击、歼灭据守非法武装力量；追歼清剿残敌。

9月17日，“和平使命—2016”上合组织成员国武装力量联合反恐军事演习首次全要素、全过程部分实弹合练，在吉尔吉斯斯坦伊塞克湖州巴雷克奇市“埃杰利维斯”训练中心举行。当地时间上午8时，随着一排红色信号弹腾空而起，合练拉开序幕。各方参演部队按照“先期战斗、转移平民；立体打击、封锁控制；多路围歼、清剿残敌”三阶段组织实兵行动，锻炼和提高上合组织成员国联合反恐作战能力。参演各方各军兵种部（分）队采取“组织平民迅速撤离、快速机动合围、空地垂直打击、立体突入围歼、追歼清剿残敌”的战法，出动精锐部队，运用战术侦察机、无人侦察机、战斗轰炸机、武装直升机、装甲车、自行榴弹炮等武器装备，对敌纵深要害目标实施空中侦察、精确打击和火力覆盖，破坏敌防御结构。随即，联合部队多路突进，组织伞降、机降，抢占纵深有利地形，断敌退路，立体割歼防守山地之敌。这次演练衔接紧密，各国参演部队之间的协同更加默契顺畅，陆、空火力协同精准，达到了预期目的。

9月19日，“和平使命—2016”上合组织联合反恐演习结束了第三轮实兵实弹合练，进入最后的联合实兵行动。21日，“和平使命—2016”上海合作组织成员国武装力量联合反恐军事演习在吉尔吉斯斯坦巴雷克奇举行联合战役实兵演练。当地时间10时整，演练正式开始。航空兵集群、炮兵集群相继出动，对“恐怖势力”武装营地展开密集火力突击。联合反恐武装以雷霆万钧之势冲向“敌”据点，多兵种、多火器一线展开，多国特战队员密切协同……当地时间11时2分，绿色信号弹升起，实兵演练取得圆满成功，为期3天的实兵演习阶段落下帷幕。9月22日19时许，参加“和平使命—2016”上海合作组织联合反恐军事演习的中方约270名官兵，从吐尔尕特口岸入境全部安全返回祖国。

“和平使命—2016”联合反恐演习是中国军队编制体制改革后，首次在西部战区指挥下组织境外多军兵种联合反恐演习。联演体现出联合指挥扁平高效、指挥通联融合畅通的优点，实现了战区对境外任务分队实时视频通联和指挥控制，新的指挥体制非常适应未来联合作战和境外反恐作战的需要。演习中解放军展示的最新型轮式自行火炮，火力反应非常迅速，可在1分钟内完成射击准备，具有快速转移、火力机动、快打快撤的能力。特种分队装备的新型装甲突击车有较好的防护防弹性能，车载的35毫米榴弹发射器和重机枪比较适合山地突击作战。这次陆航参演分队首次实现在境外无依托条件下联合打击，空军参演分队的战机从本土起飞，长途奔袭400余千米实施空中火力打击，中途不着陆返回境内，具备了陌生地域跨境精确打击能力。

联演的另一个亮点是协同作战能力进一步提升。联演涉及五国参演兵力，作战思想、武器装备等方面存在诸多差异，搞好各部队之间的联合协同一直是演习的难点所在。这次各国航空兵空中参演机型有5种24架，直升机有4种16架，地面有火炮、坦克、步战车等各型装备200余台，参演兵力有1100余人。从最终协同的效果看，从空中战机到地面武器，从常规部队作战到特种分队作战，联合行动能力与以往相比均得到明显提高。

5国参演部队按任务进行编组联训，各种作战力量混编联战、共击一域，可直接感受外军的指挥体制、思维方式和战法训法。特别是俄军近年来多次参加反恐作战，积累了丰富的实战经验和实在管用的反恐战法，对解放军在联合反恐的作战指导、思想理念、战法手段等方面很有启示。联演不仅是一项军事活动，在深化各国关系、巩固战略互信以及震慑和打击“三股势力”等方面也具有重要意义，“和平使命”系列演习为维护地区和平稳定发挥的重要作用越来越大。

（二）“海上合作—2014”多国海上联合演习

2014年4月21日，由中国主导的、8国共同举办的“海上合作—2014”多国海上联合演习在青岛落下帷幕。中国、巴基斯坦、印度尼西亚、新加坡等8个国家的19艘舰艇、7架直升机及陆战队员分3个编队参加6个科目的演习，这也是中国首次主导的海上多国联合演习。

这次军演的看点之一就是突出应对非传统安全的内容。海盗、恐怖主义、自然灾害等非传统安全威胁是本地区乃至世界各国共同面临的威胁。演习以海上联合搜救为重点，在科目设置上突出了应对非传统安全问题，如联合救援、联合反劫持等内容，具有很强的现实性。4月23日上午9时5分，模拟被劫商船的北救122船发出求救信号，“我船遭到海盗劫持，请求救援！”紧接着，海上指挥所下达命令“前出查证”，印度“什瓦利克”号护卫舰直升机紧急起飞。随后，中方哈尔滨舰、印度“什瓦利克”号护卫舰、印度尼西亚“班加马辛”号船坞登陆舰组成左横队，向“被劫商船”机动。“发现被劫商船，舱面4名海盗，携有枪支。”直升机机组人员向指挥所报告。联合编队迅速进入阵位，并向被劫商船上方发射信号弹、爆震弹各2发。“4名海盗”无动于衷，指挥所决定吊放小艇、输送特战队员武力营救。与此同时，舰船实施佯动，直升机在上空盘旋，掩护10名中、印水面突击队员。中、印双方联合指挥小组同步组成，统一指挥水面突击队行动，分别负责主甲板上、下的搜索。

近年来，中国海军“走出去”加入多国间的联合演习已经成为常态，无论是出现在印度尼西亚的“科摩多”联合演习、东南亚地区规模最大的年度联合军事演习“金色眼镜蛇”，还是参加中俄、中泰等双边联合演习等，更有长白山舰正在执行的亚丁湾护航任务，都说明国际舞台上中国海军的身影日益增多。

二、趋于常态的双边联合军事演习

自从2002年10月中、吉两国在中吉边境伊尔克什坦口岸附近举行双边联合反恐军演以来，中国与外军举行双边联合军演就呈现常态化。如今，中国军队与周边绝大多数国家都举行过双边联合军演。

（一）中俄双边联合军演规模由小到大

近年来，中、俄两国两军关系不断发展，战略协作水平不断提升，两军联合演习日益常态化和机制化。2005年以来，中俄两国在双边和上海合作组织框架内已举行多次联合军事演习，演习规模由小到大，演习内容不断丰富，演习领域逐步拓展。

1.“和平使命”联合军事演习

●“和平使命—2005”联合军事演习

2005年8月18日至25日，“和平使命—2005”中俄举行联合军事演习。这是上合组织的第三次联演。这次演习在俄罗斯海参崴和中国山东半岛及附近海域举行。演习共8天，分为战略磋商、战役筹划、实兵演练三阶段。这是中俄首次联合军演，从此开启了中、俄两国的“和平使命”系列联演。

在“和平使命—2005”中俄联合军事演习中，中、俄双方派出陆、海、空军和空降兵、海军陆战队以及保障部（分）队近万人参加演习，同时还邀请了上海合作组织成员国国防部长、上海合作组织观察员国代表观摩联合演习。演习目的之一就是演练两军共同打击国际恐怖主义、极端主义和分裂主义，应对危机的组织协同，进一步提高两军有效应对新挑战、新威胁的能力。演习在俄罗斯联邦海参崴和中国山东半岛及附近海域举行。曹刚川上将和俄罗斯联邦国防部部长伊万诺夫在现场观摩了演习，并分别在闭幕式上致辞。

演习包括战略磋商、战役筹划和实施交战三阶段。第一阶段8月18日至19日在俄罗斯海参崴的俄罗斯太平洋舰队，时任中国人民解放军总参谋长梁光烈上将和俄罗斯联邦武装力量总参谋长巴卢耶夫斯基大将共同宣布，“和平使命—2005”中俄联合军事演习正式开始，中俄两军总参谋长举行联合军事演习战略磋商；第二阶段——战役筹划阶段，8月20日至22日在中国青岛开始，主要内容是兵力投送与展开、定下决心、组织战役协同；8月23日至25日，中俄联合军演进入第三阶段——实施交战的演练，主要内容是海上封锁作战、两栖登陆作战和强制隔离作战三个实兵科目。8月25日下午，历时8天的“和平使命—2005”中俄联合军事演习在山东潍北地区结束。

从战略磋商、战役指挥到战术行动，中、俄首次联合举行的这次军事演习，动用了两军常规武装力量的主要军兵种参加，演习地域跨越两国陆、海、空域，演习的内容更是涵盖了应对主要挑战的新型作战样式和作战行动。

●“和平使命—2009”联合反恐演习

2009年7月22日至26日，“和平使命—2009”中俄两军在俄罗斯远东地区的哈巴罗夫斯克市和位于中国东北的原沈阳军区洮南合同战术训练基地举行实兵演习。这是中、俄两国以恐怖主义为假想敌所进行的大型军事演习，中俄双方派出了包括机械化步兵、空降兵特种部队、装甲部队、武装直升机和空军在内的多兵种2600人参加了演习。参演装备包括坦克、步战车、自行火炮等各类装甲车辆上百台，歼击机、歼击轰炸机、强击机、武装直升机等60余架。“和平使命—2009”实兵演练重点演练联合封控、立体突破、机动歼敌、纵深围剿4个作战行动，全程约80分钟。

演习分战略磋商、战役准备和战役实施三阶段。中俄两军总参谋长7月22日在哈巴罗夫斯克市举行了第一阶段的战略磋商；战役准备和战役实施23日至25日在沈阳军区洮南合同战术训练基地举行。战役准备阶段，两军受训机关共同演练定下作战决心、拟制战役计划、组织战役协同。7月26日举行战役实施阶段，两军重点演练联合封控、立体突破、机动抗反和纵深围剿四个内容。“和平使命—2009”联合演习是中俄两国继“和平使命—2005”“和平使命—2007”演习后，在上海合作组织框架内举行的又一次大规模反恐演习。此次演习不针对第三方及其利益，旨在展示两国共同打击恐怖主义的坚定决心和行动能力。

中俄联合军事演习明确反恐五字主要战法。这次演习的科目是重点演练“联合封控、立体突破、机动抗反、纵深围剿”四个内容，表明反恐的主要战法是：封、控、围、堵、歼。这次命名为“和平使命—2009”联合反恐军事演习，表明演习的假想敌是恐怖主义分子，而不是针对第三国。中、俄两军各1个战区级指挥机关带1个方向指挥所同步受训，双方参加实兵演练兵力各1300人。中方参演部队包括1个陆军战斗群和1个空军战斗群。俄方参演兵力包括1个陆军加强摩步营、1个空降突击连和部分空军兵力。演习双方参演的主战装备是，中方包括99式坦克、86 A步战车、122自行榴弹炮以及陆航和空军部队等；俄方包括T—80坦克、步战车、152自行榴弹炮、“箭—10”防空导弹，苏—24、苏—25、苏—27飞机，米—8武装直升机、伊尔—76运输机，这些武器装备都是两军现役列装的主战装备。

●“和平使命—2013”联合军演

2013年7月27日—8月15日，“和平使命—2013”如期而至，中、俄两国军人又一次在反恐的旗帜下并肩战斗。与之前五次相比，论演习规模，它不是最大；论投入兵力，它也不是最多；可这场在俄罗斯腹地展开的军事行动，创造了中国军队的多项“首次”，实现了中外联演的三大突破，绘就了中外联演的精彩样本。

一大突破是变“就位演”为“全程演”，开创中外联演全新模式。在战争中，机动能力是形成战斗力的前提，迅速准确的兵力投送，是能打仗、打胜仗的关键。与历次“和平使命”及其他重大中外联演不同，“和平使命—2013”改变了以往先将部队投送到位再演习的做法，首次把兵力远程机动纳入演习。7 月 27 日，当中方参演部队采取空中投送、陆航转场和铁路输送相结合的方式，开始向俄罗斯境内预定地域机动时，演习已经全面展开。或许在很多人眼中，中国军队跨国万里机动不算什么新闻，因为 6 年前曾有过这样的实践。可是，这回与 6 年前不同，从受命参演到走出国门，再到投送到位，中方参演部队只用了不到以往一半的时间。有外媒这样描述：中国军队召之即来的速度，在历次中外联演中绝无仅有。

两大突破是变“分开导”为“联合导”，实现参演力量深度融合。战场上，只有每个作战单元相互配合，密切协同，才能攥指成拳，打准打狠。8 月 9 日，在俄中部军区切巴尔库尔合同训练场上，中、俄双方参演部队演练了实施封控、并肩突进以及要点夺取等战术科目。虽然，这是“和平使命—2013”的首次实弹协同训练，但双方的配合却颇为默契——射击同一目标或不同目标时，两军火炮不仅准确命中，而且炮弹几乎同时触地；俄米—26 直升机为装甲部队实施油料补给时，飞机刚一降落，中、俄步兵战车和坦克即到达预定位置。“和平使命—2013”俄方副总导演、俄罗斯中部军区副参谋长丘瓦金由衷赞叹：“两支军队的协同配合就像是一支军队，中国军队表现出的水平令人钦佩。”

三大变“打硬仗”为“打巧仗”，突出反恐作战新战法。沙场较量，视死如归的勇气不可或缺，合理得当的战法同样重要，以最小的代价换取最大的战果才是最明智的选择。8月15日正午，“和平使命—2013”联演实兵演习在切巴尔库尔训练场打响。湛蓝的天空中，一架架战机穿云破雾；广袤的草原上，一台台战车轰鸣嘶吼……可是，当“恐怖分子”变成被困的“棋子”时，率先发起攻击的，不是装甲厚实的坦克、高速灵活的武装直升机，而是中俄双方的心战车。改变以往与强敌作战的练兵思路，重点围绕反恐来筹划设计是“和平使命—2013”的一大亮点。新战法在演习中得到了充分运用。比如，主力部队出动前，指挥所先派出空中、地面、特战等力量，采取抵近、渗透、电子技术等手段，对藏匿于深山、混迹于民众之中的“恐怖武装”进行鉴别定位；战斗打响后，进攻部队把打头目作为重中之重，以“蛙跳”等方式联合实施斩首行动；心理攻击则贯穿作战行动始终，除了运用心理攻势分化瓦解恐怖分子意志，两军还研究演练了应对人质危机等课题。

突破是默契的配合源于深度的融合。以往中外联演，各方导演部、战役指挥部和实兵部队都是依托各自指挥系统，按照预先计划的流程组织实施，联合互动较少。“和平使命—2013”演习，中俄双方共同研究协调目标、临机活导活演，把导调工作从“分开导”变成了真正意义的“联合导”。

2. 中俄“海上联合”系列军事演习

海上联合军演旨在加强两国海军务实合作。中俄海军联合军演是双方在防务安全领域加强合作的重要举措，是实战性很强的演练，能够全面检验双方海军的战斗力水平。中俄“海上联合”系列军事演习自2012年开始举行，现已形成常态化机制，是中、俄双边框架内最大规模的联合军演。中俄“海上联合”系列军演每年一届，轮流在中、俄附近海域举行。

● “海上联合—2012”联合军演

2012年4月22日至27日，中俄两国海军在中国青岛附近黄海海域举行代号为“海上联合—2012”的联合军事演习。这次联演是中俄两军举行的首次海上联合军事演习。

这次联合演习以统一导调、统一指挥下的海上两级实兵对抗方式进行。由中俄双方共同组成联合导演部、联合指挥部和海上舰艇编队指挥所。这是中俄两国海军首次举行联演，对于进一步提高两军战略协作水平，加强两国战略互信，深化两国海军务实合作，共同维护地区安全和稳定，具有重要意义。与以往两国海军开展的军舰互访、联合搜救行动相比，“海上联合—2012”联合军演更加重视双方的务实合作。双方共有23艘水面舰艇、2艘潜艇、13架固定翼飞机、9架直升机参演；课题设置贴近实战，以双方共同关注的“海上联合防御和保交作战”为课题；演练内容丰富，联合程度高，双方将设立联合导演部、联合战役指挥部和联合海上编队指挥所。通过这些协同科目的演练，对提高两国海军战斗力和联合行动的能力，是一次难得的锻炼机会。

联合军演旨在提升共同应对新威胁新挑战的能力。在为期6天的演习中，双方将以海上联合防御和保卫海上交通线作战为主题，进行包括联合护航、联合防空、联合反潜、联合反劫持、联合搜救、联合补给和对海、对潜、对空实弹射击等内容的演练。当前，人类面临的新威胁、新挑战不断增多，国际恐怖主义正在向全球化、长期化和本土化发展，海上安全局势复杂严峻，海盗袭击事件数量不断上升。打击恐怖主义、应对海洋自然灾害、打击海盗、维护海上交通线安全已非一国之力所能承担，必须加强国际合作，特别是各国海军之间的合作。中、俄两国海军近年来一直积极参与亚丁湾护航，积累了丰富的护航经验。此次中方参演的“舟山”舰、“徐州”

舰曾参加过亚丁湾、索马里海域护航行动，俄方参演的“特里布茨海军上将”号也是在亚丁湾执行完任务赶赴青岛海域的。双方海军通过演练锚地防御、海上补给、联合反潜与搜救、解救被劫持船只等内容，有利于提高两国海军应对非传统安全挑战的能力，共同探索建立维护海上安全合作机制，提高共同行动的反应能力。

● “海上联合—2013”联合军演

2013 年 7 月 3 日至 11 日，“海上联合—2013”中俄联合军事演习在俄罗斯太平洋舰队司令部所在地海参崴举行。此次联演，中国海军派出了 4 艘驱逐舰、2 艘护卫舰和 1 艘综合补给舰、3 架舰载直升机和 1 个特战分队。在海军历次中外联合演习中，这是派出兵力较多的一次。编队 5 日上午抵达俄罗斯太平洋舰队司令部所在地海参崴后，与俄罗斯海军在联合导演部、联合指挥部、舰艇编队指挥所等都进行了混编，高度体现了演习的联合性和融合性。

自 8 日进入实兵演习阶段后，中国海军舰艇编队与俄罗斯太平洋舰队的 12 艘舰艇进行了锚地防御、联合防空、联合解救被劫持船舶、联合护航、海上实际使用武器等科目的演练，并共同组成编队进行海上阅兵。整个演习过程中，双方配合默契，展示了两国海军共同应对海上安全威胁、协同实施海上联合防卫行动的能力。为期 7 天的“海上联合—2013”中俄联合军事演习，在圆满完成了各项预定任务后，“海上联合—2013”中俄联合军事演习于 7 月 11 日落幕。当天上午 12 时，设立于俄罗斯太平洋海军学院的联合导演部举行了闭幕式。双方舰艇编队指挥员向中俄总导演报告演习任务完成情况，并表达了今后加强合作的愿望。

● “海上联合—2014”联合军演

2014 年 5 月 20 日至 26 日，“海上联合—2014”中俄海上联合军事演习在中国东海北部海空举行。演习以海上联合行动为课题，主要演练联合防空、联合反潜、联合对海突击、实际使用武器等战术科目，提高两国海军共同应对海上安全威胁的能力。

“海上联合—2014”中俄海上联合军事演习是中、俄两国海军落实两国元首共识，增进两国政治互信、加强两军友好务实合作的重要举措，对巩固发展中、俄两国两军间战略协作伙伴关系、演练海上联合保交行动的指挥协同和保障、提高中俄两国海军共同应对海上安全威胁能力、优化规范中俄海上联合军演的组织实施方法、共同维护和促进本地区的和平与稳定具有积极意义。中俄海上联合军演主要演练舰艇锚地防御、联合对海突击、联合反潜、联合护航、联合查证识别和联合防空、联合解救被劫持船舶、联合搜救以及海上实际使用武器等科目。

为期 7 天的中俄海上联合军演表现出三个明显的特点：（1）首次将参演的舰艇进行全部混编。双方将参演舰艇全部混编，3 个编队均由中、俄两国海军舰艇共同组成。其中第三编队在此次演习中担任模拟蓝军。（2）首次组织水面舰艇编队进行演习海域示意图互为条件的超视距攻防演练。联合反潜科目中，中国海军两艘潜艇扮演“蓝军”，与中、俄海军 3 个水面舰艇编队展开不设预案的全程自主对抗。航空兵力方面，东海舰队航空兵某团派出 4 批双机编队，共 8 架歼轰—7 飞机参加，主要扮演蓝军。（3）首次组织潜艇与水面舰艇编队进行自主对抗。参演军力中俄海军将派出各型水面舰艇 14 艘、潜艇 2 艘、固定翼飞机 9 架，以及舰载直升机、特战分队等兵力参加演习。中方参演兵力以东海舰队为主，包括“宁波”号驱逐舰（139 舰）、“郑州”号导弹驱逐舰（151 舰）、“哈尔滨”号驱逐舰、“烟台”号导弹护卫舰、“柳州”号护卫舰、“千岛湖”号综合补给舰、某新型导弹快艇、潜艇 2 艘、多型固定翼飞机和舰载直升机等。俄方参演兵力以太平洋舰队为主，包括“瓦良格”

号巡洋舰（旗舰）、“潘捷列耶夫海军上将”号驱逐舰、“涅维尔斯科伊海军元帅”号登陆舰、“快速”号导弹驱逐舰和1艘拖船及舰载直升机等。

5月20日上午，中俄“海上联合—2014”军事演习双方指挥所人员，在演习联合指挥部进行首次对接，围绕演习实施计划、双方指挥所协同方式等问题进行了沟通协商。上午10时20分，双方磋商结束，这也标志着中俄“海上联合—2014”军事演习的筹划进入了实质性的阶段。21日，由俄中双方混合编组的联合指挥部、3个编队指挥组完成了图上推演。22日，演练内容“锚地防御”，两军14艘军舰参演。19时，所有参演舰船均进行了“锚地防御”的演练，中、俄3个混编舰队分别负责不同方向防御。5月23日上午10时20分许，展开联合解救被劫持商船科目演练。12时许，联合查证识别和联合防空科目展开，十余架歼轰—7分成多批次紧急升空，分担承担模拟空中不明飞行物、驱离外逼等任务。5月24日，中俄联合舰队进行了实弹射击演练。实际使用武器演习将包括对海上目标实施主炮射击，并由副炮攻击空中目标。

● **“海上联合—2015”联合军演**

2015年5月11日，中俄“海上联合—2015（I）”军事演习在俄罗斯新罗西斯克市拉开帷幕。演习持续至21日，课题为维护远海航运安全，分四阶段进行。其中，11日至12日为联合行动筹划准备阶段，主要在联演指挥部组织图上推演；12日至17日为展开兵力组成集群阶段，中、俄部分参演舰艇分别驶离新罗西斯克市向地中海演习海域集结；18日至21日为维护远海航运安全行动阶段，进行海上防御、海上补给、护航行动、保证航运安全联合行动和实际使用武器演练；21日为解散集群退出演习阶段。“海上联合—2015（I）”演习分为两阶段，第一阶段在地中海海域，第二阶段的实兵演习在彼得大帝湾海域、克列尔卡角沿岸地区和日本海海空域进行。

2015年5月21日，中俄海军“海上联合—2015（I）”军演进入最后一天。此次军演最精彩的海上实际使用武器演练在地中海上演。当地时间上午9时，俄方“莫斯科”号导弹巡洋舰、“顺利”号护卫舰、“西蒙风”号导弹气垫艇和中方导弹护卫舰“临沂”舰、“潍坊”舰组成三小纵队驶向射击海域。一声令下，双方参演舰艇火炮先后开火，数十枚炮弹准确命中漂浮在海上的浮体靶。紧接着，舰艇编队迅速完成转向，对海上漂浮模型进行互炮射击。一发发炮弹在海天之间划出美丽的弧线，辽阔的海面不时腾起冲天的水柱。下午2点，参演兵力开始对模拟水下目标实施火箭深弹攻击。中俄参演舰艇组成横向纵队，迅速完成搜索攻潜，成功击中水下目标。

为期9天的中俄“海上联合—2015（II）”军事演习8月28日在俄罗斯海参崴落幕。当日上午，中俄双方参演人员在联合导演部举行了演习闭幕仪式，双方演习总导演共同宣布中俄“海上联合—2015（II）”演习正式结束。闭幕仪式结束后，中俄两方参演舰艇编队于彼得大帝湾进行了海上阅兵式。

● “海上联合—2016”联合军演

2016年9月12日至19日，代号为“海上联合—2016”的中俄海上联合军事演习在广东湛江以东海空域举行。演习全程贯彻实战化要求，以红蓝方“背靠背”对抗方式展开，实现了由练程序向练谋略的转变，凸显了海战场的复杂性、敌情不可预知性和双方高度的对抗性。这样的演练只有在战略互信水平很高的海军之间才能进行，充分体现出中、俄两国两军之间高度的战略互信。双方并先后进行了联合防空、联合反潜、联合海空寻歼、联合立体夺控岛礁等科目演练，直指海军部队的核心军事能力。

这是中俄“海上联合”系列演习自2012年首次举行以来的第5次，也是中、俄双边框架内最大规模的海上演习，中俄双方共派出水面舰艇13艘、潜艇2艘、固定翼飞机11架、舰载直升机10架，以及部分两栖装甲装备。这些装备均为中、俄现役主战装备。中方参演兵力分别来自南海舰队、东海舰队和北海舰队，包括导弹驱逐舰“广州”舰、“郑州”舰，导弹护卫舰“黄山”舰、“三亚”舰、“大庆”舰，两栖登陆舰“昆仑山”舰、“云雾山”舰，2艘新型常规潜艇以及新型岛礁补给舰“军山湖”舰等10艘海军主战舰艇。中国海军航空兵派出歼—11B战机、歼轰—7A飞机、预警机及多型舰载直升机等共计19架。参演的中方官兵共4000多名，其中包括来自海军陆战队的特战队员和两栖装甲团官兵。俄方参演兵力主要包括反潜舰、登陆舰、拖船、油船等5艘舰艇，2架舰载直升机，以及96名海军陆战队员和部分两栖装甲装备。其中，参演的“特里布茨海军上将”号和“维诺格拉多夫海军上将”号，都属于俄罗斯海军的1155型大型反潜舰。这一级别的舰艇是一个独立的舰种，以远洋作战为主要职责，通过反潜导弹等武器为舰队提供反潜保障。而“佩列斯韦特”号登陆舰专为抢滩登陆而设计，满载排水量达4080吨，能载运多达10辆主战坦克，或12辆装甲运兵车、200余名士兵。俄军参演直升机为现役舰载反潜直升机，最大时速270千米；两栖装甲车则为俄军现役主战两栖装甲车。

“海上联合—2016”中俄海上联合军演实战化程度高。与以往中俄海上联演不同，这次演习首次以红蓝方“背靠背”对抗的方式展开，演练全程双方不见面，对抗性很强。根据演习方案安排，红方由2个中俄混合舰艇编队、1个登陆群、1个航空兵群组成。蓝方由导弹驱逐舰“郑州”舰、2艘潜艇、数架歼轰—7A飞机、1架舰载警戒直升机和数十名海军陆战队员组成。“背靠背”式的红、蓝对抗更考验双方指挥员的谋略。这对双方指挥员提出了很高的要求，需要对双方兵力部署、武器装备特点、各系统的协同配合，特别是针对不同态势技战术的有效运用等均有熟悉的掌握。

18日，硝烟弥漫的海战场上，参演兵力通过一个个战术科目，在实战中检验了中、俄双方指挥控制、情报侦察、通信协同、火力运用、信息资源共享等能力。8时许，联合夺控岛礁科目开始后，中、俄双方兵力混合编组，围绕登陆兵力海上联合投送、对岸上目标进行空中火力打击、对岛礁防御之敌联合突击等内容展开全程信息化条件下"背靠背"对抗。红、蓝双方只预设了时间范围，双方攻守方式、兵力部署等均为自主决策。

演习地域灌木丛生，地势复杂，易守难攻。在统一的信息指挥下，由中、俄陆战队队员组成的特种破袭队率先出击，隐蔽向预定地域接近，破障抵滩开辟岸滩通道。红方两栖装甲车从坞舱鱼贯而出，运用强大的火力支持陆战步兵行动。随后，搭载陆战队员的直升机快速起飞，深入"敌"后破袭，对岛礁实施立体夺控。整个演习精准、高效、迅速，实现高度融合。14时许，中俄海上舰艇编队进入实际使用武器阶段。参演舰艇在湛江以东海域利用主炮、副炮、火箭深弹等武器系统，分别对水面、空中、水下目标实施火力打击。数小时内，"广州"舰、"郑州"舰、"三亚"舰、"大庆"舰、"黄山"舰、"维诺格拉多夫海军上将"号、"特里布茨海军上将"号，在联合指挥部的指挥下，对海、空目标进行精确打击……

这次中俄联演，联合立体夺控岛礁演练是首次实施的新科目。在这次联演中，中、俄两军全程嵌入式混编展开、首次启用海上联合专用指挥信息系统、形成一整套演习的规范文书和指挥流程。此次联合演习主要是演练登陆作战的组织指挥、作战程序和战术，包括两栖登陆兵力指挥、换乘以及滩头攻击等基本战术，将提高两国的联合登陆作战能力。在联合立体夺控岛礁演练中，身着不同颜色迷彩服的两军陆战队官兵密切协同、并肩冲击。此前的岸上准备阶段，他们先后参观了对方的武器装备，组织了军事技能交流和连战术综合演练，通过一起研究作战计划、组织战斗协同，相互交流作战指挥理念、兵力运用方法，使指挥、控制、协同更加默契。

随着指挥、控制模式的突破，两国海军联合训练从“形联”走向“神联”。虽然此次联演要求联合导演部、联合指挥部、水面舰艇混合编队“三级”指挥体系混合编成，全程混合编组、联合指挥、联合行动，但双方指挥员始终配合得十分默契。实地观战，纵观此次中俄联演的成功，不仅在于两国海军建立了高水平的联训机制，更在于双方高度自觉的联合意识。俄海军派出了“无畏”级大型反潜驱逐舰，该舰搭载 2 架反潜直升机使其具有远程反潜能力。由于活动范围较大，反潜搜索的空间也相应加大。舰上装有 2 座反潜导弹发射装置，这是非常出色的“猎潜手”。此外，该舰的防空能力也很强，具有拦截掠海飞行目标的能力。中国派出了驱逐舰、护卫舰、两栖船坞登陆舰，预警机、警戒机、苏—30 战机、歼—11 战机等。

9 月 16 日，中俄“海上联合—2016”军事演习在湛江以东海空域举行了海上联合机动、联合搜救、联合登临检查等 5 个科目演练。中俄“海上联合—2016”军事演习 17 日进入海上实施阶段的第三天。在联合防空演练中，“狡猾”的蓝方战机、导弹的偷袭让红方防不胜防。中、俄两国海军舰艇编队不断变化防空队形、灵活运用防空战术战法，与蓝方在海天之间斗智斗勇、激烈拼杀。在现场，中、俄参演官兵如临大敌、如箭在弦，所有操作岗位全面进入战斗状态，雷达、情报、作战等要素随时都在交换数据信息，双方的联合性、融合性、实战性大大增强。当日下午，中俄参演舰艇还演练了联合反潜科目。俄方参演舰艇的防空、反潜能力很强，联合反潜也是此次联演的重点科目之一。

“挥手自兹去，萧萧班马鸣。”9月19日下午，参加中俄“海上联合—2016”军事演习的双方舰艇鸣响汽笛，在湛江以东某海域举行分航仪式。两国海军官兵挥手致敬，依依惜别，奔向新的航程。

（二）中国与其他国家双边军演盘点

自2002年以来，中国军队开始走出去，与境外其他国家举行各种联合军事演习。这是中国军事外交的重要组成部分，也是中国军队主动走出去，增加透明度的重要举措，同时也为国家的外交活动助一臂之力，为营造安全稳定的周边环境作出了重要贡献。

● 2003年中国的双边军演

2002年10月10日至11日，中国与吉尔吉斯斯坦在两国边境地区举行代号为“演习—01”的联合反恐军事演习。两国边防部队共派出数百人及十余辆装甲战斗车和多架直升机参加演习。这是在上海合作组织框架内两国首次举行的双边联合军事演习，也是中国军队第一次与外国军队联合举行实兵演习。

2003年10月22日，中国海军军舰与来访的巴基斯坦海军军舰在上海附近的东海海域举行了代号为“海豚0310”的联合搜救演习，这是中国海军首次与外国海军进行非传统安全领域的联合演习。中国海军东海舰队“嘉兴”号导弹护卫舰（舷号521）、“鄱阳湖”号远洋综合补给舰（舷号882）与来访的巴基斯坦海军“巴布尔”号驱逐舰（舷号D182）、“纳斯尔”号综合补给舰（舷号A47），由东海舰队参谋长张德顺少将与来访的巴基斯坦舰艇编队司令沙菲准将共同指挥。

2003年11月14日，中国海军军舰与来访的印度海军舰艇编队在上海附近的东海海域进行了代号为“海豚0311”的联合搜救演习，这是中国海军首次与印度海军进行非传统安全领域的联合演习。中国海军东海舰队“嘉兴”号导弹护卫舰（舷号521）、“鄱阳湖”号远洋综合补给舰（舷号882）与来访的印度海军“兰吉特”号驱逐舰（舷号D53）、“库利什”号轻型护卫舰（舷号P63），由东海舰队参谋长张德顺少将和印度东方舰队司令苏坦少将共同指挥，这是中国海军第二次与外军进行的联合演习。

● 2004年中国的双边军演

2004年3月16日，中国海军与法国海军在青岛附近的外海进行联合军事演习。在本次演习中，两国海军成功完成了两军首次海上直升机互降。中国海军北海舰队“哈尔滨”导弹驱逐舰、“洪泽湖”号综合补给舰以及“海豚”舰载直升机，与来访的法国海军“拉图什特威尔”号反潜驱逐舰（舷号D646）、“比罗司令”号轻型护卫舰（舷号F796）以及“山猫”舰载直升机，由北海舰队参谋长张盘洪少将和法国太平洋海区司令路易·德贡坦松少将共同指挥，在青岛附近的黄海海域进行了海上联合演习。此次演习共分五阶段，主要包括舰艇和舰载机战术机动、海上补给演练、视觉通信和搜救演练等内容。这是中法两国海军首次进行非传统安全领域框架内的联合演习，也是中国海军迄今为止与外国海军内容最为丰富、规模最大的一次海上军事演习。在中、法两国建交40周年之际，中、法两国海军联合演习的成功举行进一步密切了中法两国、两军的友好关系。

2004年6月20日，中国海军与英国海军在青岛附近的黄海海域进行联合海上搜救演习。这是中国海军与英国海军举行的第一次联合演习，并且首次邀请了美国、法国、德国等15个国家的15名驻华海军武官在“哈尔滨”号上全程观摩演习。

2004年8月6日，与巴基斯坦武装部队在新疆帕米尔高原中巴边境地区成功举行了代号为“友谊—2004”的联合反恐军事演习。

两国边防部队官兵200多人参加了演习。这次演习是中巴两国军队的首次联合反恐军演。

2004年8月28日，中国人民解放军和印度边防部队在西藏自治区普兰县境内成功举行了联合登山训练活动。这是中、印两军边防部队首次在边境地区举行联合登山训练。

2004年10月，中国海军与澳大利亚海军在黄海海域举行了海上联合搜救演习。

● 2005年中国的双边军演

2005年11月25日，由中国“深圳”号导弹驱逐舰和“微山湖”号综合补给舰组成的出访舰艇编队，在结束了对巴基斯坦的访问后，首次在阿拉伯海北部海区与巴基斯坦海军举行代号为“中巴友谊—2005”以联合搜救为主要内容的非传统安全领域演习。

2005年12月1日，由“深圳”号导弹驱逐舰和“微山湖”号综合补给舰组成的中国海军舰艇编队在结束了对印度的访问后，在印度洋北部海域与印度海军举行代号为“中印友谊—2005”的联合搜救演习。演习分联合编队组成和海上联合搜救两个课题，两国海军先后演练了沟通联络、机动会合、海空搜索、编队补给、联合救援受损船只等。

2005年12月13日，在结束了对泰国的访问后，由“深圳”号导弹驱逐舰和“微山湖”号综合补给舰组成的中国海军舰艇编队，在泰国湾南部海域与泰国海军举行了代号为“中泰友谊—2005”的海上联合搜救演习。这是中国海军首次与泰国海军举行非传统安全领域的演习。

● 2006年中国的双边军演

2006年9月22日至23日，中国和塔吉克斯坦在塔吉克斯坦哈特隆州举行代号为“协作—2006”的首次联合反恐军事演习。双方参演兵力包括中方1个加强特战连共150余人和塔方的1个特种连、1个摩步连、1个炮兵营和1个独立航空大队共300余人。这也是中国军队首次成建制组织部队赴境外与外军进行联合军事演习。

2006年9月，中国海军“青岛”号导弹驱逐舰和“洪泽湖”号综合补给舰访问美国，并与美国海军在圣迭戈附近海域成功举行了第一阶段海上联合搜救演习。当年11月，中国海军“湛江”号导弹驱逐舰、“洞庭湖”号综合补给舰在南海海域，与美国海军“菲茨杰拉德”号导弹驱逐舰、“朱诺”号两栖船坞运输舰举行了第二阶段海上联合搜救演习。

2006年12月11日至18日，中国和巴基斯坦在巴基斯坦阿伯塔巴德地区举行代号为“友谊—2006”的联合反恐军事演习。来自两国的400多名军人参加了演习。这次演习共分两个阶段进行，第一阶段是装备展示和技战术训练交流，第二阶段是实兵综合演习。

● 2007年中国的双边军演

2007年5月15日至20日，中国海军“襄樊”号导弹护卫舰参加由新加坡主办的“2007亚洲国际海事防务展”和在新加坡附近海域举行的“第二届西太平洋海军论坛多边海上演习”。这次多边海上演习共有来自中国、美国、法国、日本、澳大利亚、新西兰、印度、巴基斯坦、韩国、新加坡等12个国家的15艘军舰参加。中国海军“襄樊”号导弹护卫舰参加了其中“穿越雷区”“对来自小艇威胁的防御”“海上搜救”“对海射击”4个科目的演习。

2007年7月16日至29日，中国和泰国两国军队各派出15名陆军特种作战部队队员，在中国广州进行了一次为期两周、代号为“突击—2007”的陆军特种作战分队联合训练。这次联合训练以应对恐怖主义威胁为背景，重点进行特种作战分队反恐技战术基础和应用训练。这是中国军队首次与外军举行联合训练。

2007 年 9 月 10 日，中国海军“广州”号导弹驱逐舰和“微山湖”号综合补给舰组成的出访舰艇编队，结束对英国为期 5 天的友好访问后，在朴次茅斯港以南附近海区，与英海军“皇家方舟”号航空母舰进行“中英友谊—2007”联合军事演习。这是中国海军首次在英国海域与英国皇家海军举行联合军演，也是中国海军首次和外军航空母舰举行联合军演。

2007 年 9 月 18 日，中国海军“广州”号导弹驱逐舰和“微山湖”号综合补给舰组成的出访舰艇编队，与西班牙海军在西班牙加的斯附近的大西洋海域举行“中西友谊—2007”海上联合军事演习。这是中国海军舰艇首次在大西洋与西班牙海军举行海上联合军事演习。

2007 年 9 月 21 日，中国海军“广州”号导弹驱逐舰和“微山湖”号综合补给舰组成的出访舰艇编队抵达法国土伦港，并首次与法国海军在地中海举行“中法友谊—2007”海上联合军事演习。

2007 年 12 月 19 日至 27 日，中、印两国军队在中国昆明举行代号为“携手—2007”的陆军联合反恐训练，双方参训兵力各约 100 人。训练旨在增进中、印两军之间的了解与互信，加强两军在反恐领域的交流，震慑“三股势力”，促进两国面向和平与繁荣的战略合作伙伴关系全面发展。训练共分三阶段进行。第一阶段为武器装备展示和技战术训练交流，第二阶段围绕心理训练、障碍训练和单兵战术综合演练等科目进行共同训练，第三阶段组织以“山地联合反恐怖战斗”为课题的分队综合演练。

● 2008 年中国的双边军演

2008 年 12 月 6 日至 13 日，中、印陆军在印度贝尔高姆地区举行代号为“携手—2008”的联合反恐训练，训练包括装备展示和技战术交流、共同训练、综合演练三个阶段。这次联合训练是中、印两军友好交流与合作不断拓展的重要标志，更是中、印两国决心共同维护地区和平与稳定、携手共创和谐发展环境的真实体现。

● 2009 年中国的双边军演

2009 年 6 月 18 日至 28 日，中国与加蓬举行代号为“和平天使—2009”的人道主义医疗救援联合行动。联合行动共分专业培训、救援演习、医疗救助三阶段。这是中国军队和外军举行的首次卫勤联合演习，也是中国军队首次在非洲与非洲国家共同组织的双边联合行动。

2009 年 6 月 19 日至 24 日，中国人民解放军与新加坡武装部队在广州军区某训练基地举行代号为“合作—2009”的安保联合训练，这是中、新两军首次举行的联合训练，也是中国军队与外军在安保领域首次举行的联合行动。

2009 年 6 月 28 日至 7 月 3 日，中国和蒙古国军队在北京举行了代号为“维和使命—2009”的维和联合训练。这是中国军队首次在维和领域与外军举行联合训练。

● 2013 至 2015 年中国的双边军演

2013 年 9 月，中国空军在中国新疆与巴基斯坦军方举行了代号为“沙欣Ⅱ”联合空战演习。巴基斯坦空军出动了歼—7PG 战机、“幻影”Ⅳ战机，中国空军方面出动了歼—10 战机、“飞豹”战机等主力机型。

2014 年 7 月下旬至 9 月上旬，中国、哈萨克斯坦空降兵在华北某地参加了“和平使命—2014”联合反恐军事演习。此次联演主要围绕基本技能、班组反恐战术、伞降与滑降等科目展开，特别是在高低空跳伞、特种作战等多个科目上双方进行了深度交流，其间使用伊尔—76 和运 8C 飞机完成了 378 人次跳伞和 21 台次战车空投。

从 2015 年 9 月 6 日开始，中国空军和巴基斯坦空军，在中国境内举行“雄鹰—Ⅳ”联合训练。这次中巴空军联合训练，中国空军派出歼击机、歼轰机、预警机等飞机参训，巴基斯坦空军派出歼击机、预警机等飞机参训。中、巴两国空军近年来开展了一系列联合训练和军事交流活动，中国空军愿扩大与世界各国空军交流合作的范围和领域，共同应对各种挑战与危机。

● 2016年中国的双边军演

2016年5月21日至6月14日，中国与泰国两国海军举行了“蓝色突击—2016”联合军演。中泰双方围绕“人道主义救援联合行动”主题，在实战背景下进行了两栖突击支持、舰艇沉浮作业、城市反恐作战等20多个科目的分组训练和混编同训，进一步拓展完善了与外军联合指挥、立体协同训练的方法路子，提高了共同应对非传统威胁与挑战的能力。

2016年11月15日至27日，“携手—2016”印中联合军演在印度浦那举行。此次军演是印度陆军与中国人民解放军举行的第6次此类军演，也是两国年度系列演练的一部分。军演活动在印度和中国之间交替举行。两国首次联合军演于2007年在中国云南省昆明市举行。2016年的军演目标是在演练中分享专业技能，同时开展应对叛乱和恐怖主义的训练，以此促进两军关系并发展双方在反恐环境下执行任务的联合战略。“携手—2016”联合军演分三阶段举行。第一阶段是熟悉武器装备；第二阶段进行基本训练，包括格斗训练以及个人武器和支持性武器射击，此外还包括设立隐蔽监视哨所、入室清剿、封锁和搜索、人道主义和灾害救援行动等方面的演练；第三阶段是开展联合行动。

2016年11月19日至21日，中国与巴基斯坦海军在阿拉伯海举行双边联合军演。中、巴双方高度重视，多次磋商演练方案，中、巴双方先后完成了方案对接、通信协调、指挥协同等港岸准备，以及主炮射击、直升机交叉着舰、编队运动等十余个海上演习科目。参加中巴海军双边军演的中国海军“邯郸”舰与巴基斯坦导弹护卫舰“赛义夫”舰、驱逐舰“提普苏坦”舰参加了演习。

2016 年 11 月 22 日，“和平友谊—2016”中马联合军事演习在马来西亚雪兰莪州正式拉开帷幕。“和平友谊—2016”中马联合军演，是落实两国领导人共识的重要举措，是拓展两军交流合作的重要机制，是提高两军实战化能力的重要途径，是两军联合应对挑战、维护地区和平稳定的重要平台。

三、“和谐理念”下的单边联合军事演习

作为维护地区和世界和平稳定的重要力量，中国每年都大量举行各种的单边军事演习。但举行大规模的联合军事演习则并不多见，特别是在海上举行大规模军事演习则更是非常少见。仅 2016 年就在南海和东海举行了大规模联合军事演习。

（一）一个月内在南海举行两次军演

2016 年 7 月 5 日上午 8 时至 11 日上午 8 时，中国军方在南海西沙群岛附近海域举行了军事演习。南海军演，在现场指挥的有 4 位上将，除了海军司令吴胜利和政委苗华外，还有军委联合参谋部的副参谋长王冠中及南部战区司令王教成。

军演很明显是针对美、日、菲鼓捣的南海非法仲裁。仲裁结果出炉日是 7 月 12 日，这次军演在 7 月 11 日结束，结束后的三大舰队随时准备开赴南沙与美军航母直接较量。结果，在南海非法仲裁结果出炉后，美国没敢向之前强硬放言的那样硬闯我国南沙岛屿的 12 海里，倒是美军的海军作战部部长到北京与中国海军司令会谈灭火。几天后，中、美两国外长在东盟外长会上就南海非法仲裁达成妥协协议，克里明确对日本 NHK 记者表态称这事“翻篇”。在南

海仲裁博弈中，三大舰队在南海军演所体现出的战略决心给了美军足够的震慑，迫使美方没敢下撕破脸的决心。很显然，军演是瞄准了美、菲两国，并随时准备出击。

7月19日至21日，中国海军在海南岛东面海域进行诸兵种联合军事演习。此前的7月5日至11日，中国海军在西沙群岛周边举行了为期1周的军演。7月18日，中国空军新闻发言人宣布，中国空军在近期出动了轰—6K轰炸机赴黄岩岛等岛礁附近空域进行了巡航，并表示这种巡航将会保持“常态化”。短短一个月之内，中国在南海进行了两次大规模军事演习，这种频率并不常见。

此次军演的一个显著特点，就是更加注重海空军的配合，以阶段性海空军独立演练的方式，来推动军兵种配合的实战化训练的深入发展；通过海空军之间的战略与战术配合演练，提升解放军应对南海地区各种安全威胁的整体实战能力。之前，解放军已派出战斗机赴黄岩岛附近海域进行战斗巡航，轰—6K、歼—11以及侦察机、空中加油机等机型均包含在内。其中，轰—6K格外引人注目。

作为一款中国自行设计的中远程轰炸机，轰—6K最大起飞重量约95吨，正常载弹量为9吨，最大航程超过8000千米，作战半径超过3000千米，主要用于执行远距离精确打击和临空轰炸任务，装备主要武器为长剑—20攻陆巡航导弹，有效射程在1500～2500千米，战斗部重量约为500千克，打击能力与美军最新的战斧4巡航导弹相当。理论上，如出动一个轰炸机团18架轰—6K，一次就可以摧毁琉球群岛上39处重要军事设施的半数，将极大地削弱冲绳基地运作能力，为后续的攻击机群打开空袭通道。但是，轰—6K也有弱点，那就是自卫能力较弱。因此，此次解放军派出了一个强悍的空中战斗群为其保驾护航，包括歼击机、侦察机、空中加油机等，几乎囊括了解放军全部主力机种，以空中侦察、对抗空战和岛礁巡航为主要目标组织行动，不仅能够执行远程精确打击任务，还具备随时歼灭空中来犯敌军的能力。

（二）中国海军三大舰队在东海举行实弹演习

2016年8月1日，中国海军三大舰队在东海举行实兵实弹演习，百余艘舰艇、数十架战机参演，涉及水面舰艇、潜艇、航空兵、岸防部队等。这是一次在复杂电磁环境和水声环境下组织的实兵实弹演习。7月8日，海军三大舰队就在南海举行了大规模的实兵实弹演习，参演的舰艇和军机数量和这次规模基本一致。在一个月内，三大舰队第二次举行如此大规模的联合军事演习，且分别是在比较敏感的南海和东海，频率之高、参演部队之多、领导级别之高，都非常突出。

事实上，中国之所以在东海进行如此规模的三大舰队联合演习，除了要达到三大舰队联合练兵的目的外，也是针对当前局势进行的很有针对性的军演。我们知道，近年来日本反华非常活跃，不断在南海挑事，试图激化中国与南海周边国家、激化中国与美国的矛盾。毫无疑问，中国三大舰队在南海的强力军演对美军形成了压力，这一压力最终迫使美军航母没在南海冒险。这样的作用，在现阶段显然应该在东海也显现出来。

对日本施加军事压力，显示中国应对美日策略的调整。中国在东海划设了东海防空识别区，之后中国即加强了管控，中、日战机经常因防空识别区重叠而进行空中斗法，不久前甚至发生过火控雷达的锁定，日机是扔下干扰弹逃跑的。然而，虽然中国在空中给日本施加了一定压力，但日方已逐渐适应。相比空中，海上的施压我方主要还是海警船在钓鱼岛的常态化巡航方面，军队给的压力还远远不够。如今，三大舰队在东海进行大规模的军事演习，已经表明中国对美、对日的思路正在发生转变。虽说还不能看出“南海问题东海解决”的思路端倪，但开始在东海进行军事施压就是转变的开始。

四、中外联合军事演习评析

与外军举行联合军演，创造性地拓展了我军军事外交新形式、新手段，对外展示了我军良好的精神风貌和过硬的军事素养，树立了我军在国际社会的良好形象。

（一）与外军联合军演是军事交流合作的重要内容

联合军演在国际军事交流与合作领域发挥着日益重要的作用。联合军演是拓展中国军队视野、展示我军形象、宣传建设和谐世界理念的重要窗口。通过参与联合军演的零距离接触方式，可以更好地学习外军的长处，了解外军先进的军事理论和武器装备，查找自身的不足和差距。同时也可加强外军对中国军队的了解和认识，消除“中国威胁论”不实之词的影响，宣传建设和谐世界的主张与理念。从国际法的角度来看，中国参与的历次双边或多边军事演习，都是根据《联合国宪章》的宗旨，遵循公认的国际法和尊重其他国家主权和领土完整的原则进行的，不针对第三方主权国家，不涉及他国利益，不对任何国家构成威胁，因此赢得了国际社会普遍的支持和赞誉。

接近实战的演习向来为各国军队所看重。参加中外反恐联合军事演习，在近似实战的环境中进行综合演练，是提高中国军队反恐作战能力的有效方式。以演习为契机，动真的、来实的，从难从严、从实战需要出发，练技术、练指挥、练协同、练战法、练保障，在演习中培养部队英勇顽强、敢打硬拼的战斗精神，经过实战化演练，可以带动并促进陆航部队联合行动、指挥控制和中外协同作战能力的提高。比如，军交运输部队参加联合军演，很重要的一项内容就是要加强与外军的交流，认真学习和借鉴外军在组织联合军演中的有益经验，通过与外军在联合军演中的协同演练，开阔视野，取长补短，有益于加快我军军交运输建设和变革的步伐。

中外联演是新生事物，是在探索中前进发展的。中国军队参演部队在另一方参演部队的营房与他们共同进行了装备展示、战术技术观摩和文体活动等深度交流活动，这是一种全新的军队交往方式。演习展开以后，双方进行混合编组，未经演练即在营一级实施了两军联合指挥，共同完成了设卡联检和清剿围歼等战术行动。这些演练，探索并强化了军事交流的新模式。随着中国军队对外军事交流合作的日益扩大，通过学习外军训练方式方法，可以加强中国军队联合军演急需人才的培养。

（二）“和平使命”系列军演已形成机制化

近年来，发生在各成员国的多起恐怖袭击事件一再证明，上海合作组织的成立具有前瞻性、必要性，联合打击恐怖主义的现实需要紧迫，必须通过各种途径和平台加强双边和多边合作、增强互信。“和平使命”联演充分展示了上合组织成员国维护地区和平与稳定的坚定决心和强大实力，对合力打击“三股势力”具有重要意义。

举行“和平使命”系列联合反恐军演，是上合组织组织宪章的要求，是上合组织安全合作深化的表现，是加强地区安全的现实需要，也是上合组织履行维护世界和平与稳定国际义务的重要体现。2003 年 8 月，上合组织成功举行首次联合反恐演习，中国参与非传统安全领域国际与地区的合作拉开了序幕。近年来，上合组织开展了多轮联合演习，让各成员国可以相互传授、学习反恐经验。位于乌兹别克斯坦首都塔什干的上合组织地区反恐机构已开始协调各成员国评估反恐形势。

机制化的上合组织反恐军演已取得显著成效，连续的“和平使命”为增进地区稳定与安全、促进成员国之间的合作起到更大的推动作用。上合组织所有成员国参加“和平使命”系列联合军演，是各成员国遵守宗旨、履行使命的实际行动。上合组织成立宣言和宪章中明确规定，上合组织的根本宗旨是“维护和加强地区和平、安全与稳定”。上合组织成立至今，各成员国加强各领域合作的意愿不断增强，共同致力于地区稳定和经济发展。“安全与发展，是一组相互依赖的关系，没有安全，就谈不上发展。”从现实需求看，上合组织各成员国所在地区反恐形势相当严峻复杂。2005 年发生的导致 169 人死亡的乌兹别克斯坦安集延市骚乱事件，就是极端宗教势力一手策划的。在 2010 年的吉尔吉斯斯坦骚乱事件中，极端宗教势力等“三股势力”的活动也十分猖獗。阿富汗战争已过 10 余年，美军虽然在战争初期取得了一定的军事胜利，但随后便陷入了“越反越恐”的怪圈。阿富汗反恐形势发展具有很大的不确定性，中亚国家面临着被国际恐怖主义渗透的危险。

作为上合组织框架内的联合反恐军事演习，旨在表明上合组织成员国军队共同打击恐怖主义、分裂主义、极端主义的意志、决心和能力，体现成员国互信的高水平和务实合作，表达成员国维护地区和平稳定、促进共同发展与繁荣的真诚愿望。自 2002 年开始，在上合组织框架内，先后大量举行了多边或双边联合反恐军事演习。上合组织框架内的演习机制日臻成熟，参与成员国更加广泛，参演兵种走向合成，演习情况设置越来越贴近实战，充分反映了上合组织成员国深化防务安全领域合作的强烈意愿。“和平使命”系列演习已经机制化，至少取得了四方面的效果。一是开创了上合组织防务安全合作的新形式。各成员国联合定下反恐决心，出动武装力量举行联合演习，开创了上合组织进行防务安全合作的新形式。二是震慑了“三股势力”，维护了地区稳定。近年来，上合组织中亚成员国国内局势总体上保持了相对稳定，“三股势力”受到遏制，这与“和平使命”系列演习发挥的震慑作用是分不开的。三是探讨了动用武装力量应对非常事态的方式。演习是对实战的模拟。从第1次到第7次，各国军队之间的协同配合日益默契。虽然迄今为止，尚未出现各国联合动用军事力量的情况，但联合军演为以此方式维护地区安全稳定奠定了必要的基础。四是促进了各国军队之间的了解与友谊。通过演兵场共同训练、野营村的共同生活，通过面对面的交流，各国军人之间增加了了解和信任，建立起了深厚的友谊，也为成员国军队建设提供了启示和借鉴。

（三）中俄两国的系列联合军演已经常态化

联合军演旨在展示共同维护地区安全的决心。中、俄同为亚太地区大国，在维护亚太地区和平、稳定和发展方面有着共同的利益和愿望，也担负着维护地区安全与稳定的重要责任。两国军队在双边和多边框架下的合作，对于维护地区与世界的和平与稳定发挥着积极作用。通过形成机制化的系列联合军演，将两国防务安全合作提升到一个新的高度，充分展现双方共同维护地区安全的意愿。

中俄两军联合军演的形式和规模反映了两国互信和战略协作伙伴关系的程度。联合军演是反映国家之间关系密切程度的重要标志，近年来中、俄两国从陆上到海上，建立了多种方式的联演机制。互信是协同的前提，否则谁也不肯将指挥程序交给对方；在通信频率方面，如果互信不强就只能采用开通公共频道的方法。在“和平使命”系列联合军演过程中，中、俄两军不仅有海军参加，还有陆军、空军和空降兵、海军陆战队以及保障部（分）队参加。

“海上联合”系列军演已经成为中、俄两国海军的重要合作内容。自“海上联合—2012”军演以来，中、俄双方不断研究探索进一步提高联演实战化的方法，逐步优化规范海上联演的组织实施方法，使海上联演成为中、俄双边框架内规模最大的海上演习，也成为两国海军重要的常态化、机制化合作形式。可以说，“海上联合—2016”中俄联合军演释放的信号，就是中、俄对于中国南海事务的相互支持，将进一步深化中俄军事合作。

（四）联合军演成为展示中国军队的窗口

近年来，中国军队不断加大参与非传统安全领域国际和地区合作的力度，致力于倡导和落实“互利、互信、平等、协作”的新安全观。从北国边陲到东海之滨，中国人民解放军在中国疆土上和多个国家军队联合举行了不同内容的军事演习并邀请外军观摩。联合军演成为中国向外展示人民军队的重要窗口。

中国军队与外军举行的一系列联合军事演习是中国军队进一步实践“互信、互利、平等、协作”为核心的“新安全观”的新举措，展现出更加巩固的全方位、全层次、宽领域的军事外交。当今世界局势风云变幻，总体稳定、局部动荡，非传统安全问题突出，恐怖威胁上升。在新的历史条件下，中国政府和军队不仅关注非传统安全领域出现的问题对本国安全的威胁，还希望与外国政府和军队一道，通过密切军事合作，共同应对这些威胁，以获得共同安全。

2016年，中国军队与外军的联演联训达30多场。这些演习，既有双边联演，如“和平友谊—2016”中马人道主义救援联演，又有多边联演，如“合作精神—2016”中、新、澳、美四边桌面推演。联演联训兵力包括海、陆、空多军种，科目内容涉及反恐、维和、卫勤、人道主义救援减灾等方面。“海上联合—2016”中俄联演，中国军队首次在与外国海军联演中用“背靠背”的方式全系统展开，对抗性强、火药味浓、实战化水平高；“和平使命—2016”上合组织联合反恐军事演习中，中方与外军密切配合，完成各种状态下一系列技战术动作。

最近几年的中外联演，也给他们留下了深刻印象。南亚地区的一位留学生更坦率："中外联演训练场就像展示中国新型装备的'T型台'，小到迷彩服、战术背心，大到坦克、火炮等重型装备！"中国军队的发展，不仅仅是装备的发展，是"一揽子"的整体推进，这包括军事思想、作战理论、装备体系、后勤建设等多个方面。其实最根本的变化还是思想和观念，特别是目前中国军队大力推进的军改。

（五）中外联合军演具有新特点

中国自古崇尚以和为贵、协和万邦、亲仁善邻的和平思想。中国倡导的"新安全观"的实质就是超越单方面安全范畴，以互利合作寻求共同安全，"新安全观"是建立在共同利益基础之上的，符合人类社会进步的要求。因此，中外联合军演呈现出与其他国家的联合军演所不同的特点。

一是演习在多层次、多领域展开，具有广泛性。随着非传统安全问题对国家安全的影响越来越大，运用军事手段来解决各类非传统安全威胁，已成为各国的战略抉择。由双边或多边组织的非传统安全领域联合军演，也就成为各国提高应对非传统安全威胁能力的重要手段。从演习对象来看，既有多边演习，也有双边演习；从演习性质来看，既有海上搜救演习，也有陆上反恐演习；从演习的层次来看，既有战术层面的演习，也有战略层面上的演习。无论是上海合作组织内容的多边联合军演，还是与周边国家举行的双边联合军演，演习地域跨越陆、海、空域，内容涵盖了应对主要挑战的新型作战样式和作战行动，无论是从地域、规模、内容还是参演军兵种来看，都是多层次、多领域展开。

二是以反恐和非传统安全为主要内容的联合演习占很大比例。

在新的历史时期，有效应对非传统安全问题，确保我国发展重要战略机遇期的安全稳定，是中国军队神圣的历史使命。在非传统安全领域的中外联合军事演习，从地域上看，既有海上也有陆上，后者则涵盖了城市、山地等多种地形环境条件。比如，“和平使命”多国系列联合军演，“联合”系列上海合作组织成员国武装力量多边联合反恐演习“友谊”系列中巴联合反恐演习包括了陆地、海上和空中。在相当长的一段时期里，反恐和非传统安全领域仍是中外联合军演的一个重要方向。

三是中外联合军演演习的共同特点是没有指向性，没有假想敌，不针对第三方。无论是中外双边还是多边演习，他们的主要目的都是深化中国军队与外军的互信，加强在防务安全领域的合作与协调，演练共同打击国际恐怖主义、极端主义和分裂主义，应对危机的组织协同，提高共同应对新挑战、新威胁的能力。

四是中外联合军演的重点是演练维和安保。21 世纪中国和许多国家进行了形式、规模不一的联合军演，其中重点是维和安保演习。演习大都是在联合国框架下进行的，中、外方就联合国框架下维和分队担负的任务进行研讨，共同组织单科目训练和联合指挥所演练。演习的主要内容是以执行维和使命为背景，演练物资运输与警戒防卫任务。如 2009 年 6 月 28 日，中蒙“维和使命—2009”联合训练在北京地区某训练场举行了开训仪式。这是中蒙两军举行的首次联合训练，也是中国军队首次与外军举行以维和为主的联合训练。

随着中国武装力量越来越多地走出国门，未来可以预见，中国将以更为积极的姿态参与到国际联合军演之中，并将在国际联合军演的舞台上扮演越来越重要的角色，为维护世界和平与稳定作出应有的、更大的贡献。

参考文献

[1]《解放军报》2000—2016 年相关文章
[2]《外国军事学术》2000—2016 年相关文章
[3]《参考消息》2000—2016 年相关文章
[4]《环球时报》2005—2016 年相关文章
[5]《外国空军训练》2004—2016 年相关文章
[6]《中国青年报》2000—2006 年相关文章
[7]《国际展望》1999—2006 年相关文章
[8]《当代海军》2004—2016 年相关文章
[9]《长缨》2003—2016 年相关文章
[10]《国际战略研究》2004—2016 年相关文章
[11]《世界海军训练》2002—2016 年相关文章
[12]《中国国防报》2003—2016 年相关文章
[13] 中新社网站 2002—2016 年相关文章
[14] 凤凰卫视网站 2003—2016 年相关文章
[15]《舰船知识》2006—2016 年相关文章
[16] 新浪网 2006—2016 年相关文章

后记

经过紧张写作，把这书写成之后，我确有如释重负的轻快之感。许多人都有过这样的感觉：有什么能比完成了一本能给广大读者带来喜闻乐见的读物更快乐的呢？说实在的，当今世界各种军事演习名目繁多，即使是中国周边的各种军事演习也让人应接不暇。将如此繁多的各种军事演习都一一反映出来，确实是一件工作量非常大的事。不过，为了国家的安全和军队建设的需要，我们还是不辞辛苦，忙里偷闲地完成了此作，实属不易。

当今，关于回顾和点评 21 世纪以来中国周边各种军事演习的书尚未见到。联合军事演习作为和平时期“非战争军事行动”的重要内容，具有与过去所不同的内涵和本质，这也是信息化战争在当今时代表现的新形式，突出地表现出信息化战争中“软较量”层面的内涵。通过研究当今围绕中国周边举行的各种军演，我们可以从中发现一些新动向、新趋势，这对我们维护国家安全稳定具有非常重要的作用。当然，由于我的学识水平有限，本书还远不能达到广大读者所期望那样的深度和高度，今后需要继续努力。

值本书付梓之际，我还必须表达一下我的感谢之情。首先，应感谢广大专家学者，没有他们的研究成果和著作，不可能有我今天的拙作；其次，还要感谢长江文艺出版社的领导和编辑，特别是孟通编辑，没有他们的支持和帮助，也不可能有本书的面世。如果本书能受到广大读者的欢迎，那会让笔者感到欣慰之至，这也正是我研究撰写本书的初衷。

李大光

2017 年 3 月于北京红山口

图书在版编目（CIP）数据

走近还是远离战争 / 李大光著．— 武汉：长江文艺出版社，2017.4

ISBN 978-7-5354-9206-7

I．①走… II．①李… III．①军事演习 - 概况 - 世界 IV．① E112

中国版本图书馆 CIP 数据核字（2016）第 254164 号

走近还是远离战争——21 世纪中国周边军事演习点评

李大光　著

选题产品策划生产机构｜北京长江新世纪文化传媒有限公司

选题策划｜金丽红　黎　波　孟　通

责任编辑｜孟　通　刘艳艳　　封面设计｜知行兆远　　媒体运营｜洪振宇

法律顾问｜张艳萍　　内文制作｜杨　宇　　责任印制｜张志杰

总 发 行｜北京长江新世纪文化传媒有限公司

电　　话｜010-58678881　　传　　真｜010-58677346

地　　址｜北京市朝阳区曙光西里甲 6 号时间国际大厦 A 座 1905 室

邮　　编｜100028

出　　版｜长江出版传媒｜长江文艺出版社

地　　址｜湖北省武汉市雄楚大街 268 号湖北出版文化城 B 座 9-11 楼

邮　　编｜430070

印　　刷｜大厂回族自治县彩虹印刷有限公司

开　　本｜710 毫米 ×1000 毫米　1/16　　印张｜24.75

版　　次｜2017 年 4 月第 1 版　　印次｜2017 年 4 月第 1 次印刷

字　　数｜310 千字

定　　价｜45.00 元